Cosima Wagner – Richard Strauss
Ein Briefwechsel

VERÖFFENTLICHUNGEN DER
RICHARD-STRAUSS-GESELLSCHAFT · MÜNCHEN

Herausgegeben von Franz Trenner

Band 2

COSIMA WAGNER – RICHARD STRAUSS

Ein Briefwechsel

VERLEGT BEI HANS SCHNEIDER · TUTZING

COSIMA WAGNER – RICHARD STRAUSS

Ein Briefwechsel

VERLEGT BEI HANS SCHNEIDER · TUTZING

1978

Herausgegeben von Franz Trenner
unter Mitarbeit von Gabriele Strauss

ISBN 3 7952 0258 2

Satz: W. Hartmann, Gautinger Str. 19. D 8031 Stockdorf
Druck: Druckerei Meinelt GmbH, Ickstattstraße 7, D 8000 München 5

INHALT

VORWORT

In den Annalen 1868 notierte Richard Wagner: „Juni: Orchesterproben: tiefe Not mit Hans [von Bülow]. Perfall schikaniert, wo es möglich. Scheinbare Orchesterauflehnung (Hornist Strauss)." Schon anläßlich der Proben zur Uraufführung von „Tristan und Isolde" hatte der 1. Solohornist des Hoftheater-Orchesters aus seiner Ablehnung des Neuerers kein Hehl gemacht. Nicht weil dieser Franz Strauss die Hornsoli so unvergleichlich schön geblasen hatte, sondern wegen seiner Gegnerschaft, die so weit ging, daß er Wagners kontrapunktliche Sicherheit bestritt, ist er in die „Schriften" eingegangen. Und noch vor der Uraufführung des „Parsifal" – das Münchner Hoforchester war von Ludwig II. nach Bayreuth befohlen worden – erwähnt Cosima Wagner in den Tagebüchern einen Herrn Strauss, „an den sich die peinlichsten Erinnerungen unseres Lebens in München knüpfen."

Solche Erinnerungen – natürlich aus der Sicht des Vaters – hat Richard Strauss während seiner Jugendzeit zur Genüge in seinem Elternhaus erzählt bekommen. Mit den Werken der Klassiker und frühen Romantiker ausschließlich aufgewachsen, schloß er sich der väterlichen Meinung vom Niedergang der Musik, hervorgerufen durch das Musikdrama Richard Wagners, an. Sie findet ihren Niederschlag im Briefwechsel mit dem Jugendfreund Ludwig Thuille. Auch der szenische Eindruck, den Aufführungen im Hof- und Nationaltheater hinterließen, war nicht dazu angetan, das häusliche Urteil zu revidieren. Erst das heimliche Studium der „Tristan"-Partitur im Winter 1880/81 ließ Richard Strauss die Bedeutung Richard Wagners erkennen. Es muß Vater Strauss einige Überwindung gekostet haben, den Sohn als Anerkennung für das gut bestandene Abitur 1882 zu einer „Parsifal"-Probe nach Bayreuth mitgenommen zu haben. Damals sah Richard den inzwischen bewunderten Meister – im Münchner Odeon war er ihm schon einmal gezeigt worden – wagte es aber nicht – noch dazu als Sohn eines Franz Strauss – sich ihm zu nahen. Die unwiederbringlich verpaßte Gelegenheit! Daß er einmal mit der Witwe Wagners über Jahre hin in so innige Beziehung treten sollte, konnte er damals freilich noch nicht ahnen.

Zunächst kam Richard Strauss gleichsam auf einem Umweg Bayreuth näher. Hans von Bülow, der Liszt-Schüler und einstige Gatte Frau Cosimas, der kämpferische Wegbereiter Wagners, der als erster „Tristan und Isolde" und „Die Meistersinger von Nürnberg" dirigiert hatte, vermittelte den 21jährigen als Musikdirektor nach Meiningen. Dort saß Wagners außerordentlich belesener Neffe Alexander Ritter als Geiger im Orchester. Der glühende Gefolgsmann Liszts und Wagners verstand es, dem eine Generation Jüngeren die Ideale der Neudeutschen Schule, die Musikdramen und Schriften seines Onkels sowie die Lehre Schopenhauers nahezubringen. In Meiningen ist Richard Strauss zum — für einige Zeit sogar fanatischen — Wagnerianer geworden.

Mit der Ouvertüre zu „Der Fliegende Holländer" trat er dort zum ersten Mal für sein neues Idol ein, Glucks Ouvertüre zu „Iphigenie in Aulis" mit Wagners Schluß sowie „Tristan"-Vorspiel und Liebestod folgten. Das ganze Werk erlebte er 1886 als Hörer in einer Probe in Bologna, wo es ihm als „die prachtvollste Belcanto-Oper" erschien. Anläßlich der Bayreuther Festspiele des selben Jahres — auch „Parsifal" hörte er dort — konnte er Vergleiche anstellen. 1887 hatte Richard Strauss sein erstes Konzert im Ausland und dirigierte in Mailand das „Meistersinger"-Vorspiel. Während seiner dreijährigen Kapellmeistertätigkeit am Münchner Hoftheater war ihm als einzige Wagner-Oper „Die Feen" übertragen worden. Mit Feuereifer hatte er sich 1888 an die Einstudierung gemacht und mußte dann erleben, daß vor den letzten Proben die Direktion der Premiere „dem an Rang und Ancienität überlegenen" Kollegen übertragen wurde. Um so ehrender empfand er es denn, als er während der Bayreuther Festspiele, wo er „Die Meistersinger von Nürnberg" und „Parsifal" hörte, zu einer Soiree in Wahnfried geladen wurde. Damals dürfte Richard Strauss wohl Cosima Wagner vorgestellt worden sein. Eine Empfehlung Bülows an Julius Kniese, den Chorleiter der Festspiele, und die Hermann Levis, seines Münchner Chefs, an Frau Wagner schufen die Voraussetzungen für jenen Briefwechsel zwischen der „Herrin von Bayreuth" und Richard Strauss, der in diesem Band erstmals zugänglich gemacht wird.

Bevor sich Cosima Wagner durchgerungen hatte, die Gesamtleitung der Festspiele zu übernehmen, fanden im Todesjahr Richard Wagners und im darauffolgenden Wiederholungen des „Parsifal" statt. Dann fügte sie 1886 „Tristan und Isolde" hinzu, 1888 „Die Meistersinger von Nürnberg" und 1889 beide Werke. Der Entschluß der Witwe, die Bayreuther Idee weiterzutragen, zwang sie notgedrungen, Ausschau nach jüngeren Mitarbeitern zu halten. Hans Richter und Hermann Levi hatte sie als Erbe aus Richard Wagners Zeit übernommen, auch Felix Mottl, der sich mittlerweile in Karlsruhe bewährte, hatte schon als Musikalischer Assistent anläßlich der Eröffnung des Festspielhauses mitgewirkt. Von all den Assistenten der Jahre bis 1899 erreichten führende Stellungen als Dirigenten nur Felix von Weingartner, Max von Schillings, Siegmund von Hausegger, Hermann Zumpe — und Richard Strauss. Außer ihm hat keiner von ihnen jemals später in Bayreuth dirigiert.

Das Vorbild Bülows und der Einfluß Ritters waren in Richard Strauss wirksam geworden. Und das erkannte Cosima Wagner. Als Komponist — er war gerade bei Opus 20 angelangt — konnte er sie nach dem Genie Wagner wenig interessieren. Aber als Mitarbeiter, als Diener am Werk, für das er auch an seinen künftigen Wirkungsstätten dirigierend eintreten würde, fand sie ihn hervorragend geeignet. Er brachte Talent, Können und Idealismus bis zur Selbstaufgabe mit. Das erkannten auch Siegfried und die Schwestern. Chamberlain gegenüber schildert ihn Cosima Wagner „fanatisch, wie man es in der Jugend ist", belegt ihn mit dem Attribut „unser aufgehender Stern, in unserer Sache gewappnet de pied au cap" und nennt ihn „wie keiner in unserer Kunst fest und sicher". Jetzt kam es nur darauf an, all diese Vorzüge und Fähigkeiten für die Bayreuther Ziele einzusetzen, das wußte Cosima Wagner als kluge, aber energische Erzieherin.

Daß Richard Strauss der Sohn eines einstigen Gegners war, übersah sie, noch dazu als Franz Strauss sich bemühte, seinem Richard zuliebe „alles Vorgefallene vergeben und vergessen sein zu lassen". Bei einem Besuch Cosima Wagners im Jahre 1891 in Feldafing, wo sich der junge Strauss in der Villa seines Onkels Pschorr zur Erholung von einer schweren Lungenentzündung aufhielt, sah man sie sogar am Arm Vater Strauss' im Garten spazierengehen. Neben den Hauptthema, das sie zusammenführte, fanden die beiden alten Herrschaften sicher noch einen Anknüpfungspunkt für ihr Gespräch: den damals ach so beliebten Antisemitismus.

Cosima Wagner dachte, wie sie es vom Verfasser des „Judentums in der Musik" übernommen hatte, war allerdings in jenen Jahren durchaus bereit, Rasse und Religion zu trennen. Erst der Einfluß Chamberlains verschärfte später wieder die Fronten. Nur Siegfried übertraf in seiner impulsiven Art noch den Vater.

Bei Franz Strauss bezog sich der Antisemitismus im wesentlichen auf das Dienstliche: Auf seinen Chef Hermann Levi und auf musikalische Differenzen. Gegen Mendelssohn hatte er kaum etwas einzuwenden. Der Bayer „frotzelt" gern, er braucht ein Objekt, an dem er sich reiben kann. Damals war es der Jude, später ist es der Preuße. Aber sehr tief sitzt die Abneigung nicht.

Anders gelagert war Alexander Ritters Judenhaß, zu dem er sich als unnachsichtiger Jünger Wagners verpflichtet fühlte. Eine Zeitlang hat seine Einstellung auch auf Richard Strauss abgefärbt. Die Abneigung gegen die Juden gehörte zum Jargon, war aber auch durch mißliche Erfahrungen im Theaterbetrieb bedingt. Aber schon bald, mit zunehmender Reife, änderte sich diese aus Erziehung und Umgang überkommene Haltung. Der Mensch und die Kunst waren für Richard Strauss ausschlaggebend, wenn er Freundschaften knüpfte, wenn es sich um künstlerische Zusammenarbeit handelte.

In den neunziger Jahren fand Cosima Wagner jedenfalls Richard Strauss auf ihrer Linie und war bereit, die Bekanntschaft zur Freundschaft zu vertiefen. Schließlich schien ihr auch für ihre Kinder aus der Verbindung mit Richard Wagner, die in Wahnfried ihr Zuhause hatten, der Umgang mit dem etwas Älteren erstrebenswert. Siegfried schätzte die aufmunternde Anteilnahme des bereits erfolgreichen Komponisten und reiferen Kollegen an seinen Studien und Erfolgen, und seine Mutter freute sich der fördernden Beziehung. Richard Strauss aber genoß damals, gleichsam stellvertretend für den verehrten Vater, die leibhaftige Begegnung mit Siegfried. Der im Anhang mitgeteilte Briefwechsel erläutert die Stationen von der Duzfreundschaft über Auseinandersetzungen und geschäftliche Angelegenheiten bis zu dem Zeitpunkt, als sich ihre Wege endgültig trennen mußten.

Wenn auch Richard Strauss als alter Mann Willi Schuh gegenüber äußerte: „Ich verkehrte mit den Töchtern wenig, nur mit Frau Cosima", so muß doch daran erinnert werden, daß er einige Zeit auf der Besitzung des Grafen Gravina und damit in der Gesellschaft Blandines zubrachte. Die Briefe Daniela und Henry Thodes weisen ihn als häufigen Gast und Freund der Familie aus. Und Eva war als Sekretärin und Begleiterin Cosima Wagners ohnehin miteinbezogen in den Umgang mit dem „lieben Ausdruck". Einzig Isolde beschränkte sich auf briefliche Grüße. Daß der Mutter Richard Strauss als Schwiegersohn sehr willkommen gewesen wäre, ist durchaus einleuchtend, hätten sich doch durch eine solche Bindung die Festspiele schon frühzeitig zu einem Familienunternehmen umgestalten lassen.

Solche Gedanken lagen Richard Strauss fern, als er in aller jugendlichen Begeisterung die Hand ergriff, die ihm Cosima Wagner bot. Von ihr, der Tochter Liszts, der Gattin Bülows und Wagners geleitet, sah er sich auf dem direkten Weg zu seinen neuentdeckten Idealen. Als Schüler war er bereit, sich von der Meisterin in Gesprächen und Briefen an die Quellen führen zu lassen.

„Tannhäuser", „Lohengrin" und „Tristan und Isolde", die er als Hofkapellmeister in Weimar dirigiert, fußen auf diesen Unterweisungen. Diese Hochstimmung wird ein erstes Mal getrübt durch die Differenzen wegen der Dirigentenfrage bei den Festspielen 1892. Eine erneute schwere Erkrankung Richard Strauss' bekräftigt unerwartet die Entscheidung nach Frau Cosimas Sieg. Von der achtmonatigen Erholungsreise nach Griechenland und Ägypten kehrt er seelisch und körperlich gestärkt zurück. Als ihm 1894 die „Tannhäuser"-Aufführungen in Bayreuth übertragen werden, geht endlich ein langgehegter Wunsch in Erfüllung. Daß Pauline de Ahna jetzt als Braut des Dirigenten bei den Festspielen mitwirkt, nimmt Cosima Wagner äußerlich gelassen hin. Die nächsten vier Jahre binden Richard Strauss an das Münchner Hoftheater, wobei es noch einmal zu häufigen Begegnungen kommt. Als Festspieldirigent scheidet er wohl wegen seiner Münchner Verpflichtungen aus, aber sein Wagner-Repertoire ergänzt er mit den „Meistersingern von Nürnberg" und dem von Cosima Wagner neu eingerichteten „Rienzi". Erst in Berlin hat er dann den ganzen Wagner dirigiert.

Obwohl Richard Strauss am 11. Januar 1896 seinem Notizkalender anvertraut: „Zwar unausgesprochen, aber vollzogene Trennung von Wahnfried-Bayreuth", hört er im selben Jahr noch den „Ring des Nibelungen" unter

Siegfried Wagners Leitung im Festspielhaus. Von seiten Cosima Wagners lockerte sich die Verbindung, je mehr Richard Strauss als Komponist zur Persönlichkeit reifte. Nach damaligen Begriffen nahe dem Greisenalter, eingeschlossen im „heiligen Bezirk", konnte sie dem Neuen nur noch bedingt folgen und mußte schließlich „Salome" schon vom Stoff her als Verrat am Werk des Meisters empfinden. Ähnlich empfand die Zunft der streng konservativen Wagnerianer und wandte sich von Richard Strauss ab. Manches, wofür ihm Cosima Wagner in Gesprächen und Briefen die Augen und das Herz geöffnet hatte, begleitete ihn aber sein Leben lang, es sei nur an sein Bekenntnis zu Goethe und seine Einstellung zum humanistischen Gymnasium erinnert. Und als Wagner-Interpret während nahezu eines halben Jahrhunderts mochte er die Lehr- und Gesellenzeit in Bayreuth nicht missen.

Wenige Jahre nach Cosima und Siegfried Wagners Tod betritt Richard Strauss nochmal den Festspielhügel und kehrt in die Räume von Wahnfried zurück, in denen er einst ihr Gast gewesen. 1933/34 dirigiert er, nach Toscaninis Absage, wieder als Diener am Werk – ohne Honorar – den „Parsifal". Bekenntnis, nicht nur Ironie der Behörde gegenüber, ist sein handschriftlicher Eintrag im Fragebogen der Reichsmusikkammer, als deren Präsident er bereits „zurückgetreten" war, wenn er als Bürgen seiner Komponisteneigenschaft „Mozart und Rich. Wagner" nennt (12. 12. 35). Und noch des Todkranken Gedanken kreisen um „Tristan und Isolde".

*

Der im folgenden zum ersten Mal geschlossen vorgelegte Briefwechsel zwischen Cosima Wagner und Richard Strauss umfaßt alle im Richard-Wagner-Archiv Bayreuth und im Richard-Strauss-Archiv Garmisch erhaltenen Briefe und schriftlichen Mitteilungen der beiden Adressaten. Einzig Brief 62 ist nach der Photokopie des Musikantiquariats Hans Schneider, Tutzing, zitiert.

Die Reihenfolge der Briefe ergab sich im allgemeinen aus der Datierung, irrige Jahreszahlen wurden richtig gestellt und in Anmerkungen nachgewiesen, undatierte Briefe dem entsprechenden oder mutmaßlichen Zeitraum zugeordnet.

Längere Zwischenräume waren meist durch persönliche Begegnungen oder durch Telegramme überbrückt.

Daß außerdem eine Reihe von Briefen verloren, vernichtet oder in unbekanntem Besitz ist, wird deutlich, wenn sich der Schreibende auf eine vorausgegangene Mitteilung bezieht. Ein besonderer Hinweis ist deshalb unterblieben.

Die Ausgabe ist vollständig und ungekürzt nur soweit es die erhaltenen Briefe betrifft. Dies gilt ebenfalls für den Briefwechsel zwischen Richard Strauss und Siegfried Wagner sowie für die Briefe von Daniela und Henry Thode,

Eva Chamberlain und Blandine Gravina. Gegenbriefe von Richard Strauss an die Töchter Cosima Wagners sind im Bayreuther Archiv nicht vorhanden.

Die Übertragung erfolgte nur bei den Richard-Strauss-Briefen nach Photokopien, bei allen anderen nach den Originalen.

Eine Anzahl Briefe hat Cosima Wagner wegen ihrer Augenschwäche oder ihres Gesundheitszustandes diktiert, meist ihrer Tochter Eva, deren Schrift derjenigen der Mutter oft zum Verwechseln ähnlich ist, in späteren Jahren auch anderen Personen. Der Vermerk „diktiert" kommt nur einmal vor und wurde übernommen, in allen anderen Fällen wurde auf eine unterscheidende Angabe verzichtet.

Fast alle Briefe sind mit Tinte geschrieben, die wenigen Ausnahmen sind bezeichnet.

Jeder Eingriff in stilistische Formulierungen blieb ausgeschlossen. Grammatikalische Eigentümlichkeiten wurden durch ( ) ausgeglichen oder, soweit es das Textverständnis erforderte, durch (sic!) als original ausgewiesen.

Dagegen ließ es die uneinheitliche Rechtschreibung und Zeichensetzung beider Briefpartner geraten erscheinen, sie der heute üblichen anzupassen, wobei jedoch besonders charakteristische Ausdrücke (etwa bei Cosima Wagner: Race für Rasse oder thörig für töricht) beibehalten wurden.

Für die Wiedergabe im Druck sind Ortsangabe und Datum einheitlich an den Anfang des jeweiligen Briefes gesetzt. Offensichtliche Verschreibungen und Flüchtigkeitsfehler wurden stillschweigend verbessert. Alle Abkürzungen (wie: u., Faulheitsstriche) sind aufgelöst. Eigennamen und Werktitel erscheinen in korrekter Form (die Schreibung „Sinfonie" überwiegt in den Originalen, weshalb sie durchgehend gewählt wurde). Einfügungen des Briefschreibers sind durch ≪≫ gekennzeichnet, Ergänzungen des Herausgebers durch [ ]. Unterstreichungen im Original erscheinen im Druck kursiv. Der Wortlaut der Schlußformeln ist unverändert, jedoch im Satz vereinheitlicht.

Die Vorfahren und Angehörigen der Familien Wagner und Strauss sind gesondert auf Tafeln dargestellt.

Im Anschluß an jeden Brief folgen nötigenfalls Anmerkungen. Sie bringen im wesentlichen Angaben zu den erstmals erwähnten Personen, wobei weniger bekannte Namen, soweit möglich, ausführlicher erläutert werden. Ereignisse und Begriffe, die sich aus der Lektüre der Briefe erklären, sind nicht berücksichtigt.

*

Die Veröffentlichung des Briefwechsels wurde ermöglicht durch das Entgegenkommen der Richard-Wagner-Gedenkstätte der Stadt Bayreuth (Direktor: Dr. Manfred Eger) und von Herrn Dr. Franz Strauss und Frau Alice Strauss (Richard-Strauss-Archiv, Garmisch).

Frau Gertrud Strobel, Bayreuth, und Herr Dr. Willi Schuh, Zürich, haben mir aus ihrer umfassenden Kenntnis der jeweiligen Persönlichkeiten jede mögliche Hilfestellung geleistet.

Herr Friedrich Wilhelm Euler vom Institut zur Erforschung historischer Führungsschichten, Bensheim, hat mir eine Fülle biographischer Auskünfte vermittelt.

Frau Ida Heyl, München, verdanke ich den Brief Cosima Wagners an Dr. Oertel, Herrn Stephan Kohler, München, und Herrn Dr. Bernhard Rauchenberger, Hamburg, manchen Hinweis.

Herr Wolfgang Hartmann, Stockdorf, hat geduldig die vielen Änderungen im Satz auf sich genommen und Herr Hans Schneider, Tutzing, hat sich neben seinem verlegerischen Einsatz auch um manche Klärung von Anmerkungen bemüht.

Allen Helfern am Zustandekommen dieses Bandes sei von Herzen Dank gesagt.

München, am 5. Mai 1978 — Franz Trenner

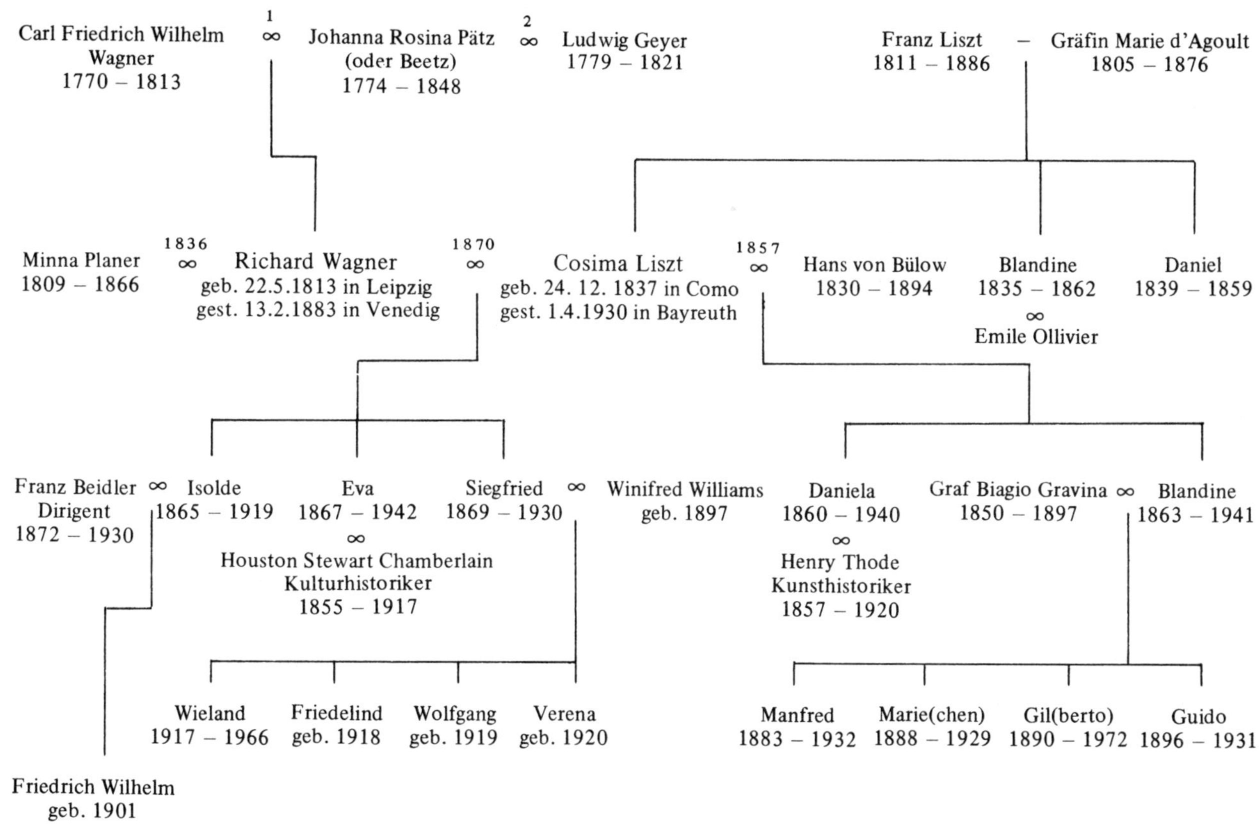

Carl Friedrich Wilhelm Wagner 1770 – 1813
1 ∞
Johanna Rosina Pätz (oder Beetz) 1774 – 1848
2 ∞
Ludwig Geyer 1779 – 1821
Franz Liszt 1811 – 1886
–
Gräfin Marie d'Agoult 1805 – 1876
Minna Planer 1809 – 1866
1836 ∞
Richard Wagner geb. 22.5.1813 in Leipzig gest. 13.2.1883 in Venedig
1870 ∞
Cosima Liszt geb. 24. 12. 1837 in Como gest. 1.4.1930 in Bayreuth
1857 ∞
Hans von Bülow 1830 – 1894
Blandine 1835 – 1862
∞
Emile Ollivier
Daniel 1839 – 1859
Franz Beidler Dirigent 1872 – 1930
∞
Isolde 1865 – 1919
Eva 1867 – 1942
∞
Houston Stewart Chamberlain Kulturhistoriker 1855 – 1917
Siegfried 1869 – 1930
∞
Winifred Williams geb. 1897
Daniela 1860 – 1940
∞
Henry Thode Kunsthistoriker 1857 – 1920
Graf Biagio Gravina 1850 – 1897
∞
Blandine 1863 – 1941
Wieland 1917 – 1966
Friedelind geb. 1918
Wolfgang geb. 1919
Verena geb. 1920
Manfred 1883 – 1932
Marie(chen) 1888 – 1929
Gil(berto) 1890 – 1972
Guido 1896 – 1931
Friedrich Wilhelm geb. 1901

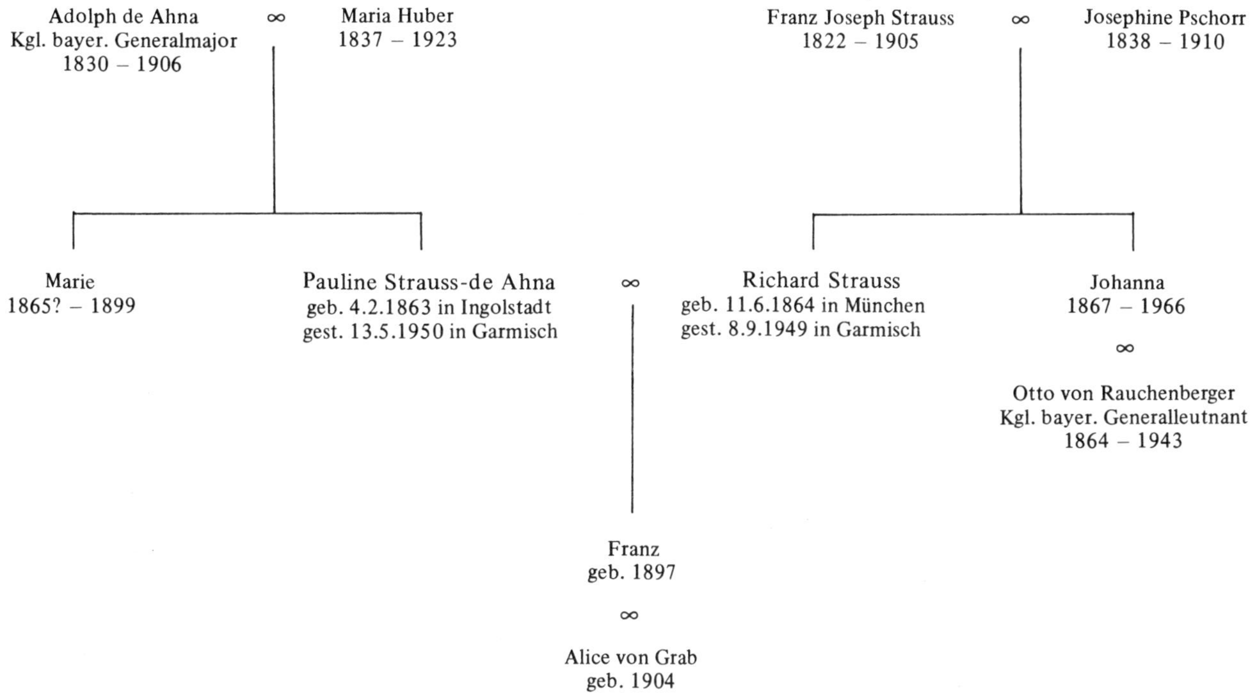
Adolph de Ahna
Kgl. bayer. Generalmajor
1830 – 1906
∞
Maria Huber
1837 – 1923
Franz Joseph Strauss
1822 – 1905
∞
Josephine Pschorr
1838 – 1910
Marie
1865? – 1899
Pauline Strauss-de Ahna
geb. 4.2.1863 in Ingolstadt
gest. 13.5.1950 in Garmisch
∞
Richard Strauss
geb. 11.6.1864 in München
gest. 8.9.1949 in Garmisch
Johanna
1867 – 1966
∞
Otto von Rauchenberger
Kgl. bayer. Generalleutnant
1864 – 1943
Franz
geb. 1897
∞
Alice von Grab
geb. 1904

BRIEFWECHSEL

COSIMA WAGNER – RICHARD STRAUSS

1 München, den 28. Januar 1889

Hochverehrteste gnädige Frau!

Die mir in Ihrem Auftrage durch Hofkapellmeister Levi[1] zugegangene Aufforderung zur Mitwirkung bei den diesjährigen Bayreuther Festspielen hat mich mit größter Freude erfüllt. Gestatten Sie, hochverehrteste gnädige Frau, daß ich Ihnen meinen herzlichsten Dank für die erwiesene Ehre ausspreche, die Versicherung beifügend, daß ich es jederzeit für eine meiner höchsten und schönsten Pflichten halten werde, der Bayreuther Sache mit dem ganzen Aufgebote meiner Kräfte treu zu dienen.

Genehmigen Sie den Ausdruck der vorzüglichsten Hochachtung und Verehrung Ihres ergebensten

Richard Strauss

1 Hermann Levi (1839 – 1900), Dirigent, 1864 – 1872 Hofkapellmeister in Karlsruhe, 1872 – 1896 Hofkapellmeister in München. 1882 Dirigent der Uraufführung des *Parsifal* in Bayreuth, den er bis 1894 etwa siebzigmal dort leitete. Mit der Uraufführung der (ungedruckten) *d-Moll-Sinfonie* o.op. 69 (1881) stellte er Richard Strauss als Orchesterkomponisten in München vor. Auch die ihm gewidmete (ungedruckte) *Konzertouvertüre in c-Moll* o.op. 80 dirigierte er dort zum ersten Male. – In den Briefen ist er gelegentlich als Major bezeichnet.

Bayreuth, den 30. Januar 1889

Werter Herr Musikdirektor!

Ich freue mich sehr auf Ihre Mitarbeiterschaft bei uns in diesem Sommer, danke Ihnen für Ihre liebenswürdigen Zeilen und entsende Ihnen einen freundlichsten Gruß mit der Versicherung meiner vollkommensten Hochachtung.

C. Wagner

3 Weimar, den 9. Oktober 1889

Hochverehrteste gnädige Frau!

Sie werden sich gewiß gewundert haben, so lange von mir keine Nachricht erhalten zu haben. Da ich Sie, hochverehrteste gnädige Frau, nicht mit Uninteressantem belästigen wollte, hielt ich mit meinem Briefe zurück, bis ich Ihnen über meine erste „Lohengrin"-Aufführung berichten konnte, die sich nun leider vom 20. September bis auf den 6. Oktober verschoben hatte. Letzten Sonntag ging nun „Lohengrin" nach einer *für hiesige Verhältnisse* unerhört großen Vorbereitung in zwei fünfstündigen Orchesterproben, einer Arrangierprobe und einer Reihe von Klavierproben mit Solisten und Chor in Szene und hatte zwar einen ungeheueren äußeren Erfolg aufzuweisen, während mir die Aufführung nur teilweise Befriedigung gewährte. Das Orchester, zum Teil aus ganz vortrefflichen Kräften bestehend, wies im Piano und Pianissimo, überhaupt in feinerer Nuancierung, große Fortschritte auf und hat besonders die Vorspiele zum 1. und 3. Akt, letzteres in dem von Ihnen gewünschten langsameren Tempo, in welchem dieser herrliche Orchestersatz wundervoll zur Geltung kommt, sehr schön vorgetragen. Meine Bayreuther Tempi habe ich zu meiner großen Freude ohne jeglichen Anstand durchsetzen können, und wären Sie, hochverehrteste gnädige Frau, mit denselben, wie ich glaube, zufrieden gewesen. –

Den Sängern hatte ich in eingehenden Proben ganze Vorlesungen über den Stil, d.h. über peinlichste Korrektheit gehalten und war in den Proben ganz erstaunt über den guten Willen der Leute, meinen Intentionen zu folgen. Leider sah ich in der Aufführung dieselben nur zum Teil von Seite des Lohengrin (meines Schülers Zeller[1]) und des Telramund (Herrn Schwarz[2]), auch von der Ortrud (Fräulein Tibelti[3], eine Anfängerin mit sehr schöner Erscheinung und Stimme, mit der ich in drei Wochen die ganze Partie vollständig einstudiert hatte,) verwirklicht. Der König und Elsa verfielen am Abend zu meinem nicht geringen Schrecken wieder in den seit 20 Jahren bei ihnen eingefahrenen Rezitativoperntrab, den ich noch viel Mühe haben wrde, ihnen auszutreiben.

Elsa (Frau Naumann-Gungl[4]) alterniert, Gott sei Dank, mit Fräulein Denis[5], welche die Partie erst zweimal gesungen hat, und welche ich mir nun größte Mühe geben werde, für unsern deutschen Stil zu gewinnen. Mit Ausnahme eines kleinen Sprunges in dem Chor: „Von Gott ist er gesandt" und im cis-Moll-Ensemble des letzten Aktes, welches ich aber später auch noch vollständig herstellen will, habe ich „Lohengrin" ohne Strich gemacht. Die Vier Edlen waren ungenügend, für die nächste Vorstellung werde ich dieselben jedoch neu, und zwar nach Ihrem Wunsche mit ersten Kräften besetzen. Diesmal war es mir noch nicht möglich. –

4

Der wundeste Punkt der Aufführung war nun die Regie; ich hatte zwar in der, da die Oper ja nach dem altberühmten Theaterausdruck seit 30 Jahren *sitzt*, leider nur flüchtigen Arrangierprobe die allerdringendsten Sachen durchgesetzt; daß Ortrud in der ganzen Telramundszene sitzen bleibt, daß Lohengrin nach: „Elsa, ich liebe dich", letztere nicht erst spazieren, sondern direkt zum König führt, am Schlusse rechtzeitig in den Kahn springt etc. etc.

Am Abend der Aufführung trat aber eine durch die absolute Unfähigkeit eines alten Baß singenden Theaterdroschkenpferdes von Regisseur eingetretene vollständige Vernachlässigung des szenischen Teils, so viele schauerliche Theaterallüren, als da sind: „ins Publikum singen" etc., kein Auftritt klappte, kurz so viel Mißstände in der Mißachtung der szenischen Vorschriften des Meisters zutage, daß mein erstes Wort an Herrn von Bronsart[6] nach der Vorstellung war: der „Lohengrin" muß in den eingehendsten Proben *ganz von vorne* arrangiert werden. Diese Proben sowie seine nachdrücklichste Unterstützung hat mir nun Herr von Bronsart sofort zugestanden, und so habe ich gleich gestern an Mottl[7] geschrieben und ihn um seinen nach Ihren Angaben angefertigten „Lohengrin"-Regieauszug, den er mir in Bayreuth schon versprochen hatte, gebeten. Seien Sie nun, hochverehrteste gnädige Frau, fest überzeugt, daß ich meinen ganzen Fleiß und meine ganze Energie daransetzen werde, durch die Erzielung von wenigstens möglichst korrekten Aufführungen unserer erhabensten Musikwerke einen geringen Teil der großen Schuld der Dankbarkeit abzutragen, die ich für Sie, hochverehrte Frau, im Herzen fühle. Dieses wahre Gefühl der größten Dankbarkeit für all das Große, Schöne und Erhabene, was ich in Bayreuth genossen, erfahren und gelernt habe, kann ich heute vorerst nur in arme Worte kleiden; mein sehnlichster Wunsch ist es nun, meine aufrichtigen und treuen Gesinnungen für die Bayreuther Sache auch später durch Taten Ihnen beweisen zu können.

Vorläufig ist mir hier die Leitung von „Tannhäuser" und „Lohengrin" übertragen worden und werde ich fürs erste diesen beiden Werken meine ganze Fürsorge widmen. Außerdem hat mir Dr. Lassen[8] den ganzen Mozart, Weber und Gluck abgetreten, und so erhoffe ich mir hier mit der Zeit, trotz der sehr bescheidenen Verhältnisse, eine ganz ersprießliche Tätigkeit, um so mehr, als ich die Freude habe, in Herrn von Bronsart einen Intendanten gefunden zu haben, der allen echt künstlerischen Bestrebungen, und *nur diesen*, seine vollste Sympathie entgegenbringt.

Hochverehrteste gnädige Frau! Darf ich so frei sein, Sie demnächst, d.h. sobald es mein Dienst erlaubt, einmal in Bayreuth zu besuchen; ist es zu unbescheiden, wenn ich Ihnen dann mit der Bitte nahe, Sie möchten mir für den „Tannhäuser" ebenso wie seinerzeit für den „Lohengrin" ein paar für mich so lehr- und genußreiche Stunden widmen? Am 22. Oktober haben wir hier die „Heilige Elisabeth"[9] in szenischer Darstellung unter Lassens Leitung; von den hiesigen Orchesterkonzerten sind mir vier übertragen worden, in denen ich bisjetzt beabsichtige, die „Faust"-Ouvertüre, „Siegfriedidyll"[10], die „Ideale" und womöglich auch eine der großen dreisätzigen Sinfonien Meister Liszts[11] aufzuführen. Sollten sich diese Aufführungen so anlassen, daß sie trotz der schwachen Kräfte Ihrer freundlichen Beachtung nicht ganz unwürdig sein würden, werde ich mir die Freiheit geben, Sie, hochverehrteste gnädige Frau, davon zu benachrichtigen. Vielleicht erweisen Sie mir einmal die Ehre, meiner ergebenen Einladung Folge zu leisten.

Indem [ich] Sie, hochverehrte Frau, herzlich bitte, mich Ihren hochverehrten Töchtern, Herrn Siegfried[12] und Dr. Thode[13] bestens empfehlen zu wollen, verbleibe ich mit herzlichsten Grüßen

Ihr in treuester Verehrung und Dankbarkeit ergebener

Richard Strauss

1 Heinrich Zeller (1856 – 1934), Tenorist, Schüler von Richard Strauss. 1889 – 1917 am Hoftheater in Weimar, sang die Titelpartie in der Uraufführung von *Guntram*. 1891 (Tannhäuser) und 1892 sang er in Bayreuth. Er veröffentlichte als Mitarbeiter der „Fliegenden Blätter" zwei Bände oberbayerischer Dialektgedichte. Richard Strauss widmete ihm *Zwei Lieder* op. 26.

2 Franz Schwarz (1858 – 1919), Baritonist. Er sang nach Wien, Triest, Frankfurt a.M., Bremen und Mannheim von 1886 an zehn Jahre am Hoftheater in Weimar und anschließend in Breslau, Hamburg und Halle.

3 Louise Tibelti, Altistin am Hoftheater in Weimar von 1890 – 1892.

4 Virginia (auch Veronika) Naumann-Gungl (1849 – 1915), Sopranistin, Tochter des Komponisten Joseph Gungl, von Bülow gefördert, war 1872 in Köln, 1874 in Schwerin, 1876 in Frankfurt, dann in Bremen und Kassel. Von 1886 – 1892 sang sie am Hoftheater in Weimar. Sie war die Lehrerin von Marie Gutheil-Schoder (1874 – 1935), einer der bedeutendsten Interpretinnen der Frauenrollen in den Bühnenwerken von Richard Strauss.

5 Agnes F. Denis (statt Denninghoff) (1860 – ?), Sopranistin. Sie kam 1886 an das Hoftheater in Weimar und war mit Bernhard Stavenhagen verheiratet.

6 Hans Bronsart von Schellendorf (1830 – 1913), Komponist, Pianist (Schüler Franz Liszts) und Dirigent, seit 1867 Intendant in Hannover, 1887 – 1895 Generalintendant am Hoftheater in Weimar. Er war verheiratet mit der Pianistin (Schülerin von Henselt und Liszt) und Komponistin (u.a. der Opern *Jery und Bätely* und *Hjarne*) Ingeborg, geb. Starck (1840 – 1913).

7 Felix Mottl (1856 – 1911), österreichischer Dirigent und Komponist, 1881 – 1903 Hofkapellmeister (1893 Generalmusikdirektor) in Karlsruhe, dann Generalmusikdirektor (1907 Direktor) an der Hofoper in München. In Bayreuth 1876 in der Nibelungenkanzlei, seit 1886 Dirigent bei den Festspielen (bis 1906). Er gab Klavierauszüge Wagnerscher Werke heraus. In erster Ehe (1892) war er verheiratet mit der Sängerin Henriette Standhartner (1866 – 1933), in zweiter Ehe (1911) mit Zdenka Faßbender.

8 Eduard Lassen (1830 – 1904), dänischer Komponist und Dirigent. 1858 – 1895 Hofkapellmeister in Weimar (als Nachfolger Liszts).

9 *Die Legende von der heiligen Elisabeth* war das erste der beiden großen Oratorien von Franz Liszt (Uraufführung 1865); das zweite, *Christus*, wurde 1873 zum ersten Mal geschlossen aufgeführt.

10 Von den Instrumentalwerken Richard Wagners werden im Briefwechsel genannt: *Faust-Ouvertüre* (1840, umgearbeitet 1855), *Siegfriedidyll* (1870), *Huldigungsmarsch* (Für Ludwig II., 1864), *Kaisermarsch* (1871) und *Klaviersonate* (wohl B-Dur op. 1, 1832 gedruckt), Sinfonie C-Dur (1832).

11 Die Sinfonischen Dichtungen Franz Liszts sind etwa zwischen 1848 und 1858 entstanden. Ihre Titel lauten: *Bergsinfonie (Ce qu'on entend sur la montagne), Tasso (Lamento e Trionfo), Les Préludes, Orpheus, Prometheus, Mazeppa, Festklänge, Héroide funèbre (Heldenklage), Hungaria, Hamlet, Hunnenschlacht, Die Ideale.* Ihnen schließen sich an: *Eine Faust-Sinfonie (1. Faust, 2. Gretchen, 3. Mephistopheles und Schlußchor: „Alles Vergängliche ist nur ein Gleichnis".), Eine Sinfonie zu Dantes Divina Commedia (1. Inferno, 2. Purgatorio, 3. Schlußchor: Magnificat), Zwei Episoden aus Lenaus Faust (1. Der nächtliche Zug, 2. Der Tanz in der Dorfschenke (Mephistowalzer)).*

12 Siegfried Wagner (1869 – 1930), Komponist, Dirigent, Regisseur und Bühnenbildner. Architektur- und später Musikstudium (bei Humperdinck). Seit 1894 wirkte er in Bayreuth, seit 1908 hatte er die Gesamtleitung der Festspiele inne. Von seinen 14 Opern wurden uraufgeführt in München: *Der Bärenhäuter* 1899, *Herzog Wildfang* 1901, in Hamburg: *Der Kobold* 1904, *Bruder Lustig* 1905, *Strenengebot* 1908, in Karlsruhe: *Banadietrich* 1910, *Schwarzschwanenreich* 1918, *Der Friedensengel* 1926, in Stuttgart: *An allem ist Hütchen schuld* 1917.

13 Henry Thode (1857 – 1920), Kunsthistoriker, war bis 1891 Direktor des Städelschen Kunstinstituts in Frankfurt und von 1894 – 1911 Professor an der Universität Heidelberg. Seine Veröffentlichungen galten vorzüglich der italienischen und deutschen Renaissance.

4 Wahnfried, den 12. Oktober 1889

Haben Sie Dank für Ihre Mitteilung, mein lieber Freund! Sie haben mir alles so lebhaft genau beschrieben, daß es mir war als hätte ich Ihre Aufführung des „Lohengrin" erlebt. Es ist schön von Ihnen, es so ernst zu nehmen und gerade zu dieser Zeit, wo die großen Theater die Schmach unserer Kunst bezeichnen, ist es rührend und erfreulich zu gewahren, wie an kleineren Bühnen der Geist, der uns Deutsche groß gemacht hat, heilig gehalten wird.

Nachdem eine Aufführung der „Götterdämmerung" in München mich wahrhaft empört hatte, erlebte ich in Karlsruhe einen „Siegfried", der mich trotz aller szenischen Mängel tröstete. Da waltet eben der gute Geist, von welchem Ihr Brief ein so schönes Zeugnis abgibt.

In München „*sitzt*" eben auch alles, vom „Fliegenden Holländer" an bis zu den Schwänen und Drachen, sie sitzen und besitzen, liegen und lügen, welches letztere Fafner doch nicht tut.

Sehr gerne werde ich zu Ihnen nach Weimar kommen, wenn es nur irgend mit meinen Wegen sich vereinigen läßt. Wollen Sie es mich ein wenig im voraus wissen lassen, wann Sie mich gerne dort hätten. Die so erfreulichen Erfahrungen mit Herrn von Bronsart bestätigen mir das, was ich von ihm meinte; seltsame Gerüchte, die ich aber nie recht verstand, waren bis zu mir gedrungen und hatten mich einen Augenblick befürchten lassen, daß auch er jene Wandlung durchgemacht, welche die Welt oft, selbst bei Menschen von guter Anlage, bewirkt. Um so besser so.

In Karlsruhe habe ich bezüglich des „Lohengrin" nur einige Winke gegeben; die Dekoration des II. Aktes war dort so verfehlt, daß eine gute Inszenierung unmöglich war.

Wollen Sie auch, mein lieber Freund, Ihr Hauptaugenmerk auf die deutliche Sprache lenken, was allüberall noch sehr fehlt. In München z.B. nebst dem, daß man keinen Ton hörte, verstand man keine Silbe (ich will aber nicht unterlassen, hier beizufügen, daß Fischer[1] seine spezielle Sache sehr ordentlich machte).

Sehr werde ich mich über Ihren Besuch stets freuen, mein lieber Strauss, und wir können allerhand miteinander vornehmen, wenn es Ihnen Vergnügen macht. Wollen Sie aber nicht wegen des „Tannhäusers" unsere große gemeinsame Arbeit hier abwarten und einstweilen sich mit Ihrem vortrefflichen Instinkte behelfen? Mir ist selbst noch so vieles Problem, ich bin noch im vollen Sinnen und Besinnen und möchte erst hier – so Gott will, daß es gelingt – das Muster aufstellen.

Auf Wiedersehen, sei es in Bayreuth oder in Weimar, mein lieber Freund! Es freute mich zu erfahren, daß Sie die Weberschen und die Mozartschen Opern überkommen haben, und sehr gerne würde ich eine(s) derselben unter

Ihrer Leitung hören. „Gwendoline" von Chabrier[2], welche ich in Karlsruhe sah, schien mir zu jenen schlechten Werken zu gehören, in welchen Talent steckt, es ist sehr Hans in allen Gassen – um das vornehme Wort eklektisch zu vermeiden – erinnert an Gounod, an Meyerbeer, vornehmlich aber an die sinfonischen Dichtungen, und endigt, wie unvermeidlich, tristanisierend. Ich bin aber überzeugt, daß die nächsten Produkte desselben Autors bedeutend besser sein werden, denn bei allen Entlehnungen war doch Originalität und selbst Naivität wahrzunehmen. Der Text war einfach schmählich und von so jüdischem Mischmasch, daß das naive Spitzbuben-Sujet des „Fra Diavolo" tags darauf mir wie blühende Genialität erschien.

Ich glaube, Auber[3] war der letzte *französische* Komponist; von der edlen Schule des 18. Jahrhunderts wußte auch er zwar wenig, und weiß kein Mensch dort mehr etwas.

Nun seien Sie mir bestens und herzlichst gegrüßt, mein lieber Strauss. Bewahren Sie mir ein gutes Andenken und seien Sie meiner ernstlichsten Teilnahme auf das wärmste versichert!

C. Wagner

Meine Kinder tragen mir die freundlichsten Grüße an Sie auf!

1 Franz (von) Fischer (1849 – 1918), Violoncellist und Dirigent. 1879 – 1912 Hofkapellmeister in München. In Bayreuth 1876 in der Nibelungenkanzlei, 1882 – 1884 Dirigent des *Parsifal* neben Hermann Levi sowie 1899.

2 Emanuel Chabrier (1841 – 1894), französischer Komponist. Er schrieb u.a. die Opern *Gwendoline* (1886), *Le roi malgré lui* (1887) und die Rhapsodie *España*.

3 Daniel Francois Esprit Auber (1782 – 1871), französischer Komponist. Die bekanntesten seiner 45 Opern sind: *Maurer und Schlosser, Die Stumme von Portici, Fra Diavolo, Teufels Anteil* und *Das eiserne Pferd* (in der Bearbeitung von Engelbert Humperdinck). Die „Gesammelten Schriften" (IX) Richard Wagners enthalten „Erinnerungen an Auber".

5 Weimar, den 26 November 1889

Hochverehrteste gnädige Frau!

Wie hoch mich Ihr liebenswürdiger Brief und die darin bewiesene Teilnahme an meinem bescheidenen Wirken hier in Weimar beglückt hat, kann ich nicht sagen; empfangen Sie meinen herzlichsten und wärmsten Dank dafür. –

Auf nächsten Sonntag ist endlich mein zweiter „Lohengrin" mit Fräulein Denis als Elsa, die mir sehr gut zu werden verspricht, angesetzt; von den zwei dafür anberaumten Arrangierproben haben wir letzten Samstag die erste zu beinahe fünf Stunden bereits abgehalten. Herr von Bronsart wohnte selbst der Probe bei, und haben wir wenigstens die allerdringendsten Mängel beseitigt, so habe ich selbst die Dekoration des zweiten Aktes, in welchem im Hintergrunde an dem Pallas eine große Freitreppe herablief, dahin geändert, daß die kleine Erhöhung vor dem Pallas den *ganzen* Hintergrund ausfüllt und der Brautzug, der hier von seinem ersten Auftreten auf dem Söller an sichtbar war und dadurch bei unserem kleinen Personal niemals für die lange Musik ausreichte, auf der *unsichtbaren* Treppe wieder verschwindet. Wir lassen nun die ersten des Brautzugs unten wieder auftreten, während Elsa oben auf dem Söller noch sichtbar ist. Es ist ein Notbehelf und es kann dadurch die Illusion erweckt werden, als ob die Mitte des Brautzuges, die wir nicht haben, gerade die unsichtbare Treppe herabsteigt. –

Die von Ihnen gewünschte Aufstellung der Ortrud unter den Stufen des Münsters (Schluß des zweiten Auzuges) ist hier leider nicht möglich zu arrangieren, da die höchste Stufe vor dem Münster (doch nach der Angabe des Meisters noch in ziemlicher Entfernung von dem Eingang des Münster, ungefähr wie vor der römischen Peterskirche) hier auf unserer kleinen Bühne schon direkt am Münster, und zudem so auf der Seite und beinahe gedeckt von der Seitenrampe ist, daß die ganze wichtige Aktion, nach Ihrem Wunsche dargestellt, für die Hälfte des Publikums vollständig unsichtbar bleiben würde. Nachdem wir verschiedene Versuche angestellt hatten, mußte ich selbst von der Ausführung dieses Ihres Wunsches Abstand nehmen, so sehr es mir leid tat.

Eine andere wichtige, hier leider unmögliche Sache ist die Niederlegung der Schwerter durch den Chor im ersten Akte. Auf einer großen Bühne, auf welcher zu Anfang des Aktes der Chor links und rechts auf von dem Meister gewünschten links und rechts an der Seite aufsteigenden Hügeln aufgestellt wäre, wäre es ja allenfalls so zu machen, daß der Chor die Schwerter auf den Hügeln niederlegt, um sich dann bis zum Schluß des Aktes in der ebenen Mitte der Szene zu bewegen, *hier* würde der Chor nur immerwährend auf den am Boden liegenden Schwertern herumtreten. Die Schwerter den ganzen Akt durch in der Hand zu halten, ist auch sehr schwer, da die

Ritter ein paarmal die Helme abzunehmen haben. Da wollte ich Sie, hochverehrteste gnädige Frau, denn fragen, ob es nicht möglich wäre, daß nur der König das Schwert bis zum Schluß des Aktes (d.h. bis zum Finale) entblößt hat, ebenso wie er den Schild auch dann erst wieder an sich nimmt, und ob man dann die Textworte des Chors: „Nicht eh'r zur Scheide kehr' das Schwert" etc. in die Wiederholung der Worte des Königs:

„Nicht eher decke ihn (oder Dich) der Schild,
bis er (Du) gerichtet fromm und mild"

abändern könnte? Ich wäre Ihnen ungeheuer dankbar, wenn Sie mir Ihre Ansicht darüber mitteilen würden, eventuell mir einen freundlichen Rat darüber zukommen lassen würden. – Mit dem Orchester bin ich in hohem Grade zufrieden, die drei Konzerte, die ich bis jetzt gehalten, boten wirklich sehr gute Leistungen. Im 4. Konzert beabsichtige ich, außer Schuberts C-dur-Sinfonie die „Faust"-Ouvertüre, „Siegfriedidyll" und Meistersinger"-Vorspiel aufzuführen (9. Dezember). Dazwischen soll unser ausgezeichneter lyrischer Tenor Gießen[1] die Lieder des Meisters singen. Sobald ich jetzt etwas freie Zeit habe, werde ich mich an eine Auffrischung des hiesigen Wagner-Vereins machen, in welchem ich gerne Vorlesungen der Schriften des Meisters veranstalten möchte. Sobald meine diesbezüglichen Pläne etwas Aussicht auf Realisierung gewonnen haben, werde ich mir erlauben, Ihnen, hochverehrteste gnädige Frau, nähere Mitteilungen zu machen. Letzten Freitag hörte ich in Leipzig in einer recht anständigen Aufführung des Riedelschen Vereins das „Requiem" von Berlioz, welches mir einen tiefen Eindruck gemacht hat. Ich halte es für die reifste Schöpfung dieses eigenartigen Genies und für die bedeutendste Erscheinung auf dem Gebiete der Kirchenmusik außer der „Missa solemnis" und der „Graner Festmesse"[2].

Mit dem Reichtum an den genialsten Einfällen, die man je an diesem originellen Künstler gewohnt ist, ist hier eine Tiefe der Empfindung vereinigt, wie ich sie an wenigen Berliozschen Werken kenne. Wie erbärmlich erscheint neben einem solch gigantischen Werke „Ein deutsches Requiem" des musikalisch enthaltsamen Mäßigkeitvereinlers Brahms.

Zwei sehr gelungene szenische Aufführungen der so rührend schönen „Heiligen Elisabeth" unter Lassens Leitung haben uns unlängst hier einen erhebenden Kunstgenuß bereitet und erfreuten sich zudem der wärmsten Teilnahme von Seiten unseres Publikums.

Wir sind hier wirklich sehr fleißig und wenn auch vieles an den Unvollkommenheiten unserer uralten szenischen Einrichtungen, besonders mangelhaft ist der Beleuchtungsapparat, und an verschiedenen Begrenzungen (d.h. Borniertheiten) scheitert, so habe ich doch wenigstens Zeit zu Proben und für alle ohne Geld zu machenden künstlerischen Verbesserungen die vollste Unterstützung meines Intendanten und meines ausgezeichneten, liebenswürdigen Kollegen Lassen. Es ist also hier immer noch viel besser als anderswo, z.B. in Leipzig, und ich bin im ganzen hier zufrieden und glücklich.

„Tannhäuser“ ruht hier, ich warte lieber, bis ich meinen Schüler Zeller so weit habe, daß er sich an diese schwierige Rolle wagen kann, und studiere dann das ganze Werk neu ein – als daß ich mir einen Gast kommen lasse, über den ich mich doch nur ärgern muß.

Verzeihen Sie, hochverehrteste gnädige Frau, daß ich Ihre kostbare Zeit so lange in Anspruch genommen habe, und empfangen Sie die herzlichsten Grüße (auch an Ihre verehrten Kinder) und die Versicherungen treuester Ergebenheit

Ihres Sie hochverehrenden

Richard Strauss

1 Hans Gießen (Pseudonym für Karl Buff aus Gießen: Werthers Lotte war seine Großtante.) (1862 – 1907), Tenorist. 1888 – 1894 am Hoftheater in Weimar, anschliessend in Wiesbaden, Wien und Dresden. Richard Strauss widmete ihm das Lied *Kornblumen* op. 22,1.

2 Angeregt von der *Missa solemnis* von Beethoven schrieb Liszt die *Missa solennis* zur Einweihung der Basilika in Gran (1855), die sogenannte *Graner Festmesse* sowie die *Ungarische Krönungsmesse* (1866/67).

6 Wahnfried, den 28. November 1889

Ihr Brief, mein lieber Freund, hat mir wiederum große Freude gewährt, und hätten wir nur einige Ihres Schlages und Ihrer Art, wir kämen in unserer Sache eine gute Strecke weiter.

Um Ihnen gleich auf Ihre Fragen zu antworten, bemerke ich, daß ich Ihren Ausweg mit der Wiederholung der Worte des Königs recht gut finde. Wenn ich in Weimar wäre, so glaube ich, daß wir es zusammen zuwege brächten, daß die Schwerter teils in die Erde gestoßen, teils gelegt würden; aber da muß man sich an Ort und Stelle verständigen, so ist es am besten, die Sitte mit dem Schwert ganz auszulassen, und nur von dem Schilde zu sprechen (Erhöhungen gibt es auf dieser Aue gar nicht, und ich glaube auch, daß die

Bewegung seitens der Edeln erst *nach* dem Kampfe, wenn Friedrich gefallen ist, wo sie den Kreis füllen, beginnt. Aber, wie gesagt, ich müßte dort bei Ihnen sein, um das entscheiden zu können). Ich habe recht ernstlich daran gedacht, mit meinen Töchtern zu Ihrer zweiten Aufführung zu kommen; aber ich bin noch immer in der Erwartung eines Rufes seitens unserer Coburger Dekorationskünstler[1], und damit zusammenhängend die allerwichtigste erste Besprechung mit Regisseur und Kostümmaler bezüglich der ersten Szene von „Tannhäuser". Sollte sich etwa morgen oder übermorgen etwas darin entscheiden, und ich frei werden, so würde ich es Ihnen augenblicklich telegrafisch wissen lassen. Große Freude würde es mir gewähren, Sie in Tätigkeit zu sehen. (Sie haben auch vollkommen recht bezüglich der Ortrud gehabt, es kommt alles auf Deutlichkeit an, und muß man unter mißlichen Umständen zugunsten der Deutlichkeit manches zu opfern wissen.)

Auch Ihre famosen Konzertprogramme haben mich sehr interessiert, und ich danke Ihnen für die Zusendung derselben. – Zufällig habe ich mich in dieser Zeit einige Tage auch eingehend mit Berlioz beschäftigt, und zwar mit „Cellini", den Kniese[2] neu übersetzt, und für welchen mir eine Umarbeitung ebenso notwendig als lohnend erscheint. Das Schreckliche bei Berlioz ist, daß man ihn gar oft beim Freveln antrifft. L'idee aimee in der „Fantastique" zur Hexe geworden, seine Hauptmelodie im „Cellini" zu Harlekinsgambaden verwendet, sind Beispiele davon, und einige Sätze des „Tedeums" sind von wirklich schwierig zu ertragender Gemeinheit. Seine genialische Begabung ist aber eine so ungeheure, seine Einfälle so erstaunlich, sein Melodienreichtum – z.B. im „Cellini" – so unleugbar, daß man wohl, glaube ich, nie aufhören wird, sich mit ihm zu beschäftigen, und suchen wird, über ihn sich klar zu werden. Ich teile durchaus Ihre Empfindung, daß sein „Requiem" sein größtes Werk ist; es ist ganz erstaunlich im Aufbau, und hätte ich von der Aufführung gewußt, ich wäre nach Leipzig gekommen, um es zu hören. Wie eine erbärmliche Kinderei – da haben Sie vollständig recht – kommt einem dagegen alles vor, was in einer gewissen Schule produziert worden ist, und keine „Halleluja-Perücke" kann das bedeutender machen!

Wie schön von Ihnen, mein Freund, daß Sie aus den „Gesammelten Schriften" vorlesen wollen. ≪Melden Sie es mir ja, wenn es geschehen ist, damit ich es Baron Wolzogen[3] für die „Blätter" mitteile.≫ Ich kenne Ihren Verein gar nicht, so daß ich nicht weiß, womit Sie am besten beginnen, ob mit den Hauptwerken wie: „Das Kunstwerk der Zukunft" und „Oper und Drama" oder mit den Schriften wie: „Deutsche Kunst und deutsche Politik", welche unmittelbarer mit der Errichtung unseres Theaters zusammenhängen. Von ferne aus gesehen bin ich eher für letzteres, und würde ich Ihnen raten, sich gar nicht zu genieren, die Schriften da zu verdeutlichen, wo Sie etwa annähmen, daß Ihr Auditorium sie nicht vollkommen gefaßt habe. Den Musikern ist jetzt das Recht erworben worden, die lebendige Kultur zu vertreten. Von der Musik aus ist unsere neue, große Bildung ausgegangen. So haben die Musiker jetzt auch das Recht zu sprechen, wenn sie sich dessen bewußt sind, was ihnen geworden ist, und an ihrer Bildung mit offenem Sinne [zu] arbeiten.

Kleists Schriften (Briefe politische Aufsätze etc.) haben mich in letzter Zeit sehr beschäftigt. Es ist wundervoll zu sehen, wie ihm der ganze Gelehrsamkeitskram zuwider war, er nach der allgemeinsten, freiesten Bildung strebte, und in allem die Musik der Dinge empfand und über alles das Recht des Herzens setzte. So empört er sich förmlich einmal darüber, daß man immer sagte, eine Handlung zuerst zu überlegen, bevor man sie begehe; *erst* die Handlung, sagt er, und dann könne man sehen, wie sie war. Es war mir als ob ich einen Satz aus den „Gesammelten Schriften" vernähme.

Von Porges'[4] Konzert haben Sie wohl gehört. Meine Töchter haben mir das Schönste davon berichtet. Der XIII. Psalm (wie übrigens jetzt auch in Berlin) soll tief gerührt haben, und es scheint wirklich, daß die Werke meines Vaters allmählich den ihnen so lange gehemmten Weg zu den Herzen finden. ≪Schwartz[5] hat im Odeonskonzert mit dem Es-Dur-Konzert einen förmlichen Jubel hervorgerufen. Er soll es sehr schön gespielt haben.≫

Ich freute mich sehr, auf dem einen Ihrer Programme den „Totentanz" zu sehen, welchen ich für eine der schönsten Kompositionen meines Vaters halte, und auch für die Nachricht über die „Elisabeth" bin ich Ihnen umsomehr verbunden, als ich mir eigentlich von einer solchen dramatischen Aufführung wenig versprochen hatte.

Daß sich ihr erster Eindruck von Herrn von Bronsart bestätigte, ist sehr erfreulich. Mir war all das Vage, Unfreundliche, was über ihn mir zukam, immer unerklärlich, denn ich habe ihn als einen ehrenhaften Charakter und sehr feinsinnigen Künstler (ich habe in Leipzig eine vorzügliche Aufführung des „Prometheus" unter seiner Leitung gehört) gekannt, und das kann sich doch nicht ändern.

So seien Sie denn, mein lieber Freund, von Herzen beglückwünscht und bleiben Sie überzeugt, daß, was Sie mir von Ihrer Tätigkeit mitteilen wollen, bei mir immer die wärmste Teilnahme finden wird. Wenn meine Fahrt nach Coburg stattfindet, komme ich dann sicher nachher nach Weimar und irgend etwas unter Ihrer Leitung werde ich dann wohl hören.

Leben Sie wohl, bester Freund, und seien Sie von meinen Töchtern und mir auf das herzlichste gegrüßt!

C. Wagner

Ps.: Mein Sohn hat in Karlsruhe das „Eherne Pferd" in der Humperdinckschen[6] Bearbeitung gesehen, es soll sich auf der Bühne vorzüglich machen und dank einer sehr guten Piece von Akt zu Akt sich steigern. Daß der „Mikado“[7] daraus entnommen ist, hörten Sie wohl auch. Ich kenne den „Mikado“ nicht, hörte aber, daß er viel Freude in Israel erregte! –

1 Max Brückner (1836 – 1919), Geheimer Hofrat und Professor, und Gotthold Brückner (1844 – 1892), beide Theatermaler und Bühnenbildner in Coburg, schufen die Dekorationen für die Bayreuther Festspiele von 1876 – 1901.

2 Julius Kniese (1848 – 1905), Kapellmeister und Komponist. 1882/83 musikalischer Assistent, 1888 – 1904 Chordirektor der Bayreuther Festspiele und mit Cosima Wagner Leiter der Stimmbildungsschule.

3 Hans Paul Freiherr von Wolzogen und Neuhaus (1848 – 1938), Schriftsteller. Von Richard Wagner 1877 nach Bayreuth berufen. Herausgeber der „Bayreuther Blätter“.

4 Heinrich Porges (1837 – 1900), Musikschriftsteller und Dirigent des von ihm begründeten Porgesschen Gesangvereins in München, Mitredakteur der „Neuen Zeitschrift für Musik“, 1867 Redakteur der „Süddeutschen Presse “ in München, 1871 Musikdirektor. 1882 – 1897 musikalischer Assistent in Bayreuth. Verfasser zahlreicher Schriften über Richard Wagner.

5 Heinrich Schwartz (1861 – 1924), Pianist (Schüler von Rheinberger und Bärmann) und Komponist, Lehrer an der Akademie der Tonkunst und Leiter der „Bürger-Sänger-Zunft“ in München. Begleiter Eugen Guras und Dr. Wüllners. 1889 musikalischer Assistent in Bayreuth.

6 Engelbert Humperdinck (1854 – 1921), Komponist, studierte auch bei Rheinberger und bei Franz Lachner in München. 1880 – 1882 musikalischer Assistent in Bayreuth, Kompositionslehrer Siegfried Wagners.

7 *Der Mikado* (1885), Operette des englischen Komponisten Arthur Sullivan (1842 – 1900).

7 [Auf Visitenkarte] *Frau Wagner* Frankfurt a.M., den 4. Januar 1890

Besten Dank, lieber Freund, für Ihr Gedenken! Ach ja, hätten wir nur Festspiele 1890! Wenn ich Ihnen aber meine „Tannhäuser“-Nöte(n) erzählen werde, dann werden Sie verstehen, daß daran nicht zu denken ist. Hoffentlich aber arbeiten wir gemeinsam vorbereitend in diesem Jahr.

Alles Beste wünscht Ihnen in herzlichster Teilnahme

C. Wagner

8 Weimar, den 5. Januar 1890

Hochverehrteste gnädige Frau!

Seit 14 Tagen mit allen Freuden der dümmsten aller Krankheiten, Influenza genannt, behaftet, befinde ich mich erst seit gestern wieder soweit, daß ich den Versuch wagen kann, einen nur einigermaßen vernünftigen Brief schreiben zu wollen.

Vor allem herzlichsten Dank für Ihre Zeilen und das mich außerordentlich glücklich machende Versprechen, mir bei den Vorarbeiten zu „Tannhäuser“ auch ein Plätzchen zu bescheidenem Wirken anweisen zu wollen. Daß für 1890 auf keine Festspiele zu hoffen ist, ist sehr traurig; abgesehen davon, daß uns, die wir die Ehre haben, der Bayreuther Sache nahestehen zu dürfen, so furchtbar Not tut, wenigstens zwei Monate im Jahre wirklich Kunst zu treiben, denn was wir da an unseren Hoftheatern „*wirken*“, sind doch mit wenigen Ausnahmen (der glückliche Mottl z.B.) nur Versuche, bei deren Schüchternheit einem oft der ganze Mut über Bord fällt, – abgesehen davon, bräuchte das „deutsche Volk“ – doch verzeihen Sie, gibt es das denn eigentlich? – ich glaube, es gibt nur mehr ein deutsches Publikum und das ist erbärmlich genug, – nun sprechen wir wenigstens von einem deutschen Volke, wenn es auch nicht vorhanden ist, – also bräuchte das deutsche Volk doch „einmal im Jahre“ die flammende Mahnung, daß es eine deutsche Kunst haben könnte, wenn es nur „wollte“.

Ich habe es mir neulich wieder so recht vor Augen geführt, welch ein Frevel gerade bei der Empfänglichkeit des niederen Volkes (an dem gebildeten ist ja kaum mehr etwas zu bessern) unsre Theaterrepertoire sind. Am Weihnachtstage war bei der herrschenden Influenza im Theater nur mehr Gounods lieblicher „Faust“[1] möglich, ich hatte mich mit Händen und Füßen gegen die Oper gesträubt, deren großer Erfolg in Deutschland einer der größten Schandflecke für das deutsche Volk (ich spreche schon wieder davon) ist, es ging aber nicht anders; ich machte mir nur den Spaß, zwei Akte lang das Publikum der obersten Galerie zu betrachten, und es war erstaunlich, mit welch sichtbarer Teilnahme die einfachen Leute da oben der Handlung folgten, wie auf den Gesichtern jeder: der geringste Wechsel der Handlung sich getreu widerspiegelte. Wenn man diesen Leuten mit ihrer unverdorbenen Empfänglichkeit gute, gesunde Kost vorsetzte in richtig geleiteten Volkstheatern, was könnte da Gutes geschaffen werden. Wie die Blasiertheit des „gebildeten“ Deutschen zu kurieren wäre, weiß ich allerdings nicht. Wenn man ihn nach Bayreuth *zwingen* könnte, ja da wäre zu helfen, aber sie kommen ja nicht, die lieben Deutschen, diese – Theaterabonnenten auf Lindau- und Blumenthalsche[2] Stücke!

Verzeihen Sie, hochverehrteste gnädige Frau, daß ich gerade Ihnen vorklage, aber gerade gelegentlich des Gounodschen „Faust" hat sich soviel Galle wieder bei mir angesammelt, die sich einmal entladen mußte. Sie verstehen mich schon, teuerste Frau, und verzeihen mir.

Mein letzter „Lohengrin" (8. Dezember) war über mein Erwarten gut, d.h. wenigstens annähernd korrekt, die Orchesterleistung sogar vortrefflich und sehr diskret. Fräulein Denis hat ihre Sache, besonders musikalisch, sehr gut gemacht, sah sehr hübsch aus, das Spiel kann noch größere Vertiefung vertragen, war aber nicht ungeschickt. Die Szene hat, dank unserer Arrangierproben, doch große Verbesserungen aufgewiesen, im Schwanenchor hatte ich es doch dahin gebracht, daß kein Chorist auf den Takt gesehen hat, der Kampf war besser, der Heerrufer sang seine Anrede im II. Akte rückwärts vor dem Pallas und nicht mehr beim Souffleurkasten, der Brautzug war leidlich und im Duett des 3. Aktes habe ich durchgesetzt, daß Lohengrin und Elsa sitzen bleiben bis: „Höchstes Vertrauen". Zeller (Lohengrin) hat sogar: „Atmest du nicht" im Sitzen gesungen, was sich vortrefflich machte. Der Reitermarsch war ebenfalls besser, ganz am Schluß verunglückte der Kahn mit Lohengrin und erschien gerade, als man ihn nicht sehen soll. Ich stürze wütend auf die Bühne mit einem sehr derben Ausdruck: welches – hat denn das Zeichen zu(r) Abfahrt und Wiedererscheinen des Kahns gegeben? Da stellte sich heraus, daß unser genialer Regisseur selbst es gewesen war, ist das nun nicht zum Verzweifeln? Demnächst will ich nun den Versuch einer Neueinstudierung des ungestrichenen „Tannhäuser" machen, mein Schüler Zeller hat denselben jetzt studiert, und ich bin nur neugierig, ob er die Riesenrolle ohne Strich zwingen wird. Im übrigen wird es mit dem „Tannhäuser" böse Arbeit setzen.

Daß Sie, hochverehrteste gnädige Frau, der Aufführung der „Faust"-Ouvertüre, des „Siegfriedidylls" und „Huldigungsmarsches" am 9. Dezember nicht beiwohnen konnten, habe ich wirklich bedauert, die Aufführung war wirklich so gelungen, daß sie Ihnen, wie ich glauben darf, Freude bereitet hätte. Zu einer Theatervorstellung möchte ich dagegen vorläufig nicht wagen Sie einzuladen, denn was dieselben, so z.B. mein letzter „Lohengrin", vielleicht Gutes an sich hatten, ist doch nur relativ in Anbetracht unserer Verhältnisse und für Sie, hochverehrteste Frau, sicher kein Genuß. Daß Sie meinem bescheidenen Wirken hier solche Teilnahme entgegenbringen, gehört wirklich zu dem wenigen, was mich oft aufrecht erhält; haben Sie herzlichen und innigsten Dank dafür, daß Sie mir hie und da von dem stärkenden Bayreuther Geist senden!

Ritters[3] famoser Artikel im Kalender hat Ihnen wohl auch Freude bereitet!

Wie ich übrigens mit Bedauern vernahm, waren Sie, hochverehrteste Frau, die Weihnachtstage über auch nicht wohl, hoffentlich hat sich aber Ihr Befinden nunmehr gebessert. Frau Dr. Thode, möchte ich Sie bitten, noch meinen herzlichsten Dank für ihre liebenswürdigen Zeilen übermitteln zu wollen, dieselben haben mich innigst erfreut.

Für heute noch die besten Wünsche an Sie, hochverehrteste gnädige Frau, und Ihre liebe Familie zu baldigster allseitiger Genesung und die herzlichsten Grüße Ihres in innigster Verehrung treu ergebensten

Richard Strauss

1 *Faust*, in Deutschland unter dem Titel *Margarethe*, meistgespielte Oper des französischen Komponisten Charles Gounod (1818 – 1893).

2 Paul Lindau (1839 – 1919), Dramatiker und Feuilletonist in Berlin, erfolgreich mit an Sardou angelehnten Boulevardstücken, ab 1895 Theaterintendant und Dramaturg in Meiningen und Berlin.
Oskar Blumenthal (1852 – 1917), Schriftsteller, Redakteur am Berliner Tageblatt, Gründer und Leiter des Lessing-Theaters in Berlin, schrieb 1898 mit G. Kadelburg das Lustspiel *Im weißen Röss'l.*

3 Alexander Ritter (1833 – 1896), Geiger, Dirigent und Komponist. Sohn von Karl und Julie Ritter, der Gönnerin Richard Wagners, Bruder des Schriftstellers Karl Ritter (1830 – 1891) und von Emilie Ritter, Mitschüler und Freund Hans von Bülows in Dresden, verheiratet mit der Schauspielerin Franziska, geb. Wagner (1829 – 1895), der Tochter von Richard Wagners Bruder Albert.
1885 fand Strauss in Meiningen in Alexander Ritter den Mentor, der ihn zur Richtung Liszts und Wagners hinführte. Er widmete ihm *Macbeth* op. 23. Der Klavierauszug der Ouvertüre zu Ritters 1885 in München uraufgeführter Oper *Der faule Hans* stammt von Richard Strauss (AV. 184A). 1890 dirigierte er anläßlich der Uraufführung von Ritters zweiter Oper *Wem die Krone?* in Weimar auch den *Faulen Hans.* Das Doppelbildnis (Ritter und Strauss) von Leopold Graf Kalckreuth ist damals entstanden. Auch im Konzertsaal trat Richard Strauss für die Werke des Freundes ein. Er instrumentierte dessen Lied *Nun hält Frau Minne Liebeswacht* (AV. 188) und widmete es posthum „Den lieben Ritters", d.h. seinen Töchtern. Auf Grund seiner Geburt in Rußland (Narva) erscheint Ritters Vorname auch als Sascha.
Der Artikel Ritters „Rückblick auf die Festspiele des Jahres 1889" erschien im Bayreuther Taschenbuch mit Kalendarium für das Jahr 1890, 6. Jhg. des Bayreuther Taschen-Kalenders, S. 146 ff.

9 Frankfurt a.M., den 7. Januar 1890
Frankfurter Hof

Ihr Brief, mein lieber Freund, war mir wieder eine große Freude, und ich danke Ihnen herzlich für Ihr Vertrauen zu mir. Bewahren Sie mir dasselbe und seien Sie überzeugt, daß ich es hochschätze und mit der wärmsten Teilnahme es erwidere. Ich habe hier in dieser wunderlichen Stadt viel an Sie gedacht und mich gefragt, ob Sie hier an der Spitze der Museumskonzerte (Orchester und Chor sollen wirklich gut sein) nicht mehr und Ihnen Entsprechenderes hätten wirken können als in unserem lieben, kleinen Weimar. Es fiel mir dabei ein, daß Mottl in Karlsruhe, Weingartner[1] in Mannheim, Sie – und wahrscheinlich auch bald am Theater – hier, Humperdinck vermutlich in Düsseldorf durchgesetzt, wir die Rhein- und Mainlande recht artig besetzt und gesäubert hätten. Aber nach allem, was ich von hier erfahre und gewahre, scheint nichts anderes übrig zu bleiben, als den Weg der Verrottung es gehen zu lassen. Schade um die schöne Stadt und um einen doch noch, trotz aufgestülptem Judentum und angetünchtem Brahmsianismus, vorhandenen guten Kern in der Bevölkerung. Es hat wirklich etwas Trostloses, den schön angelegten Ort an dem breiten, prachtvollen Strom mit den alten Erinnerungen und den Gedanken an Goethe und Schopenhauer, durchzuwandern und, indem man sich der Gescheitheit und Freundlichkeit des Volkes darin erfreut, zu bemerken, daß fast sämtliche Schilde[r] der Läden israelitische Namen tragen, daß das Theater absolut jüdisch ist und daß diejenigen, welche nun den deutschen Geist vertreten sollten, Wesen von so verknöcherter oder eingeschlafener Art sind, daß man sich nicht wundern kann, wenn hier die Juden vollständig obsiegten. Ob eine junge, tüchtige Kraft, wie die Ihrige, hier nicht viel vermocht hätte oder ob sie preisgegeben worden wäre? Frage, die ich nicht zu entscheiden wage.

Das deutsche Volk, nach welchem Sie suchen, ich frage mich auch, wo es denn steckt und bleibt! Und die Misere ist nicht von heute, denn als Goethe seine Vaterstadt darum bat, ihm, dem in Weimar wohnenden, mit 20 000 Gulden Vermögen nur Begüterten, die Steuerlast zu erlassen, entschloß sich die gute Stadt Frankfurt, nicht etwa unseren größten Dichter zum Ehrenbürger zu machen, sondern sie strich ihn aus der Liste der Bürger, und als er hier über 14 Tage verweilte, dachte das Theater nicht daran, ein Stück des Unvergleichlichen zu geben, was seine paar Freunde derart entsetzte, daß Willemer[2] die Aufführung des „Tasso", mit Darbringung der beiden Lorbeeren von Virgil und Ariost erfand, welche Satire als Tatsache in verschiedenen Biographien aufgenommen worden ist.

Das deutsche Volk!

In den „Gesammelten Schriften" heißt es, daß alles dem Volke gehört, was die Not empfände. So meine ich, daß wir, die wir die Not der Kunst tief inbrünstig empfinden, als Seele dieses Volkes uns fühlen und hoffen dürfen, daß diese Seele durch die Kraft ihrer Not sich zur Erscheinung verhelfen wird. Und so fühle ich mich einzig mit denen verschwistert, welche dieses Elend empfinden. So hat Ihre Klage um die harmlosen Zuhörer des „Faust" einen Widerhall in meinem Herzen gefunden; man kann ganz trostlos über diese Verwahrlosung des armen Deutschen werden, der noch so viel an guter, menschlicher Empfindung uns entgegenbringt. Weiß es Gott, woher die „Gebildeten" und Leitenden ihre Stumpfheit, ihren matten Herzschlag und elenden Geschmack haben; es kann einen aber zur Verzweiflung bringen, und wenn man denkt, daß Bayreuth dasteht und durch die Übergewalt des Geistes noch lebt, und daß die guten Deutschen nichts anderes wissen, als darüber zu jubeln, daß recht viele Fremde hinkommen, so muß man sich mit Gewalt daran erinnern, daß die Hoffnung eine Tugend ist, und diese Tugend in sich nach Kräften erhalten.

„Und wenn die Welt voll Teufel wär,
Ich wollte nicht verzagen".

Es hält aber nicht leicht!

Ich habe sehr bedauert, sowohl Ihren „Lohengrin" als das Konzert nicht angehört zu haben. Im „Lohengrin" hätten *Sie* mich vor allem interessiert, und Ihre Wirksamkeit wäre mir lebensvoll durch alle Unzulänglichkeiten durch entgegengetreten. ≪Auch hätte ich mit Ihnen bei dem verkehrten Erscheinen des Kahnes gelitten. Der Regisseur eigenhändig!≫ Am 15. Februar habe ich meine Besprechung in Coburg. Von dort käme ich nach Weimar und hörte, was Sie gerade vorhaben. (Wenn eine Wiederholung der „Faustouvertüre" oder des „Idylls" möglich wäre, hätte ich große Freude natürlich). Ich erzähle Ihnen dann, wie weit ich mit meinem armen „Tannhäuser" bin. Ende dieses Monates sehe ich ihn in Berlin, und werde mir wohl das Meinige dabei denken. – Eine unausrottbare Influenza herrscht auf unserer Oper, kein Arzt kann sie vertreiben.

Was unsere Influenza betrifft, so ist sie im Abziehen. Wir sind noch alle etwas matt, aber doch wieder lebensfähig. Ob ich aber die Kraft so weit treibe, die „Missa Solemnis" unter Herrn Scholz[3] hier anzuhören, weiß ich nicht. Ich glaube, ich überlasse diese Tugendübung Frau Schumann[4].

Nun aber leben Sie wohl, mein teurer Freund, erholen Sie sich auch ganz und lassen Sie immer von sich hören in der festen Zuversicht, daß mich alles von Ihnen interessiert. Meine Kinder vereinigen sich allesamt mit mir, um Ihnen beste Wünsche und herzlichste Grüße zu entsenden.

Und – wir wollen hoffen!

Treulich

C. Wagner

Ritters warmer Aufsatz war sehr rührend.

1 Felix von Weingartner (1863 – 1942), österreichischer Dirigent und Komponist, 1884 Uraufführung seiner Oper *Sakuntala* durch Liszt in Weimar veranlaßt, 1886 musikalischer Assistent in Bayreuth, 1889 – 1891 Hofkapellmeister in Mannheim, ab 1891 in Berlin, 1898 – 1903 erster Dirigent der Kaimkonzerte in München, 1908 – 1911 und 1935/36 Direktor der Wiener Oper. Kompositionen: u.a. 7 Opern und Sinfonien, verschiedene musikalische Schriften.

2 Johann Jakob von Willemer (1760 – 1838), Bankier, verheiratet mit Marianne von Willemer, der Suleika aus Goethes „West-östlichem Divan".

3 Bernhard Scholz (1835 – 1916), Dirigent und Komponist, 1883 – 1908 Direktor des Hochschen Konservatoriums in Frankfurt a.M.

4 Clara Schumann (1819 – 1896), Pianistin, Witwe Robert Schumanns.

10 Weimar, den 19. Januar 1890

Hochverehrteste gnädige Frau!

Wie sehr mir Ihr liebevoller Brief Trost gebracht hat und wie dankbar ich Ihnen für Ihre freundliche Teilnahme an meinem bescheidenen Wirken bin, kann ich Ihnen gar nicht sagen. Man braucht hie und da ein solch aufmunterndes Wort, um nicht alle Hoffnung zu verlieren.

Nehmen Sie meinen innigsten Dank!

Frankfurt wäre, glaube ich, kaum ein geeigneter Ort für mich; eine Tätigkeit am Museumskonzertinstitut wäre für mich insoferne ergebnislos, als sie, abgesehen davon, daß das Konzert durch die Übergewalt des Dramas stark beiseite geschoben ist, mir nicht die Möglichkeit gewährte, so für die Bayreuther Sache zu wirken in der Vorbereitung einer Reihe von Sängern für den deutschen Stil, in der Säuberung eines publikumverderbenden Repertoires, etc. etc., als es mir in dem kleinen Weimar möglich ist. Das geistlose Herunterspielen von Mozartschen Ouvertüren und Mendelssohnschen Ouvertüren ist schließlich, um so mehr als das Hauptinteresse des Publikums doch dem Theater zugewandt ist, nicht so schlimm als Aufführungen des „Propheten"[1] und des „Faust" (in deren Hintertreibungen ich hier bereits einen Namen habe), von strichvollen und stillosen Aufführungen der Werke des Meisters ganz zu schweigen.

Ich war vorige Woche in Dresden, wo mir eine „Tannhäuser"-Aufführung beschert wurde, die mir solch kolossalen Mut machte, daß ich demnächst an den Versuch einer *ungestrichenen „Tannhäuser"-Neueinstudierung* gehen werde. Ich hoffe, daß Herr Zeller die furchtbare Aufgabe in ihrem vollen Umfang bewältigen wird und glaube, am 10. Februar mit den Klavierproben beginnen zu können. Das wird mit der hohen Regie wieder Kämpfe setzen!

Die Dresdner Aufführung hat mir, wenn Sie mir erlauben, Ihnen darüber zu berichten, sehr wenig Freude bereitet, sie trug den Stempel der grauenhaftesten Oberflächlichkeit. Schuchs[2] Tempi boten mir die unglaublichsten Überraschungen, von der ersten bis zur letzten Note *von einer Geschwindigkeit*, mit der kein Blitzzug konkurrieren kann. Trotzdem Schuch ungeheuer gewandt ist und das große Verdienst hat, sein wundervolles Orchester zu einer geradezu musterhaften Diskretion erzogen zu haben, so war doch seine Leistung eine so äußerliche und nicht eine Spur von Gemüt und von Vertiefung in das so erschütternde Meisterwerk zeugende, daß ich mich erschreckt von solcher Oberflächlichkeit abwenden mußte.

Auf der Bühne stand nur Scheidemantel[3], der als Wolfram gesanglich und darstellerisch vortrefflich war, auf der Höhe seiner Aufgabe. Fräulein Malten[4] hatte schauspielerisch einige vortreffliche Momente, so war die Begrüßung der Gäste auf der Wartburg sowie der Sänger ein Meisterstück von Grazie. Im ganzen ist sie als Elisabeth nicht mehr am Platze, es gebührt ihr die Rolle der Venus.

Entsetzlich, geradezu ekelhaft war Gudehus'[5] Tannhäuser. So etwas Dilettantisches in der Darstellung dieser schwierigen Rolle dürfte schwer wiederzufinden sein, dagegen ist Vogl[6] ein Gott. Gudehus' Haltung, Maske und Auffassung (resp. Nichtauffassung) der Rolle war so gewöhnlich, trivial, charakterlos, daß ich gar keine Worte dafür finde. Pfui, über einen solchen Menschen, der jahrelang das Glück hatte, in Bayreuth mitzuwirken und so wenig dort lernen konnte oder wollte. Gesanglich war seine Leistung von einer Unkorrektheit, einer Mißachtung aller Vorschriften des Meisters, die über alle Begriffe geht. Man kann Berlin zu dieses Mannes Engagement nur gratulieren!

Die Chöre waren unrein, sangen sehr nachlässig, die Regie ebenfalls nicht auf der Höhe der Aufgabe. Wenn ich nicht die Möglichkeit sähe, hier in Weimar bei allen, eben nicht aus der Welt zu schaffenden Unzulänglichkeiten, wenigstens pietätvollere Aufführungen herzustellen (was ich in der Primadonnen- und Judenwirtschaft der Frankfurter Opernbörse nicht könnte), hätte ich schon längst die Flinte eines Theaterkapellmeisters ins Korn der Arien-, Duetten- und Terzettenfelder geworfen. Bei der Unterstützung, die Herr von Bronsart allen meinen künstlerischen Bestrebungen, wenn sie kein Geld kosten, entgegenbringt, bei dem ausgezeichnet guten Willen meines gesamten Personals sehe ich aber noch diese Möglichkeit, die in erster Linie darauf fußt, daß unser kleines Repertoire mir wenigstens erlaubt, genügende Proben abzuhalten. Wenn wir zudem unser Personal von nächster Saison an mit einer tüchtigen ersten dramatischen Sängerin (Donna Anna, Fidelio, Brünhilde) und einer Altistin (Ortrud, Fricka) komplettiert haben (können Sie uns hierfür niemand empfehlen?), eine Reihe von Pensionierungen im Orchester, die ich durchzusetzen hoffe, sollen mir die Möglichkeit einer sehr notwendigen Auffrischung der Hofkapelle geben, so hoffe ich doch, daß mir das Arbeiten hier Freude machen wird.

Wenn ich nur erst den Regisseur totgeschlagen hätte!

Doch, hochverehrteste Frau, nun habe ich Ihnen viel überflüssiges Zeug vorerzählt, verzeihen Sie!

Vom 27. bis 31. Januar bin ich auch in Berlin, wie wäre ich glücklich, Sie dort begrüßen zu dürfen!

Ob es mir möglich sein wird, Ihnen am 16. Februar etwas, worüber Sie nicht zu stark in Schrecken geraten würden, hier vorzuführen, vermag ich jetzt noch nicht abzusehen, da wir am 15. Februar unter Lassen ein Konzert der Hofkapelle haben, in welchem Herr von Bülow[7] die beiden Es-Dur-Konzerte von Beethoven und Liszt spielen wird.

Hoffentlich kann ich das Nähere mit Ihnen in Berlin besprechen! Würden Sie die Güte haben, mir in aller Kürze mitzuteilen, wann Sie in Berlin sein werden und wo Sie wohnen?

Nun leben Sie wohl, hochverehrteste gnädige Frau, nehmen Sie den innigsten Dank und die herzlichsten Grüße (auch an Ihre Kinder)

Ihres in innigster Verehrung stets getreuen

Richard Strauss

1 Giacomo Meyerbeer (1791 – 1864), Komponist einst äußerst erfolgreicher Opern, u.a. *Robert der Teufel, Die Hugenotten, Die Afrikanerin, Der Prophet*, alle auf Texte von Scribe.

2 Ernst von Schuch (1846 – 1914), österreichischer Dirigent, seit 1872 an der Hofoper in Dresden (1882 Operndirektor, 1889 Generalmusikdirektor), Dirigent der Uraufführungen von *Feuersnot, Salome, Elektra,* und *Der Rosenkavalier.*

3 Carl Scheidemantel (1859 – 1923), Baritonist, 1878 – 1886 am Hoftheater in Weimar, 1886 – 1911 an der Hofoper in Dresden (er sang den Kunrad bei der Uraufführung der *Feuersnot*). 1886 – 1894 bei den Bayreuther Festspielen als Kurwenal, Klingsor, Amfortas, Hans Sachs und Wolfram von Eschenbach. Richard Strauss hat ihm das Orchesterlied *Nächtlicher Gesang* op. 44 Nr. 2 gewidmet.

4 Therese Malten (1855 – 1930), dramatische Sopranistin. 1873 – 1903 Mitglied der Hofoper in Dresden. In der Uraufführung des *Parsifal* 1882 sang sie die Kundry, welche Rolle sie bis 1894 in Bayreuth beibehielt.

5 Heinrich Gudehus (1845 – 1909), Organist und Tenorist. 1880 – 1890 an der Hofoper in Dresden, später Gast in New York und Berlin. 1882 sang er den Parsifal in der Uraufführung in Bayreuth und blieb bis 1889 (auch als Tristan und Stolzing) den Festspielen verbunden.

6 Heinrich Vogl (1845 – 1900), Tenorist, seit 1865 mit seiner Frau Therese (1845 – 1921) am Münchner Hof- und Nationaltheater, berühmt als Interpreten von Tristan und Isolde, 1870 Siegmund und Sieglinde in der Uraufführung der *Walküre*. Heinrich Vogl sang 1876 – 1897 bei den Bayreuther Festspielen Loge, Parsifal, Tristan und Siegmund. Richard Strauss hat ihm die *Acht Lieder* op. 10 gewidmet.

7 Hans von Bülow (1830 – 1894), Pianist (Schüler von Friedrich Wieck und Liszt), Dirigent und Komponist. 1850 schloß er sich Richard Wagner an, war Theaterkapellmeister in Zürich und St. Gallen, dirigierte als Hofkapellmeister in München die Uraufführungen von *Tristan und Isolde* und *Die Meistersinger von Nürnberg*. 1877 – 1879 am Hoftheater in Hannover. 1880 – 1885 war er Hofmusikintendant des Herzogs von Meiningen, anschließend Leiter der Abonnementskonzerte in Hamburg und der Berliner Philharmoniker. Als Pianist unternahm er ausgedehnte Reisen. Richard Strauss, der ihm *Improvisation und Fuge über ein eigenes Thema* o.op. 81 und die Sinfonische Fantasie *Aus Italien* op. 16 widmete, empfahl er nach Meiningen.

11 Frankfurt, den 20. Januar 1890

Mein Aufenthalt in Berlin war, mein teuerster Freund, auf den „Tannhäuser“ mit der neuen Szene (für den 27.) berechnet. Das Verscheiden der Kaiserin Augusta hat die Festaufführung und somit auch meine Anwesenheit dort auf unbestimmte Zeit verlegt, und so werde ich leider wohl nicht mit Ihnen dort zusammentreffen. – In Coburg werde ich wohl zwei Tage sein; und was Sie im Theater am 18. oder 19. bringen können, wird mich interessieren. – Ihr Bericht über Dresden war mir sehr wertvoll! Ich kann mir die gleichgültige, herzlose Eleganz des Orchesters vorstellen und der gewisse Einzug der Gäste mit virtuosenhaftem Empfang, worüber die Prinzessinen den Primadonnen Komplimente machen, ist seit 1855 die zu ertragende Prüfung für jeden Sinnigen. Die Leute werden sich wundern, wie einfach das bei uns hergehen wird! – Sehr recht haben Sie auch darin, daß Fräulein Malten die Venus singen sollte. Alles übrige konnte ich mir – ach wie gut! – vorstellen.

Die Messe habe ich in der Probe nun doch gehört und bekam davon so wütende Kopfschmerzen, daß ich, nachdem ich die Influenza abgetan hatte, mich sehr ärgerlich der Inscholzenza preisgegeben sah, wogegen kein Mittel, selbst kaum die Zeit, hilft.

Was Frankfurt anbetrifft, so haben Sie sicherlich recht. Es tut einem nur so weh um schöne Kunstmittel, und der ganze Zustand hier scheint so morsch, daß man nicht umhin kann, sich zu fragen, ob eine eingreifende Hand nicht vieles umgestalten könnte; aber dem ist nicht so! So preisen wir denn das gute Weimar und den großherzoglich-sächsisch sparsam, aber gutgesinnten Intendanten, und was den Regisseur anbetrifft, hat am Ende der Gott, der das Eisen schuf, ein Einsehen.

Nächsten Sonntag bringt Weingartner in Mannheim die Wiederholung der „Dante"-Sinfonie nebst „Faust"-Ouvertüre und erster Szene „Tannhäuser". Ich will dafür hingehen, da er es für mich veranstaltet, weil ich durch mein Unwohlsein verhindert war, der ersten Aufführung beizuwohnen; nun leben Sie wohl, mein teuerster Freund, wir wollen recht herzhaft miteinander verzweifelt sein und doch immer an die Macht des Guten glauben. An Ihre Altistin werde ich denken, Kniese wird bald für uns reisen. Meine Kinder grüßen Sie mit mir herzlichst

treulich

C.W.

12

Coburg, den 15. Februar 1890
Hotel Leuthäuser

Bester Freund,

morgen 2 Uhr 12 verlasse ich Coburg und bin abends 7 Uhr 23 in Weimar, wo ich den Montag zubringen würde; *nötigenfalls*, wenn erst Dienstag etwas zu hören: Dienstag.

Würden Sie die Güte haben, im „Erbprinzen" eine Stube mit zwei Betten und einem kleinen Salon daneben, beides klein und durchgeheizt (ich fürchte mich vor Staatsstuben in schlechten Hotels!) [zu bestellen.]

Wenn Sie im Theater beschäftigt sind (was ich morgen Sonntag vermute), so kümmern Sie sich weiter nicht um uns, sondern besuchen Sie uns nach dem Theater, wo wir das Abendbrot dann zusammen nähmen.

Auf Wiedersehen, mein lieber Strauss, ich freue mich sehr auf Sie!

C. Wagner

Bitte melden Sie Joukowsky[1] mit herzlichstem Gruße meine Ankunft.

1 Paul von Joukowski (1845 – 1912), russischer Maler, Intimus Wahnfrieds, lebte ab 1880 als Freund der Familie in unmittelbarer Umgebung Richard Wagners. Für die Uraufführung des *Parsifal* 1882 hatte er Dekorationen und Kostüme entworfen.

13

Dienstag, den 25. Februar 1890
Wahnfried

Ich denke daran, daß Sie, mein lieber Strauss, in diesem Augenblick dem erstaunten Frankfurt-Israel Ihren „Don-Juan“ zum besten geben, und obgleich diese Zeilen erst dann abgehen werden, wenn das bereits Bestellte einläuft, will ich Ihnen doch gerade jetzt sagen, daß meine Teilnahme Sie überallhin begleitet, wohin Sie zu wandern haben.

Sehr gerne hätte ich auch die Orchestration Ihres Stückes kennengelernt, welche ich mir durchaus geschickt vorstelle, da Ihnen eine auf richtige Schulung gegründete, ungemeine Sicherheit des Urteiles und der Technik zuteil geworden ist. Wollen Sie nun, mein lieber junger Freund, meine alte Gemütlichkeit zu Rate ziehen, so wird diese Sie auf Ihr Gefühl zurückführen und Sie ermahnen, Ihr Herz recht anzuhören und hie und da der Intelligenz, welche die Schlagfertigkeit besitzt, Schweigen zu gebieten.

Ihr Herz, welches in so ergreifender Weise mir im „Lohengrin“ entgegenschlug! Mit ungeteilter Freude gedenke ich dieser Aufführung und glaube, daß sie als Segen Ihre ganze Laufbahn begleiten wird.

Ich wollte einige Notizen für Sie nehmen und fing auch (wie Sie aus dem beigelegten Blatte sehen[1]) mit Kniese, der mir vorspielte, an. Aber, ich komme bei solchen Arbeiten immer sehr langsam vorwärts. Mit Kniese selbst verkehrte ich viel darüber, und so kam ich kaum über den ersten Akt hinweg ≪und nun ist er abgereist≫. Wenn wir uns sehen, sprechen wir noch über einzelnes.

(Da fällt mir ein, daß mir vor zwei Jahren ungefähr ein „Regisseur Anton Otto[2], früher in Düsseldorf, gegenwärtig am Saison-Theater in Lübeck", sehr empfohlen worden ist. Ich selbst kenne ihn nicht).

(Noch eines in Parenthese, was ich vergaß zu sagen: „Das Urchristentum", welches ich Dr. Herrig[3] rühmte, würde ich doch nicht Ihnen *jetzt* zur Lektüre empfehlen; in der Jugend meine ich, möchte man sich möglichst mit dem Anschaulichen, Tatsächlichen und Gestalteten befassen, um gleichsam die Beispiele der späteren abstrakten Erkenntnis zuzuführen.)

Wir haben unser gutes, liebes Bayreuth in voller Wahlagitation vorgefunden. Alle Arbeiter sind nicht so fromm wie die Ihres Onkels Pschorr[4], und weiß der liebe Himmel, was hier in die Leute gefahren ist, ein guter Teil derselben ist plötzlich Freund Feustel[5] abspenstig geworden. Krug[6], dessen Eindrücke vom „Tristan" ich Ihnen mitteilte, trat dieser Tage zu mir herein, ließ sich durchaus nicht dadurch abhalten, daß ich inmitten eines mir wichtigen Briefes war, legte den Zeigefinger an die Stirn, erklärte: „die Menschheit ist zu dumm, man glaubt's nicht, wie dumm die Menschheit ist", erzählte mir seine Kneipenkämpfe und setzte mir auseinander, wie notwendig die Schutzzölle seien. Zweimal entließ er mich, kam aber immer wieder zurück, indem er anzunehmen schien, nicht eindringlich genug gewesen zu sein. Ich lobte seine Gesinnung und sagte: Herr Feustel sei schuld, daß wir hierher gekommen seien, daß das Theater hier stünde, folglich hätte man für ihn zu wählen. Da zuckte er mit den Achseln, wovon ich nicht weiß, ob das meiner Auffassung der Politik oder der Dummheit der Menschheit, welche ihm so leuchtend aufgegangen ist, galt.

Nun aber erzählen Sie mir von Frankfurt, von meinen Kindern, von Karlsruhe, wenn Sie dort waren, und von sich.

Und leben Sie wohl, mein teurer Freund! Gott mit Ihnen, mit Ihrem Ernste, Ihrem Eifer, Ihrer Wahrhaftigkeit und Ihrem Zartsinn! Ich werde mich immer freuen, Ihnen zu begegnen, und trotz der schlechten Eisenbahnverbindung wollen wir vereint bleiben!

C. Wagner

Meine Tochter grüßt mit mir herzlichst und wir beide erführen gerne, wie es Joukowsky geht.

Haben Sie unsere guten, geschwätzigen Vögel[7] besucht?

1 Nicht vorhanden.
2 Anton Otto (1852 – 1930), Charakterdarsteller und Regisseur, zuletzt Theaterdirektor in Krefeld.

3 Hans Herrig (1845 – 1892), Schriftsteller, schrieb Dramen, Libretti und Aufsätze (u.a. über Schopenhauer).

4 Georg Pschorr (1830 – 1894), Brauereibesitzer, Bruder der Mutter von Richard Strauss, verheiratet mit Johanna Fischer-Dick. Er ermöglichte seinem Neffen 1892/93 die Griechenland-Ägyptenreise. Richard Strauss widmete dem Onkel, der den Stich finanziert hatte, den *Festmarsch* op. 1 sowie einige Kammermusik-Werke.

5 Friedrich Feustel (1824 – 1891), Bayreuther Bankier, Förderer Richard Wagners, Mitglied des Verwaltungsrates der Bayreuther Festspiele.

6 Krug: Faktotum (Hausdiener, Gärtner) im Hause Wahnfried.

7 Die Fräulein Stahr, wohl die Töchter des Schriftstellers Adolf Stahr (1805 – 1876). In „Weimar und Jena" berichtet er über die *Lohengrin*-Aufführung in Weimar unter Liszt.

14 Weimar, den 3. März 1890

Hochverehrteste gnädige Frau!

Als freudigste Überraschung nach der Rückkehr von meiner vortrefflich ausgefallenen Frankfurter Reise erhielt ich Ihre liebe Sendung und Ihren herrlichen Brief, die mich aufs innigste beglückt haben. Die „Entwürfe" sowie den wunderbar großartigen „Jesus von Nazareth" hatte ich mir zufällig in Frankfurt gekauft und freue mich nun, mit dem doppelten Exemplar der „Fragmente" einen Schüler glücklich machen zu können. – Bei herrlichstem Wetter hatte ich (allein im Coupé), in das Studium des „Jesus" vertieft, eine wunderschöne Rückfahrt durch das schneebedeckte Rhöngebirge.

Mein Frankfurter Aufenthalt war mir durch die außerordentliche Liebenswürdigkeit der Ihrigen und die große Teilnahme, welche dieselben meinem Werke und der Aufführung desselben erwiesen, ausnehmend genußreich; wir haben in den verstocktesten Frankfurter Patrizierhäusern in Wort und Tat (das erstere ist gewöhnlich hoffnungslos, da die Leute sich in einer ganz anderen Sprache ausdrücken als wir – aber man kann es eben doch nicht lassen, und mitunter fällt doch ein Körnchen auf guten Boden) für die gute Sache wacker zusammen gekämpft.

Bayreuth und Jerusalem (und alles, was von des letzteren Geiste durchtränkt und zerfressen ist) sind eben Pole, die sich wohl nie berühren werden.

Ihr Sohn Siegfried hatte die Güte, mir seine kontrapunktischen Arbeiten zu zeigen, und habe ich mich mit aufrichtiger Freude von seinen großen Fortschritten, die er in den wenigen Monaten seines Studiums gemacht hat, überzeugt.

Freund Mottl habe ich leider nicht gesehen, da er mir bei der „Öde und Leere seines Repertoiremeeres" von einem Besuche in Karlsruhe abgeraten hat. Den vortrefflichen, lieben Humperdinck wieder zu begrüßen, war mir eine große Freude.

Die genaueren Details über die vergangene Woche in Frankfurt wird Ihnen wohl Ihre Tochter[1], die mir so viel Liebes und Gutes erwiesen hat, berichten.

Wie mich, hochverehrteste Frau, Ihr hiesiger Besuch sowie Ihre liebevolle Anerkennung meiner Bestrebungen beglückt, ermuntert hat, kann ich kaum sagen; empfangen Sie nochmals meinen innigsten, tiefgefühltesten Dank.

Ihre freundlichen Notizen über „Lohengrin", die ich Sie herzlichst bitte, bei Gelegenheit fortzusetzen, werde ich mir sehr zu Herzen nehmen und sie genau befolgen.

Bezüglich des Überwiegens der Intelligenz über das Gefühl glaube ich (allgemein gesprochen), daß bei einer groß angelegten Künstlernatur das Unbewußtsein und die Unwillkür, die doch den Urgrund jedes wahren und intensiven Schaffensdranges, sei es nun beim produzierenden oder beim reproduzierenden Künstler, bilden, immer noch mächtiger sein werden als der Intellekt, sei er noch so hoch entwickelt.

Für uns kleine Menschen aber bedenken Sie, teuerste Frau, welch eine Riesenaufgabe uns zuteil geworden ist, nur auch ungefähr zu erfassen, wo unsere Kunst durch die ihrer Zeit so weit vorauseilenden Werke und Schriften des Meisters überhaupt angelangt ist, damit wir nicht in einfältiger Dummheit (wie der gute Brahms) auf längst in herrlichster Blüte stehenden Gefilden noch einmal ganz ruhig zu säen anfangen wollen.

Genies wie Mozart, Haydn, Schubert konnten in größter Naivität schaffen, sie hatten in ihrer Kunst, die sie erst begründeten (Bach war ihnen beinahe unbekannt), kaum Vorbilder, da konnte das herrliche Unbewußte, sich vollständig unbeinflußt vom Intellekt entfalten; wir heutigen aber haben eine kurze, aber riesige Entwicklung der Gesamtkunst in uns zu verarbeiten, um nur überhaupt nachzukommen, und müssen unseren Kopf recht tüchtig anstrengen. Wo das Herz überhaupt kräftig schlägt, wird es dem Verstand immer durchbrennen.

Verzeihen Sie, wenn ich Ihnen hierin widersprochen habe, seien Sie aber versichert, daß ich Ihren freundlichen Rat mir nichtsdestoweniger recht „*zu Herzen*" nehmen werde; wenn dasselbe gut ist, wird ihm der Intellekt, dessen Ausbildung bei mir übrigens noch sehr im argen liegt, glaube ich, nichts anhaben können.

Doch nun habe ich Sie mit vielleicht überflüssigen und dummen Ausführungen schon gelangweilt, darf ich Sie zum Schlusse mit einigen unbescheidenen Fragen belästigen? Im Studium des Tannhäuser, das ich mit meinem

Schüler Zeller eifrigst betreibe, bin ich über einige wichtige Fragen der Darstellung sehr im Zweifel.

1.) Soll Tannhäuser (I. Akt, 2. Szene, 4. bis 8. Takt), während ihn Venus schmeichelnd zurückzieht, die Augen nochmals schließen?

2.) Wann soll Tannhäuser aufspringen? Ich dachte mir bei: „Hör ich sie nie, seh' ich sie niemals mehr?".

3.) Darf Tannhäuser nach den Worten der Venus: „Reut es dich so sehr ein Gott zu sein?" bei der aufsteigenden Sechzehntelfigur eine leicht verneinende Bewegung machen oder soll er bei der ganzen Rede der Venus ruhig stehen?

4.) Ist es richtig, daß Venus ihm die Harfe reicht? Im Klavierauszug steht nur: Tannhäuser ergreift seine Harfe.

5.) Wann soll Tannhäuser seine Harfe wegwerfen?

---

2. Akt, Duett: Ist es gut, daß Tannhäuser bei den Worten: „Fern von hier, in weiten, weiten Landen, dichtes Vergessen hat zwischen heut(e) und gestern sich gesenkt" Elisabeth ernst ins Gesicht sieht, seinen Blick erst wegwendet bei: „all mein Erinnern" und daß er bis zu „Euch zu begrüßen", wo eine kleine demütige und anbetende Gebärde vielleicht am Platze ist, gar keine Bewegung macht?

Für heute sind dies wohl genug der Fragen, verzeihen Sie, wenn ich Sie, teuerste gnädige Frau, quäle, aber es ist so schwer, in seinem eigenen dummen Kopfe das Richtige zu finden, und recht möchte man es doch machen!

Gudehus machte im Sängerkrieg einmal, ich weiß nicht mehr genau wo, eine flehende Gebärde zu Elisabeth, die sich abwendete, dies ist doch wohl kaum richtig; in der steigenden Hitze des Kampfes und im Gefühl, daß, wenn er das entscheidende Wort spricht, er alle Gegner entwaffnet, beachtet er doch eigentlich Elisabeth nicht mehr! Bitte, hochverehrteste Frau, belehren Sie mich, wenn es nicht zu unbescheiden von mir ist, Ihre kostbare Zeit so in Anspruch zu nehmen!

Joukowsky ist seit gestern wieder so weit wohl, daß er unter Menschen gehen kann, die Fräulein Stahrs werde ich demnächst besuchen.

Nehmen Sie nochmals meinen wärmsten Dank für Ihren lieben Brief und die herrlichen Bücher und seien Sie sowie Fräulein Eva herzlichst begrüßt

von Ihrem in innigster Verehrung immer getreuesten

Richard Strauss

1 Daniela Thode, geb. von Bülow (1860 – 1940). Sie betreute von 1912 – 1933 das Kostümwesen der Bayreuther Festspiele.

15 Bayreuth, den 6. März 1890

Ich möchte Ihnen, mein lieber Freund, noch aus der Stille einige Worte zusenden und das Mancherlei berühren, wofür sich draußen keine Ruhe findet.

Gewiß haben Sie darin recht, daß bei einer guten Organisation das Herz den Verstand schon bemeistern wird. Aber ich glaube, daß Zeit und Kräfte erspart werden können, und in dieser Ersparnis scheint mir der eigentliche Wert der Erziehung zu liegen, welche wir uns teils selbst zu geben, teils von anderen zu empfangen haben.

Ich glaube, daß bei der musikalischen wie dichterischen Produktion die erschaute Gestalt das entscheidende ist. Ist diese da, so kommt es, meine ich, darauf an, sie mit möglichster Prägnanz an das Licht zu bringen. Jede Unruhe schadet dieser Deutlichkeit, und die Unruhe ist es, dünkt mich, welche der spielende Verstand hineinbringt.

Wir haben die Vollendung der Kunst erlebt, aber gerade diese Vollendung lehrt uns Einfachheit. Wenn Sie z.B. das Verhältnis des „Rheingoldes“ zu den drei anderen Teilen des „Ringes“ beachten, so werden Sie erkennen, mit welcher Besonnenheit die Mittel gespart sind, um mit der wachsenden Handlung und der Verwickelung der Leidenschaften immer reicher verwendet werden zu können.

Es verlangen Ohr und Gefühl, daß die Gestalt erst festgestellt werde, und zwar Gestalt und Melodie ganz abseits davon, was ihnen Handlungen und Modulationen, in welche sie verwickelt werden, antuen.

Mir ist es in Ihrem „Don Juan“ erschienen, als ob mehr das Gebaren Ihrer Personen Sie eingenommen hätte, als wie daß die Personen selbst zu Ihnen gesprochen hätten. Das nenne ich eben das Spiel der Intelligenz gegen das Gefühl.

Es ist schwer, über solche Dinge sich zu äußern, und mir selbst erscheint alles, was ich Ihnen da sage, als recht thörig, weil ungenügend. Vielleicht hilft mir ein Gleichnis; ich denke mir, daß die Gestalt dem Künstler entsteht wie dem Pygmalion das Bildnis und daß aus der leidenschaftlichen Teilnahme an diesem Bildnis mit dem Segen der Schönheit die Bewegung wird.

Schon die Wahl Ihres Stoffes zeigt das Vorwiegen der Intelligenz. Mit dem Lenauschen „Don Juan“, der aus Überdruß der Langeweile sich ergibt, haben Sie gewiß nicht empfunden, aber der Vorwurf hat Sie interessiert, und es ist Ihnen eine Menge dabei eingefallen, welche Sie mit erstaunlicher Sicherheit geordnet haben. Nun sage ich, folgen Sie den Verlockungen Ihrer Phantasie nicht weiter, sondern ergeben Sie sich dem, was Ihrem Herzen gefällt, sei es der Glanz der scheidenden Sonne, das Rauschen der Welle, der dem Untergang geweihte Held oder die Wahrheit durch die jungfräuliche Unschuld. Denn gerade unsere Kunst führt uns auf die ewigen Motive zurück und lehrt uns sie vernehmen und erkennen durch alle Täuschungen der Erscheinungen hindurch.

Was ich Ihnen hier sage, würde ich dem einzigen Kleist, bei Gelegenheit seiner „Penthesilea“, die ich auch als das Erzeugnis der erhitzten Verstandesphantasie betrachte, würde ich, ach, Berlioz bei Gelegenheit jedes seiner Werke gesagt haben. Bei letzterem ist es nur immer, als ob er *halbe* Eingebungen hätte, als ob sich das Bild ihm zeigen wollte, und er durch seine eigentümliche Unruhe es sich zerstörte und nun Anhängsel ersänne zur Vervollständigung. Wenn wir Themen von Berlioz einmal vornehmen, werde ich Ihnen daran klarmachen, was ich meine.

In den letzten Tagen haben wir „Schauspieler und Sänger“ gelesen, und es freute uns innig, daß wir von selbst für unsere Abendlektüre auf den zweiten Teil des „Faust“ gekommen waren, welcher in der Schrift so wundervoll erwähnt wird, ≪was mir wirklich entfallen war≫. Was uns zu dem „Faust“ brachte, waren die „Wahlverwandtschaften“! Wollte ich dieses Buch mit irgend etwas vergleichen, so könnte ich es nur mit dem geheimnisvollen Elemente, welches darin so vorwiegt und welches Goethe als den Urgrund aller Dinge betrachtete: das Wasser in seiner sanften Bewegung und schauerlichen Stille, in seiner Spiegelung des Lichts und der Gegenstände, in seiner unergründlichen Tiefe, in seiner unerforschlichen Anziehung. ≪Vor allem in seiner Heiligkeit.≫ Es war uns unmöglich, etwas anderes als wiederum Goethe des Abends vorzunehmen, und so griffen wir zum *„Faust“*, um uns wie an einem Wunder daran zu laben, daß der Dichter am Schlusse seines Lebens aufgrund der furchtbar tragischen Einsicht, die ihm geworden, mit dem göttlichsten Humor die unfaßlichsten Gebilde uns vorführt. Und bei dieser Überfülle des Stoffes, diese Festigkeit der Form! Bei keinem Stücke sind mir die fünf Akte so gegenwärtig und klar wie bei diesem Werke. Und bei dem vielen, was man trotz guter Bekanntschaft immer wieder entdeckt, ist mir jetzt das eine im ersten Akte aufgefallen: wie die Wolke, welche den Tempel umgibt, sich zerteilt und ertönt, der ganze Tempel zu Klang wird und endlich Paris erscheint, wobei man förmlich das Drama aus der Musik entstehen sieht.

Es wäre schön, sich die Deutschen zu der Bildung angelangt zu sehen, in welcher ihnen diese Dichtung in ihrer unvergleichlichen Volkstümlichkeit aufging. – Da ich das leider nicht kann, stelle ich Sie mir nun als Trost vor, wie Sie auf der einsamen Fahrt an dem schneebedeckten Gebirge vorbei in „Jesus von Nazareth“ sich vertieften. Ein Wort aus dieser Dichtung verläßt mich nicht mehr, seitdem ich sie las: der Heiland zu Petrus: „Du folgtest mir hierher, um mich zu verleugnen, nun bleibe, um mich zu bekennen“, – „Sünde, wo ist dein Stachel“ darf man wohl nach diesem Worte ausrufen. Und es hat etwas Erhabenes, sich zu sagen, daß, nachdem die Gestalt unseres Heilandes so mächtig scharf gefaßt worden war, gerade aus dieser Erfassung das Bedürfnis entstand, das Göttliche dieser Erscheinung uns zu enthüllen durch die Vermittlung des Heiligen; Parsifal.

Nun aber zu Ihren Fragen, liebster Strauss. Eigentlich bin ich selbst in der Arbeit begriffen und habe manches noch auszudenken. Auch halte ich es nicht nur für gut, sondern für notwendig, daß ein jeder, nachdem er die Angaben der Partitur auf das Korrekteste befolgt hat, zu dem übrigen aus seinem Gefühl komme. Und Ihr Gefühl wird Sie gewiß immer recht leiten. Ich sammle zwar alle mir erreichbaren Daten von den drei authentischen Aufführungen des „Tannhäuser“, aber sie widersprechen sich alle. So gut ich jetzt kann, hier meine Anworten:

1) Nicht die Augen schließen.

2) Aufstehen bei der ersten Strophe.

3) Bei der Rede der Venus ruhig stehen.

4) Venus reicht ihm die Harfe.

5) Die Harfe entfällt Tannhäuser bei: „Zieh hin Wahnsinniger“.

6) Was die Szene zwischen Tannhäuser und Elisabeth anbetrifft, so läßt sie sich im einzelnen nicht angeben, und rechne ich auf van Dyck[1] , um mich zu verstehen, und dann Blicke und Gebärde aus diesem Verständnis entstehen zu lassen.

7) *An Elisabeth denkt Tannhäuser nicht einen Augenblick während des Sängerkrieges!*

Über Ihren Aufenthalt in Frankfurt erhielt ich die eingehendsten Berichte, ja, über Ihren „Don Juan“ von jedem meiner drei Kinder einen Brief. Ich weiß überall, wo Sie gewesen sind und was Sie gespielt haben, und habe mich des lebendigen Zusammenseins sehr gefreut. Haben Sie besonderen Dank für Ihre Durchsicht der Arbeiten meines Siegfried. Es hat ihn Ihre Teilnahme sehr gefreut und er schreibt mir heute, daß, wenn er nach Bayreuth zu Ostern kommt, er Sie zuerst besuchen wird.

So wäre alles gut und schön, und da Sie mir versichern, daß es mit Ihrer Intelligenz nicht so weit her ist, will ich mich auch hierüber beruhigen und das

Herz will ich leben lassen, das mir im „Lohengrin" so warm entgegenschlug, und ihm jene reinen Freuden wünschen, die es verdient!

C. Wagner

Grüßen Sie mir Joukowsky herzlich, und auch Lassen, der mir in seinem Verhältnis zu Ihnen so wohl gefallen hat.

Morgen fahre ich nach Wien auf vier Tage (Hotel Impérial), dann München (bei Frau Fiedler[2], Arcisstraße 32) auf etwa acht Tage.

Leid tut es mir, daß Sie Mottl nicht sahen. Er ist Ihnen sehr gut, und diese Freundschaft macht mir Freude.

1 Ernest van Dyck (1861 – 1923), belgischer Tenorist, debutierte 1887 als Lohengrin in Paris, 1888 – 1898 an der Hofoper in Wien, 1898 – 1902 an der Metropolitan Oper in New York. In Bayreuth sang er 1888 – 1912 den Parsifal.

2 Mary Fiedler, geb. Mayer (1854 – 1919), Gattin des Kunstsammlers und Schriftstellers Konrad Fiedler, dann Hermann Levis und schließlich des Generalmusikdirektors Michael Balling, der von 1904 – 1925 in Bayreuth als Dirigent wirkte.

16 Weimar, den 22. März 1890

Hochverehrteste gnädige Frau!

Nach meiner zweiten sechsstündigen „Tannhäuser"-Orchesterprobe muß ich für heute sehr Ihre freundliche Nachsicht mir erbitten, wenn ein Brief voll Jammers und Klagen herauskommt; Ihrer unendlichen Güte vertrauend, muß ich Ihnen aber heute wieder einmal mein Herz ausschütten. Ich habe nun, mit Ausnahme eines viertägigen Aufenthalts in Berlin, seit 14 Tagen furchtbar am „Tannhäuser" gearbeitet, mit Ausnahme der ersten Tannhäuserstrophe im Venusberg und eines kleinen notwendigen Sprunges im Einzugsmarsch die Originalpartitur wieder hergestellt, indem ich das Finale des ersten und zweiten Aktes, das Duett (resp. Terzett) im zweiten Akte vollständig mache, die bis jetzt gestrichenen jüngeren Pilger am Schlusse wieder auftreten lasse und „zum Heil den Sündigen zu führen" mache; was rein musikalisch zu tun war, wird ja wohl leidlich herauskommen, Zeller macht seine Sache recht gut und wird mit der Zeit ein recht guter Tannhäuser werden, Fräulein Denis als Elisabeth und Weber[1] (Wolfram) machen mir Freude, doch ist die Bühne, Dekoration und alles Szenische momentan so unglaublich, daß ich der Aufführung eigentlich ziemlich hoffnungslos entgegensehe. Die Dekoration des ersten und besonders des dritten Aktes ist so total verfehlt, daß ein vernünftiges szenisches Arrangement kaum möglich ist, ich habe versucht zu bessern, wo es ging, werde mich aber doch erst auf Bayreuth vertrösten müssen. Ich habe gestern dem Generalintendanten schon eröffnet, daß nach den nächsten Festspielen nach Bayreuther Muster neue Dekorationen angeschafft werden müßten, und ich hoffe, es auch durchzusetzen. Aber mit festgebundenen Händen immer nur *hoffend* in die Zukunft schauen, ist schrecklich. Was nun die übrigen szenischen Arrangements betrifft, so ist so viel schlechte Konvention da und ein riesiger Zopf, der wie eine hundertköpfige Hydra ist; wenn man einen Kopf abschlägt, wachsen hundert nach. Von jedem Blödsinn, den ich angriff, wird mir erklärt, daß derselbe schon 30 Jahre alt sei, jede Dummheit, die sich Niemann[2] und Schott[3] jemals ausgedacht haben, gilt als erhabene Tradition, ja die klarsten szenischen Bemerkungen der Partitur können unserem verbissenen Esel von Regisseur nicht an. Bezüglich des Empfangs der Gäste durch Elisabeth passierte mir eine drollige Szene mit Bronsart; als ich demselben erklärte, daß diese Hofmätzchen und die Begrüßung der Gäste durch den Landgrafen und Elisabeth einfach stillos wären, wurde er bitterböse und erklärte mir, daß er es besser wisse, wie es bei Hoffestlichkeiten zuginge und daß ich mich darein nicht zu mischen hätte etc.

Doch je mehr ich schreibe, werde ich mir deutlich bewußt, daß ich Sie, hochverehrteste Frau, mit all dem Zeug verschonen müßte – aber wem soll ich mich anvertrauen, wenn nicht Ihnen? Alle, denen ich hier mein Leid klage, verstehen mich aber gar nicht, begreifen gar nicht, warum ich mich so aufrege, es wäre doch alles gar nicht so schlimm, etc. – Wenn ich nicht die feste Überzeugung hätte, daß es an anderen Theatern eben so schlimm ist, möchte ich die Sache am liebsten ganz hier aufgeben. Es ist ein schlimmer Zwiespalt, von der Überflüssigkeit der heutigen Theater ganz durchdrungen zu sein und doch sich sagen zu müssen, daß ein mutvolles Ausharren selbst auf verlorenem Posten der Sache immer noch dienlicher ist als die Flinte ganz ins Korn zu werfen.

Doch genug davon; gedenken Sie, teuerste gnädige Frau, am 27. meiner Qualen, dies wird vielleicht ein kleiner Trost sein. –

Doch voll der persönlichsten Schmerzen habe ich bis jetzt ganz vergessen, Ihnen für Ihren liebenswürdigen Brief zu danken, der mich wieder aufs innigste beglückt hat.

Ihre schönen Ausführungen über unser Thema von Intelligenz und Gefühl glaube ich richtig erfaßt [zu] haben und freue mich sehr darauf, Ihnen durch mein im November vollendetes drittes sinfonisches Werk mit dem vorläufig unvollkommenen Titel: „Tod und Verklärung“ bei unserem nächsten Zusammensein vielleicht schon einen bedeutenden Fortschritt auch in der Wahl meines künstlerisch zu gestaltenden *Stoffes* bekunden zu können. Es ist ja schwer zu entscheiden, in[wie]weit der Künstler auch für seinen Stoff verantwortlich ist (*natürlich direkt*), derselbe drängt sich ihm eben mit unabwendbarer Notwendigkeit auf und das „Wie“ der Gestaltung ist des Künstlers nächste Frage und bedingt den an sein Kunstwerk anzulegenden Maßstab. Die „höhere Verantwortlichkeit“, von der Schopenhauer so schön am Schlusse seines ersten Buches der Ethik: „von der Freiheit des Willens“ spricht, hat ja auch hierauf Bezug.

Ich fühle, daß dies alles vielleicht auch unvollkommen ausgedrückt ist, die Handhabung der Sprache für diese Themen fällt mir noch furchtbar schwer; wenn Ihnen das eben Gesagte, vielleicht mit Recht, dumm erscheint, legen Sie es, bitte, mit Güte und Nachsicht beiseite.

Kennen Sie, hochverehrteste gnädige Frau, den neuen Reichskanzler[4]? Ist von ihm die Million für Bayreuth zu erwarten? Wenn nicht, hoffe ich nur mehr auf die Sozialdemokraten. Alle anderen politischen Parteien haben das „Kulturfeindliche“ ihrer Existenz zur Genüge bewiesen, von den Sozialdemokraten weiß man bis jetzt noch nichts Gewisses, wollen wir auf diese wenigstens – hoffen! Ich bin hier neulich bei einem großen Diner mit dem feierlichen Ausspruche: „Ich bin sehr gerne bereit, die Sozialdemokraten, wenn dieselben die nötige Million für Bayreuth schaffen, als die Träger der wahren Kultur zu bezeichnen“, tüchtig ausgelacht worden, bleibe aber nichtsdestoweniger auf diesem vielleicht etwas eigentümlichen politischen Standpunkt! – Kommt Kniese nicht auch einmal hierher?

Fräulein de Ahna[5] hat unlängst in Kassel Probe gesungen und dort so riesig gefallen, daß ihr ein fünfjähriger Kontrakt angeboten wurde, Sie wird aber höchstens einen auf drei Jahre dort annehmen, die Aussichten sind dort für sie sehr hübsch; ich hoffe bestimmt, sie aber demnächst hier als Pamina debütieren lassen zu können. Schade, daß ich sie nicht bei uns behalten kann. In Kassel habe ich noch am ehesten einige Fühlung mit ihr und werde sie noch hie und kontrollieren können. Sie sollte auch in Schwerin Probe singen, schließlich wird aber Schwerin und Kassel ziemlich gleich sein, *in beiden Städten* ist ein Jude Kapellmeister. – Die dramatischen Bilder Herrn von Steins[6] sind höchst eigentümliche Erscheinungen und jedenfalls Produkte einer höchst feinen und edlen Künstlernatur. „Sand“ und „Die heilige Elisabeth“ haben mir außerordentlich gefallen, in den kleineren Sachen ist mir manches nicht ganz verständlich, „Tauler und der Waldenser“ z.B. ist sehr schwierig zu lesen, jedenfalls bin ich Ihnen, gnädigste Frau, für die Übersendung dieses wertvollen Buches von ganzem Herzen dankbar.

Es ist tief traurig, daß eine so edle Natur wie Herr von Stein uns genommen wurde, bevor sie zur ganzen, vollen Entwicklung gelangen konnte. –

In diesem Augenblicke fällt mir ein, daß Sie vielleicht jetzt die „Graner Messe" hören, ich wünsche im Geiste Freund Proges' ein volles Gelingen seiner echt künstlerischen Bestrebungen. Haben Sie sonst in Wien und München, vielleicht von Alvary[7], Erfreuliches erlebt?

Freund Ritter wird über Ihre Anwesenheit in München glücklich sein; ich erwarte täglich die Partitur seiner zweiten Oper, die ich mit dem „Faulen Hans" noch im Juni hier geben möchte.

Für heute leben Sie wohl; verzeihen Sie diesen in der vollen Aufregung der „Tannhäuser"-Proben, die nächsten Dienstag ihr Ende erreichen, geschriebenen, vielleicht etwas unruhigen Brief und bleiben Sie geneigt

Ihrem in größter Verehrung stets voll ergebenen

Richard Strauss

Tausend herzliche Grüße an Ihre verehrte Familie!

1 Georg Weber (1862 – ?), Baritonist, seit 1886 am Hoftheater in Weimar, ab 1890 am Hoftheater in Darmstadt.

2 Albert Niemann (1831 – 1917), Tenorist, 1861 Tannhäuser (bei den drei ausgepfiffenen Vorstellungen) in Paris, seit 1866 am Hoftheater in Berlin, 1872 Solist in der IX. Sinfonie zur Feier der Grundsteinlegung des Festspielhauses in Bayreuth, 1876 Siegmund in der dortigen ersten Aufführung der *Walküre*.

3 Anton Schott (1846 – 1913), Tenorist, 1871 an der Hofoper in München, ab 1872 in Berlin, 1877 – 1880 in Hannover, später Leiter des Konservatoriums in Chicago.

4 Leo Graf Caprivi (1831 – 1899) trat am 20. März 1890 die Nachfolge Bismarcks als Reichskanzler an.

5 Pauline de Ahna (1863 – 1950), Sopranistin, Tochter des Kgl. bayer. Generalmajors im Kriegsministerium Adolf de Ahna, Schülerin der Münchner Musikschule und von Max Steinitzer, Richard Strauss, Franziska Ritter, Emilie Herzog, Rosa von Milde und Emilie Merian-Genast. Sie sang während der Kapellmeisterzeit Richard Strauss' am Hoftheater in Weimar, hatte anschließend einen Gastvertrag am Hoftheater in München und wirkte schließlich als Interpretin seiner Lieder auf den Gastspielreisen von Richard Strauss mit. In Bayreuth sang sie 1891 und 1894 die Elisabeth und ein Blumenmädchen. Richard Strauss hat ihr die Lieder op. 27,1, op. 32, op. 37, op. 49,1 und op. 56,1 gewidmet sowie die *Symphonia Domestica*.

6 Heinrich von Stein (1857 – 1887), Philosoph und Ästhetiker, 1879/80 Hauslehrer und Erzieher Siegfried Wagners, später Privatdozent in Halle und Berlin. Von ihm erschienen 1883 dramatische Bilder unter dem Titel „Helden und Welt".

7 Max Alvary (1856 – 1898), Tenorist, Sohn des Malers Andreas Achenbach, Schüler von Julius Stockhausen. Seine Bühnenlaufbahn führte ihn von Weimar über München nach Hamburg und Mannheim. Er sang auch in New York. 1891 war er Tannhäuser und Tristan in Bayreuth.

17 Wahnfried, den 26. März 1890

Sie sollen an dem „Tannhäuser"-Tag einen Gruß von mir erhalten, mein teurer Freund, und zugleich die herzliche Aufforderung, immer zu mir klagen zu kommen. – Siegfried schrieb mir neulich, er könne nur heiter sein, wenn er im Einverständnis mit mir wäre. In einem gewissen Sinne wünschte ich, daß meine Adoptivsöhne – diejenigen, welche in Bayreuth ihre Heimat wissen – sich nur frei fühlten, wenn sie tüchtig ihre Not mir geklagt. – Daß Sie nichts in den Einzug der Gäste mitzureden haben, ist sehr ergötzlich. Wir armen Proletarier! Für das nächste Jahr wollen wir uns tüchtig mit Hofmarschällen und Oberzeremonienmeistern versehen, damit es nur schicklich bei uns hergeht!

Wegen des Elendes der Szenerie müssen Sie sich mit meinem armen Vater trösten, der nichts vorwärts zu bringen vermochte, obgleich er sein Herzblut, seine Persönlichkeit und sein Ansehen einsetzte. – Wenn Sie es nur soweit bringen können, daß die Schreinerei richtig sei, nämlich, daß die Leute stehen, gehen und sitzen können, wo es sein soll.

München war für uns durch meines Neffen Ritter Krankheit recht trübe. Ich habe ihn gar nicht gesehen. Gott sei Dank, hatte er am Tage unserer Abreise wenigstens eine gute Nacht gehabt. – Die „Graner Messe" war ein vollständiger Hoffmannscher Spuk! Porges hatte *eine* Probe gehabt, das übrige können Sie sich denken, daß er hie und da alla breve für 4/4 schlug, dann plötzlich 8/8, endlich, wie es ihm sehr schön klang, in die Partitur sich versank und gar nicht mehr vorhanden war – das kennen Sie ja ungefähr von Ihrer Vis-a-vis-Wohnung bei den „Parsifal"-Chören[1]! Es schadet aber nichts, er ist eine große, lautere Seele und mir immer der rührende Beweis, daß das Judentum sehr wohl durch das Christentum vernichtet werden kann. Er hat z.B. Kellermann[2] zugejubelt, der ihm – da er ein viel besserer Dirigent ist – den Boden unter den Füßen raubt. – Kellermann hat die „Faust"-Sinfonie ganz erstaunlich gebracht, und zwar mit nur drei Proben. Die Zuhörer waren in geringer Anzahl, aber [es] ist kein Zweifel, daß die Wirkung eine große war! Es scheint für die Werke meines Vaters zu tagen. „Die heilige Elisabeth" füllt seit Weihnachten das Wiener Opernhaus ≪trotz einer etwas theatralischen Inszenierung hatten wir einen großen Eindruck von dem edlen Gebilde≫, und die „Dante"-Sinfonie wurde kürzlich auch dort aufgeführt.

Was ich im Theater in München genoß, war einfach tödlich. Die berühmte Aufführung des „Barbiers von Bagdad"[3] wirkte opiatisch auf mich; das „Rheingold" war viel schlimmer wie in Wien (wo es auch ganz artig schlecht war!) und der „Joseph"[4] wie nicht vorhanden. Wogegen wir aus einer Aufführung des „*Götz*" bereits nach dem II. Akt fortliefen, da diese falsche

Biedermännigkeit und schreiige Biertisch-Treuherzigkeit uns wirklich ganz unerträglich war, da[ß] man selbst an der Dichtung durch sie irre wurde.

Mit Berlioz habe ich einen förmlichen Bruch und dann eine Versöhnung durchgemacht. Ersteres geschah mit dem „Requiem", dessen Monstrosität mich wahrhaft entsetzte. Die Versöhnung verdanke ich „Beatrice und Benedict", welches feine Werk, durch Mottls Rezitative anmutig bereichert, unter Jahn[5] vortrefflich einstudiert wurde. Dann haben mir auch vier Chöre aus dem Heft „*Tristia*" sehr gefallen, und zwar aus dem Grunde, weil der Gedankengehalt mit den Ausdrucksmitteln im Einklang darin ist.

Es ist gar freundlich von Ihnen, meine kleinen Bemerkungen so gut aufzunehmen, und ich freue mich auf Ihr neues Werk! Überhaupt arbeiten Sie darauf los; der Mensch muß alles mögliche von sich werfen, bevor er zu dem Ausdruck dessen, was ihm im Inneren lebt, gelangen kann. Es sind wie Hautkrankheiten (Sie werden mir den Vergleich nicht übel nehmen?), die das Kind durchmachen muß, um zu seiner eigentlichen schönen Hülle und Fülle zu gelangen. Je kräftiger das Kind, um so heftiger das, was es von sich scheidet. Und ist es im Leben anders? Wie viele kräftige Irrtümer, heroische Wahnvorstellungen muß nicht der bedeutende Mensch durchmachen, bis er zu der ihm eigenen Weisheit gelangt!

Ich habe neulich Ihrer gedacht, als ich ein sehr schönes Gedicht aus Wilhelm Hertz' „*Spielmannsbuch*"[6]. „Der Tänzer unserer lieben Frau" kennenlernte. Ich glaube, es wäre ein schöner Vorwurf zu einer sinfonischen Dichtung, viel lieber freilich gäbe ich Ihnen einen Stoff zu einem Lustspiele an. Aber da die Zeit zum Suchen mir fehlt, bin ich auf das, was mir der Zufall in die Hand spielt, angewiesen.

Ihre originelle Politik erinnerte mich daran, daß ich im Jahre 70 behauptete, die Franzosen bekämen für jeden Takt des „Tannhäuser", den sie ausgezischt, die gehörigen Schläge. Das kann uns kein Mensch verdenken, daß wir die Weltdinge von uns aus betrachten und in diesen glaubenslosen Tagen unseren Glauben überall hineinempfinden. Wir sahen kürzlich ein Bild des Kanzlers sehr wehmütig im Ausdruck, ich frug mich, ob er jetzt vielleicht, wenn es mir vergönnt wäre, aus meiner eigenen Stimmung heraus ihm ein Wort von Bayreuth zu sagen, er es verstehen würde. Ich fürchte aber, daß ein solcher Lebenslauf dem Zweifel an allem zum Schlusse preisgegeben ist.

Unsere Freundin de Ahna paßt zwar nicht gerade in unser Gespräch, ich will aber doch erwähnen, daß ihr Vater mich besuchte und mir den dringenden Wunsch äußerte, sie möge in Weimar bleiben, was ich begriff. Würden Sie ihn nicht vielleicht über Kassel beruhigen? Die Sorge der Familie hat mich sehr gerührt und es tat mir leid, betreffs der Laufbahn des Fräuleins nichts Bestimmteres zur Beruhigung sagen zu können.

Und da ich bei den Personalien bin, wollen Sie Joukowsky mit einem schönen Gruße von mir sagen, daß Dr. Fiedler[7] auf meine Veranlassung hin ihm seine Schrift über Marées gesendet habe.

Kniese berichtete geradewegs Entsetzliches über die allgemeinen Theaterzustände. Er glaubt aber einen Bassisten entdeckt zu haben, einen ganz armen, von allem Glücke verlassenen Menschen mit schöner Stimme. Könnten Sie ihn brauchen?

Alvary ist eine höchst erfreuliche menschliche Erscheinung, ein Mann von Ernst und Intelligenz. Was ihm fehlt, ist das gewisse Etwas, das ich Sie gebeten habe, bei sich nicht mit Gewalt totzuschlagen; ich wüßte es nicht zu bezeichnen. In den „Heiligen" von Stein (Elisabeth und Paulus der Einsiedler) lebt es mit wunderbarer Macht der Kindlichkeit. In diesen Gebilden, in der Art, wie er das Geheimnis der Heiligkeit (dem der Künstlerschaft so verwandt) erblickt hat, zeigt sich Stein als Genie. Ich begreife sehr gut, daß die Mystiker Ihnen noch fremd bleiben, das wird Sie später, viel später erfassen.

Der Vergleich mit der Hydra hat mir sehr gefallen; ich versichere Sie, mein Freund, daß es mir hier sehr oft nicht anders gegangen ist. Mir fiel dabei der Blutflecken auf Blaubarts Schlüssel ein, wie denn die ganze Mythen- und Sagenliteratur kaum an Bildern reich genung sein dürfte, um das zu schildern, was die jetzigen Kunstzustände einen durchmachen lassen.

Wunderbar haben uns die Chöre des „Prometheus"[8] in die hellenische Welt versetzt. Ich weiß wirklich nicht, ob das gute Musik ist, ich weiß nur, daß ich das purpurne Meer sah, den gefesselten Halbgott und die ihm Weh und Heil Zurufenden!

Auch Sätze aus Brucknerschen Sinfonien habe ich gehört. Diesen guten Mann würde ich zum Hofkomponisten machen und ihm alljährlich eine Kantate, eine Festmesse, ein Tedeum, mit der Sicherheit, daß es sehr gut komponiert sein würde, bestellen. Das Zum-Genie-ausposauniert-Werden macht ihn zu einem Einfaltspinsel; davon mündlich, wie von so manchem.

Nun leben Sie wohl, guter, lieber Freund, und werden Sie's nicht müde, sich zu quälen und ihre Qualen mir zu sagen. Ich muß Ihnen noch zum Schluß erzählen, daß ich diese Nacht im Traum den „Tristan" hier mit Niemann aufführte; zuerst war er im II. Akt auf ganz unmögliche Weise gekleidet, endlich bei „Oh sink hernieder" erschien er als Mohr, und wie ich in hellste Verzweiflung darüber geriet, erwiderte er mir, ganz negerhaft lächelnd: „Die Mohren wüßten einzig etwas von Liebe". Über dem Schrecken wachte ich, wie Sie sich denken können, auf. Ich meine, das hat wohl etwas mit der Mohrenwäsche zu tun gehabt. Wollen Sie sich mit mir trösten, ich kann Ihnen nicht, wie Zeus dem Poeten, meinen Himmel anbieten, aber meinen Frieden biete ich Ihnen an, und so oft Sie denselben klagend mit mir teilen wollen, so soll er Ihnen offen sein.

C. Wagner

Die Meinigen grüßen alle auf das herzlichste.

1 Heinrich Porges und Richard Strauss waren im Sommer 1889 musikalische Assistenten in Bayreuth.
2 Berthold Kellermann (1853 – 1926), Pianist, Schüler von Lina Ramann und Liszt, Lehrer am Sternschen Konservatorium in Berlin als Nachfolger von Bülow und Tausig, 1878 – 1881 Hauslehrer in Wahnfried, Mitarbeiter in der „Parsifal"-Kanzlei und Dirigent der Orchesterkonzerte in Bayreuth, 1882 – 1919 Lehrer an der Akademie der Tonkunst in München.
3 *Der Barbier von Bagdad* von Peter Cornelius (1824 – 1874), von Liszt 1858 in Weimar uraufgeführt.
4 *Joseph* von Etienne Nicolas Méhul (1763 – 1817).
5 Wilhelm Jahn (1835 – 1900), Dirigent, war 1881 – 1897 Direktor der Hofoper in Wien.
6 Wilhelm Hertz (1835 – 1902), Literarhistoriker, Lyriker und Schriftsteller, gehörte zum Dichterkreis um Geibel in München. Er schuf Nachdichtungen deutscher und französischer mittelalterlicher Epen. Sein „Spielmannsbuch" (1886) ist eine Übertragung von Novellen und Versen aus dem 12. und 13. Jahrhundert.
7 Konrad Fiedler (1841 –1895), Kunstsammler und Kunstschriftsteller, Freund von H. v. Marées und A. v. Hildebrand.
8 *Chöre zu Herders Entfesseltem Prometheus* von Franz Liszt 1850 zur Enthüllung des Herder-Denkmals in Weimar komponiert, 1855 umgearbeitet und instrumentiert.

18 Weimar, den 3. April 1890

Hochverehrteste gnädige Frau!

Ihr lieber, freundlicher Gruß zum 27. März hat mir Glück gebracht, mein „Tannhäuser" ging nach Maßgabe der vorhandenen Kräfte und Mittel ganz famos und hat beim Publikum einen stürmischen Jubel hervorgerufen, die Ouvertüre, die sehr schön ging (mit 6 ersten Geigen!!), erweckte große Begeisterung und am Schlusse wurde ich selbst sogar lebhaft gerufen. Der äußere Erfolg war also glänzend; davon aber abgesehen, hat die Aufführung mehr gehalten als die Proben versprochen haben. Wenn ich die szenischen Dummheiten abrechne, bis zu deren Abstellung ich wohl auf den neuen Regisseur warten muß (bitte, verehrte gnädige Frau, bescheren Sie mir doch einen solchen, bezüglich des mir von Ihnen genannten Otto aus Lübeck erfuhr ich, daß derselbe im rezitierten Schauspiele Heldendarsteller ist und als solcher bei uns keine Verwendung finden kann, hat Kniese noch keinen Regisseur entdeckt?). – Wenn ich die total verfehlten Dekorationen des ersten und besonders des dritten Aktes, die ein richtiges Arrangement vorläufig einfach unmöglich machen, besonders bezüglich der Pilgerchöre und des Erscheinens der Venus, und die fürchterliche Darstellung der Elisabeth und des Landgrafen durch Frau Naumann, die Gott sei Dank von nächster Saison an die Rolle ganz an Fräulein Denis abgibt und die Venus übernimmt, und Herrn Hennig[1] noch abrechne. – Sie werden nun wohl sagen, dies genügt eigentlich alles schon, um die Aufführung unerträglich zu machen, und Sie haben vollständig recht, auch ich habe Qualen ausgestanden – also abgesehen von diesen schon schauerlichen Mängeln war die Aufführung gelungen, natürlich *innerhalb* des kleinen Rahmens unserer Verhältnisse.

Zeller (Lohengrin) hat mich als Tannhäuser geradezu überrascht; dafür daß der Mann die Rolle zum ersten Male gab und überhaupt erst ein halbes Jahr beim Theater ist, war die Leistung erstaunlich. Im ersten Akte war sie allerdings durch große Aufregung etwas beeinträchtigt und auch der zweite Akt, besonders die nach meiner Ansicht schwierigste Partie der Rolle, der Sängerkrieg, litt wohl ein wenig durch die ängstliche Perspektive auf den furchtbaren dritten Akt, in dem nun allerdings Zeller meine Erwartungen weit übertraf. Er hatte sich eingesungen, es galt, sein Äußerstes zu geben, alle Schüchternheit war geschwunden, die Stimme wurde bis zur letzten Note immer größer und mächtiger, der Mann brachte Akzente, die ich ihm selbst nie zugetraut hatte, Spiel und dramatischer Ausdruck gelangen vortrefflich, kurz und gut, es war eine große Freude für mich. Nun Zeller gesehen hat, daß er vor allem stimmlich die Rolle vollständig bewältigt, gehe ich mit ihm an die genaueste Ausgestaltung des ersten und zweiten Aktes und ich denke, es soll gut werden. Ich möchte Sie, hochverehrte gnädige Frau, dringend bitten, Zeller bei den Festspielen 1891 irgend ein, und wenn das bescheidenste Plätzchen (vielleicht als Heinrich der Schreiber und erster Ritter) einzuräumen, ich bin fest überzeugt, daß derselbe, wenn er das Glück hat, den nächsten Festspielen mit allen Proben beizuwohnen, noch ein ganz vortrefflicher Künstler wird.

Auch Webers (Heerrufer) Wolfram war eine sehr erfreuliche Leistung, einfach und natürlich im Vortrag, frei von aller Sentimentalität erhob er sich zwar nicht bis in die höchsten Regionen des idealen Wolframschen Gedankenfluges, war aber immerhin stilvoll, sehr korrekt, unterstützt von sehr schönen Stimmitteln.

Die übrigen Sänger, Chor und Orchester taten ihre volle Schuldigkeit, die nachgelernten Ensembles gelangen in der Nuancierung vortrefflich und machten große Wirkung; sogar das Ballett, dem ich in den Arrangierproben sogar vorgetanzt habe (der Ballettmeister war entsetzt darüber, daß ich ihm erst die mit der Musik übereinstimmenden Bewegungen zeigen mußte), war leidlich, der Bacchantenzug feenhaft, *die liebenden Paare!!!* –

Ein kleines Stückchen habe ich unsere Sache also doch wieder vorwärts gebracht, der Hauptmangel, die Besetzung der Elisabeth durch Frau Naumann, wird in der nächsten Vorstellung (*Mittwoch, den 9. April*) mit Fräulein Denis bereits schwinden, die übrigen werden sich mit der Zeit wohl auch noch ausmerzen lassen; ich werde nicht ruhen, es *muß* und *wird* noch besser werden, ganz hoffnungslos ist es wenigstens nicht. –

Jetzt haben wir Ferien, ich ruhe mich bei dem lieben Besuche meines Vaters, der zum „Tannhäuser" gekommen und sehr befriedigt von der Aufführung war, ein wenig aus; nach Ostern geht es an die beiden Opern Alexander Ritters, dessen edlem Streben ich hier in der alten Zukunftsstadt zum ersten Male die längst und wohl verdiente Anerkennung zu erringen hoffe. An Novitäten bringen wir noch das „Eherne Pferd" und „Beatrice und Benedict", zu dem uns hoffentlich Mottl seine so vortrefflichen Rezitative überlassen wird. „Iphigenie in Aulis", „Rienzi" nächsten Herbst dann!

Für Knieses Bassisten habe ich zu meinem großen Leidwesen keine Vakanz, da wir erst unlängst einen sehr talentvollen Herrn Bucha[2] aus Mannheim engagiert haben.

Was halten Sie, hochverehrteste Frau, von dem Regisseur Martersteig[3] in Mannheim? Sie haben ihn, glaube ich, gelegentlich des Mannheimer „Tristan" kennengelernt.

Herzlichen Dank für die freundliche Erwähnung von Hertz' „Spielmannsbuch", das ich mir bereits bestellt habe.

Joukowsky geht Samstag nach Rußland, läßt Ihnen auf das Herzlichste für Ihre liebenswürdigen Grüße danken und erwidert dieselben bestens. Fiedlers Buch hat er erhalten.

Ich würde mich riesig freuen, wenn ich Herrn Siegfried (wenn er keine zu großen Ansprüche stellt) zur nächsten „Tannhäuser"-Aufführung, Mittwoch, den 9. April, die dritte am 20., hier begrüßen könnte; am 28. haben wir Lisztkonzert, das Programm ist noch unbestimmt, und ich werde wahrscheinlich Lassen um die Direction desselben beneiden müssen.

Als Entschädigung dafür hoffe ich, im Juni auf der Eisenacher Tonkünstlerversammlung den „Prometheus" oder „Dante" zu dirigieren.

Haben Sie, hochverehrteste gnädige Frau, nochmals tausend Dank für Ihre lieben Trostesworte, die meiner „Tannhäuser"-Aufführung wie ein Schutzengel zur Seite gestanden haben, und empfangen Sie und ihre liebe Familie die innigsten Grüße

Ihres in tiefster Verehrung treu ergebensten

Richard Strauss

1 Adolf Hennig (1841 – 1902), Bassist. 1874 – 1902 am Hoftheater in Weimar.

2 Carl Bucha (1868 – ?), Bassist, Schüler Fedor von Mildes, 1890 – 1895 am Hoftheater in Weimar, später in Hamburg und Düsseldorf. 1891 – 1894 sang er bei den Bayreuther Festspielen.

3 Max Martersteig (1853 – 1926), Schauspieler, Regisseur und Schriftsteller (Neffe des Historienmalers Friedrich Mardersteig (auch Martersteig), war 1867 – 1879 als Schauspieler am Hoftheater in Weimar, dann in Mainz, Aachen und Kassel, 1885 – 1890 Oberregisseur in Mannheim, 1890 – 1896 Direktor des Stadttheaters in Riga, 1905 – 1911 in Köln, 1911 – 1918 Intendant in Leipzig. 1904 veröffentlichte er „Das deutsche Theater im 19. Jahrhundert".

19 Bayreuth, den 15. April 1890
Wahnfried

Siegfried kam zum 9. nicht zu Ihnen, lieber Freund, weil er nur noch drei Tage uns hier zu geben hatte und uns nicht verkürzen wollte. Er hat es sehr bedauert und hofft, später Ihren „Tannhäuser" zu sehen, von welchem ich von verschiedenen Seiten das Allerlöblichste erfuhr. Ihr guter Erfolg mit Zeller hat mich sehr gefreut, und sehr gerne werden wir ihn hier beschäftigen. Wird es ihm möglich sein, im Laufe des Sommers, etwa Ende Juni, sich hier einzustellen; ich erwarte einige der Nebensterne zu Besuch, denn es wäre ganz gut, wenn wir manches unter uns im voraus feststellten. Auch Fräulein de Ahna wäre mir sehr angenehm. Ich glaube, sie hätte die leicht ansprechende Sprache für den Hirten. – Bezüglich eines Regisseurs weiß ich Sie wirklich nicht zu berichten. Martersteig erwies sich bei „Tristan und Isolde" recht willig. Aber was mir Kniese vom „Tannhäuser" mitteilte, klingt übel. An Ihrer Stelle würde ich mir einen erziehen, den intelligentesten unter den Choristen hernehmen und ihm zuerst, nach gründlicher gemeinsamer Durchnehmung, kleine Aufgaben stellen (etwa: „Das eherne Pferd" oder „Beatrice und Benedict"); wenn kein Chorist, dann ein Sänger, der mit der Stimme nicht besonders dran ist.

Es ist schön von Ihnen, mein Freund, daß Sie die Ritterschen Werke bringen; *sehr schön* selbst! Die Nachrichten, welche ich von diesen, meinen eigentlichsten Verwandten, erhalte, lauten immer trübe, und ich kann Ihnen nicht sagen, wie ich darunter leide, mir die lieben, seelenvollen Wesen in Sorge vorstellen zu müssen.

Ich glaube, Sie werden Freude an der Einstudierung von „Beatrice und Benedict" erfahren. Mir hat das Werk in Wien recht sehr gefallen. Es hat nicht die Fülle der Einfälle wie der „Cellini", ist aber harmonischer. Und vom „Ehernen Pferd" erzählt mir Siegfried das Beste. Die Arbeit von Humperdinck daran soll von großer Feinheit sein. In München haben sie es abgewiesen, *weil es zu viele Kosten macht!* Unsere kunstsinnige Hauptstadt geht vorsichtigerweise immer mit dem Erfolg. Jetzt wollen sie an die „Elisabeth", was mir eigentlich gar keine Freude ist.

Gerne hörte ich den „Dante" oder den „Prometheus" unter Ihrer Leitung. Vielleicht wählen Sie doch den „Prometheus", der beinahe am seltensten aufgeführt wird und der mir neulich einen ganz grandiosen (als eine von der Antike durchtränkte Erscheinung) Eindruck gemacht hat. Was aber den „Rienzi" anbetrifft, so möchte ich Sie bitten, bis auf die Aufführung in Karlsruhe (Herbst) zu warten. Dort möchte ich ihn nämlich endgültig feststellen. Ich nehme ihn seit ein paar Tagen vor und erschrecke allerdings vor den Massen, welche da mir unbedingt nötig erscheinen. – Daß Mottl und Sie an so kleinen Bühnen tätig sind, ist sehr bezeichnend und erfreut einen durch das Leisten des Unmöglichen, aber hie und da schadeten größere Mittel nicht.

Kennen Sie die „Sommernächte" von Berlioz? Kniese hat unserem ehemaligen Choristen Hüpeden[1] einige derselben einstudiert, und ich habe einen schönen Eindruck von ihnen erhalten. Über das „Requiem" müssen wir uns noch zanken! Ich tue es seit Wochen mit Mottl, da ich eine ausgesprochene Feindin dieses Opus bin.

Ist Ihr Herr Vater[2] noch in Weimar? Es hat für mich viel Versöhnliches und Erklärendes, daß Sie der Sohn eines Künstlers sind, dem es schwer fiel, uns zu folgen. Es ist für mich der Beweis, daß sein Herz doch mit uns war und einzig Geburt, Gewohnheit, Erziehung, Zusammenhang und was noch alles für Tagesgespenster uns trennte. Es gibt kaum etwas, worauf mein Gedanke lieber ruht, als dieses stille Weben des Geschickes allen Eingenommenheiten der Menschen zum Trotze.

Ich bin begierig, wie Ihnen das „Spielmannsbuch" gefällt und ob Ihnen „der Tänzer unserer lieben Frau" etwas eingibt. Der Tanz als Basis der Sinfonie erscheint mir als bewußter Vorwurf derselben künstlerisch berechtigt. Aber das kann nur der entscheiden, der es zu machen hat.

Leben Sie wohl, bester Freund, und lassen Sie immer von sich hören, da Sie mir eine große Freude sind! Im Mai gehe ich nach Karlsruhe, in der Angelegenheit des „Rienzi"! „Tannhäuser" und „Lohengrin" werden dort mit Alvary aufgeführt. Wäre es Ihnen möglich hinzukommen? Das wäre sehr schön und wir wollen darauf hoffen!

Seien Sie auf das herzlichste gegrüßt!

C. Wagner

1 George Hüpeden (1863 – ?), Bassist, Schüler Franz von Mildes und Knieses, sang in Regensburg, Breslau und Königsberg. In Bayreuth sang er im Chor und 1892 den Steuermann in *Tristan und Isolde*.

2 Franz Strauss, der erste Hornist des Münchner Hoforchesters und Professor an der Kgl. Musikschule, war ein erbitterter Gegner Richard Wagners. Trotzdem blies er die Hornsoli in dessen Werken so vollendet schön, daß er das Lob des Komponisten erntete.

20 Bayreuth, den 16. Mai 1890

In der Regisseurfrage möchte ich ein Wort an Sie, mein lieber Freund, richten und Ihnen auf das herzlichste und wärmste Ferdinand Jäger[1] dafür empfehlen, der wohl kaum mehr seine Opernsänger-Karriere weiterführen wird und sich gewiß, bei seinem dramatischen Talente, als Regisseur auszeichnen würde. –

Sie haben mir auf meinen letzten Brief nicht mehr geschrieben; durch Humperdinck erfuhr ich aber viel Gutes von Ihnen und freute mich darüber. Wenn Sie einmal wieder Zeit haben, lassen Sie von sich hören und seien Sie in treuer Herzlichkeit freundlichst gegrüßt!

C. Wagner

1 Ferdinand Jäger (1838 – 1902), Tenorist an der Hofoper in Wien. In Bayreuth sang er 1882 und 1888 den Parsifal.

21 Weimar, den 17. Mai 1890

Hochverehrteste gnädige Frau!

Tausend herzlichen Dank, daß Sie so freundlich meiner Regisseurnot gedacht haben; Herr von Bronsart ist in der Sache nicht abgeneigt und werde ich mich sofort mit Herrn Jäger in Verbindung setzen. Glauben Sie, hochverehrteste Frau, daß Jäger im rezitierten Schauspiele auch zu verwenden ist? denn dem hiesigen Regisseur liegt leider auch große Beschäftigung, besonders in den klassischen Dramen, ob. Ich selbst bin überglücklich über Ihren liebenswürdigen Vorschlag und werde mein möglichstes in dieser Angelegenheit tun.

Leider war es mir nicht möglich, zu Alvarys Gastspiel nach Karlsruhe zu kommen, denn ich bin jetzt den ganzen Tag mit den Vorbereitungen der beiden Ritterschen Opern beschäftigt, deren erste Aufführung ich am 8. Juni zu bewerkstelligen hoffe. Ich kann Ihnen nicht sagen, welche große Freude mir diese beiden Werke bereiten; denn abgesehen von ihrem hohen künstlerischen Werte und dem tiefen Ernste, der sich in ihnen ausspricht, ersehe ich in den allerdings mühseligen Proben zu denselben eine ungeheuer wirksame Vorstudie für die Sänger zur Gewinnung des für die Werke des Meisters erforderlichen echten, wahren Gesangsstiles. Es ist merkwürdig, welches Feingefühl Ritter in der musikalischen Behandlung der deutschen Sprache betätigt, bei vollster Natürlichkeit ein Reichtum des Rhythmus, den ich, außer in den Werken, noch nirgend angetroffen habe. Hierin sowie in dem Streben nach genauestem Ausdruck des poetischen Inhaltes zeigt sich Ritter als der erste wahre Schüler unseres erhabenen Meisters, bis jetzt als der einzige, der imstande war, künstlerisch zu betätigen, daß er „Oper und Drama“ *verstanden* hat.

Wenn wir nur erst so viele derartige Werke hätten (in denen wirklich deutscher Stil zu finden und die dem künstlerischen Drange entsprungen, ein Drama dem Volke zu ergreifender Wirkung vorzuführen, in denen das Drama Zweck und nicht Vorwand zu einer Musikaufführung ist) – so viele derartige Werke (und seien sie auch in dem bescheidenen anspruchslosen Rahmen der beiden Ritterschen Dramen), daß mit ihnen ein ganzes Opernrepertoire zu füttern (entschuldigen Sie gütigst den prosaischen Ausdruck) und auf den gesamten italienischen und französischen Opernkram, der uns unsere Sänger so schrecklich verdirbt, zu verzichten wäre, – dann wäre vielleicht das deutsche Theater aus dem jetzigen Sumpfe noch zu retten, der echte deutsche Gesangsstil würde dann Gemeingut aller deutschen Sänger und was eben derlei schöne Lustreisen im gelobten Lande Utopien noch sind.

Ich habe versucht, in eben diesem Sinne (daß nur durch Gründung einer solchen wahren Bayreuther Komponistenschule, die in deutschen Dramen unseren Sängern die stete Betätigung des von dem Meister geforderten und für die volle, schlagende Wirkung seiner Werke unumgänglich nötigen deutschen Gesangsstiles ermöglicht, die uns ein Repertoire deutscher Tondramen im Sinne des Meisters schafft, einem armen deutschen, voll und ganz der Bayreuther Sache dienen wollenden Theaterkapellmeister eine Tätigkeit erwächst, in der er sich nicht, wie heute bei der ehrenvollen Leitung des „Troubadour“ oder der „Hugenotten“ als ein geschworener Feind Bayreuths vorkommt) einen kleinen Artikel[1] über die beiden Ritterschen Opern zu schreiben, der leider bis jetzt noch so von Beleidigungen der Theaterintendanten, Opernkomponisten, Kritiker etc. strotzt, daß er absolut nicht druckreif ist.

Wenn es mir gelingt, für die in demselben niedergelegten Gedanken die nötige höfliche Form zu finden, werde ich vor der Aufführung des „Faulen Hans“ ihn einem hiesigen Blatte geben und so frei sein, Ihnen, hochverehrte gnädige Frau, denselben zuzusenden. Darf ich nicht hoffen, daß Sie zum 8. Juni mir die Ehre Ihres Besuches gönnen?

Noch sogleich eine Frage! Wann wünschen Sie, daß Fräulein de Ahna, die übrigens nächsten Donnerstag hier zum ersten Male als Pamina auftreten wird, und Herr Zeller nach Bayreuth kommen? Wann können Sie mich brauchen? Wir alle sind vom 23. Juni ab frei und von da ab bereit, nach Ihrem gütigen Wunsche jeden Tag in Bayreuth einzutreffen. – „Das eherne Pferd“, zu dessen Aufführung ich die Freude hatte, den lieben Humperdinck hier zu sehen, hat hier, trotzdem die Aufführung etwas überhastet war, sehr gefallen. Wenn alle besseren italienischen und französischen Opern so musterhaft übersetzt und bearbeitet wären, ja, dann trüge ich keine Bedenken, sie dem deutschen Theaterrepertoire einzuverleiben, aber so – man braucht nur einen Mozartschen „Don Juan“ zu hören und man kommt aus Angst und Sorge, wenn nicht schlimmeren Empfindungen, nicht heraus.

Am 25. Mai und 1. Juni haben wir „Meistersinger“ und „Tannhäuser“. Gelegentlich der Einstudierung der Berliozschen „Lear“-Ouvertüre, die ich für die Tonkünstlerversammlung einzuüben habe, habe ich, unter dem Bann Ihres strengen Urteils über das „Requiem“, mein Gewissen bezüglich Berlioz genau durchforscht und bin nun doch darüber mit mir klar, daß es das Fremdartige, Kuriose, Bizarre ist, was mich hauptsächlich an dem merkwürdigen Franzosen fesselt. Ich kann nicht leugnen, daß ich seinerzeit von dem „Requiem“ einen großen Eindruck empfangen habe, wenn ich auch sicher glaube, daß mein Verstand mehr als mein Herz bestimmt wurde.

Inmitten Schumannscher und Marschnerscher, philiströser deutscher Gesundheit sind Berliozsche Fieberschauer eine angenehme Emotion, wenn auch vielleicht nicht viel mehr.

Wir Armen müssen eben noch so viele alltägliche, langweilige Musik verdauen. Ja, wenn das ganze Jahr über Bayreuther Festspiele wären; aber so, wenn man oft nur die Wahl zwischen Mendelssohnscher Fadheit und Berliozscher Tollheit hat! „Beatrice und Benedict“ wird unsere erste Novität im nächsten Winter sein.

Herzlichen Dank für Ihre Empfehlung des reizenden „Spielmannbuches“. „Der Tänzer unserer lieben Frau“ ist allerdings ein reizender Vorwurf; ich habe ihn bereits in mich aufgenommen und muß eben nun geduldig abwarten, ob er als sinfonische Dichtung wieder aus meinem *Herzen* heraustanzt.

Lassen dirigierte neulich hier das Lisztkonzert, die Aufführung der herrlichen „Hunnenschlacht“ und des köstlichen „Mephistowalzers“ war ein hoher Genuß für mich. Für die Tonkünstlerversammlung sind nun endgültig „Tasso“ und „Prometheus“ bestimmt, ich werde leider nur ersteren zu dirigieren bekommen. Für mein erstes Konzert nächsten Herbst hier habe ich fest die „Faust“-Sinfonie in Aussicht genommen.

Mit dem Rienzi warte ich natürlich bis zu Ihrer endgültigen Feststellung und dann auch bis zum Eintreffen des neuen Regisseurs. Zeller soll sich nun nächsten Winter auch an Loge, Siegmund und Siegfried wagen.

Ich werde dieser Tage Mottl zur Aufführung der Ritterschen Opern [am] 8. Juni einladen, würden Sie, hochverehrteste gnädige Frau, die Güte haben, meine Einladung an ihn durch ein paar Zeilen zu unterstützen, ich hätte zu gerne, daß sich Mottl für die beiden Werke interessiert.

Nochmals herzlichen Dank für Ihre lieben Zeilen und die herzlichsten Grüße an Sie und Ihre verehrten Töchter

Ihres in innigster Verehrung treu ergebensten

Richard Strauss

1 Bisher unveröffentlichte Skizzen zu diesem Einführungsartikel finden sich in: Willi Schuh, Richard Strauss, Jugend und frühe Meisterjahre, Lebenschronik 1864 –98, Zürich/Freiburg i. B., 1976, S. 200 ff.

22 Bayreuth, den 21. Mai 1890

Herzlichen Dank, lieber Freund, für das Eingehen auf meine Empfehlung! Ich glaube unbedingt, daß Jäger auch das Schauspiel übernehmen kann. Herzlichen Dank vor allem für Ihre lieben Zeilen! Wäre es mir möglich, am 8. Juni nach Weimar zu kommen, so würde ich es unbedingt tun. Die Ritterschen Stücke interessieren mich in hohem Grade und Ihre Teilnahme für sie und die ernste Art, wie sie sie begründen, macht mir große Freude. Ich muß aber jetzt in Wahnfried bleiben, zu viel liegt vor, und ich darf mich von meiner Aufgabe in keiner Weise, auch in der anregendsten nicht, zerstreuen.

Der „Tannhäuser" in Karlsruhe hat es mir wieder recht nahe gebracht, wie dieses Werk im argen liegt. Wird es uns hier glücken, es zu seiner wahren Gestaltung zu bringen? Ich hoffe gegen jede Hoffnung, denn *alles* macht mir Sorge! Orchester, Sänger, Szenerie, Beleuchtung, Musik auf der Bühne, *alles!* Und ich rette mich vor der Bangigkeit, die mich einnimmt, nur durch das emsigste Nachforschen und Vergleichen. Wenn ich mir sage, bloß wie ich mir die Chöre vorstelle und wie ich sie zu hören seit 35 Jahren verurteilt war, so ist mir, als ob ich nach einer Fata Morgana steuerte, die ich nie erreichen könnte.

In Karlsruhe habe ich „Die heilige Elisabeth" vorbereitet und auch den „Rienzi". Bezüglich letzteren Werkes habe ich zu Mottls Kummer manches musikalische Moment zugunsten der Belebung des Dramas geopfert. ≪Dafür aber eine große Stelle, die selbst in der Partitur nicht mehr zu finden ist, wieder eingesetzt, es ist im III. Akt. „Klaget, Jungfrauen, weinet"!≫. Mein Triumph würde es sein, wenn die wundervolle Idee des Ganzen – (das antike Ideal in einer durchaus mittelalterlichen Erscheinung verkörpert, diese Erscheinung dadurch zugrunde richtend, daß keiner aus der Umgebung dieses Ideal teilen kann und einzig und allein die Persönlichkeit hinreißend wirkt) – den Zuschauern sich deutlich mitteilte; und daraufhin möchte ich arbeiten.

In der „Heiligen Elisabeth" bin ich sehr kühn gewesen, weiß aber nicht, ob es mir glücken wird, da Dekorationen und Kostüme nicht neu geschaffen werden.

Habe ich Ihnen denn von dem „*Roi malgré lui*" von Chabrier in Dresden geschrieben? Ich kann Ihnen meinen Eindruck gar nicht schildern und habe es nur in der Explosion der Wut zu Mottl getan; so etwas *darf* man nicht bringen, es ist einfach entsetzlich, und ich kann gar nicht ruhig darüber sprechen!

Das ist denn ein ganz anderes Ding mit Berlioz, da hat man es mit einer der bedeutendsten Persönlichkeiten zu tun, welche die Kunst hervorgebracht hat. Und selbst im „Requiem", welches mich so abgestoßen hat, sind Einzelheiten des allergrößten Stiles, überhaupt, wenn etwas von Berlioz aufgeführt wird, würde ich nie ermangeln es anzuhören, denn er gibt viel zu denken über sich, sein Volk, die Sinfonie im allgemeinen, die Begrenzung in der Kunst, kurz, er wirft lauter Probleme auf, und wenn sein Bau ebenso schief ist wie der Turm zu Pisa und man an dem Grotesken, Absurden, leider auch sehr Trivialen keine Freude haben kann, so blickt man doch auf ihn wie auf einen jener Verdammten aus der Danteschen Hölle und schwankt zwischen Entsetzen und Teilnahme. ≪Für die „Lear"-Ouvertüre habe ich in meiner Jugend geschwärmt und ein Hoboenthema aus der Introduktion ist mir als schöne, melodische Gestalt in Erinnerung geblieben. Überhaupt die ganze Ouvertüre als eine der besten Berliozschen.≫ – Kennen Sie seine „Sommernächte"?

Ich habe in der letzten Zeit den „Chopin" von meinem Vater gelesen, und wenn auch eine fremde Feder[1] ihn nicht gerade geschmückt, sondern ziemlich reichlich überschrieben hat, so ist doch so viel von ihm darin, daß ich mich ungemein gefesselt und gerührt fühlte. Allein schon die Komposition des Buches, die Einteilung in die verschiedenen Kapitel, halte ich für meisterlich. Ich habe zugleich einige der darin erwähnten Werke mir wieder vorgeführt, die Polonaise-Phantasie, das Präludium in fis-Moll, die große Polonaise ebenfalls in fis-Moll mit der Mazurka darin, und habe einen unendlichen Genuß davon gehabt. Die große Sicherheit und Präzision der Form mit einer Fülle der Melodik und eine Eigenart der Empfindung, wie man kaum ein zweites Beispiel dafür in der Klavierliteratur antreffen könnte. Der H-Dur-Mittelsatz in der Polonaise-Phantasie mutete mich wie eine orphische Inspiration an, und wer versagte seine Teilnahme wohl dieser eigentümlichsten Erscheinung des heroisch klagenden Tanzes. Freilich frägt man sich, was ein solches zartes Gebilde inmitten unserer plumpen Welt soll! Vornehmlich ist es das weibliche Ideal, das uns aus diesen Inspirationen entgegen schimmert, welches wir kaum in Zusammenhang mehr zu bringen vermögen. Durch eine Gedankenverbindung kam ich auf den „Tasso" von Goethe, und wenn das Germanische dem Slawisch-Französischen wohl an Tiefe und Reinmenschlichem weit überlegen ist, so liegt doch die nahe Verwandtschaft in der zarten Schwärmerei:

> „Und willst Du wissen, Tasso, was sich ziemt,
> so frage nur bei edlen Frauen an",

Ich freue mich, daß Sie den „Tasso" meines Vaters zu dirigieren bekommen und würde Ihnen auch den „Prometheus" zugewiesen haben, da für die Aufführung dieser Werke nebst Talent auch Charakter, Persönlichkeit erforderlich ist. Überhaupt finde ich das Verhältnis von Charakter zu Geist dem gleich des heiligen Christoph zu dem Heilandkinde, er muß ihn durch die Fluten des Lebens tragen, und gar oft mag es ihm schwer zumute sein. Sollten Sie für Ihre Tonkünstlerversammlung noch eines Sängers (Bariton) bedürfen, so würde ich Ihnen unseren Ritter, Hüpeden, empfehlen, dem Kniese sehr gut Lieder von meinem Vater und einzelnes aus den „Sommernächten“ einstudiert hat.

Ich habe die verschiedenen Sänger, die mich hier besuchen wollen, gebeten, *Ende Juli* zu kommen. Wenn es Ihnen aber, Fräulein de Ahna und Herrn Zeller besser in Ihren Sommerwegen paßt, früher zu kommen, so sind Sie mir willkommen, das versteht sich von selbst.

Humperdinck hat große Freude an seiner Aufführung in Weimar gehabt. Sie wissen doch, daß München „Das eherne Pferd“, der Kosten wegen refusiert hat! Ich habe Humperdinck geraten, eine neue Ouvertüre zu schreiben (nicht zu dem Refus von München!), da Siegfried mir sagt, daß die Aubersche ziemlich vulgär sei. – Skizzen zu einer „Maurischen Sinfonie“[2], die mir Humperdinck spielte, gefielen mir ausnehmend; wir haben es da mit einer ungewöhnlich feinen, musikalischen Natur zu tun.

Daß der „Spielmann“ Ihnen gefällt, freut mich sehr. Es gibt so wenig in unserer modernen Welt, dessen man sich erfreuen kann, und ich flüchte mich regelmäßig und fast nach jedem Exkurs in das unromantische Land, zu Goethe, den man, Gott sei Dank, nie auskennt. Da sind mir im 2. Teil des „Faust“ einzelne Stellen vorgekommen, die ich wirklich nicht verstand und ebenso wirklich bis jetzt übergangen hatte. Ich habe Siegfried sehr dezidiert auf diesen unseren Gott-Vater gewiesen und hoffe, ihn dadurch vor aller Telephon-, Phonographen-, Kolophonium- und Rampenlicht-Literatur behütet zu haben, welche man heute die realistische nennt.

Mottl erzählte mir die „Kreutzersonate“ von Tolstoi. Levi las mir das letzte Kapitel vom „Katzensteg“[3], ich glaube, ich habe für zehn Jahre genug, und blicke schwermütig in den „Tannhäuser“ hinein und frage mich, welche Herzen wirklich vorbereitet sind, um dieses Allerheiligste zu empfangen. Was mich fast am allertiefsten kränkt, ist, zu gewahren, daß „Tristan“ z.B. von vielen und manchen mit den odiosen Produkten der jetzigen Literatur vermischt wird.

Ob Mottl zu den Ritterschen Opern wird kommen können, bezweifle ich; wenn ich nicht irre, ist er im Juni bei seiner Mutter in Wien und kann sie nicht gut verlassen. Er wird sich aber sicher dieser Stücke annehmen, denn er hat ein offenes Herz für alles Lebende und Gute. Wollen Sie ihm eine Freude machen, so schicken Sie ihm doch, in meinem Namen, die Abschrift von dem großen Vorspiel zum III. Akt „Tannhäuser“, das Sie aufgeführt haben sollen, und das er nicht kennt. Die Abschriftkosten würde ich gerne tragen.

Mir senden Sie bitte Ihren Aufsatz, auch mit den Beleidigungen! Ich habe die größte Teilnahme für alles, was Sie tun, ja treiben, und daß das Herz gut bei Ihnen bestellt ist, weiß ich bestimmt und erwarte noch schöne Blüten daraus.

So seien Sie mir in innigster Herzlichkeit und wärmster Hoffnung gegrüßt, und wenn Sie eine freie Stunde haben, lassen Sie mich wissen, wie es Ihnen geht, mit der Sicherheit, mir damit eine wahre Freude zu bereiten.

Meine Kinder grüßen Sie allesamt in lebhafter Anhänglichkeit und Teilnahme.

C. Wagner

Ich will noch mitteilen, daß der „Mephisto-Walzer" eines meiner Lieblingsstücke meines Vaters ist. Vergleiche man das nur mit dem „Ständchen" aus dem „Faust" von Berlioz, um zu sehen, was Adel in der Kunst ist und wie gleiche Motive anders erfaßt auch andere Erscheinungen hervorbringen.

Mottl spielte uns die „Vogelpredigt", die uns in seiner Instrumentation noch gewonnen zu haben schien. Kennen Sie sie? Und seine Bearbeitung vom „Blaubart"? Sie ist wirklich prächtig.

1 Das französische Original von Liszts „Chopin" ist 1851 erschienen, eine zweite Auflage, von der Fürstin Sayn-Wittgenstein überarbeitet und um ein Drittel des Umfanges vermehrt, folgte 1879. Die erste sehr freie deutsche Übersetzung dieser Fassung stammte von La Mara (Marie Lipsius). Erst 1948 veröffentlichte Hans Kühner eine deutsche Übersetzung der Urfassung.

2 Die spätere *Maurische Rhapsodie* für Orchester von 1898.

3 Hermann Sudermann (1857 – 1928), Dramatiker und Erzähler, schrieb 1888 den Roman „Der Katzensteg".

23 Wahnfried, den 10. Juni 1890

Herzlichsten Dank, mein lieber Freund, für die gute Nachricht! Ich habe mich für Sie, wie für meinen teuren Ritter ungemein gefreut.

Nehmen Sie fürlieb mit diesem flüchtigen Gruß, es geht mir viel und nicht Leichtes durch den Sinn. Stets aber gedenke ich Ihrer mit Freude wie einer schönen Hoffnung!

C. Wagner

24 Weimar, den 15. Juni 1890

Hochverehrteste gnädige Frau!

Zu meiner großen Trauer und Bestürzung erfahre ich soeben von der schweren Krankheit, welche Ihre Tochter in Palermo befallen hat; unserer aller innigster Teilnahme brauche ich Sie, hochverehrteste Frau, wohl kaum zu versichern, und daß wir von ganzem Herzen Ihnen und Ihrer Familie die Freude ersehnen, Ihre liebe Tochter in kürzester Zeit wieder genesen zu sehen. –

Heyderich[1], der gestern von Bayreuth hier eintraf, erzählte mir, daß Sie dieser Tage nach Palermo abzureisen gedächten, und möchte ich Sie für heute nur bitten, mir in aller Kürze mitzuteilen, ob Fräulein de Ahnas, Zellers und mein Besuch in Bayreuth vom 23. Juni an Ihnen angenehm ist und ob wir hoffen dürfen, Sie in Bayreuth zu treffen.

Mit den herzlichsten Grüßen Ihr getreuester

Richard Strauss

Von Mittwoch an Adresse: Eisenach, Hotel Großherzog von Sachsen.

1 Bruno Heyderich (1863 – 1938), Kontrabassist und Komponist, ab 1887 Tenorist am Hoftheater in Weimar, gründete 1899 das Konservatorium in Halle.

25 Bayreuth, den 16. Juni 1890

Gott sei Dank! Kann ich Ihnen, liebster Freund, bessere Nachrichten geben, und wenn meine Tochter Isolde auch noch bettlägerig ist, so ist sie wenigstens nicht nur außer Gefahr, sondern entschieden in der Konvaleszenz.

Am 23. Juni werde ich demnach hier sein und freue mich sehr auf Ihren Besuch, auch auf Fräulein de Ahna und auf Zeller.

Sollte ich noch nach Mailand zur Abholung meiner Tochter und zur Besprechung mit Md. Zucchi[1] kommen, so würde es erst Ende Juni, Anfang Juli sein; aber ich glaube es kaum.

Mein Siegfried schreibt mir, daß er vermutlich zur Tonkünstlerversammlung nach Eisenach auf Ihre freundliche Einladung hin kommen wird. Glück auf zum „Prometheus"! Gern würde ich ihn unter Ihrer Direktion hören! Ich glaube mich nicht zu irren, wenn ich finde, daß in ihm das antike Naturweh und -wohl, ja förmlich die griechische Landschaft mit ihren Buchten und Klüften und dem blauen, sonnigen Meere sich widerspiegelt.

Auf baldiges Wiedersehen, mein lieber Freund.

C. Wagner

Pstscr. Auch meine Tochter Eva ist leidend, kann daher nicht für mich schreiben. Von der Hauptsorge aber bin ich wenigstens befreit.

1 Virginia Zucchi (1847 – 1930), italienische Tänzerin und Choreographin, war 1891, 1892 und 1894 choreographische Leiterin des Bacchanales in *Tannhäuser* bei den Bayreuther Festspielen.

26 München, den 29. Juli 1890

Hochverehrteste gnädige Frau!

Von meinem einsam stillen Landaufenthalte in Marquartstein[1] in der Nähe des Chiemsees auf ein paar Tage nach München hereingekommen, höre ich von Freund Ritter, daß Sie, hochverehrteste Frau, Ihren Rückweg von Mailand nach Bayreuth über den Schwarzwald genommen haben. Meine Hoffnung, Sie hier in München begrüßen zu dürfen, hat sich also leider nicht verwirklicht; da werde ich denn von der schönen Erinnerung an die herrlichen Tage, die mir Ihre große Güte in Bayreuth bereitet hat, länger zehren müssen als ich ursprünglich geglaubt habe. Empfangen Sie, hochverehrteste gnädige Frau, nochmals meine innigste Danksagung für die außerordentliche Liebenswürdigkeit, mit der Sie mich und meine „Küchlein" in Wahnfried aufgenommen haben.

Bezüglich des Schicksals eines dieser beiden wird es Sie vielleicht interessieren, daß Fräulein de Ahna von Herrn von Bronsart auf fünf Jahre nach Weimar engagiert worden ist. Diese angenehme Tatsache hat mich mit meinem verehrten Chef wieder einigermaßen versöhnt; er hatte mir nämlich auf einen sehr dringenden Brief, den ich ihm in unserer Regisseurangelegenheit (Herr Jäger hat für die ihm von mir angebotene Stellung in Weimar gedankt, da er sich in seinem Sängerehrgeiz noch nicht befriedigt fühlt) geschrieben und worin ich die sehr bestimmte und aufs genaueste motivierte Bitte gestellt hatte, den neuen Regisseur (eventuell Wiedey[2]) mir *unter*zuordnen, in einer sehr albernen und verschrobenen Weise geantwortet. Abgesehen davon, daß er meine Bitte *„prinzipiell“* (?) nicht erfüllen kann, nahm er wieder einmal Gelegenheit, mich vor meinen Irrwegen auf der Lasterbahn des Fortschrittes zu warnen und was derlei dummes Zeug mehr ist.

Mit Bronsart, diesem Fortschrittler *von vor dreißig Jahren*, wird es wohl noch harte Kämpfe setzen!

Trotz alledem habe ich mich im Gebirge recht gut schon erholt und befinde mich auf den teuflischen Irrwegen wohl und munter, erquicke mich sogar aufs innigste an dem herrlichen *„Kunstwerke der Zukunft“*. Wie heißt's bei Goethe, Herr von Bronsart?

Was man schwarz auf weiß besitzt, –
davon läßt sich kein Jota rauben!

und die andere schöne Stelle von den Leuten, die's gut wäre, „zeitig totzuschlagen“?

Doch genug davon!

Ich habe meine Übersetzung und Bearbeitung der Gluckschen „Iphigenie auf Tauris“ nunmehr fertig und bin nunmehr nur noch mit der Herstellung der endgültigen Partitur beschäftigt. An einigen kühnen Eingriffen in das Glucksche Original fehlt es allerdings nicht; ich habe den ganzen ersten Akt umgearbeitet und umgestellt, einen neuen Schluß zum letzten Akte komponiert, die ganze Oper in drei Akte zusammengezogen und im Gange der Handlung vieles anders motiviert.

Im Ganzen ist die Arbeit, wie ich glaube, gelungen, der Stil ist festgehalten, und das ist doch das schwerste!

Die Arbeit hat mir große Freude gemacht und durch die eigehende Beschäftigung mit ihm mich Gluck um ein bedeutendes näher gebracht; ich wäre sehr glücklich, wenn ich bald Gelegenheit finden könnte, die kleine Arbeit Ihrem Urteile, hochverehrteste Frau, unterbreiten zu können. Doch bis dahin hat es wohl noch gute Wege! Wann werde ich überhaupt das Glück haben, Sie wiederzusehen? Hatten Sie nicht vor, im August nach München zu kommen?

Fräulein Ternina[3] habe ich hier als Fidelio gehört; sie hat mir sehr gefallen. Eine günstige Bühnenerscheinung, begabt mit einer sehr schönen, dunklen

Mezzosopranstimme, durchaus nobel in Gesang und Spiel qualifiziert sie sich, wie ich glaube, wohl vortrefflich zu einer Elisabeth in Bayreuth.

Sie paßt durchaus nicht in das Münchner Ensemble, dessen Krise sie wohl vorläufig (bis sie nämlich, wovor sie der Bayreuther Geist gütig bewahren möge, mitkrist) bedenklich stört; ich würde sehr wünschen, daß Sie, hochverehrte Frau, die sehr talentvolle Sängerin und Darstellerin selbst einmal hören könnten, ich habe Fräulein Ternina besucht, sie aber leider nicht mehr in München anwesend getroffen. –

Nun noch eine Frage: kennen Sie einen Baritonisten Franz von Milde[4] in Hannover (der älteste Sohn der Weimaraner Mildes)? Ich wurde heute von Ritter auf ihn aufmerksam gemacht, er wäre eventuell zu beachten! Ich kenne ihn als Sänger nicht, persönlich ist er eine sehr schöne Erscheinung, nach dieser Richtung hin für Amfortas und Wolfram wohl geeignet. –

Wie geht es Ihnen und Ihrer verehrten Familie? Insbesondere Fräulein Isolde? Hat sie sich ganz erholt?

Ich wäre sehr glücklich, wenn ich bald gute Nachrichten von Ihnen erhalten könnte.

Wie ist Ihre Mailänder Ballettkonferenz abgelaufen?

Haben Sie Hoffnung?

Doch nun will ich Sie, hochverehrteste teuerste Frau, nicht wieder mit Fragen quälen.

Empfangen Sie und die Ihrigen die herzlichsten Grüße Ihrers in tiefster Verehrung treu ergebenen

Richard Strauss

Nur eine Frage noch! Wie ging es mit Alvarys Tristan?

Der Allgemeine Richard-Wagner-Verein hat mir die Ehre erwiesen, mich zu seinem Vertreter in Weimar zu ernennen!

1 Sommerfrische der Familie Strauss. Die Familie de Ahna besaß dort ein Landhaus, in dem Richard Strauss nach der Hochzeit seinen Urlaub komponierend verbrachte bis er sich 1908 in Garmisch niederließ.

2 Ferdinand Wiedey (1854 – ?), Bassist, Schüler Fedor von Mildes, seit 1879 am Hoftheater in Weimar, seit 1890 als Oberregisseur (Schüler von Savits). In Bayreuth 1888/89 2. Gralsritter.

3 Milka Ternina (1863 – 1939), kroatische Sopranistin, 1890 – 1906 an der Hofoper in München. 1899 sang sie in Bayreuth die Kundry.

4 Franz von Milde (1855 – 1929), Baritonist (Sohn von Fedor von Milde (1821 – 1899), dem Telramund, und Rosa von Milde (1827 – 1906), der Elsa der Uraufführ-

rung des *Lohengrin* in Weimar). Er sang 1876 – 1878 an der Hofoper in Weimar und anschließend in Hannover. 1906 – 1926 war er Lehrer an der Akademie der Tonkunst in München.

27 Bayreuth, den 12. August 1890

Mein lieber Freund,

endlich gelange ich dazu, Ihnen für Ihren lieben Brief zu danken. Es geschieht dies auch mit einiger Hast, da ich in einer kleinen Weile Kniese erwarte, um mit ihm die Einteilung der Tanzszene vorzunehmen, und ich muß Sie daher um Nachsicht bitten, aber ich will Ihnen durchaus noch heute sagen, wie ich mich über Ihren Brief gefreut habe und wie oft ich Ihrer gedenke.

Auf meiner Fahrt nach Mailand habe ich mich einen Vormittag (d.h. zwei Stunden desselben) in München bei Flüggen[1] und dann bei den lieben Sporcks[2] aufgehalten. Ich dachte Sie abwesend und ließ Ihnen daher nichts sagen. Jetzt bleibe ich fürs erste hier. Wir hatten mit unseren ersten Besprechungen so viele Fragen aufzuwerfen, daß es nun der Nacharbeit vollauf gibt. Mehrere Künstler habe ich inzwischen kennengelernt und manche sehr angenehme Erfahrung gemacht. In leuchtender Erinnerung bleiben mir aber Ihre „Küchleins", und es freut mich, daß Fräulein de Ahna nach Weimar kommt. Wollen Sie den Hirten, nach unserer Übereinstimmung, mit ihr vornehmen. Die Dressur muß da sein, *aber durchaus unmerklich*. Ich werde ihr auch das Blumenmädchen schicken und den Knappen, und Sie werden die Güte haben, nicht wahr, mein Freund, ihr dieselben einzustudieren, damit wir möglichst viel vorgearbeitet haben, denn es wird viel Arbeit im nächsten Jahre geben. Es ist sehr freundlich von Ihnen gewesen, meine Empfehlung Jägers so ernstlich zu beachten; ich fürchte, daß seine jetzigen Gastspiele in Wien ihm beweisen werden, daß auf dieser Bahn er keine große Befriedigung seines Ehrgeizes finden kann.

Sehr leid tut es mir, daß Sie von Ihrem Chef so eigentümliche Aussprüche vernehmen mußten. Am Ende hat seinen konservativen Sinn nur das Wort „Fortschritt" geängstigt, welches auch ich gerne vermeide, ich setze am liebsten „Leben" dafür ein, und daß der alte Opern*stil* kein lebendiges Möbel mehr ist, das wird uns Herr von Bronsart doch gerne zugeben.

Vielleicht auch hätten Sie ohne es auszusprechen ganz doucement den Regisseur unter sich erhalten, denn derjenige, der weiß, was er will und dem es dabei nicht auf eitles Ansehen ankommt, übt eine Macht in einer Welt aus, von welcher Voltaire sagte, daß die meisten in ihr nicht wüßten, was sie denken sollten. Und bezüglich der Macht haben uns die Jesuiten, indem sie sich jede Ehrenbezeigung verbaten, gezeigt, was zu scheiden ist.

Im ganzen fürchte ich mich immer etwas vor Programmen, welche alle Leute stutzig machen, und ich meine, daß, wenn man sich seines Zieles scharf bewußt ist, man es am ehesten ohne Erklärungen erreicht.

Heute abend endlich wollen wir „Iphigenie auf Tauris" vornehmen. Ich will ganz gerüstet sein, wenn Sie mir die Freude machen, mir Ihre Arbeit mitzuteilen. Bereits das, was Sie mir davon gesagt haben, hat mich ungemein interessiert und scheint mir ebenso geistvoll wie kühn. Auch ich halte dafür, daß Sie kein besseres Studium für sich als wie gerade diese Arbeit vornehmen könnten. Und *wie* müssen wir es uns angelegen sein lassen, unsere großen Meister der vergangenen Zeit nicht zu verlieren und sie lebendig wirkend unter uns zu erhalten. Nachdem ich in der Jugend wirklich ganz unfähig war, Mozarts Genius zu würdigen, ist mir mit den Jahren eine immer größere Freude an demselben zuteil geworden und unseren Himmel können wir uns nicht sternhaltig genung ausbilden . . .

Levi ließ mir sagen, daß seiner Meinung nach Fräulein Ternina sich eher für die Kundry als für die Elisabeth eigne. Ich werde aber bei der Elisabeth bleiben. Siegfried hat das Fräulein in München gehört und hat mir entschieden dazu geraten.

Herrn von Milde habe ich mir gemerkt. Ich fürchte aber seinerseits den *„belcanto"*, welcher bereits durch Reichmann[3] und Scheidemantel bei uns vertreten sein wird.

Alvary hat mir eine unbedingte Freude gewährt. Ich habe mit ihm den ganzen Tristan durchgenommen und ich glaube, daß er uns einen sehr guten Parsifal geben wird. Dazu ist er sehr ernst und eifrig und verbindet mit diesen Eigenschaften eine sehr gute Sitte, was in unserem Verbande auch von Wert ist.

Was unser Ballett anbetrifft, so müssen wir sehen. Jedenfalls ist Mme. Zuchi eine gewissenhafte, uneitle Künstlerin.

Nun leben Sie wohl, mein teurer Freund! Wir sind jetzt zu fünft hier in Wahnfried, alle, Gott sei Dank, wieder gesund. Wir vereinigen uns in einem herzlichen Gruß an Sie und ich insbesondere entsende Ihnen das Beste an treuen Wünschen für Ihr Wohl und die Entfaltung Ihres Wesens. Vergessen Sie mir die Natur nicht und lassen Sie hie und da eine Zigarette unausgeraucht liegen! Dies, damit Sie doch noch der Predigten in Wahnfried gedenken!

C. Wagner

Bitte übernehmen Sie bei Fräulein de Ahna meinen herzlichen Dank für die Blumen, welche mich bei meiner Rückkehr aus Mailand so freundlich begrüßten.

1 Joseph Flüggen (1842 – 1906), anfangs Historienmaler (Schüler seines Vaters Gisbert Flüggen und Pilotys), von 1883 – 1903 Kostümier am Hoftheater in München. Für die Bayreuther Festspiele schuf er Kostümentwürfe für *Tristan und Isolde* (1886), *Tannhäuser* (1891) und *Lohengrin* (1894).

2 Ferdinand Graf Sporck (1848 – 1928), böhmischer Librettist. Auf seine Libretti komponierten Cyril Kistler *Kunihild*, Max von Schillings *Ingwelde* und *Pfeifertag* sowie Eugen d'Albert *Die Abreise* und Hans Sommer *Münchhausen*. Für Richard Strauss schrieb er das Buch zu einer dann doch nicht weiter verfolgten „Schilda"-Oper.

3 Theodor Reichmann (1849 – 1903), Baritonist, war nach verschiedenen Engagements u.a. in Hamburg (1873) und München (1875) Mitglied der Hofoper in Wien von 1882 – 1889 und wieder von 1893 an. Als Gast sang er in New York und London. Bei den Bayreuther Festspielen wirkte er in der Uraufführung des *Parsifal* 1882 als Amfortas mit, den er bis 1891 und nochmals 1902 neben anderen Partien sang.

28 Weimar, den 2. Oktober 1890

Hochverehrteste gnädige Frau!

Durch Fräulein Else und Julie Ritter, die mich gelegentlich der Wiederaufnahme der beiden Opern ihres Vaters letzten Sonntag mit ihrem Besuche erfreuten, erfuhr ich, daß Sie, hochverehrteste gnädige Frau, schon in diesen Tagen aus Italien zurückkehren werden. Mit dem herzlichen Wunsche, daß Sie sich dort recht schön erholt und neue, frische Kräfte für die großen bevorstehenden Anstrengungen des nächsten Jahres gesammelt haben möchten, verbinde ich die Entschuldigung, daß ich Sie sogleich mit einer großen Bitte belästige.

Mit herzlichem Dank habe ich die neuen Striche zu „Rienzi" durch Direktor Kniese erhalten, mit größtem Interesse von Ihnen Kenntnis genommen, sogar schon Herrn von Bronsarts Genehmigung erwirkt, den „Rienzi" in dieser Form hier aufzuführen.

Mir fehlt nur eines dazu, um den schönen Plan zu verwirklichen, nämlich die vollständige Partitur. Wie Sie wohl selbst wissen, fehlen in der autographierten Partitur, die auch wir besitzen, eine Reihe von im großen Klavierauszug enthaltenen Stellen; ich schrieb nun an Mottl, den ich im Besitze des Fehlenden glaubte, und bat ihn, mir dasselbe kopieren [zu] lassen. Er schrieb mir zurück, daß auch er nicht die Originalfassung der genannten Stellen besäße, sondern dieselben von seinem Kollegen habe nachinstrumentieren lassen; er stellte mir freundlichst diese Bearbeitung eventuell zur Verfügung.

Bevor ich Mottls Anerbieten annehme, möchte ich an Sie, hochverehrteste gnädige Frau, die ergebene Anfrage richten, ob denn auch die Originalpartitur des „Rienzi" mit dem großen Klavierauszug differiert, und ob, wenn nicht, Sie die große Güte haben würden, mir für meine Aufführung nach der Originalpartitur die fehlenden Stellen freundlichst kopieren zu lassen? Es sind dies nach dem großen Klavierauszug folgende Stellen:

1. Akt:	Seite 43 bis Seite 60 (8. Takt)
	Seite 103 (11. Takt) bis Seite 113 (3. Takt)
2. Akt:	Die Pantomime.
3. Akt:	Seite 92 (2. Takt) bis Seite 112 (5. Takt)
	Seite 114 (6. Takt) bis Schluß.
4. Akt:	Seite 172 (7. Takt) bis S. 186 (5. Takt)

Wie ungeheuer dankbar ich die Ehre aufnehmen würde, den „Rienzi" zum ersten Male in der nunmehr endgültigen Form hier in Weimar bringen zu dürfen, und daß ich alles daransetzen werde, um die Aufführung nach unseren schwachen Kräften möglichst würdig zu gestalten, des brauche ich Sie wohl kaum zu versichern.

Nächsten Sonntag habe ich „Tannhäuser" und wird Zeller da zum ersten Male die drei Strophen im Venusberg singen, die Venus habe ich nunmehr auch der üblichen Koloratursängerin abgenommen und der Dramatischen übergeben.

Wir haben als Bassisten einen jungen Herrn Bucha neu gewonnen, der bis jetzt in Mannheim war, von wo ihn Weingartner unbegreiflicherweise hat weggehen lassen. Sehr jung, besitzt er eine sehr schöne sympathische Stimme, die etwas an die von Scheidemantel erinnert, ist sehr musikalisch; ich möchte ihn dringend für Bayreuth empfehlen, vielleicht im Chor mitzusingen oder als Knappen resp. Ritter im „Parsifal", dem bei Gelegenheit vielleicht später einmal auch eine größere Rolle ganz gut anvertraut werden könnte.

Sonst geht hier alles im alten Geleise, mit Herrn von Bronsart hat sich glücklicherweise alles geregelt, er hat bei neuerlicher Besprechung vieles moderiert, und darf ich wieder nach wie vor (wenn ich mich *vor Programmen hüte*) auf seine Unterstützung rechnen; unsere Regisseurfrage ist insoferne in ein neues Stadium getreten als Herr von Bronsart auf Herrn Fritz Brandt[1] in Berlin gekommen ist, mit dem er demnächst selbst in Berlin verhandeln will. Herr von Bronsart ahnt wohl gar nicht, daß es dann noch viel mehr als bis jetzt in puncto unserer Sache mit der hier herrschenden Gemütlichkeit aufhören wird, und ich hüte mich wohlweislich, ihn auf die Gefahr, die *seiner Anerkennung alles Schönen in der Kunst* (dieses einfältige Philistermotto, daß jeder Mittelmäßigkeit die Eignung zum Parnaß eröffnen möchte) dann drohen wird. –

Unsere Sache hat durch den Zuzug zweier Mitarbeiter der „Bayreuther Blätter": Dr. Artur Seidl[2] und Herrn Dr. Kreuzburg[3], die jetzt in Weimar bleiben, zwei neue Stützen gewonnen, mit deren Hilfe ich Ende Oktober den hiesigen Wagnerverein aus seinem Schlummer erwecken und neu organisieren will, um den Leuten durch Vorträge und Vorlesungen doch endlich einmal bekannt zu geben, daß es außer dem alleinseligmachenden „Rembrandt als Erzieher"[4] (ich bin nunmehr auf dieses einfältig dilettantische Vielwissergeschwätz schon ganz wütend) auch noch *nur* zehn Bände „Gesammelte Schriften" gibt.

Am 19. Oktober habe ich „Iphigenie in Aulis", Anfang November im Konzert die „Faust"-Sinfonie, Ende November will ich im Konzert den neuen Venusberg machen, im Dezember die „Bergsinfonie" und Beethovens „Neunte" und den „Rienzi", Da gibt es genug zu tun, so daß ich nicht weiß, ob ich, was ich so gerne möchte, zur „Elisabeth" nach Karlsruhe kommen kann. Wenn es irgend möglich, reiße ich mich los. Freund Zeller, der mich bittet, Ihnen hochverehrte Frau, seine ehrfurchtsvollsten Empfehlungen zu übermitteln, hat im Laufe des Sommers wieder große Fortschritte gemacht, so daß ich fest überzeugt bin, Sie können nächsten Sommer mit ihm etwas wagen. Fräulein Kayser[5] frug mich schon mehrere Male, ob sie denn wieder für die Festspiele engagiert werden würde; ich wußte natürlich von nichts, möchte mir aber doch erlauben, da ich nun schon einmal in den ewigen *„Empfehlungen und Bittschriften"* bin, ein gutes Wort für sie einzulegen. Ihre Stimme hat sich entwickelt und sie wird, wenn Sie, hochverehrteste gnädige Frau, für sie noch ein Plätzchen übrig haben, gewiß bei den Blumenmädchen nichts verderben. Nun habe ich aber, hochverehrteste gnädige Frau, Ihre Langmut für heute gewiß erschöpft.

Seien Sie dem argen Bittsteller nicht böse und empfangen Sie sowie Ihre verehrte Familie die herzlichsten Grüße

Ihres in größter Verehrung stets treu ergebensten

Richard Strauss

Unser Theater ist neu angestrichen worden, das hätte ich jetzt beinahe vergessen!

1 Fritz Brandt (1854 – 1895), Theatermaschinist und Regisseur (Sohn des Theatermeisters von Darmstadt und München Carl Brandt (1828 – 1881), der die technischen Einrichtungen für die ersten Bayreuther Festspiele geschaffen hatte). Fritz Brandt war 1870 – 1875 Theatermaschinist in München, hatte 1882 die technische Gesamtleitung bei der Uraufführung des *Parsifal* in Bayreuth; 1884 hatte er sich mit

Daniela von Bülow verlobt, später mit Lilli Lehmann; seit 1891 war er Oberregisseur am Hoftheater in Weimar.

2 Arthur Seidl (1863 – 1928), Musikschriftsteller, veröffentlichte u.a. „Wagneriana" (3 Bände) und „Straussiana". Richard Strauss widmete ihm *Till Eulenspiegel* op. 28.

3 Wohl N. Creutzburg, der 1887 in den „Bayreuther Blättern" über König Marke geschrieben hatte.

4 Julius Langbehn (1851 – 1907) veröffentlichte 1890 anonym „Rembrandt als Erzieher", eine auf Paul de Lagarde fußende Schrift, die eine neue deutsche Geistigkeit betonte und forderte.

5 Marie Kayser (1867 – ?), Sopranistin. Seit 1889 am Hoftheater in Weimar. 1888/89 sang sie in Bayreuth.

29 Wahnfried, den 4. Oktober 1890

Ihre freundlichen Zeilen empfingen mich gestern bei unserer Rückkehr nach Wahnfried, und obgleich etwas müde und mit, gleich Bartolo, einer Schmiede im Kopf, will ich Ihnen, mein lieber Freund, doch heute gleich dafür danken.

Was den „Rienzi" anbetrifft, so kann ich Ihnen leider keinen Bescheid geben. Ich habe im Sommer in München um die Originalpartitur gebeten und sie ist mir nicht geschickt worde. Ich selbst besitze sie nicht. Nun hoffe ich aber bestimmt, bei meinem nächsten Aufenthalt in München sie mir zu erobern (d.h. leihweise); dieser Aufenthalt wird aber frühestens Ende November stattfinden.

Das wäre Nr. 1.

Nr. 2 Freund Seidl, den ich herzlich zu grüßen bitte, zu sagen, daß ich ihm gerne die Bewilligung zu dem Abdruck der Steinschen Erzählungen gebe, indem ich hoffe, daß dieser Abdruck zu der Verbreitung der Steinschen Schriften beitragen wird. Sagen Sie ihm bitte auch, daß ich die Wahl sehr gut finde und daß ich es ihm selbst äußern würde, wenn ich nur vor Schreibereien, Beratungen und Vornahmen wüßte, wohin.

Ich danke Ihnen sehr für die Empfehlung des Baritonisten Bucha, die wir natürlich beachten werden. Es wird sich wohl so für unsere nächsten Festspiele herausstellen, daß wir die kleinen Partien möglichst vornehm besetzen, um dann die Träger dieser Partien im großen Stile in das Feuer zu werfen.

Über Fräulein Kayser sind bei der Konferenz im August die Lose schon entschieden. Es wurde allseitig gefunden, daß ihre Stimme nicht reiche. Es tut mir sehr leid und es gehört dies zu dem für mich Prüfungsvollsten, so manches mir lieb gewordene Wesen auslassen zu müssen. Daß Sie sich mit Herrn von Bronsart mündlich verständigen würden, habe ich erwartet, er ist ein ehrenwerter Charakter, dessen Intelligenz in Verwirrung geraten kann, aber der niemals unlauter handeln wird.

Fritz Brandt! . . . ein schwieriger Charakter, aber ein tüchtiger Mensch und ein wahres Talent, dem es nur etwas an Bildung und daher auch an Einsicht fehlt. Ich bin überzeugt, daß Sie sehr bald Einfluß über ihn gewinnen werden, denn er hat einzig und allein Respekt vor Gesinnung. Zu St. Just kommt aber jetzt Marat, und ich werde noch als völlige Reaktionärin betrachtet werden!

Bürden Sie sich nicht zu viel auf, mein lieber Strauss! Sie sind jung und müssen sich nicht abhaspeln. Kennen Sie das Grimmsche Märchen (vermutlich nicht, denn Sie verachten die Klassiker!) von dem Hasen und den beiden Swinegels? Das ist das rechte Bild des Eifrigen und Genialen zwischen den Philistern, männlich und weiblich.

Ich habe Mottl und dem Intendanten (einem sehr wohlwollenden, feingebildeten Manne) „Wem die Krone?“ herzlich empfohlen, und zwar mit einer Wiederaufnahme des „Barbiers“ von Cornelius. Mottl würde sich sehr freuen, wenn Sie zu der „Elisabeth“ kämen. Er ist Ihnen sehr gut und schätzt Sie hoch. Er will im Frühjahr in einem Konzert in der Festhalle unter außerordentlichen Umständen „Dante“ und „Faust“ aufführen. Mit nächstem bringt er „Hungaria“ und „Nirvana“[1] . Ich freue mich jedesmal, daß ich künstlerisch mit ihm zu tun habe; seine musikalische Seele ist eine der wärmsten, die mir je vorkam.

Was die „Elisabeth“ anbetrifft, so mußte ich Kostüme und Dekorationen so ziemlich dahin nehmen, wie sie vorliegen („Prophet“, „Tell“ etc. etc.) und das ist doch ein großes Hindernis für eine gute Inszenierung. Auch ist die Aufgabe unendlich schwierig, wenn man es sich nicht, wie in Wien, leicht macht. Und da es mir erst möglich sein wird, zu den letzten drei Proben wieder hinzugehen, so bin ich wohl in Sorge, obgleich ich Mottls ganz sicher bin und Harlacher[2] ein wirklich vorzüglich intelligenter und eifriger Mensch ist.

Ich würde Ihnen sehr gerne von Italien, auch vom Vierwaldstätter See, wo die wundervollen Herde[n]glocken mich in „Tannhäuser“-Stimmung versetzten, erzählen, aber es würde schlecht ausfallen, ich sehe heute nichts vor mir als bunte Flügel, Goldborten, blaue Lampen (die Beleuchtung in Karlsruhe!), daneben schießt mir ein geradezu entsetzlicher Eindruck, den ich von „Teufels Anteil“ in Baden hatte. Selten ist mir etwas so widerwärtig gewesen, wie der Anblick dieser alten Coquette (siehe „Oper und Drama", welches wir soeben in Italien gelesen). Ich für meinen Teil bin mit dieser Kunst vollständig fertig.

Schön, daß Sie den löblichen Vorsatz Seidls unterstützen. 20 Auflagen vom „Rembrandt" können uns schon anfeuern, die Schriften zu verbreiten. Der Autor „Rembrandts" ist ein Schüler Nietzsches!

Ich wünschte so sehr, daß mein Neffe Ritter der Aufführung der „Elisabeth" (21. Oktober) beiwohnte. Könnte nicht Leßmann[3] auf den großartigen Wunsch kommen, einen Bericht von Ritter über diese Aufführung zu erhalten? Es würde mich so freuen, den Getreusten zugegen zu haben.

Nun aber leben Sie wohl, mein lieber Freund! Seien Sie von uns allen auf das herzlichste gegrüßt und Gottes Segen über Ihren Eifer und Ihren Ernst! Jeder Ihrer Briefe ist mir eine große Freude!

C.W.

Da *in* dem Theater nichts gestrichen wird, mußte es wohl draußen geschehen!

1 *Nirwana* op. 20 von Hans von Bülow, als „sinfonisches Stimmungsbild" bezeichnet, war ursprünglich gedacht als Ouvertüre zu einem nicht erschienenen Trauerspiel „Ein Leben im Tode" von Karl Ritter, dem Bruder Alexander Ritters und Schulkameraden Bülows.

2 August Harlacher (1842 – 1907), Baritonist und Regisseur, 1871 – 1886 am Hoftheater in Karlsruhe, später in Stuttgart. 1888 war er Spielleiter in Bayreuth.

3 Otto Leßmann (1844 – 1918), Musikschriftsteller und -kritiker, gab 1881 – 1907 die „Allgemeine Musikzeitung" heraus.

30 Weimar, den 22. November 1890

Hochverehrteste gnädige Frau!

Leider komme ich erst heute dazu, Ihnen von der großen Freude zu berichten, die mir durch die Anwesenheit Ihres Sohnes Siegfried bei meiner letzten „Tannhäuser"-Aufführung und meiner erstmaligen Leitung der „Faust"-Sinfonie bereitet wurde. Die Ankunft Ihres lieben, prächtigen Sohnes, dessen werte Freundschaft ich mir immer erhalten möchte, gab unseren bescheidenen Aufführungen ein Licht, unter dessen Strahlen alle Ausführenden das Äußerste leisteten, was sie zu geben im Stande waren. Das Orchester bot das Bestmöglichste an schönem Vortrag, Energie des Rhythmus und Präzision (Siegfried war sogar so freundlich, eine gewisse Klangschönheit herauszuhören), Zeller bekämpfte mit größter Energie seine stimmliche Indisposition, um den diesmal vollständig ungestrichenen „Tannhäuser" (die drei Strophen im Venusberg sind *unumgänglich notwendig* und von schönster Wirkung) wenigstens darstellerisch zur Geltung zu bringen, im ganzen war alles, soweit es überhaupt hier möglich ist, gelungen und gab Siegfried wenigstens den Beweis von unserem ernsten Streben und bestem Willen. Nur das elektrische Licht bei Anbruch des Morgens wollte sich in gewohnter Bescheidenheit nicht zeigen; nun das ist nun einmal hier nicht anders.

Welchen Genuß mir die Aufführung der „Faust-Sinfonie" bereitet hat, kann ich Ihnen gar nicht beschreiben. Bei den Proben kam ich natürlich in die gewohnte reizbare, polemische Stimmung und war schon nahe daran, einen geharnischten offenen Brief gegen die Stupidität unserer heutigen Kapellmeister und die Gemeinheit unserer Presse, deren eiserne Konsequenz es fertig gebracht hat, ein solches Werk dreißig Jahre lang dem deutschen Volke vorzuenthalten, – an Leßmann zu schreiben, als ich mich rechtzeitig Ihres schönen Wortes über das „Nicht-Programm-Machen" erinnerte und es bei dem Bemühen beließ, das Werk möglichst stilvoll zur Aufführung zu bringen. Was ist über das Werk selbst noch zu sagen? Daß es von herrlichster, blühendster Erfindung strotzt, daß die poetische Idee hier mit einer Genauigkeit zum Ausdrucke gelangt, die selbst ein Beethoven nur ahnen konnte. –

Die drei ersten Sätze der IX. Sinfonie sind doch das Äußerste, was Beethoven leisten konnte, ein darüber hinaus in der *Bestimmtheit* des Ausdruckes einer poetischen Idee schien ihm nur mit Zuhilfenahme des Wortes möglich.

Nun Liszt hat gezeigt, wie unendlich noch die Grenzen der Ausdrucksfähigkeit der absoluten Musik (wenn ich sie so nennen darf) zu erweitern sind und hier sogar in der Form der *mehrsätzigen* Sinfonie, die im Faust ja eine ungeahnte Bedeutung gewinnt.

Während Beethoven die Mehrsätzigkeit unter dem Zwang einer gewissen Konvention der aus dem Tanze entstandenen Sinfonia immer noch beibehielt, wurde Liszt im „Faust" zur mehrsätzigen Form durch die poetische Idee genötigt, die in einem Satze gar nicht genügend darzustellen war.

Die eigentliche dramatische Handlung (also die eigentlich „sinfonische Dichtung") enthält ja erst der „Mephisto" , in dem aber die Darstellung der großen Typen „Faust" und „Gretchen" nicht auch noch unterzubringen war. Darum als Exposition: die vieldeutige und vielseitige Gestalt des Faust (ihre eine Seite) im ersten Satze; ihr großer Gegensatz „das Ewig-Weibliche" im zweiten Satze; im dritten nun außer der Darstellung von Fausts Kehrseite „Mephisto", für die ja der Tondichter keine neue Gestalt wie der Wortdichter schaffen mußte, noch die dramatische Verwicklung und Lösung und Erlösung.

Wenn ich Ihnen, hochverehrteste Frau, hier Dinge erzähle, die Sie ja besser wissen als ich, so verzeihen Sie es meinem vollen Herzen, das sich so selten Luft machen kann.

Siegfried hat viel anhören müssen und dabei die größte Geduld bewiesen. Daß er aber nicht bloß gut zuhören kann, hat er in dem hier in Weimar (als mißverstandenes Testament Meister Liszts hinterlassenen) fortwährend lodernden Streite über die Bedeutung Berlioz' gezeigt, der bei einer von Freund Gießen gespendeten Bowle Dienstag abend zwischen ihm, Lassen und Gießen entbrannte und bei dem Siegfried so ausgezeichnet den in dieser Frage allein richtigen Standpunkt vertrat, daß Zeller und ich als vergnügte Zuhörer ganz stumm dabei stehen konnten.

Es handelte sich natürlich um Berlioz als den *Schöpfer* der modernen Instrumentation, und Siegfried wies so famos nach, daß das Hauptmoment der modernen Instrumentation, die in den Werken gipfelt, nicht in den gesteigerten Mitteln liege, die Berlioz allerdings herbeigeschafft hat, ohne sie unter dem Zwang eines gesteigerten Ausdrucksbedürfnisses verwenden zu können, sondern in der Individualisierung des Orchesters, in welcher von Beethoven weg Weber den ersten entscheidenden Schritt gewagt hat. „Rienzi", „Holländer", „Tannhäuser" waren, glaube ich, ohne Kenntnis der Berliozschen Partituren, aber nicht ohne Kenntnis des „Freischütz" entstanden und die späteren Werke haben zu Berlioz nicht die geringste Beziehung. Doch das ist ja auch längst klar; Siegfried hat Lassen aber so in die Enge getrieben, daß ich meine helle Freude hatte.

Wir brachten um 1/2 3 Uhr nachts Siegfried auf die Bahn und waren sonst seelenvergnügt; besonders meine zwei Tenoristen waren in „heiterster Laune", Zeller war ganz „lyrisch" geworden und in Gießen kam der Heldentenor in Gestalt eines deutschen Corpsstudenten mächtig „zum Durchbruch", wie Freund Porges sagen würde. Siegfried hat mir fest versprochen, am 21. Dezember zum „Rienzi" wiederzukommen, dessen Einstudierung ich gegenwärtig mit größtem Eifer betreibe. Ich verkenne dabei nicht die großen Schwierigkeiten, die gerade bei diesem Werke einer würdigen Aufführung entgegenstehen. Um ja keine Gedanken an die „große Oper" aufkommen zu lassen, die die Leute immer noch in dem „Rienzi" sehen wollen, wenn er auch nicht das geringste mit ihr gemein hat, muß der *Vortrag beinahe* noch sorgfältiger ausgearbeitet werden. Die späteren Werke sind ja so gewaltig, daß sie bei schlechtester Wiedergabe den Sänger immer noch tragen; dies fällt beim „Rienzi" teilweise weg, es ruht hier beinahe noch mehr Verantwortung auf den Schultern des einzelnen Darstellers. Ich weiß nicht, ob ich mich ganz klar ausgedrückt habe, aber Sie, gnädige Frau, werden mich schon verstehen. Im Duett zwischen Rienzi und Irene (V. Akt) habe ich ganz am Schluß einen kleinen Strich aufgemacht, da mir der Abschluß des Zwiegesanges in der von Ihnen angegebenen Form schon etwas zu kurz erschien. Gestatten Sie mir diese Freiheit?

Nächsten Sonntag haben wir die „Meistersinger" mit Fräulein de Ahna als Evchen. Das Küchlein entwickelt sich so vortrefflich, daß in mir der kühne Gedanke aufgetaucht ist, Fräulein de Ahna im nächsten Konzert Isoldens Liebestod singen zu lassen. Ich wollte mir darüber Ihren Rat erbitten, halten Sie es nicht für zu gewagt?

Fräulein de Ahna wird ja den Liebestod sehr schön „singen"; ob es aber möglich ist, den vollen richtigen „Ausdruck" dafür zu treffen, ohne vorher die ganze Partie der Isolde in sich aufgenommen zu haben, darüber bin ich eben selbst im Zweifel. Bitte raten Sie mir! Das *Studium* der „Walküre" will ich jedenfalls demnächst mit ihr beginnen.

Sie waren unlängst in Wien, wie mir Siegfried anvertraute; haben Sie an van Dyck die erhoffte Freude gefunden? Ich wünsche es Ihnen, hochverehrteste Frau, von ganzem Herzen!

Von der gelungenen „Elisabeth"-Aufführung in Bayreuth habe ich mit größter Teilnahme gehört.

Ich habe hier mächtig viel von Karlsruhe erzählt und die Freude, bei der nächsten hiesigen Aufführung der „Elisabeth" hier in Weimar *als Regisseur* den größten Teil Ihrer szenischen Einrichtungen für die hiesige Bühne einführen zu dürfen.

Von Fritz Brandt habe ich leider noch immer keine Zusage; ich fürchte sehr, daß ich den glücklicheren Bemühungen Freund Mottls hier werde weichen müssen. Und *gegen* unseren herrlichen Mottl kann ich nicht einmal Ihre Hilfe anrufen; das ist also ein doppelter Kummer für mich, denn ich leugne nicht, daß der Gewinn Brandts für unsere Bühne eine Lebensfrage bedeutet. Nun aber leben Sie wohl, hochverehrteste gnädige Frau!

Mit den herzlichsten Grüßen an Sie, Ihre verehrten Töchter sowie Freund Kniese verbleibe ich

Ihr in innigster Verehrung treu ergebenster

Richard Strauss

31 Bayreuth, den 6. Dezember 1890

Verschiedene Male habe ich Ihnen, mein lieber Freund, durch andere danken lassen, nun endlich komme ich dazu, Ihnen selbst zu sagen, welche große Freude mir Ihr Brief bereitet hat und wie Sie mich durch Ihre eingehenden Mitteilungen über meinen Siegfried gerührt haben. Er hatte mir bereits von seinem Aufenthalt in Weimar, von Ihrer Freundlichkeit gegen ihn, von der wundervollen Aufführung von der „Faust"-Sinfonie und von dem „Tannhäuser" eine lebendige Schilderung entworfen, und ich hatte es Ihnen in meinem Herzen gedankt, diesem Teuersten so schöne heitere Augenblicke bereitet zu haben. Nun kam Ihr Brief, und ich konnte mir wirklich sagen, daß ich viel besser diese Tage durch diese beiden Mitteilungen erlebt hätte, als wenn ich zugegen gewesen wäre, denn in diesem schönen, lauteren Spiegel nahm sich für mich alles verklärt und gänzlich entrückt aus.

Wie schön haben Sie mir auch über die „Faust"-Sinfonie geschrieben. Mich kümmert nun das Mißwollen wenig, da ich weiß, daß der Genius meines Vaters in Herzen, wie das Ihrige eines ist, seine lebendige Stätte gefunden hat. Was liegt an der Zahl? Dem Alter sagt sie immer weniger.

Daß Sie meiner bescheidenen Ermahnung gedacht haben und kein „Programm" Leßmann schickten, hat mir ein sehr wohliges Lächeln entlockt.

Sehr aber habe ich mich über Ihr Eintreten in der „faulen" Dresdner Affaire gefreut! War *das* wieder einmal eine Geschichte! Schuch scheint jedoch ganz unschuldig und wirklich für den armen „Hans" eingenommen gewesen zu sein. Ich glaube, man hatte einfach *vergessen*, Ritter Meldung von der Aufführung zu machen. – Mir tut es nun sehr leid, daß das Werk beiseite gelegt ist. Hoffentlich dient das Aufsehen dazu, es zu verbreiten.

Nun haspelt sich Mottl mit den „Trojanern"[1] ab, und ich fürchte, daß weder die gute Kassandra noch die böse Dido ihm viel helfen werden. Allein, in der Opernnot frißt ein Teufelskapellmeister Fliegen oder Flammen, mögen sie von Troja oder von den Dänenschiffen kommen. Ich fand München in Aufruhr über *„Gwendoline"*, welche ich – weiß Gott – nach der schauderhaften „Manon"[2], weniger schlecht, wenn auch noch schlimm genug, als in Karlsruhe fand.

Unser Freundeskreis warf den Stein auf Levi, und auch Levi spürte man hinter der dunklen Dresdner Affaire heraus. Für beides aber möchte ich ihn in Schutz nehmen, wenn er sich leider durch seine unbegreifliche Art und seine Unfähigkeit, einen strikten Standpunkt einzunehmen, viele Blößen gibt. Vermögen Sie es, mein teurer Strauss, so wirken Sie versöhnlich. Gott, das Beste ist schließlich doch Christ zu sein und in unserem Christentum ist uns die göttliche Fähigkeit gegeben, ohne unsere Würde zu vergeben, alles zu verzeihen. Mir tut das Gehässige immer weh; ich habe ja auch manches erlebt und mehr gelitten als ich es gesagt habe, auch bin ich sehr heftig in meinen Auslassungen gewesen, aber ich bin doch zu dem Schluß gekommen, daß nur die Art uns fremd ist, nicht aber die Absicht feindselig. Helfen Sie mir hier bei dem Werke des Friedens, mein Freund, ich glaube, wir werden es alle nicht bereuen.

Zu „Rienzi" und zur de Ahna-Isolde ließ ich Ihnen bereits Ja sagen. Es freut mich, daß unsere Generalesse sich so gut anläßt, und wenn schon die Verklärung als Fragment gebracht wird, so kann auch die Wiedergebende ein Fragment sein. Ich habe in München ziemlich viel gearbeitet, stoße aber in jeder Frage des „Tannhäusers" auf Widersprüche. So u.a. ist der Trauerzug in Dresden, Wien und Paris verschiedenartig aufgefaßt worden. Ich werde mir helfen müssen mit meiner eigenen Einsicht und Erinnerung und Gott um den Segen bitten, den er Redlich-Bestrebten nicht versagt.

Sie werden sich in den „Bayreuther Blättern" über Ritters Aufsatz[3] freuen; er ist ganz ausgezeichnet und unterhaltend in dem schönsten Sinne des Wortes.

Bezüglich Brandts verhalte ich mich ganz passiv. Bei Ihnen würde er insofern mehr am Platze sein, als er die Regie führen würde, was in Karlsruhe nicht der Fall wäre, da Harlacher doch seine Sache sehr gut macht. Aber, wie gesagt, hier sehe ich dem Schicksale zu und begebe mich nicht unter seine Räder.

In Wien hatte ich Freude an van Dyck und wiederum nicht. Er hat in „Manon" prachtvoll agiert und gesungen, allein die Aufgabe war eine so nichtswürdige, daß mir ganz weh ums Herz war, mir zu sagen, daß ich demselben Künstler nun Tannhäuser und Parsifal anvertraute. Von ersterem wußte er wenig und unter den dortigen Verhältnissen hat er an Schwung der Auffassung nicht gewonnen. Er ist aber sehr begabt und bringt das sinnliche Moment mit, welches uns in Deutschland, wo wir fortfahren, den Wald vor lauter Bäumen nicht zu sehen, so Not tut. Da er noch dick in der Massenetage (eine absonderliche Kur!) war, konnte ich mit ihm nicht arbeiten, ich habe mich aber mit seinem Korrepetitor Dr. Paumgartner[4] verständigt, in welchem ich einen begabten und leidenschaftlichen Menschen kennenlernte. Über Fuchs[5] in München habe ich mich wiederum sehr gefreut. Er ist ebenso intelligent wie eifrig, und wir sind vorwärts gekommen. Freilich, indem wir uns bei jedem Schritte gestanden, wie schwierig unsere Aufgabe ist. Eigentlich könnte der „Tannhäuser" nur das Ergebnis von jahrelanger Arbeit mit den Künstlern sein und doch mußten wir ihn bringen, da er unter allen Werken vielleicht am verfahrensten ist. In dem Konflikt zwischen meiner Erkenntnis und der Notwendigkeit, die mich bezwang, liegt die Schwere meines jetzigen Lebens, und nur das Bewußtsein, nicht anders zu können, läßt mich diese Last ertragen.

Zur Freude will ich mich am Schlusse wenden, zu der Freude, die ich an Ihnen habe! Seien Sie dafür bedankt, bleiben Sie mir gut und empfangen Sie von mir und meinen Kindern die herzlichsten Grüße der treuen Anhänglichkeit!

C. Wagner

Viel Schönes an Fräulein de Ahna, Herrn Zeller und Giessen!

P.S. Glück auf zu der Regie der „Heiligen Elisabeth"! Ich bin es sehr zufrieden, daß Sie meine Erbschaft antreten.

1 Hector Berlioz (1803 – 1869) komponierte *Les Troyens* (bestehend aus *La prise de Troie* und *Les Troyens a Carthage*) nach *Benvenuto Cellini* und *Béatrice et Bénédict.*
2 *Manon* von Jules Massenet (1842 – 1912).
3 Alexander Ritter: „Drei Kapitel: von Franz Liszt, von der ‚Heiligen Elisabeth' in Karlsruhe und von unserem ethischen Defekt", in „Bayreuther Blätter", 13. Jg. 1890, 12. Stück.
4 Hans Paumgartner (1843 – 1896), österreichischer Pianist und Musikreferent, verheiratet mit der Sopranistin Rosa Papier (1858 – 1932) von der Hofoper in Wien (der Lehrerin von F. Hüni-Mihacsek und A. Bahr-Mildenburg), Vater von Bernhard Paumgartner. Hans Paumgartner war 1891 musikalischer Assistent in Bayreuth.
5 Anton (von) Fuchs (1849 – 1925), Baritonist und Regisseur, gehörte 1873 – 1923 der Münchner Oper an. 1880 trat er zum ersten Mal als Regisseur hervor. In Bayreuth sang er bereits 1882 neben Hill den Klingsor in *Parsifal* und stand dort auch als Amfortas, Titurel und Kurwenal bis 1889 auf der Bühne. Neben Cosima Wagner war er von 1884 – 1899 Spielleiter der Festspiele.

32 [An Pauline de Ahna] Wahnfried, den 27. Dezember 1890

Mein wertes Fräulein und liebes Bayreuther Kind!

Ich danke Ihnen herzlich für Ihre Zeilen, und meine besten Wünsche sind mit Ihrer morgigen Elsa, von welcher ich überzeugt bin, daß sie unter der Führung von Kapellmeister Strauss und bei dem Ernste, mit welchem Sie bei der Sache sind, vorzüglich werden wird. Ich wünsche es Ihnen und

Ihren lieben Eltern, welchen ich Sie bitte, mich angelegentlich zu empfehlen.

Möchte das Jahr 91 Ihnen die Befriedigung bringen, welche Sie suchen, nämlich in der vollen Entwicklung Ihrer schönen Anlage, und möchten wir in Bayreuth uns dieser Anlagen erfreuen!

Dies, mein liebes Fräulein, der Wunsch, den Ihnen mit freundlichstem Gruße entsendet

Ihre herzlich ergebene

C. Wagner

33 Wahnfried, den 27. Dezember 1890

Dank, herzlichen Dank, mein lieber Strauss, für Wünsche, von denen ich so gut weiß, aus welchem treuen und warmen Herzen sie kommen und wie sie mit den meinigen zusammenfließen. Siegfried sagt mir, daß Sie recht angegriffen aussehen! Das gibt einen großen Sermon bei unserem nächsten Wiedersehen. Und da Sie ein so lieber, williger Geist sind, erwarte ich das Beste und wünsche es, indem ich es erwarte.

Meine Kinder grüßen alle mit mir auf das herzlichste und ich entsende Ihnen meine wärmste Teilnahme!

C. Wagner

34 Weimar, 20. Januar 1891

Hochverehrteste gnädige Frau!

Daß ich beinahe einen vollen Monat nach meiner „Rienzi"-Aufführung erst Ihnen darüber berichte, mag Ihnen statt aller Versicherungen beweisen, welch müder, abgehetzter Theaterdroschkengaul ich gegenwärtig bin. Dabei habe ich Ihnen so viel zu berichten, daß ich kaum weiß, wo beginnen. Also hübsch der Reihe nach!

Über dem „Rienzi" schwebte infolge verschiedener mißlicher Umstände nicht ganz der glückliche Stern, den wir erhofft und nach wirklich fleißigen Proben verdient hatten. Die erste Vorstellung wurde abgesagt und verschob sich auf beinahe acht Tage nach der Generalprobe, die Folge davon war eine gewisse Unruhe, von der selbst ich mich nicht ganz frei halten konnte. Zeller hatte sich bei dem statt des „Rienzi" leider eingeworfenen „Lohengrin" überanstrengt, war nicht bei Stimme und leistete (überdies in der Aufregung über die beinahe erdrückende Riesenaufgabe) nicht, was er eigentlich konnte. Bei seiner großen Begabung und seinem Fleiße wird er jedenfalls noch ein guter Rienzi werden, ich bin sehr begierig auf die zweite Vorstellung, die infolge Urlaubs von Frau Stavenhagen[1] (die als Irene anständig war, aber eben für die Rolle nicht die innere Glut und Hingabe mitbringt, die ich ihr einzuhauchen mir die denkbarste Mühe gab) erst [am] 15. Februar stattfinden kann. Frau Naumann brachte als Adriano mehr als ich ihr zugetraut hatte, ich habe doch gesehen, was man durch Studium aus einem Menschen, der im konventionellen Theaterschlendrian seit 20 Jahren beinahe unverbesserlich erscheint, noch herausbringen kann. Baroncelli und Cecco[2] waren sehr gut, die Pantomime(n) gelang und hat großen Eindruck gemacht, Chor und Orchester haben sich sehr brav gehalten, *ganz* gelungen war die Ouvertüre, bezüglich der Inszenesetzung haben Wiedey und ich das möglichste getan und ging auch vieles für unsere verrotteten szenischen Verhältnisse recht gut. Trotzdem die Aufführung nicht so gelang, wie ich erhofft, hat das Werk einen großen Eindruck gemacht; für mich war der Haupterfolg, daß Fritz Brandt, der zu der Vorstellung gekommen, so begeistert war, daß er sich darufhin entschlossen hat, trotz allem „Wider" die Stellung als Opernregisseur hier anzunehmen. Dies ist das Erfreulichste, was ich Ihnen heute mitteilen kann. Brandt war 14 Tage hier! Ich habe in ihm einen absoluten Gesinnungsgenossen, einen ernsten, energischen Charakter von größter Noblesse gefunden; mit ihm zusammen glaube ich wirklich, an hiesiger Stätte noch einmal etwas für unsere Sache Ersprießliches leisten zu können, da Brandt außerdem das vollste Vertrauen und die innigste Sympathien Herrn von Bronsarts genießt. Brandt wird seine Stellung hier wahrscheinlich schon im März antreten und bereits für unser Theaterjubiläum im März den „Lohengrin" neu in Szene setzen, neue Dekorationen hat er schon bei Bronsart ausgewirkt! Mit Brandt hoffe ich sogar, für nächstes Jahr die „Nibelungen" wagen zu können. – Ein Glück ist nur, daß Herr von Bronsart noch gar nicht ahnt, wen er sich da engagiert hat; von nun wird es statt des rabiaten Strauss nur mehr heißen, der milde, gütige Strauss, denn Brandt wird die alte Bude und die eingesessenen faulen Trödelkomödianten hübsch durcheinander rütteln; auf den Spektakel freue ich mich schon furchtbar!

Doch es gibt noch mehr des Erfreulichen in Ilmathen! Fräulein de Ahna hat letzten Sonntag zum ersten Male die Elisabeth gesungen, und zwar so außerordentlich in Gesang und Darstellung, daß ich beinahe, aber auch nur beinahe, Mut hätte, Sie, hochverehrte gnädige Frau, einzuladen, der Wiederholung des „Tannhäuser" nächsten Mittwoch, den 28. beizuwohnen!

Fräulein de Ahnas Stimme klang wunderschön, Spiel und Haltung waren so einfach und rührend, daß ich über diese Äußerung ihres Talents sehr erstaunt war, ich hatte wenigstens kaum für möglich gehalten, daß sie, drei Monate bei der Bühne, bei der erstmaligen Wiedergabe dieser so enorm schweren Rolle, das schon so herausbringen würde. Es liegt hier jedenfalls eine außerordentliche Begabung vor, von der die kleine weltliche Generalstochter selbst gar nichts ahnt.

Zeller war ebenfalls wundervoll bei Stimme und bot eine Leistung, die mich selbst ganz ergriffen hat. Ich kann ja nicht beurteilen, wie weit ich bei Zeller und Fräulein de Ahna Partei bin, da die beiden so ganz mir aus *meinem* eigenen Herzen heraussingen; gerade darum möchte ich Sie, teuerste gnädige Frau, als für mich höchste Instanz anrufen und Sie herzlich bitten, wenn Sie irgend können und mir gütigst versprechen würden, keine Dekoration und keine falschen Stellungen des Herrn Landgrafen etc. zu sehen, sich die beiden Menschen nächsten Mittwoch anzuhören.

Also ich war von meinen beiden Küchelchen am Sonntag entzückt, das Publikum war hingerissen, die Vorstellung war im ganzen die beste, die ich hier noch geleitet habe.

Wenn ich Ihnen, hochverehrteste Frau, das große Opfer und die Selbstüberwindung zumuten dürfte, sich den Weimarer „Tannhäuser" anzusehen! Sie würden mich unendlich glücklich machen und wenn Sie mir auch sagten: „Es war gar nichts, Sie überschätzen Zeller wie Fräulein de Ahna, da fehlt's, da fehlt's etc., etc., *so* schlecht habe ich mir selbst nach Ihren Beschreibungen die Inszenierung nicht vorgestellt". Ich weiß, es ist viel, was ich mir hier von Ihnen erbitte; aber ich fühle selbst, daß ich einer Regulierung meines eigenen Urteils jetzt bedarf, und von wem könnte dies eher geschehen als von Ihnen, als von Ihrer Güte?

Nächsten Montag habe ich zudem mein letztes Konzert mit Beethovens 8. Sinfonie, „Egmont"-Ouvertüre und „Klärchen-Lieder", „Siegfried-Idyll", „Bacchanale" aus dem neuen Venusberg, „Tristan"-Vorspiel und -Liebestod. Vor 14 Tagen habe ich einen Richard-Wagner-Verein ins Leben gerufen, wir haben bereits 60 Mitglieder, der erste Vereinsabend, an dem Zeller, Frau Naumann und Herr Bucha den ersten Akt der „Walküre" sangen, verlief sehr schön; wir wollen jetzt ganz besonders Lese- und Studienabende für die Schriften einrichten, Dr. Arthur Seidl hat mich famos unterstützt; Sie sehen, auch nach dieser Seite waren wir recht tätig.

Die „Bergsinfonie", die ich vor zehn Tagen aufgeführt habe, hat mir großen Genuß bereitet, wenn sie auch etwas gedehnt und nicht so präzis in der Form, auch nicht ganz so bedeutend in der Erfindung wie viele der anderen sinfonischen Dichtungen ist, so weht doch der göttliche Atem des Genius so befreiend in ihr, daß man sich wahrhaft erhoben fühlt. Ich glaube, ich habe sie gut dirigiert, denn sie ist recht schwer und empfindlich bezüglich des Tempos und seiner Modifizierung.

Mit dem Hocherfreulichen bin ich so ziemlich zu Ende und dabei will ich es denn belassen, da ich heute abend schon den „Figaro" dirigiert habe und morgen früh 10 Uhr, also eigentlich noch tief in der Nacht, Konzertprobe halten muß.

Verzeihen Sie gütigst den schlechten Stil dieses Briefes, aber man wird beim Theater stillos. Sonntag „Tannhäuser", Dienstag „Figaro" (da soll man nun gegen einen Orchesterklang mit zwei Hörnern und zwei Trompeten gerecht und hübsch objektiv sein), morgen „Tristan"-Vorspiel und nächsten Sonntag dirigiere ich gar „Die Stumme", das ist doch der reine Hohn!

Leben Sie wohl, hochverehrteste Frau! Tausend Grüße an Sie und die Ihrigen

in treuester Verehrung Ihr

Richard Strauss

1 Frau Stavenhagen: die Sopranistin Agnes F. Denis. Ihr Mann: Bernhard Stavenhagen (1862 – 1914), Pianist (Schüler von Liszt), Dirigent und Komponist, wirkte nach seiner Weimarer Tätigkeit in München als Hofkapellmeister ab 1898 und war 1901 – 1904 Direktor der Akademie der Tonkunst.

2 Baroncelli und Cecco, zwei römische Bürger aus *Rienzi*.

35 — Berlin, den 27. Januar 1891
Hotel Hohenzollern

Mein lieber Freund,

ich habe meine Reise nach Weimar zweimal sehr ernstlich erwogen, nun habe ich sie doch aufgegeben und bitte sie herzlich, deshalb nicht an Teilnahmslosigkeit meinerseits zu glauben. Ich bin mit meinen Angelegenheiten hier noch nicht im reinen und muß daher auf dem Posten bleiben. Aber Kniese habe ich Ihnen geschickt, damit er mir recht genau Bericht erstatte.

Was Sie mir von Fräulein de Ahna sagen, wundert mich nicht, und das, was man gewöhnlich Intelligenz nennt, hat gar keinen Zusammenhang mit der Bühne, vielmehr verleitet sie dort zu allerlei Unsinnigkeiten. Das Dämonium erfordert den Instinkt, und die begabtesten musikalischen Darsteller, denen ich begegnete (u.a. Mallinger[1]), hatten eine Art Dummheit und konnten durch eine sogenannte gescheite Kritik ganz irre gemacht werden.

Zeller! Wie gerne würde ich an ihn denken! Die Statur geniert mich ein *klein* wenig. Aber, kommt Zeit, kommt Unrat und damit die Nötigung, von dem Darsteller des Tannhäuser nicht alles zu verlangen.

Der „Rienzi" mußte Ihnen eine Enttäuschung bereiten, 1) weil die Volksmassen das Element sind, auf welchem er sich bewegt, wie das Schiff auf dem Meer; dann aber, weil seine Melodik hinreißende Stimmittel erfordert (wie Tichatscheks[2] schmetternder Ton). Mit dem dramatischen Akzent ist da nicht geholfen; ferner, wenn Sie für den Adriano nicht eine leidenschaftliche, heroische junge Frau haben, ist es nichts. Aber es ist schön von Ihnen, es gewagt und das edle Werk so lieb zu haben.

Brandts Anstellung macht mir Nutz- und Schaden-Freude! Ernstliche Freude für Sie, Spaß für die anderen, denn jetzt ist le regime de le terreur fertig und Strauss-St. Just wird als sanftestes Lamm gehätschelt werden.

Heute ist Kaisers Geburtstag, theatre paré mit „Feldlager in Schlesien"[3] ! Wir bleiben still zu Hause und denken an den „Kaisermarsch". Siegfried hört ihn mit den „Festklängen" im Konzerthaus; gerade bei Illuminationen und trouble auf den Gassen ist man gerne ruhig daheim. Wir begannen eine Abhandlung über den Ursprung „Parcivals", jetzt wollen wir ein paar Gespräche von Goethe lesen und für Bayreuth hoffen!

Nach dem „Feldlager" geben sie hier die Oper Ihrer Chefesse[4] , welche eine *Erzählung* der „Götterdämmerung" als Hauptstück enthält!

Über Sucher[5] habe ich mich aufrichtig hier gefreut, er hat sich wirklich die Tempi eingeprägt, die er in Wien seinerzeit vernahm, und daher war die Orchesterleistung im „Tannhäuser" bedeutend. Das Englischhorn (Wieprecht[6]) entzückend!

Neulich hat man mir ein „Ständchen"[7] von Ihnen vorgesungen, was mir sehr gut gefallen hat. Hoffentlich verleugnen Sie es nicht!

Es freut mich sehr, daß Sie bei dem Verein sind. Ach! bitte, halten Sie darin auf gesunden Menschenverstand! Ich kann mich noch immer über Smolians[8] Aufsatz in dem Kalender nicht beruhigen. Wirkliche, gründliche, tiefe Bildung und daher Freiheit des Geistes wären vielen unserer Freunde sehr zu wünschen! . . . Nun aber leben Sie wohl, lieber Freund, haben Sie Dank für Ihren Brief, schreiben Sie mir immer, wie es Ihnen ums Herz ist, bleiben Sie meiner Teilnahme gewiß und seien Sie in der wärmsten Empfindung auf das innigste gegrüßt!

C. W.

Meine Kinder grüßen herzlich!

1 Mathilde Mallinger (1847 – 1920), österreichische Sopranistin, war 1866 – 1869 an der Hofoper in München und sang dort die Eva in der Uraufführung der *Meistersinger von Nürnberg* (1868). Von 1869 – 1882 war sie Mitglied der Hofoper in Berlin.
2 Joseph Tichatschek (1807 – 1886), böhmischer Tenorist, gehörte 1839 – 1872 der Hofoper in Dresden an. In den Uraufführungen von *Rienzi* (1842) und *Tannhäuser* (1845) sang er die Titelpartien.
3 Die Oper *Ein Feldlager in Schlesien* von G. Meyerbeer 1844 nach einem Libretto von Ludwig Rellstab geschrieben war damals mit Jenny Lind ein bedeutender Erfolg.
4 Ingeborg von Bronsarts *Hjarne*.
5 Joseph Sucher (1843 – 1908), österreichischer Dirigent und Komponist, verheiratet mit der Sopranistin Rosa, geb. Hasselbeck (1849 – 1927). Beide wirkten zusammen in Leipzig, Hamburg und (1888 – 1899) Berlin. In Bayreuth sang Rosa Sucher 1886 – 1894 Venus, Isolde, Eva, Kundry und Sieglinde.
6 Paul Wieprecht (1839 – 1894), Oboist an der Hofoper und Lehrer an der Hochschule für Musik in Berlin.
7 *Ständchen* op. 17,2 von Richard Strauss.
8 Arthur Smolian (1854 – 1911), Dirigent und Musikschriftsteller, zuletzt Kritiker in Leipzig. In Bayreuth war er 1889 musikalischer Assistent.

36 [Berlin], den 22. Februar 1891

Nun gehen Sie dem Liedes-Schicksal[1] entgegen, mein lieber Freund, und da Ihr Werk weder ein Schiksels- noch ein Schicksals-Lied[2] ist, so frage ich mich, wie es ihm ergehen wird. Ich kann es nicht hören und kann Sie auch heute nicht sehen, da meine Stimme wieder schwächer wurde. Frühstücken

Sie aber morgen Montag 1/2 1 Uhr mit uns, wenn Herrn Papes[3] Pappe sie nicht erschreckt hat?

Bis dahin meinen Gruß und meinen Segen, Sie guter, lieber Freund!

C. Wagner

1 Liedesschicksal: wohl *Tod und Verklärung* op. 24

2 Schicksalslied (Hölderlin) für Chor und Orchester op. 54 von Johannes Brahms.

3 Joseph Pape (Pseudonym für Joseph Sielmann) (1831 – 1898), mystischer Nachromantiker (u.a. „Schneewittchen vom Gral").

37 [Berlin, undatiert]

Mein lieber Freund!

Tausend Dank! Ich komme sicher in das Konzert. Bitte besorgen Sie mir ein drittes Billet in der Loge. –

Ich werde mich freuen, Sie morgen zu sehen, und entsende Ihnen einstweilen alles Herzliche.

C. Wagner

38 [Berlin,] Dienstag früh, den 24. Februar 1891

Mein guter Freund, wie war es gestern und haben Sie gut geruht? Hoffentlich vergessen Sie mein drittes Billet nicht! ≪und wann bekomme ich es und was ist meine Schuld für die drei?≫ Ich werde um 7 Uhr das Hotel verlassen und denke so gerade recht für Ihre Komposition[1] in die Philharmonie einzutreten.

Herzlichsten Gruß

C. Wagner

1 Richard Strauss dirigierte *Tod und Verklärung* am 23. Februar 1891 im offiziellen Konzert und am 24. Februar in einem populären Konzert der Berliner Philharmoniker.

39 [Bayreuth, undatiert]

Ich komme nun nicht nach Karlsruhe für den 14., mein lieber Freund, sondern bin in München, vermutlich eine Woche lang. Ich war unwohl und konnte nicht reisen, aber selbst wenn ich es gekonnt hätte, mußte ich warten, da mich die anderen wieder einmal im Stich gelassen. Ich habe manche Not durchzumachen, und dieser arme „Tannhäuser" scheint schwer wiedergeboren zu werden. Es ist als ob seine Scheingestalten sich alle gegen ihn erhöben! Gott helfe uns!

Ich bin es Ihnen noch schuldig, Ihnen einiges über Ihre sinfonische Dichtung[1] zu sagen, welche mich so gefesselt hat. Das Können darin, das besonnene Umgehen mit den Mitteln, die Gedrungenheit, die Fülle und zu gleicher Zeit Übersichtlichkeit, die Einheitlichkeit, die schöne Klangwirkung haben mich wirklich in Erstaunen gesetzt. Was nur ein Talent sich aneignen kann, haben Sie sich in ihren jugendlichen Jahren bis zur Meisterschaft angeeignet.

Nun möchte ich Sie bitten, gleichsam auszuspannen und von der Höhe des Erreichten Blick und Ohr wieder kindlich werden zu lassen. Jetzt sind Sie gerüstet, um tief lauschen zu können und die melodische Gestalt in ihrer vollen Wahrheit, wie die Leukothea aus der Welle, aus den Wogen Ihrer Gedanken-Arbeit dem inneren Gesicht entsteigen zu sehen.

Und so bitte ich Sie wieder mit der ganzen Zärtlichkeit, die ich nur für einen Sohn haben könnte, stören Sie sich diesen Werdegang nicht durch den Wust der Modernität, lassen Sie russisches und französisches Zeug und bleiben Sie heimisch in den Gefilden hoher Ahnen. Die Natur hat so viel für Sie getan, Adel des Talentes und Festigkeit des Charakters, Begeisterung und Arbeitskraft sind Ihnen gegeben; nun helfen Sie der Natur hübsch, daß sie sich die richtige geistige Nahrung zuführt.

Ich weiß schon, was Sie mir antworten werden, ich wollte es aber doch gesagt haben.

Wie freut es mich, daß es den Werken meines Vaters beschieden war, in dieser Weise zu wirken! Wie geringfügig muß einem dagegen die Verkennung erscheinen, die ihnen zuteil wurde.

Ich habe den Aufsatz von Ritter fast noch schöner jetzt als wie das erste Mal gefunden! Es ist ein wahres Meisterwerk und von einer Feinheit des Witzes, wie man wohl kaum ein Beispiel davon in unserer modernen Publizistik findet. Bitte sagen Sie ihm meinen erneuten Dank! Und wenn er Lust und Laune hätte, sollte er uns doch öfters mit seiner Feder erfreuen.

Sie sind mir eine große Freude, mein lieber Strauss, Gott mit Ihnen, und wenn Sie mit Mottl sind, gedenken Sie meiner freundlich, die ich Ihnen innig anhänge und alles Gute, was Sie so verdienen, aus tiefstem Herzen wünsche!

C. Wagner

Also ich bin in München Freitag abend, Hotel Marienbad.

1 Wohl *Tod und Verklärung*.

40 [München, undatiert]

Mein Sträusschen, gegen 4 Uhr sind wir bei Ritters (Mottl und ich). Kommen Sie doch hin. Wir halten „Tannhäuser"-Probe 6 Uhr bei Ihrem besonderen Freunde. Nun sehen Sie zu, wie es mit der Charakterstärke bei Ihnen steht. Wir freuen uns sehr, wenn Sie kommen. Jedenfalls halb 9 zum Abendbrot bei Herrn und Frau Dr. Fiedler (wo Sie vielleicht zwei Karten abgeben). So, mein lieber Freund, wir sind die Ihrigen auf „Tod und Verklärung"!

41 München, den 17. März 1891

Hochverehrteste gnädige Frau!

Herzlichen Dank für Ihre liebenswürdige Nachricht; ich bin also 4 Uhr bei Ritter, dem ich Ihren Besuch anmelden werde. Um 6 Uhr bei Levi, 1/2 9 Uhr bei Dr. Fiedler!

Mit vielen Grüßen (auch an Freund Mottl)

Ihr in innigster Verehrung getreuester

Richard Strauss

42 Bayreuth, den 22. März 1891

Der Palmsonntag soll Ihnen, mein lieber Strauss, einen grünenden Wortzweig bringen und Ihnen sagen, daß ich mich immer freue, wenn ich an Sie denke.

Wenn ich unsere böse Situation recht arg empfinde, fällt mir Ihr Vorwurf der Unterschätzung des Bayreuther Geistes ein und ich schüttle mich zusammen und fasse Hoffnung!

Als Christen müssen wir uns ja immer sagen, daß wir nicht wissen können, zu was eine Prüfung gut ist. Aber wer hat sein Christentum, wenn auch der Überzeugung nach, so tief im Herzen, so bald bei der Hand?

Was der „Tannhäuser" in allem und jedem, im größten und kleinsten für eine Schwierigkeit ist, ersah ich wieder heute.

Ich hatte mir das Bild des knieenden Tannhäuser recht fest ausgedacht, glaubte auch bestimmt nach meinen Erinnerungen auszugehen (ich meine im I. Akt), und wie Fuchs mich frug, ob Alvary recht daran täte, platt ausgestreckt auf dem Boden zu liegen, sagte ich: *nein*.

Nun schlug ich in den Erinnerungen an Schnorr[1] heute nach und sehe, daß es dort doch angegeben ist. Ich will sehen, wie wir es durchführen, da es für die darauffolgende Szene, die Erkennung und das schnelle Auffahren, äußerst schwierig ist. Aber – ich will den Bayreuther Geist nicht unterschätzen!

In Dresden ist es sicherlich nicht so gewesen, in Wien auch nicht. Sprechen Sie mit Ritter darüber, fragen Sie ihn, wie er sich's erinnert.

Grüßen Sie die ganze liebe Ritterei von ganzem liebenden Herzen!

Wie ist das Debüt der Schülerin als Beatrice ausgefallen?

Nun halten Sie sich in Ihren Ferien recht schön, trinken Sie Bock, gehen Sie schön spazieren, womöglich in der Früh, um die Amseln zu hören, und teilen Sie sich die Zigaretten recht methodisch ein, damit es Augenblicke am Tage gibt, wo Sie dieser Waffe entbehren.

Morgen oder übermorgen erwarten wir Siegfried. Ich bin begierig, von ihm über den „Christus" zu hören.

Nun leben Sie wohl, mein lieber Strauss! Wenn Bayreuth nicht so abgelegen wäre, würde ich Ihnen sagen, besuchen Sie uns doch auf Ihrer Heimreise. Zu sagen haben wir uns ja immer genug, Sie machen mir Mut, und ich zeig Ihnen meine Sorge.

Wenn Sie General de Ahna sehen, so bitte ich, meinen Gruß und meine Entschuldigung mit Arbeit und Not vorzubringen. Auch Fräulein Dressler[2] meinen Dank und Gruß!

Und nun für Sie, mein lieber Freund, den allerherzlichsten Gruß der warmen Anhänglichkeit!

C. Wagner

1 Ludwig Schnorr von Carolsfeld (1836 – 1865), Tenorist, Sohn des Malers und Direktors der Dresdner Gemäldegalerie Julius Schnorr von Carolsfeld, verheiratet mit der Sopranistin Malwina Garrigues (1825 – 1904). Seit 1860 an der Hofoper in Dresden. In der Uraufführung von *Tristan und Isolde* 1865 in München sang das Ehepaar die Titelrollen.

2 Lilli Dreßler (1857 – 1927), Sopranistin, Schülerin von Johanna Jachmann-Wagner, war 1883 – 1898 an der Hofoper in München. In Bayreuth wirkte sie 1889 als Eva mit.

43 München, den 26. März 1891

Hochverehrteste gnädige Frau!

Tausend Dank für Ihren lieben, lieben Brief, den ich mir für heute erlaube, in Kürze dahin zu beantworten, daß ich, Ihrer freundlichen Einladung folgend, Samstag abend 10 Uhr von Lichtenfels aus in Bayreuth eintreffen werde und mich innigst freue, wenn Sie mir gestatten, den Ostersonntag mit Ihnen zu verleben. Montag 11 Uhr muß ich aber leider nach Hause. Vorgestern habe ich hier „Siegfried" unter Levis Leitung erduldet; darüber mündlichen Bericht! Niederschreiben läßt sich so etwas nicht.

Wie geht es mit Ihrer teuren Gesundheit?

Ritters und Sporks bitten mich, Ihnen ihre herzlichsten Grüße zu Füßen zu legen.

Ritter erinnert sich genau, daß Tichatschek in Dresden bei: „Allmächtiger, Dir sei Preis" auf die Knie gesunken ist und in dieser Stellung bis zum Auftritt des Landgrafen geblieben ist.

Für heute leben Sie wohl, teuerste gnädige Frau: auf frohes Wiedersehen!

Mit den herzlichsten Grüßen, auch an Ihre verehrte Familie

Ihr in innigster Verehrung treu ergebenster

Richard Strauss

44 Weimar, den 15. April 1891

Hochverehrteste gnädige Frau!

Das Lisztkonzert, das ich letzten Montag hier dirigiert habe, ist seit den 14 Tagen, daß ich aus Bayreuth zurück bin, das einzige erfreuliche Ereignis, über das ich Ihnen berichten kann. Denn die „Lohengrin"-Angelegenheit, die den armen Brandt, der hier mit einer beinahe übermenschlichen Energie all die greulichen Hindernisse, die sich seinen Bestrebungen zur Hebung unserer Bühne vor allem in der Person unseres verehrten Chefs entgegenstellen, aus dem Wege räumt, – und mich in Sorge und Verzweiflung umhertrieb, ist auch insoferne jetzt zu einem glücklichen Abschluß gekommen, als der Großherzog[1] die allerdings sehr geringen Mittel zu einer teilweisen Neuausstattung des „Lohengrin" auf einen allerdings etwas gewaltsamen Streich meinerseits hin bewilligt hat. Ich will Sie, hochverehrteste gnädige Frau, mit den recht charakteristischen Details der ganzen Geschichte nicht belästigen; es genüge, daß wir die Mittel für den neuen „Lohengrin" nun haben, es droht nun nur noch die Gefahr, ob Brückners die neuen Dekorationen bis zum 12. Mai noch werden herstellen können. Wenn ich diesmal Brandt nicht zur Seite gehabt hätte, würde die Sache wohl ein schlimmes Ende genommen haben, da es Bronsart eben an der nötigen Energie und Begeisterung für *unsere* Sache fehlt und ich eben das auf die Dauer nicht vertrage.

Das Lisztkonzert war mir eine unendliche Freude, indem sich einerseits die Zusammenstellung des Programms als eine sehr glückliche erwies: „Vom Himmel durch die Welt zur Hölle"!, andererseits die Ausführung nach Maßgabe unserer bescheidenen Kräfte die denkbar beste war. – Und wie sehr bin ich wieder von der Notwendigkeit, in einem Konzerte nur Werke eines Komponisten zu bringen, überzeugt worden; und gerade Liszt, der nach der Seite des musikalischen Ausdrucks doch wohl der vielseitigste und mannigfaltigste unter allen Sinfonikern ist und dem bis jetzt, dank unserer Musikjuden, der Weg zum Herzen des Publikums beinahe überall versperrt worden ist, *muß* von allen Seiten beleuchtet werden, um nur einigermaßen verstanden [zu] werden. So war es, glaube ich, für das unbeschreiblich schöne und feine A-Dur-Konzert sehr förderlich, daß ich die Gegensätze, die sich in ihm befehden, im „Orpheus" einerseits und im „Totentanz" und „Inferno" andererseits, wo sie so monumental und drastisch dargestellt werden, daß selbst der verbohrteste Philisterschädel über ihre Deutlichkeit nicht im Zweifel bleiben konnte, zum Ausdrucke brachte.

An den Eckpfeilern des Programms außerdem der Himmel des wirklich wahrhaftigen Weltüberwinders gegenüber dem, ich möchte beinahe sagen, dogmatischen Himmel!

Zu meiner Freude konnte ich auch überall den tiefen Eindruck gewahren, den das Konzert auf unser wirklich *gutes* Publikum, das sich zudem sehr zahlreich eingefunden hatte, gemacht hat, wenn ich auch selbst unseren Weimaranern noch nicht das verfeinerte Aufnahmevermögen zutraue, das gerade das über alle Beschreibung eigentümlich erhabene „Purgatorio" erfordert. Stavenhagen hat vortrefflich gespielt, seine Frau „Die junge Nonne" und „Loreley", die wundervoll instrumentiert und allen nach „Konzertnummern mit Orchster" seufzenden Sängerinnen dringend zu empfehlen sind, recht gut gesungen.

Es war ein wirklicher Lichtblick, der mich allerdings mit sehr vielen Widerwärtigkeiten aussöhnen mußte; nächsten Sonntag habe ich gottlob wieder „Rienzi" und freue mich auf meinen famosen Zeller, der in der letzten Vorstellung am Ostermittwoch auch wieder einen Fortschritt mit Siebenmeilenstiefeln gemacht hat. Ich habe mit ihm zudem die letzten Wochen den Tristan vollständig durchgearbeitet und bin fest überzeugt, daß Sie, hochverehrteste Frau, mit ihm als eventuellem Ersatz für Alvarys Tristan zufrieden sein würden.

Haben Sie schon Antwort von Winkelmann[2]? Bitte vergessen Sie meinen guten Zeller nicht, der wirklich von allen „Ersatzmännern" das größte Talent ist.

Mit Fräulein de Ahna studiere ich fleißig das Blumenmädchen; sie sowohl wie Zeller lassen sich Ihnen ehrfurchtsvoll empfehlen. Letzten Freitag haben wir im Verein die zweite Hälfte des I. Aktes „Walküre" (Frau Naumann, Zeller) und die Gurnemanz-Erzählung (von dem kleinen Bucha vortrefflich gesungen), nächsten Freitag einen Vortrag von Dr. Arthur Seidl: Die Kunstlehre in den „Meistersingern", dem sich einige Szenen des 3. Aktes noch anschließen. Der Großherzog ist dem Verein beigetreten und will von jetzt ab die Vereinsabende regelmäßig besuchen.

Es ist nur schade, daß seine Frau das *Geld* hat!

Daß ich Oberstlieutnant[3] in Paris werden soll, ist sehr komisch! Warum mich denn gar so weit wegschicken? Ich möchte vorläufig doch lieber Fähnrich im Bayreuther Regiment *bleiben*!

Nehmen Sie, hochverehrteste teuerste Frau, nochmals meinen herzlichsten, innigsten Dank für den herrlichen, mir unvergeßlichen Ostersonntag, den ich durch Ihre Güte in Wahnfried verleben durfte; durch Siegfrieds lieben Brief, für den ich ihm herzlich danke, ersehe ich zu meinem größten Schmerze, daß Sie auch wieder mit Gesundheitssorgen zu kämpfen hatten; hoffentlich schickt der liebe Gott bald das Frühjahr, *im Sommer wird dann schon alles gut werden!*

Mit den herzlichsten Grüßen an Sie, teuerste Frau, und ganz Wahnfried, wie auch an Herrn Kommerzienrat Groß[4] und Freund Kniese.

Ihr in innigster Verehrung treu ergebenster

Richard Strauss

1 Großherzog Carl Alexander von Sachsen-Weimar-Eisenach (1818 – 1901). Richard Strauss hat zur Feier der goldenen Hochzeit des Fürstenpaares vier Sätze der *Musik zu „Lebenden Bildern"* o.op. 89 komponiert.

2 Hermann Winkelmann (1849 – 1912), Tenorist, sang in Bayreuth 1882 – 1886 den Parsifal und 1891 den Tannhäuser.
3 In Paris waren Aufführungen Wagnerscher Werke in Aussicht genommen. Levi soll dafür Richard Strauss als Dirigenten empfohlen haben.
4 Adolf von Groß (1845 – 1931), Bayreuther Bankier, Kommerzienrat, Schwiegersohn des Bankiers Feustel, war der geschäftliche Leiter der Festspiele und juristische Berater der Familie Wagner.

45 Wahnfried, den 16. April 1891

Mein armer, lieber Fähnrich,

ach, wann wäre es je anders gewesen, als daß die Ernstbestrebten, Redlichbemühten gekreuzt, gehemmt und gequält worden wären? Ich kann Ihnen aber nicht sagen, wie wehe es uns getan hat, als wir von Ihren Nöten erfuhren. Bayreuth muß wohl alles gut machen, und wenn ich mich bald zugrunde sorge, dann wiederhole ich mir Ihr unsterbliches Wort, daß ich den Bayreuther Geist unterschätzte, und fasse wieder Mut.

Wie Sie die Empfehlung des „fromm sorgenden Freundes", der sicher vor Ihnen sein möchte, auffassen würden, hatten wir uns gedacht und bereits darüber gelächelt. Ich meine auch, Sie bleiben in Deutschland, wo man Sie ganz gut brauchen kann.

Ich freue mich Ihrer Freude an Zeller und bin überzeugt mit Ihnen, daß er der beste Ersatzmann ist. Wirkten nur die Siebenmeilenstiefel ebenso in die Höhe wie in die Weite und könnten wir sie ihm anziehen!

Das gute Gedeihen Ihres Vereines ist sehr erfreulich. Bringen Sie Arthur Seidl möglichst dazu, *nicht* zu philospophieren, sondern anschaulich, biographisch, historisch zu sprechen. Die philosophische Begabung ist vielleicht die seltenste der Welt; die Inder, Platon, Kant und Schopenhauer haben sie gehabt. Die „Gesammelten Schriften" zeugen von ihr. Bei uns in Deutschland philosophiert jeder, langweilt die anderen und verlernt darüber das einfache Sehen und die natürliche Mitteilung.

Es ist sehr freundlich vom Großherzog, solche Teilnahme für den Verein zu haben, und was das Geld betrifft, so kommt es am Ende nach.

Ihr Konzert ist gewiß prachtvoll gewesen! *Wie* haben wir gewünscht, dabei zu sein! Der „Totentanz" namentlich hätte mich besonders interessiert, weil ich ihn nur einmal vor 27 Jahren gehört, einen sehr großen Eindruck davon erhalten und doch ganz vergessen habe. – Ihr Programm war ganz ausgezeichnet und wie es nur dann sein kann, wenn Energie des Charakters und künstlerischer Verstand vereinigt sind. Siegfried wollte durchaus zu Ihnen, ich ließ ihn nicht, weil er sehr erkältet und angegriffen war und er von Weimar nicht zu mir zurückgekehrt wäre, sondern nach Berlin mußte. Den ganzen Abend Montag aber waren wir bei Ihnen!

Winkelmann hat mir, und in sehr erfreulicher Weise, zugesagt. Nun bleibt abzuwarten, ob er nicht plötzlich abtelegrafiert, wie dies bereits zweimal geschah (Unveränderlichkeit des Charakters!).

Grüßen Sie mir die guten Kinder, Zeller und de Ahna, und seien Sie vor allem auf das wärmste gegrüßt!

Mottl, der übrigens auch gar nicht wohl ist, versprach mir jetzt 14 Tage Ruhe für unsere Mailhac[1]. Er hat viel Freude an „Nirvana" gehabt, die Karlsruher dafür gar keine, was am Ende nicht zu verwundern ist.

Nun machen Sie sich recht kräftig, mein guter, lieber Strauss! Wenn Zeller in die Höhe, so müssen Sie in die Breite gehen! Wollen Sie mir nicht jeden Tag *eine* Zigarette opfern und immer eine Viertelstunde früher nach Hause gehen? Sie sind so jung und haben schon so viel in sich aufgenommen, unsere Kunst ist so verzehrend und unser Leben so aufreibend! Dazu unser gottverlassenes Klima und einen schwachen Intendanten, da muß man verständig sein, um auszuhalten . . . Ihr Besuch war uns die schönste Ostergabe! Wir denken immer mit Freude daran und daß wir zwölf Stunden hintereinander zusammen plauderten. – Adolf Groß grüßt Sie herzlichst. Er hat zu meiner größten Genugtuung den Leuten, welche auf verschiedene Sänger ihre Karten verlangten, geantwortet: Solche Bestellungen würden hier nicht angenommen. Ist das nicht herrlich? – Kniese grüßt und wir drei Frauen senden Ihnen alles Beste und Schönste!

Treu die Ihre

C.W.

1 Pauline Mailhac (1858 – 1946), Sopranistin, war bis 1901 am Hoftheater in Karlsruhe tätig. 1891 – 1894 sang sie in der ersten Bayreuther *Tannhäuser*-Inszenierung die Venus sowie 1891/92 die Kundry in *Parsifal*.

46 [An Pauline de Ahna] Bayreuth, den 2. Juni 1891

Mama trägt es mir auf, Ihnen, liebwertes Fräulein, herzlich für Ihre freundlichen Zeilen zu danken. Sie freut sich sehr, Sie nun bald wieder in Bayreuth begrüßen zu können, möchte Sie aber davon benachrichtigen, daß sie den 7. nachmittags nach München wegen der „Heiligen Elisabeth" verreist, um am 9. dann zurück zu sein.

Auch für die Nachrichten unseres lieben Freundes Strauss soll ich Ihnen im Namen ganz Wahnfrieds wärmstens danken! Gott gebe, daß die Erholung so schön weiter fortschreitet und der arme Patient[1] nicht zu lange mit der grausamen Rekonvaleszenz gequält werde! Sollte er noch in Weimar sein, so grüßen Sie ihn bitte schönstens von uns allen. –

Gerne gedenken wir des Tages, den Sie uns kürzlich schenkten, liebes Fräulein de Ahna, und freuen uns schon sehr auf ein baldiges Wiedersehen. Bis dahin heute nur noch die freundlichsten Grüße von Mama und meiner Schwester, denen ich mich herzlichst anschließe als Ihre ergebene

Eva Wagner

1 Richard Strauss hatte sich im Mai eine Lungenentzündung zugezogen.

47 München, den 6. Juni 1891

Hochverehrteste gnädige Frau!

Nachdem ich, Donnerstag abend glücklich in München angekommen, soeben den Händen des letzten untersuchenden Arztes entronnen bin, der meine Lunge für vollständig gesund erklärte und (Gott sei Dank! Es war auch sein Glück!) drei Wochen Erholung in Feldafing für genügend befunden hat, wage ich endlich in persona handschriftlich wieder vor Sie zu treten mit der Versicherung, daß ich (voraussichtlich!) am 1. Juli in Bayreuth eintreffen werde.

Daß ein echter Wagnerianer nicht so Willenskraft besitzt, daß sein elender Körper es wagt, zwei Monate vor den Festspielen ihn mit einer Lungenentzündung zu erfreuen, ist zwar eine rechte Schande, und daß ich der ewige Nachzügler bin, schmerzt mich tief, kurz und gut: mit meinem Humor wäre es fürchterlich bestellt, wenn Sie, teuerste gnädige Frau, mir nicht jene Heilsbotschaft gesendet hätten, die mich fast mit einem Schlage gesund gemacht hat; wirklich, als mir Fräulein de Ahna mitteilte, daß ich „Parsifal“ und „Tannhäuser“ dirigieren darf – von dem Tage an ging meine Rekonvaleszenz mit den Siebenmeilenstiefeln vorwärts, die Freund Ritter mir so gerne andichtet.

Sie wollen mir, hochverehrteste Frau, also wirklich dreimal den „Parsifal“ anvertrauen? Wer von einer solchen Botschaft nicht gesund wird, der verdiente nicht, den Klavierauszug des „Parsifal“ einmal von weitem zu erblicken, geschweige denn, jemals in Bayreuth gewesen zu sein.

Auf Wiedersehen also am 1. Juli und bitte *für mich* um ein paar tüchtige Proben zu „Parsifal“!

Dem durch meine Krankheit verursachten Übel, daß ich mit Verspätung bei den Festspielproben eintreffe, muß ich allerdings einige Vorteile gegenüberstellen, die zwar das Übel nicht aufzuwiegen imstande sind, aber trotzdem für meine Person nicht ganz ohne Belang sind: 1.) Vorläufiges Aufgeben des Zigarettenrauchens; 2.) fester Vorsatz einer vollständigen Umänderung meiner Lebensweise, indem ich die Absicht habe, mit Fritz Brandt zusammen mir nächstes Jahr einen eigenen Haushalt zu gründen, damit die Unregelmäßigkeit des Jungesellenwirtshauslebens endlich einmal aufhöre; 3.) die Freude, dem durch Herrn von Bronsart vollständig verpfuschten, durch Fritz Brandts unglaubliche Energie einzig überhaupt ermöglichten Jubiläum fernbleiben zu können (Näheres mit sehr amüsanten Details: ≪mündlich!≫). Herr von Bronsart hat unter anderem in einer Rede, in der er Schiller und Goethe verherrlichen wollte, Realismus, Naturalismus *und* Pessimismus zusammen zugunsten des von Schiller und Goethe vertretenen Idealismus schrecklich verdonnert(e).

Daß Sie, hochverehrteste gnädige Frau, vor Beginn der Proben sich von Zellers Fortschritten überzeugen wollen, dafür bin ich Ihnen von ganzem Herzen dankbar; auch im Interesse unserer Festspiele; denn ich bin fest überzeugt – doch ich will nicht mehr anpreisen, er mag jetzt für sich selbst – singen! Ich empfehle ihn sowie Fräulein de Ahna Ihrer ganzen Huld! Daß ich bei den ersten „Tannhäuser“-Proben fehlen soll, ist mir ein fürchterlicher Gedanke!

In einer halben Stunde geht mein Zug; leben Sie wohl, teuerste gnädige Frau, tausend innigen Dank für alle erwiesene Teilnahme und Güte, mit den herzlichsten Grüßen an ganz Wahnfried

Ihr in Sehnsucht nach Bayreuth ersterbender

Richard Strauss

48 Wahnfried, den 7. Juni 1891

Mein teurer „Nachzügler"!

Kennen Sie das Wort des Evangeliums: „Die Letzten werden die Ersten sein"? Das gilt auch für uns. Also! . . .

Eigentlich bin ich Ihnen fürchterlich gram, denn was wir hier durchgemacht haben in Ihrem Betreff, ist nicht auszusprechen. Hätte ich Sie nur früher schon in meine Erziehung genommen!

Aber jetzt kommt's mit Macht! Ihre erste Ehe mit Fritz Brandt gefällt mir ganz gut, und alles wollen wir nach der Gesundheit richten.

Aber davon mündlich. Vielleicht sehe ich Sie bald.

Machen Sie uns keine Sorge mehr! Es war schrecklich!

De Ahna und Zeller will ich wie meine Küchleins hegen. Sie hat mir sehr gefallen und von Zeller erwarte ich das Beste.

Soll ich Ihnen erzählen von den Dekorationen? Ich weiß es nicht, denn sie sind dann imstande und laufen gleich hierher, sie sich anzusehen! Aber doch: sie sind wundervoll, wirklich ganz unerhört schön und getreu den Angaben. Unsere Beleuchtung ist auch vorzüglich jetzt, nur will sie gut gehandhabt werden, und das macht mir Sorge.

Doch ich will Sie nicht erregen. Jetzt müssen Sie sich fürchterlich langweilen, überhaupt ausspannen und mit vielen Salamaleks Ihre Leiblichkeit behandeln. – Neulich habe ich geträumt, Sie wären bei mir und ich herzte und pflegte Sie wie mein Kind; da haben Sie meine Gedanken an Sie und von mir hören Sie noch lange nichts von Kunst, die wir jetzt der weisen Führung von Herrn von Bronsart überlassen wollen, der sie ismusieren lassen möchte. Nein, *diese* Idealisten mit griesgrämigen Reden und sauertöpfischen Mienen können weit vom Schuß bleiben! – – –

Mama wurde hier durch Kniese mit seiner kleinen Schar unterbrochen und rief mir nur noch zu, daß sie Sie umarmte, was ich hier getreulich mit den wärmsten Wünschen von meiner Schwester, Siegfried (der sich zum Militär hat einfinden müssen und gestern als Geburtstagsgabe für dienstfähig erklärt wurde, welches wir aber noch bestimmt hoffen, mit einigen „freien Schlägen" zu bekämpfen) und mir, zugleich mit den innigsten Wünschen für Ihre baldigste vollständige Genesung ausrichte!

Eva Wagner

49 Wahnfried, den 12. Juni 1891

Also, mein Kindchen, ich habe soeben an Prof. Oertel[1] geschrieben, daß Sie mit Ritter hinkämen. Erkundigen Sie sich bitte nach seiner Wohnung und nach seinen Stunden. Das übrige wollen wir sehen.

Wie war der Geburtstag gestern? Wir feierten ihn mit Zeller, der uns alle zu Tränen ergriffen hat. Auch Pauline de Ahna rührte uns sehr und durch beide durch [ver]nahm ich sowohl die einzigen Ritters als wie Sie, mein gutes, liebes Wesen, durch.

Ich erwarte jetzt die beiden zum eigentlichen Studium.

Zeit habe ich also nicht viel. Ich habe aber doch die Liste der Bücher gemacht. Es ist allerhand darunter, und ich glaube, Sie finden darin auf edle Weise Unterhaltung und Zerstreuung.

Grüßen Sie meinen teuren Sacha, grüßen Sie die Ihrigen alle, insbesondere Ihre liebe, anmutige Schwester, und gedenken Sie Ihrer, dann gedenken Sie auch meiner!

Von Herzen

C. W.

Alle diese Bücher sind kapitelweise zu lesen, *nicht* die Bände hintereinander, sondern Sie suchen sich aus, was Sie dem Stoffe nach gerade anzieht.

Cervantes Novellen	Vornehmlich Gespräch der beiden Hunde (Liebling von Schopenhauer)
Spanisches Theater von Rapp	Wegen der Schwänke ([unleserlich])
Indische Sagen von Holtzmann	
Simrock, Volksbücher und [mit Bleistift:] Das kleine Heldenbuch	
Uhland, Abhandlungen über Thor und Wotan	
Altdeutsche Poesie	
J. Grimm, Vorrede zu Reineke Fuchs	
J. Grimm, Kleinere Schriften	sehr mit Auswahl
Carlyle, Kleinere Schriften	
Freytag, Bilder aus der deutschen Vergangenheit	nicht etwa die historischen Romane, sondern die sehr gut zusammengefaßten Bilder (z.B. Kapitel „*Luther*")

W. v. Biedermann, Goethes Gespräche	ein unerschöpflich schönes Buch zum Aufschlagen

1 Max Joseph Oertel (1835 – 1897), Mediziner, Professor für Laryngologie in München. Begründer der Terrainkur gegen Herzkrankheiten.

Der Brief an Prof. Oertel lautet:

Bayreuth, den 12. Juni 1891

Lieber und verehrter Herr Professor,

mit einer großen Bitte wende ich mich heute an Sie. Der junge Kapellmeister Strauss, ein ebenso durch Talent wie durch Charakter sich auszeichnender Künstler, hat soeben eine lebensgefährliche Lungenentzündung durchgemacht.
Meines Erachtens nach, müßte er in seiner Tätigkeit mindestens ein Jahr pausieren. Nun will er davon nichts hören, sondern in drei Wochen nach Bayreuth kommen, welches sein ein und alles ist! –
Er wohnt jetzt in Feldafing bei seinem Onkel Pschorr. Ich habe ihm erklärt, daß ich ihm die Erlaubnis, nach Bayreuth zu kommen, nur dann geben werde, wenn Sie, verehrter Herr und Freund, es für tunlich erachteten. Er wird sich also bei Ihnen vorstellen, und zwar mit meinem Neffen Ritter, dem ich herzlich bitte unumwunden Ihre Ansicht zu sagen. Verzeihen Sie die Belästigung, ich bin in großer Sorge um den jungen Freund, da derselbe eine so leidenschaftliche Hingabe an die Kunst hat, daß er sich förmlich darin verzehrt.
Empfangen Sie und Ihre liebe Gemahlin mit meinem Dank für alle Ihre Güte gegen uns die erneuerte Versicherung meiner Anhänglichkeit, Hochachtung und innigen Ergebenheit!

C. Wagner

50 Feldafing, den 12. Juni 1891

Hochverehrteste gnädige Frau!

Ihnen vor allem für Ihr liebevolles Gedenken des gestrigen Tages innigsten Dank sagend, bitte ich Sie, auch den holden „Gestalten" (wären sie nur schon alle verkörpert!), die mir armen Abgeschiedenem, im Fegefeuer der Erholung nach Erlösung Schmachtendem den freundlichen Gruß sandten, meine herzlichste Danksagung gütigst übermitteln zu wollen. Wenn sich meine Phantasie ausmalt, wie der ganze Kreis nach eifrigem „Tannhäuser"- und „Tristan"-Studium in Wahnfried versammelt war – so komme ich mir vor wie Merlin, der die blühende Weißdornhecke für die dicke Mauer eines Turmes, in dem er gefangen, ansah, die schönen grünen Bäume vor meines

Onkels Garten gucken mich wie Gefängniswärter an, und das schönste Gebirgspanorama und die herrlichste Aussicht erscheinen mir nur wie Hohn gegen meine Aussichten vom Festspielhügel aus.

Doch ich will nicht mehr wehklagen wie die Weiber Zions und auch gegen Feldafing nicht undankbar sein, fühle ich doch, und seit den letzten Tagen besonders, daß dieses Feldafing mich wirklich in kürzester Zeit vollständig wiederherstellen wird und daß Sie, teuerste gnädige Frau, mich ohne jede Sorge am 1. Juli in Bayreuth aufnehmen können.

Welche Freude war mir ihr lieber Besuch! Nochmals tausend, tausend Dank für Ihre Güte! Die Angst, die Sie mir aber eingejagt haben mit der Drohung, daß ich heuer nicht nach Bayreuth dürfte, und „die Parenthese" sind mir höchst wohltätig in meine noch vor drei Tagen recht schlaffen Glieder gefahren, seit Ihrem Besuch ist mir, als ob ich mich noch dreimal so schnell erholte als vorher.

Wirklich, ich fühle mich schon heute so frisch, daß ich ganz ruhig schon am 20. Juni in Bayreuth einzutreffen riskieren könnte; *wie brav von mir*, es trotzdem hier bis 30. Juni auszuhalten. Ich bin eben ein Musterpatient, Muster allerdings nur so lange, als ich eben Patient sein *will*!

Seit gestern ist, Gott sei Dank, Freund Ritter bei mir, er war so freundlich, mir Ihr liebes Geschenk, für das ich herzlichst danke, zu überbringen. „Eduards Traum"[1] habe ich gestern zur Hälfte gelesen und muß gestehen, daß diese Art Humor mir eigentlich noch nicht so recht verständlich ist; ich glaube, man muß das Büchlein öfters und *vor*lesen. Haben Sie selbst es schon gelesen?

Hat Zeller (mein guter, dreideutiger Heinrich) Ihnen schon vorgesungen? Ich bin furchtbar auf Ihr jetziges Urteil und welchen Eindruck er Ihnen im Vergleiche mit Alvary macht, gespannt.

Siegfried war so freundlich, meiner ebenfalls gestern zu gedenken, ich habe auch an ihn heute schon geschrieben. Meine Familie sowie mein Onkel[2] lassen sich Ihnen bestens empfehlen.

Mit tausend, tausend herzinnigen Grüßen (auch von Freund Ritter) an Sie, hochverehrteste, teuerste gnädige Frau, und Ihre verehrten Töchter

Ihr folgsamster, erziehungsbedürftigster

Richard Strauss

1 „Eduards Traum" von Wilhelm Busch (1832 – 1908).

2 Onkel Georg Pschorr, in dessen Villa in Feldafing sich Richard Strauss drei Wochen zur Erholung aufhielt.

51 Bayreuth, den 13. Juni 1891

Vielen herzlichen Dank, mein lieber Freund, für Ihre heutigen Zeilen! Ich will Ihnen ja gerne glauben, daß Sie wohler sind, aber ruhig bin ich noch nicht. Also bitte: *Oertel*! Das jetzige rauhe Wetter macht mich ganz unglücklich für Sie! Hüten Sie sich recht und lästern Sie mir die lieben Bäume und den guten Himmel nicht, sondern werden Sie ein rechtes Naturkind und lesen Sie Geschichten, wie sie das Volk erdacht und die großen Dichter vollendet haben. Ich habe Ihnen eine Menge aufgeschrieben, was Sie unterhalten wird. ≪„Eduards Traum" ist wirklicher echter Humor, ohne Tendenz noch Witzelei, auf eine[r] tiefe[n] Weltanschauung beruhend. Davon mündlich.≫

Gestern vormittag arbeitete ich wieder mit Zeller (I. Akt) und freute mich seiner. Mit Alvary arbeitete ich heute; mehr Wucht, Intensität hat Zeller. Alvary bringt mehr Vornehmheit, mehr Leichtigkeit der Bewegung. Zeller hat eine kräftigere Stimme; die Alvarys ist vielleicht freier. In der Gestikulation Zellers scheint mir noch ein wenig Kleinbürgerlichkeit, aber seine Vorzüge sind eminent und ich freue mich seiner.

Fräulein de Ahna hat mich heute ganz glücklich gemacht! Sie ist intelligent, faßt augenblicklich, die Stimme hat einen großen Wohllaut, und sie ist durchweg vornehm.

Ihre Ohren müssen Ihnen klingen, denn wir sprechen von Ihnen in einem fort. Nun seien Sie recht, recht gut und machen Sie mir keine Angst! Unser Theater ist zugig, denken Sie, was das für mich wäre, wenn Sie sich einen Rückfall holten. Ich spreche zu Ihnen, wie wenn Sie mein Sohn wären, hören Sie aber auch auf mich!

Leben Sie wohl und werden Sie mir recht beschaulich. Sie sollen sehen, was das für Früchte trägt: „Werden wohl die schönen Tage für mich kommen, wo ich am Ufer der Ganga auf einem Felsblock des Himalaya mit gekreuzten Beinen sitzen und durch beständig fortgesetztes Nachsinnen über das Brahman in einem schlafähnlichen Zustande von Versenkung mich befinden werde, die schönen Tage, wo alte Gazellen unbesorgt ihre Hörner an meinem Körper reiben werden?"

So sagt die höchste Weisheit!

52

Feldafing, den 20. Juni 1891
9 Uhr früh, in Bayreuth beginnt soeben die erste „Tannhäuser"-Probe.

Hochverehrteste gnädige Frau!

20. Juni, 9 Uhr morgens! Während mir vor Ungeduld die Finger zittern, muß ich hier sitzen und Ihnen einen Krankenbericht schicken! Ist das nicht schrecklich? Ich habe, hochverehrteste gnädige Frau, Ihrem Wunsche Folge leistend, vorgestern Oertel konsultiert und freue mich, Ihnen berichten zu können, daß derselbe, wie die beiden ersten Doktoren, die vortreffliche Heilung meiner Lunge konstatiert hat: Er fand mich nur blutleer und schlecht genährt; ich habe also die ungeheuer massenhafte Nahrungsaufnahme, die hier in Feldafing mein herrlicher Beruf ist, auch noch weiterhin fortzusetzen, Eisenpillen zu nehmen, Zimmergymnastik zu treiben und derlei schöne Sachen mehr. Das Rauchen muß (resp. sollte) ich ganz aufgeben. Na, ich will dies Laster gerne opfern, hat doch Oertel nicht das geringste Bedenken dagegen geäußert, daß ich am 1. Juli nach Bayreuth gehe und meinen Beruf ganz aufnehme. Als ich ihm sagte, daß ich vom 20. August bis 15. September noch Urlaub hätte, erklärte er dies für vollständig genügend und schlug mir einen Aufenthalt im Gebirge vor.

Soweit wäre also der Besuch bei Oertel gut abgelaufen; ich hatte einige Angst, denn diese Herren Gelehrten und Universitätsprofessoren haben oft recht verrückte Ansichten und reden auch über Sachen, die sie nicht verstehen. Nun – Oertel hatte glücklicherweise Einsicht, und da will *ich* denn auch Vertauen zu ihm haben.

Nach der Konsultation habe [ich] mich im „Cid" von Cornelius erholt, der mir zum größten Teile im ersten Akte und durchgängig im zweiten Akte außerordentlich gefallen hat; schade, daß der dritte Akt total vom Dichter verpfuscht ist und dem Zuhörer der tragische Schluß, der ihm nach der Entwicklung der beiden ersten Akte unausbleiblich erscheint, versagt wird. Unser jüdischer Profos[1] prügelte wieder den Takt, die Aufführung war infolgedessen recht mäßig. Von den Darstellern genügte nur Fräulein Ternina. Die übrigen Brüller und auch der Chor waren scheußlich. Vogl als Treffkönig im Tarockspiel maskiert war der reine Hanswurst.

Mich hat die Vorstellung nicht im geringsten angestrengt, im Gegenteil! Ich fühle mich überhaupt so wohl, daß ich mich täglich frage: „Ja, warum gehst du denn nicht jetzt schon nach Bayreuth?".

Daß Sie an Fräulein de Ahna und Zeller Freude haben, macht mich ganz glücklich. Also kann ich wirklich während der „Tannhäuser"-Proben, über diese beiden wenigstens beruhigt, wegbleiben? Würden Sie die Güte haben, teuerste gnädige Frau, in einem freien Viertelstündchen sich von dem jungen Bassisten Bucha, der wohl auch gestern angekommen ist, etwas vorsingen zu lassen. Derselbe wäre eventuell als II. Ritter, Reinmar, Steuermann, vielleicht sogar Titurel zu verwenden; er hat eine sehr schöne, warme Stimme und ist außerordentlich musikalisch, hat nur noch einige Mängel in der Aussprache.

Nun – Glück, Heil und allen Gottes Segen für den „Tannhäuser", möchten Sie, teuerste Frau, recht viel Freude erleben! Bitte grüßen Sie mir Mottl!

In innigster Verehrung

Ihr von höchster Weisheit der Brahmanen weitentfernter

R. Str.

Die innigsten Grüße an Ihre Kinder! Die Meinigen sowie Freund Ritter empfehlen sich Ihnen bestens!

1 Jüdischer Profos: Hermann Levi.

53 Bayreuth, den 23. Juni 1891

Lieber Kapellmeister,

Mamas Zeit erlaubt es ihr jetzt nicht, Ihnen selbst zu sagen, wie glücklich sie Ihre letzten Nachrichten mit der so erfreulichen Oertelschen Aussage gemacht! Ich soll es für sie deshalb tun, und geschieht dies von ganzem Herzen. – Meine Schwester und ich durften heute zum ersten Mal der Morgen-Probe beiwohnen, und zwar gab's zuerst: Vorspiel, Venusberg mit Ballett-Personal, wo Mama bereits Wunder gewirkt hat; dann Fräulein Mailhac und Winkelmann (beide Gutes versprechend) und zuletzt die ganze Szene im himmlischen Wartburgtal, wo Reichmann *seine* Wunderklänge losließ! Über das Orchester kann ich arme Laiin Ihnen nur sagen, daß es uns einfach *herrlich* schien und die Wirkung des verdeckten Raumes unbeschreiblich schön war. – Bald werden Sie nun selbst dies erleben und sich mit uns freuen! Siegfried hat auch bis zum Ende des Monates am Polytechnikum aushalten müssen. *Wie* wird auch er sich hierher sehnen und wie glücklich wird er sein, Sie hier genesen zu begrüßen.

Dann heißt es aber vernünftig sein und der Mama keine Sorge machen. Opfern Sie ihr auf einem kleinen Altar alle Zigaretten der Welt!

Zeller war einige Tage erkältet und mußte sich schonen. Er sowie Fräulein de Ahna hangen und bangen sehr nach Ihrem Kommen!

Daß Mama rasend in der Arbeit steckt, brauche ich Ihnen nicht zu sagen. Gottlob ist doch schon einige Freude dabei gewesen, dank Mottl, dessen Leistung großartig ist.

Halten Sie nur recht geduldig Ihre letzten Tage in Feldafing aus (gerne wüßte Mama, welche Lektüre Sie sich wählten?) und erfreuen sich trotz allem auch ab und zu der Natur. Bei dem endlich eingezogenen Sonnenschein nehmen sich doch wohl Linden und Akazien nicht mehr ganz wie Gefängniswärter aus?!

Sollte Onkel Ritter bei Ihnen noch weilen, so grüßen Sie ihn bitte vielmals, auch Ihr(e) Fräulein Schwester, von der uns Mama so Liebes erzählte. – Von ganz Wahnfried aber geht der wärmste Glückwunsch zur Genesung und der innigste Zuruf: „Auf bestes Wiedersehen in Bayreuth" an Sie, lieber Kapellmeister, hiermit ab!

Treulich der Sekretair

E[va] W[agner]

und schönste Grüße vom Nicht-Sekretair

I[solde] v[on] B[ülow]

54 [Bayreuth, undatiert]

Ich habe soeben Reichmann geschrieben, daß Sie, lieber Strauss, von morgen an jeden Tag mit ihm studieren werden. Vielleicht könnten wir für Montag uns bei Steingraber mit Gudehus oder Grüning[1] und Friedrich[s][2] treffen

herzlich

C.W.

1 Wilhelm Grüning (1858 – 1942), Tenorist, war 1888 – 1894 in Hannover, 1894 – 1898 in Hamburg und 1898 – 1912 an der Hofoper in Berlin. Bei den Bayreuter

Festspielen sang er von 1891 – 1897 Parsifal, Tannhäuser, Siegfried und Siegmund.
2 Fritz Friedrichs (Pseudonym für Friedrich Christophes) (1849 – 1918), Schauspieler, seit 1883 Baritonist in Nürnberg und Bremen. In Bayreuth sang er von 1888 – 1902 Beckmesser, Alberich und Klingsor.

55 [Auf Visitenkarte] *Richard Strauss, Weimar* [Bayreuth, undatiert]

Hochverehrte gnädige Frau!

Mit Zeller ist für heute nichts verabredet. Doch wenn Sie es wünschen, kann man ihm noch sehr gut für 11 Uhr eine Probe im Frohsinn ansagen lassen.

Zeller wohnt Maximilianstraße 71/III.

Wenn Sie also Zeller die Probe noch ansagen lassen, dann werde ich so frei sein, Sie, hochverehrteste gnädige Frau, 3/4 11 Uhr in Wahnfried abzuholen.

Mit herzlichem Gruß

Ihr

R. Str.

56 [Mit Bleistift] [Bayreuth, undatiert]

Mein Freund,

ich bin sehr traurig; Sie sahen gestern sehr übel aus. Ich *bitte Sie*, heute nicht in die Probe zu kommen, und *flehe* Sie an, nicht zu rauchen. Sie tun ein Unrecht an sich, aber auch ein größeres an *mich* [sic!]. – Wollen Sie 12 1/2 Uhr in Wahnfried mit den Kindern speisen und abends 7 Uhr mit mir (Wahnfried)?

Seien Sie gegrüßt –

C. W.

57 Marquartstein, den 24. August 1891

Hochverehrteste gnädige Frau!

In alle Winde verstreut wankt nun, nur unter dem Schutze eines mächtigen Regenschirms, die wenn auch nicht mut-, so doch führerlose Ritterschaft umherr, und alle sind wohl wie ich von dem innigsten Wunsche beseelt, aber wahrscheinlich ebenso unfähig wie ich, die Gefühle der tiefempfundensten Dankbarkeit, die wir für Sie, hochverehrteste teuerste Frau, im Herzen tragen, in Worte zu kleiden. Wenn auch das Wort hier versagt, so hoffe ich doch, daß Ihnen oftmals der „Ausdruck“[1] freudestrahlenden Glückes auf meinem Gesichte gesagt haben mag, wie tief mein Eindruck von all dem unaussprechlich Herrlichen, was ich in Bayreuth miterleben durfte, war. Tausend, tausend Dank, teuerste Frau, und auch für alle Liebe und Güte, mit der Sie und Ihre liebe Familie mich überschüttet haben.

Ich lebe hier wirklich wie im Traume und bemerke kaum, daß die Nebel, die hier bis zum Boden herunterhängen, lange nicht so schön sind wie die Brücknerschen aus dem III. Akte unseres herrlichen „Tannhäuser“, wie ich überhaupt Heinz’[2] Sprüche[n] von der Natur, die das einzige sei, was nach Bayreuth noch zu genießen wäre, nicht beistimme.

Gegen unseren „Tannhäuser“ gehalten, finde ich die Dekorationen des lieben Gottes schon recht blaß; denn gesetzt den Fall, der liebe Gott brächte wirklich eine Dekoration wie die Frühlingslandschaft aus dem I. Akte zustande, so hat er doch den zu ihrer großen Wirkung ≪als Gegensatz≫ nötigen Venusberg nicht zur Hand; das menschliche Schönheitsideal, wie es uns in Alvarys Tannhäuser verkörpert ist, findet man auch nur gerade in München – und die berühmte Sphärenmusik –? Mir ist das verdeckte Orchester schon weit lieber.

Also die Natur ist *nach* Bayreuth ein elender Notbehelf, wenn auch noch immer besser als Weimaraner Dekorationen mit offenem Orchester und sechs ersten Violinen. Sie sehen, ich lasse der Natur Gerechtigkeit widerfahren.

Wie geht es Ihnen, hochverehrteste Frau? Werden Sie endlich einmal auch folgsam sein und an Ihre Erholung denken? Werden Sie in die Schweiz gehen? Bitte inständigst: folgen auch Sie dem vortrefflichen Oertel!

Mit meiner Gesundheit geht es vortrefflich; ich rauche nach Oertel nicht *zu* viel, Sie brauchen sich also, teuerste gnädige Frau, um mich nicht im geringsten zu sorgen.

Für heute nochmals herzlichsten Dank für alles und die schönsten Grüße an Sie und Ihre liebe Familie.

In innigster Verehrung Ihr getreuester

Richard Strauss

Meine Schwester bittet mich, mit ihrem Dank für die freundliche Aufnahme in Wahnfried die herzlichsten Empfehlungen an Sie und die Ihrigen beizufügen.

1 „Ausdruck“: So nannte Cosima Wagner seit dem Festspielsommer 1891 häufig Richard Strauss, ausgehend von Friedrich von Hauseggers Schrift „Die Musik als Ausdruck“ (1885).
2 Heinz' Sprüche: Heinz = Henry Thode.

58 *Diktiert:* Bayreuth, den 25. August 1891

Denken Sie, mein Ausdruck, daß ich ganz traurig war, noch nichts von Ihnen gehört zu haben, und meiner Nichte Franziska eine kleine Klage darüber schrieb. Die Klage hat dann gewirkt, und wie Tannhäuser – sich den Venusberg hervorbringt, so hatte ich denn gleich an unseren lieben Königs Geburtstag und zum Oktav des letzten „Tannhäuser“ – Ihren Fehderuf gegen die Natur. Ach, mein Ausdruck, und dazu die Zigaretten – ich weiß schon, Sie sind zu meinem Unglück geboren – da Sie es aber auch zu meiner größten Freude sind, will ich mein Kreuz schon tragen. Ich habe noch nicht den Mut gehabt, zum Theater hinauf zu gehen, wo Kranich[1] (vielleicht an Klingsors Speerwurf) noch krank darnieder liegt. – Heute will ich es aber tun und, da ich schon bei Ihren Zeilen geweint habe, oben ruhig fortfahren.

Gestern, wie mich Rat Groß besuchte, war er förmlich entsetzt, als er mich mit Kniese in Besprechung über Reorganisation des Chores fand (andrer Hochmeister und verschiedenes andere). In der Tat ist es das einzige, was ich wirklich noch kann, und es will mir gar nicht zu Sinn, daß ich nicht mehr, sei es zu Armbrusters[2] Rufe oder zu unserer lieben Zucchis Evolutionen oder zu Fuchs' Ärgernissen, mich begebe oder am liebsten mit Ihnen nach innen oder nach außen wandle. Kein Mensch frägt jetzt mehr nach meinen Operngucken, Sacktüchern oder sonstiges – und ich – suche vergebens nach „Hänsel und Gretel“ von Humperdinck – wollen Sie nicht – mein Leibkapellmeister werden – und nach Bayreuth ziehen –? Aber Sie müssen ja fuchteln Tag für Tag und rauchen und sich ärgern und mir Sorge machen. Ach, mein Ausdruck, machen Sie uns die letztere nicht mehr. – Donnerstag um 11 Uhr bin ich in München, um den Abglanz von Alvarys Schönheit zu genießen – Freitag in Luzern – kommen Sie dahin, um sich schelten zu lassen – hier hat man nicht aufgehört, mich zu schelten, weil ich gern hier geblieben wäre und im ganzen meinen Gedanken lieber nachhänge als mein Gerede bereue.

Von unserer lieben Zucchi hatte ich einige liebe Zeilen, von Scheidemantel sehr Festes und Gutes, vom Spielmann[3] einen warmen Gruß und manches gute Zeichen von Gedenken. Bei Ihren Zeilen aber habe ich geweint, weil ich doch weiß, daß keiner so mit mir empfindet wie Sie. Haben Sie Dank und lassen Sie uns selbander unsere Kunst heilig halten, die Natur lieben wie unsere Dekorationen und uns gut bleiben aus dem innersten, reinsten Grunde des Herzens.

C.W.

Von meinen Kindern grüßt meine Tochter Thode, Gravinas und Isolde sind in Franzensbad, Heinz, Fidi[4] und Eva in Luzern, Pension Stutz –, was ich hinzufüge, damit Sie hinkommen, mein guter, lieber Ausdruck.

1 Friedrich Kranich d.Ä. (1857 – 1924), Werkmeister, Schüler von Carl Brandt, war 1886 – 1914 technischer Direktor der Bayreuther Festspiele.
2 Carl Armbruster (1846 – 1917), Dirigent in London, war 1886 – 1894 musikalischer Assistent (auch zweiter Dirigent und Bühnendirigent) in Bayreuth.
3 Spielmann: Felix Mottl.
4 Fidi: Kosename für Siegfried.

59 Weimar, den 7. Oktober 1891

Hochverehrteste gnädige Frau!

Wenn Sie mich mit meinen sämtlichen Fehlern in der Zwischenzeit nicht ganz vergessen haben, so werden Sie doch wohl ab und zu gedacht haben, daß Wahnfried mit seinem sämtlichen Bayreuth meinem Gedächtnisse entschwunden ist. Ich habe allerdings seit 15. September tief in fröhlichster, langersehnter Arbeit erfahren müssen, daß vom stündlichen, innigsten Gedenken bis zum Briefeschreiben ein recht weiter Weg ist, und Sie werden mich gewiß entschuldigen, wenn Sie hören (oder Sie werden mich vielleicht gar nicht entschuldigen, sondern mich schelten), daß ich mit „Tristan“ bereits bei den Bühnenproben mit Orchester angelangt bin und inzwischen noch zwei vortrefflich gelungene Aufführungen des „Lohengrin“ und der „Zauberflöte“ dirigiert habe; heute abend „Iphigenie in Aulis“.

Mir macht das Arbeiten wieder eine Riesenfreude und bei vortrefflicher Gesundheit und höchst solidem Leben (wirklich!) bin ich eigentlich hier wieder sehr vergnügt; es ist nämlich das Gegenteil von dem eingetroffen, was ich in Bayreuth gefürchtet hatte. Statt recht unzufrieden in unserem kleinen Weimar und seiner alten Kunstbude zu sein, freue ich mich des geringsten Guten oder Gutgemeinten, was wir hier künstlerisch leisten können. Was mich vorigen Winter wirklich krank gemacht hat, die ungeheuere Sehnsucht nach dem Ideal dramatischer Darstellungen, die meine Ansprüche an die hiesige Theaterleitung bis ins „einfach mir nur annähernd Erreichbare“ gesteigert hatte, ist in Bayreuth diesen Sommer so wunderbar herrlich erfüllt worden, daß ich jetzt wieder den richtigen Maßstab, der an die so ganz andere Welt des gewöhnlichen Theaters zu legen ist, wiedergefunden habe und in der Erinnerung an die Festspiele schwelgend mit meinem Beruf, die „Zauberflöte“ zu dirigieren und den „Tannhäuser“ noch nicht hier dirigiert haben zu müssen, leidlich zufrieden bin.

Daß ich trotzdem hier den „Tristan“ dirigieren werde, darin scheint mir kaum ein Widerspruch mit dem soeben Geäußerten zu liegen; denn so wie ich die „Tristan“-Aufführung für Weimar, und ich glaube richtig, angefaßt habe, wird es so ein „Tristan“ „im dramatischen Klavierauszuge“, den mit Bayreuth, wo der „Tristan“ in seiner Originalgestalt aufgeführt wird, zu vergleichen mir bis jetzt noch nie in den Sinn gekommen ist. Sie werden mich vielleicht, teuerste gnädige Frau, auslachen, doch, da Sie mir gütigst erlaubt haben, Ihnen alles, was mich erfüllt, mitzuteilen, so werden Sie den Ausdruck nicht schelten, wenn er was Dummes schreibt. Aber wirklich: durch meine durchgreifende neue Nuancierung der Orchesterpartitur, den vollständigen Verzicht auf jede Massenwirkung, die genaueste Ausarbeitung alles technischen Details, die sogar meinem Orchester großen Spaß gemacht hat, erhält der orchestrale Teil so etwas Intimes, wie Kammermusik, und in der Reizlosigkeit einen ganz eigenen Reiz. Wenn Sie dies auch für Privatspäße eines armen Theaterkapellmeisters halten, so birgt doch gutes, künstlerisches Streben darin für mich so viele Momente des Glücks, die Sie mir gewiß nicht mißgönnen werden.

Zeller, der sich Ihnen, ebenso wie Fräulein de Ahna, aufs herzlichste empfehlen läßt, wird ein recht guter Privattristan, auch Fräulein Tibelti (Brangäne) und Bucha (Marke) machen mir Freude. Fräulein Mailhac, die ich zu den beiden ersten Vorstellungen als Isolde eingeladen hatte, konnte leider keinen Urlaub erhalten, nun hoffe ich, Frau Sucher und Fräulein Malten für 25. Oktober und 1. November zu gewinnen! –

Vielen Dank für die Zusendung Ihres herrlichen Briefes an Davidsohn[1]. Ich bedauere nur, daß derselbe in der Privatschatulle des dummen Juden liegenbleiben und nicht der Öffentlichkeit übergeben werden soll!

Ich beschäftige mich jetzt lebhaft mit den „Bildern aus deutscher Vergangenheit" von Freytag, die Sie mir empfohlen haben; sie sind recht belehrend und dabei angenehm geschrieben.

Durch Ihre Belehrungen im Sommer angeregt, habe ich auch wieder die Steinschen Dialoge, und zwar zu meiner Freude mit größerem Verständnis, gelesen. „Die Einsiedler" und besonders „Die heilige Elisabeth" sind prachtvoll, wenn ich auch nicht verschweigen möchte, daß der Begriff der Heiligkeit, wie er durch „Konrad von Marburg" gefaßt ist, mir nicht mehr sympathisch ist. Das vollständige Aufgehen des eigenen Egoismus in der Liebe zum Nächsten ist mir schon heilig genug; daß die arme Elisabeth sogar die Liebe zu ihren Kindern sich aus dem Herzen reißen soll, weil sie sündig sei, und nur so ganz abstrakt Gott dienen soll, da kann mein Empfinden vorläufig noch nicht recht mitkommen. Das scheint mir mehr katholisch als wahrhaft christlich.

Doch, teuerste Frau, nun hab' ich Sie lange genug mit meinen uninteressanten Plänen und dummen Gedanken unterhalten; wie geht es Ihnen? Durch Freund Ritter erfuhr ich von Ihrem vortrefflichen Befinden in München und freue mich herzlich, daß Luzern Ihnen so wohl bekommen ist. Waren Sie denn wirklich zum „Lohengrin" in Paris oder war das nur Zeitungslüge? Wie geht es Ihrer lieben Familie? Geht Siegfried nach Karlsruhe?

Eine kleine Frage habe ich noch auf dem Herzen: Haben Sie, hochverehrteste gnädige Frau, nichts erfahren, ob Frau Gräfin Wolkenstein[2] mir meinen etwas humoristischen Brief, den ich der Sendung des „Peloponnesischen Krieges" beigelegt habe, etwa übelgenommen hat? Sie hat mir nicht darauf geantwortet; ich hätte mir vielleicht das auch nicht erlauben sollen, doch ist mir der Gedanke heute noch komisch, daß die arme Gräfin nach den Festspielen sich mit dem alten Herrn Thukydides hätte beschäftigen sollen. Es täte mir furchtbar leid, wenn sie meinem etwas lustigen Briefe Mangel an Ehrerbietung entnommen hätte.

Nun, hochverehrteste gnädige Frau, leben Sie wohl und gedenken Sie meiner ab und zu mit Nachsicht.

Tausend herzliche Grüße an Sie und ganz Wahnfried

Ihres in innigster Verehrung immer getreuen

Richard Strauss

Darf ich Sie bitten, auch die schönsten Grüße an Groß- und Kniesens übermitteln zu wollen?

1 George Davidsohn (1835 – 1897), Redakteur der „Berliner Börsenzeitung", gründete später den „Berliner Börsen-Courier"; im Vorstand des Berliner Wagner-Vereins.

2 Marie Gräfin Wolkenstein, geb. von Buch, verwitwete Gräfin Schleinitz (1842 – 1912), heiratete 1886 den österreichischen Diplomaten und Botschafter in Petersburg Anton Karl Simon Graf Wolkenstein (1892 – 1913).
Der Brief lautet:

Marquartstein, den 31. August 1891

Hochverehrteste gnädige Gräfin!

Zu meinem größten Bedauern konnte ich, fern der Freuden der Großstadt München und ihren Buchhändlerläden, nur beiliegende Ausgabe des ebenso alten wie vermutlich amüsanten Peloponnesischen Krieges, den ich im Auftrage von Frau Wagner die Ehre habe, Euer Exzellenz zu übersenden, auftreiben und muß schon die Bitte beifügen, daß Euer Exzellenz in den schönen Stunden, die Ihnen dieses würdige Buch bereiten wird, ohne Groll des Übersenders gedenken möchten, dem es innig leid tut, die reizenden Bayreuther Quartettfrühstücks, die er Ihrer Güte, gnädigste Gräfin, verdankt, also vergelten zu müssen.
Eine berühmte Übersetzung dieses Peloponnesischen Krieges in Prachtausgabe scheint nicht zu existieren, das Büchlein ist also, wenn Euer Exzellenz es *nicht* lesen würden, nicht einmal zur Aufstellung in einer Bibliothek (vielleicht in der Nähe sämtlicher Klaviersonaten von Haydn) zu gebrauchen; ich werde jedoch nicht verfehlen, wenn ich aus der schönen Einsamkeit meines Landaufenthalts, wo ich in der Luft taktschlagend gleichsam mit meinen Erinnerungen fechte, in acht Tagen, eigens um die große Kaiserparade „mitzuerleben" und vielleicht um endlich eine würdige Aufführung des „Tannhäuser" zu genießen, nach München zu unserem geliebten Major fahre, dort die eifrigsten Nachforschungen nach einer Prachtausgabe des Thukydides an[zu]stellen. Bis dahin wollen Sie, gnädigste Gräfin, die Güte haben, den ersten Heißhunger nach dem Inhalt an beiliegenden roten Bändchen zu stillen, die ich, wie gesagt, „der Not gehorchend", nicht dem eigenen Triebe hiemit Euer Exzellenz übersende.
Indem ich Sie, gnädigste Gräfin, bitte, mich seiner Exzellenz, dem Grafen von Wolkenstein bestens zu empfehlen, verbleibe ich mit herzlichsten Grüßen
Euer Exzellenz in tiefster Verehrung ergebenster

Richard Strauss

60 Bayreuth, den 11. Oktober 1891
Sonnabend abend

Ich will Sie nur gleich bezüglich der Gräfin beruhigen, mein lieber Ausdruck, sie hat sich sehr über Ihren Brief gefreut und ihn so hübsch gefunden, daß sie ihn mir mitteilte. Auch wollte sie Ihnen von Venedig aus schreiben und wenn sie es nicht getan hat, so ist es wohl, weil ihr Leben immer sehr durchkreuzt ist. Ihre Besorgnis hat mich sehr gerührt und mir sehr gefallen. *Sie* können aber immer nach Ihrem Gefühl gehen und werden das Schickliche nie verletzen.

Für Ihre Mitteilungen über Ihre „Tristan"-Idylle danke ich Ihnen von ganzem Herzen. Ich kann Ihnen nicht sagen, wie es mir wohlgetan hat, zu hören, daß Sie freudigen Mutes an Ihre Arbeit gegangen sind. So ist es recht und das ist der Eindruck, den Bayreuth zurücklassen muß, und der Einfluß, den es ausüben soll. Gerne wohnte ich Ihrer Aufführung bei, deren Vorbereitung mir von jener künstlerischen Besonnenheit zu zeugen scheint, die mir bei Ihnen so oft aufgefallen ist. Wollen Sie es mich wissen lassen, wann Frau Sucher bei Ihnen gastiert, ich möchte ihr gerne eine kleine Aufmerksamkeit, wenn sie Ihnen gefällig ist, erweisen. – Also, Glück auf zum Privat-„Tristan" und zum Nicht-„Tannhäuser". Mottl soll im November in Leipzig „Dante" und „Faust" dirigieren, am Ende träfen wir uns und wir machten noch den Katzensprung nach Weimar, um dort Was und wie ihr wollt musikalisch zu hören. –

Sonntag: Aber, Ausdruck, Konrad von Marburg! den gebe ich Ihnen doch frei, und wenn Goethe sich ärgerte, als man Octavio Piccolomini einen Schuft bezeichnete, so können Sie einfach diesen entsetzlichen Dominikaner Scheusal nennen, dem es zur Wonne war, das opfersüchtige Gemüt der Heiligen zu quälen. Wenn in seltensten Erscheinungen, wie Franziskus und Elisabeth, wir mit Rührung den geheimen Drang der Natur nach Erlösung erfüllt sehen und daher wie einen Frieden inmitten der Gier erschauen, so zeigen sich uns in Konrad und seinesgleichen die wütenden Triebe in der Lust zur Peinigung. Irgendwo hinaus will es mit der Kraft, und die gehemmte Sinnlichkeit wird zur Grausamkeit. So hat es mich sehr frappiert, von Bismarck zu hören, er sage von sich: Jetzt sei Geiz seine einzige Leidenschaft. Und an den Nachkommen Blüchers habe ich auch etwas sehr Sprechendes erlebt. Der Sohn des gewaltigen Mannes heiratete eine österreichische Fürstin und gab dafür seinen Protestantismus auf, der wirklich so ein(e)s war mit dem alten Blücher wie Wurzel und Baum. Der Enkel, in dem noch große Kraft der Race steckt, ist Geizhals bis zum Zynismus.

Ausdruck, Sie haben wohl geglaubt, daß ich Konrad von Marburg verehre! Nein, nein, ich halte es mit der freien Neigung und jeder Zwang ist mir ein Greuel.

Sehr lieb von Ihnen, daß Sie die „Bilder aus der Vergangenheit" lesen. Wenn Sie diese Ihre Bildung vervollständigen wollen, so betrachten Sie nach jedem Abschnitt sich ein paar Bilder aus der Zeit, womöglich Portraits, um sich die Physiognomie der Zeit recht einzuprägen. Ich halte das für wesentlich. Auch finde ich es nicht gleichgültig, zu wissen, daß Gustaf Adolf z.B. der längste Mann Deutschlands war, was ihm etwas Sagenhaftes, Wotanartiges gibt.

Nun aber einiges von uns. In München traf ich Sascha Ritter bei einer vorzüglichen Arbeit über die Festspiele[1], die aber noch einige Zeit dauern wird. Er teilte Ihre freundliche Ansicht über meinen Brief an Davidsohn. Ich bleibe dabei, nur zu den Guten zu reden, um mich mit diesen zu verständigen und immer unter uns sicherer und bewußter zu werden. Die anderen lassen wir dann bellen, belfen und geifern! (Goethe, den Sie noch lange nicht genug verehren, sagt: „Die lieben Deutschen kenn ich schon; erst schweigen sie, dann mäkeln sie, dann beseitigen sie, dann bestehlen und verschweigen sie.") Und nun ist zu dem Deutschen noch einiges hinzugekommen. Da muß ich Ihnen aber erzählen, daß der Major das getan hat, was Sie von ihm verlangten und nicht erwarteten. Es überkam mich Schrekken über mich und Reue, und ich bat ihn, großmütiger zu sein als wie ich es gewesen. Er benahm sich sehr gut dabei, und ich glaube, daß bei keinem Menschen man so das Individuum vom Stamm zu trennen hat. Was uns verletzt, gehört seinem Stamme an, wogegen das sehr Gute sein Eigen und daher sein Verdienst ist.

Mein lieber Ausdruck, ich sehe jetzt Ihr Gesicht, indem Sie dies lesen, und Sie wissen, daß ich es mit Wotan halte, den ich liebe, laß ich frei gewähren; daher Sie sich auch über Thukydides lustig machen können, obgleich ich den „Peloponnesischen Krieg" für eines der schönsten Bücher halte, das je geschrieben worden. – Zum Lesen sind wir hier noch gar nicht gekommen. Nur den „Prinzen von Homburg", und zwar aktweise, indem man im Alter das Bedürfnis empfindet, das Gutgekannte und Geschätzte sich auf das Genaueste anzueignen. An diesem Meisterstück kann man das Rätselhafte in der menschlichen Natur als das eigentliche Motiv der dramtischen Kunst kennenlernen. – In der Schweiz nahmen wir den ganzen „Faust" wieder einmal durch und unter diesem Rätselhaften fiel uns wieder als gewaltigstes Moment die Abbrennung der Hütte seitens Faust auf. – Kennen Sie den Chor meines Vaters: „Rosen ihr blendenden"? „Was Euch das Innere stört, dürft Ihr nicht leiden". Das soll unser Motto sein, und wir wollen tüchtig sein; mein Vater hat das herrlich musikalisch illustriert, es ist wie ein Gegenstück zu: „Machet Euch auf". – Und alle diese ermutenden Mahnungen müßte man sich immer wieder untereinander zurufen.

Nun aber leben Sie wohl, mein lieber, lieber Ausdruck. „Dich kann ich nur immer loben" sagt Prinz von Homburg zu Kottwitz, und ich zu Ihnen. Sind Sie wirklich gesund? Sind die Flitterwochen mit Fritz Brandt vorüber oder noch im Schwung? Rauchen Sie nicht? Teilen Sie dies alles gelegentlich, wenn Sie Muße haben, mit

Ihrer

C.W.

Jedes meiner Kinder grüßt besonders und herzlichst.

1 Ritters Aufsatz „Was lehrt uns das Festspieljahr 1891?" ist in den „Bayreuther Blättern", 15. Jg., 1892, 1. Stück erschienen.

61 Weimar, den 3. November 1891

Hochverehrteste gnädige Frau!

Heute bin ich einmal so frei, Ihnen eine kleine Arbeit[1] zu überreichen mit der Bitte, daß Sie mir dieselbe, wenn Sie überhaupt Zeit finden, dieselbe genauer anzusehen, recht strenge kritisieren möchten. Besonders interessant wäre mir Ihr Urteil über die Szenenumstellung des ersten Aktes, außerdem möchte ich Sie darauf aufmerksam machen, daß mir als Textübersetzer in erster Linie die Beibehaltung des Gluckschen Rhythmus in den Singstimmen wesentlich erschien, wodurch sich manches erklären mag, was sonst sprachlich besser zu geben gewesen wäre. –

Ihr lieber, herrlicher Brief, teuerste gnädige Frau, hat mich außerordentlich beglückt, insbesondere die Botschaft, daß Sie sich wohl fühlen und mich im November vielleicht mit Ihrem Besuche erfreuen werden. Zu Mottls „Dante"- und „Faust"-Konzert bin ich sicher in Leipzig, wenn ich rechtzeitig Daten erfahre und mich darnach einrichten kann, da ich am 17. November die beiden Ritterschen Opern herausbringen will. „Wem die Krone" konnte in Leipzig einem Publikum, das sich beinahe täglich an „Cavalleria rusticana" erfreut, freilich nichts sagen; der Erfolg des Mascagnischen Werkes, das ich unlängst zum ersten Male hörte, *hat mir vieles erklärt*, darunter in erster Linie die Teilnahmslosigkeit und Urteilsunfähigkeit und den Stumpfsinn der lieben Deutschen gegenüber den Schönheiten unserer Bayreuther „Tannhäuser"-Aufführung. Ein Publikum, das auf dieses Potpourri der urältesten Opernknalleffekte, die alle zusammen in dem Mascagnischen Einakter hintereinander aufmarschieren, hereinfällt, *kann* kein Auge und Ohr für wirkliche Schönheit und Feinheit haben. Abgesehen von der *furchtbar traurigen* Lehre, die wir uns aus dem *Erfolge* der „Cavalleria" leider wieder ziehen müssen und die einem beinahe jede Hoffnung rauben könnte, über das Werk selbst ist unter ernsthaften Menschen eine Debatte gar nicht möglich. Ich hatte mich auf Brutalität und Roheit *mit* Talent gefaßt gemacht; habe aber nur absolute Talentlosigkeit, totale Erfindungsarmut und dabei einen Dilettantismus in der Mache gefunden, der geradezu haarsträubend ist; da ist mir ja eine jede Meyerbeersche Oper noch lieber, der kann doch wenigstens noch einen vierstimmigen Satz schreiben und eine achttaktige Melodie, die wenigstens einen gewissen Zusammenhang hat. O, teuerste gnädige Frau, es ist schrecklich, unendlich traurig in unserem Deutschland; wenn Bayreuth nicht wäre, ich würde heute noch „weiß Gott was", aber ja nicht Künstler. Denn als Künstler will man sich doch schließlich irgend jemandem mitteilen; aber an diese Bande: Deutsche genannt, sich noch um Teilnahme für ein ernstes künstlerisches Beginnen wenden, ist einfach Torheit. Ja, die Juden haben's weit gebracht mit uns! Da Sie, hochverehrteste gnädige Frau, mein Gesicht um die Majorsecke herum bereits gesehen haben, brauche ich es Ihnen wohl nicht mehr zu beschreiben. Eine Bemerkung über Ihre diesbezügliche Mitteilung steht mir ja nicht zu; ist es schon zu viel, wenn ich so aus tiefstem Herzen: „Schade" sage? Also nie mehr soll der arme „Parsifal" aus jüdischer Folterkammer entlassen werden, warum muß das arme Werk Levis „Verdienste" büßen? Doch, verzeihen Sie, ich wollte ja nichts sagen, aber –

Aus meinem „Tristan" am 25. Oktober ist nichts geworden, da mir weder Frau Sucher noch Fräulein Malten und Mailhac für diesen Tag zusagen konnten. Ich habe unterdessen auch eingesehen, daß die Vorproben ohne Isolde eine Unmöglichkeit sind, habe die Orchesterproben abgebrochen und fange nun mit unserer alten Frau Naumann das Studium der Isolde an, dieselbe dient mir für die Proben, darf die drei ersten Vorstellungen singen; im März geht sie ganz von der Bühne ab, mein „Tristan" steht dann bis dahin fest und für mich beginnen dann die *eigentlichen* Aufführungen mit Frau Sucher und Fräulein Mailhac als Gästen! Solche Umwege muß man machen! Statt des „Tristan" hatten wir am 25. eine ausgezeichnet gelungene Aufführung des „Rienzi", in der sich besonders Zeller durch müheloses Aushalten bis zum Schluß und vornehmste Darstellung ausgezeichnet hat. Brandt und ich waren wieder in voller Begeisterung über das Werk, auch das Publikum kommt allmählich dem Werke näher. An Brandt habe ich die größte Freude, er ist ein Mensch, mit dessen echter, wahrhaftiger künstlerischer Gesinnung ich immer in Übereinstimmung bin, er unterstützt mich außerordentlich mit seiner eminenten Arbeitskraft und genialen Begabung, der *muß* wieder nach Bayreuth! Ist denn das nicht möglich? Was Brandt uns allein an Proben (nämlich unnötigen Beleuchtungs- und Dekorationsproben) ersparen würde;

dabei ist seine Begabung als Regisseur außerordentlich. Daß ich mich hier jetzt so wohl fühle, ist wirklich zum großen Teil Brandts Verdienst. Der gemeinschaftliche Haushalt soll erst nächsten Sommer eingerichtet werden, wir haben bereits ein reizendes Haus, das wir beide allein bewohnen und einrichten wollen, dafür in Aussicht genommen.

Kommen Sie denn sicher nach Leipzig, hochverehrteste gnädige Frau? O wie würde ich mich freuen, Sie schon diesen Monat wiedersehen zu dürfen!

Leben Sie recht wohl!

Mit den herzlichsten Grüßen an ganz Wahnfried in innigster Verehrung Ihr allergetreuester

Richard Strauss

1 Richard Strauss hatte, wohl angeregt durch die Bearbeitung der *Iphigenie in Aulis* durch Richard Wagner, die *Iphigenie auf Tauris* von Ch.W. Gluck bearbeitet (AV. 186), die er schon am 18. April 1891 dem Verlag Fürstner angeboten hatte. Dort ist sie 1895 erschienen, aber erst 1900 in Weimar aufgeführt worden.

62 Weimar, den 20. Dezember 1891

Hochverehrteste gnädige Frau!

Tausend innigen Dank für Ihren lieben Brief und Ihre herrliche Kritik[1] meiner „Iphigenien"-Bearbeitung, über die ich hoffe, mich schon in kürzester Zeit mit Ihnen persönlich aussprechen zu können, denn – ich werde mich, Ihrer so liebenswürdigen Einladung folgend (wer könnte da widerstehn!) zu Weihnachten in Wahnfried einstellen und schon Dienstag, den 22. Mittag 1.15 Uhr in Bayreuth eintreffen. Wie freue ich mich!

In der schönen Hoffnung, Sie in vollster Gesundheit anzutreffen, mit tausend herzlichen Grüßen an Sie, teuerste gnädige Frau, und ganz Wahnfried

Ihr in innigster Verehrung treu ergebenster

Richard Strauss

Fritz Brandt, der seit vier Wochen in Davos an einer sehr schmerzlichen Gesichtsrose krank gelegen, kehrt genesen Dienstag wieder hierher zurück.

1 Nicht vorhanden.

63 Weimar, den 12. Januar 1892[1]

Hochverehrteste gnädige Frau!

Was werden Sie von mir denken, daß ich nach den herrlichen, wundervollen Tagen, die ich durch Ihre Güte zu Weihnachten in Wahnfried verleben durfte, noch gar nichts von mir habe hören lassen? Die wenigen Mußestunden, die ich bis jetzt hatte, mußte ich für meinen Artikel[2], den ich für die „Bayreuther Blätter" schreiben soll, und der wacker fortschreitet (ich hoffe, Ihnen denselben in 14 Tagen übersenden zu können) verwenden; er wird umfangreicher werden als ich ursprünglich dachte, da ich, um die Grundbedingungen für den richtigen Orchestervortrag des „Tannhäuser" und die Tempofrage richtig zu beleuchten, ziemlich weit ausholen und besonders auf die szenische Ausführung viel Bezug nehmen muß.

Ich hoffe nur, daß Sie, hochverehrteste gnädige Frau, mit dem Artikel zufrieden sein werden; ich tue mein möglichstes auf diesem mir gar nicht vertrauten Gebiete. Einige Kraftausdrücke werden Sie wohl auch bei dem Zögling des herrlichen Münchner Fanatikers[3] mildern müssen.

Im übrigen stak ich bis über die Ohren in den „Tristan"-Proben und kann gerade heute den letzten Ruhetag vor den morgen beginnenden Hauptproben benützen, um Ihnen nochmals meinen innigsten Dank zu übersenden, daß Sie mich so liebevoll bei sich wiederum aufgenommen haben – sowie für die schönen Weihnachtsgeschenke, die Fräulein Eva die Freundlichkeit hatte, mir vor einigen Tagen zu übersenden. Ich vermißte dabei leider das schöne Christusbild!

Die „Tristan"-Proben haben mir bis jetzt die größte Freude bereitet, da sich alle Mitglieder mit höchstem Fleiß und wirklicher Aufopferung der bestmöglichsten Erfüllung ihrer kolossalen Aufgabe zuwendeten und die bis jetzt erzielten Resultate wirklich (natürlich im Verhältnis) bemerkenswert sind.

Zeller macht seine Sache ausgezeichnet, von Frau Naumann hätte ich nie geglaubt, daß ihr alten Theaterdroschkentrab noch zu einem so respektablen Galöppchen zu steigern sein würde, Buchas Marke ist wirklich schön ergreifend, Brangäne und Kurwenal tun ebenfalls ihr möglichstes. Wir haben riesige Arrangierproben gehalten, wie sie in Weimar unerhört, die ganze Stadt spricht auch davon. Von Fritz Brandts großer Begabung für Regie, seiner kolossalen Energie konnte ich mich zum ersten Male persönlich überzeugen; seine Leistung zwang mir die allergrößte Hochachtung und Bewunderung ab, wenn ich mich auch tüchtig mit ihm gestritten habe, da ihm etwas der Sinn für die Einfachheit des Vortrags, wie ich sie in Bayreuth kennengelernt habe, abgeht. Die Drastik, die er wünscht, scheint mir gerade für den Vortrag der Isolde (die ironischen Partien im I. Akte) durchaus fehlerhaft; Brandt geht hierin noch weiter als ich in meiner wildesten Zeit, jetzt bin ich ja auch schon zahm geworden. In den meisten Fällen haben wir uns ja geeinigt; wo ich mit meiner Ansicht nicht durchdrang und wo er sich, meiner Ansicht nach, vergriffen hat, ist doch alles, was er macht, aus einem wahren und ehrlichen Empfinden heraus, daß man es, wenn auch als fehlerhaft, wohl durchgehen lassen kann. Jedenfalls bin ich überglücklich, daß ich ihn hier habe und wenn ich auch ab und zu nicht recht behalte, denke ich daran, daß auch ich einen dicken, eigensinnigen Kopf habe, der sich freut, wenn man ihn auch frei gewähren läßt.

Die Aufführung ist auf nächsten Sonntag, den 17. angesetzt; ich würde mich herzlich freuen, wenn Kniese dazu herkommen würde.

Das Programm unseres gestrigen Konzerts, für dessen Zusammenstellung ich nicht verantwortlich bin, lege ich Ihnen der Kuriosität halber bei. Der Kampf ums Tempo zwischen Lassen und mir im Mozartschen Konzert[4] war für das Publikum ein Gaudium allerersten Ranges. Das amüsanteste war Halir[5] als Dirigent, der ab und zu auch noch einen schüchternen Versuch machte, mit seinem Tempo durchzudringen. Wie glücklich sind Sie, hochverehrteste gnädige Frau, daß Sie sich nur mit der wirklichen, ernsten, erhabenen Kunst befassen dürfen; diese Musikantenallotrias, die wir Armen durchmachen müssen – wenn ich sie nicht von der humoristischen Seite betrachtete, wär's nicht zum Aushalten!

15. Januar

Leider wurde ich neulich durch Schwarz unterbrochen, der den Wolfram mit mir studieren wollte, und komme erst heute dazu, den Brief zu vollenden, nachdem ich drei Orchesterproben des „Tristan“ glücklich hinter mir habe. Heute Nachmittag Generalprobe, für die ich die schönsten Hoffnungen habe; mehr will ich nicht sagen, da ich doch etwas abergläubisch bin und durch vorzeitiges Lob nichts verderben möchte. Unser aller Enthusiasmus ist jedenfalls unbeschreiblich und so viel guten Willen wird der liebe

Gott wohl auch nicht im Stiche lassen. Sogar Herr von Bronsart ist ganz hingerissen (!!) und fängt jetzt an, die Schriften zu lesen! Der Großherzog kommt auf die Hauptprobe; die allgemeine Spannung ist heute auf dem Höhepunkt. Ich sehe Sie, hochverehrteste gnädige Frau, bereits über den „Ausdruck" lächeln, darum will ich nicht mehr plaudern, sondern handeln und wirklich etwas *ausdrücken*!

Leben Sie wohl, teuerste gnädige Frau, gleich nach der Aufführung werde ich Ihnen berichten!

Tausend Grüße an ganz Wahnfried!

Gedenken Sie Sonntag abend 6 Uhr Ihres in innigster Treue und Dankbarkeit verehrungsvollst ergebenen

Richard Strauss

1 Der Brief trägt noch irrtümlich das Datum 12. Januar 1891.
2 Der Artikel von Richard Strauss ist betitelt „Tannhäuser-Nachklänge" (Eindrücke des Bayreuther Sommers 1891) und 1892 in den „Bayreuther Blättern", 15. Jg., 4. Stück, erschienen. Aufgenommen in: Richard Strauss, Gedanken und Erinnerungen, herausgegeben von Willi Schuh, Zürich und Freiburg i.Br. 1949 und 1957.
3 Münchner Fanatiker: Alexander Ritter.
4 Konzert für 2 Klaviere Es-Dur, KV 316a=365.
5 Carl Halir (1859 – 1909), böhmischer Violinvirtuose (u.a. Schüler Joseph Joachims), war 1884 – 1893 Hofkonzertmeister in Weimar, anschließend in Berlin. Anfangs Mitglied des Joachim-Quartetts gründete er später ein eigenes Streichquartett. In Brüssel spielte er das Violinsolo in *Ein Heldenleben* unter Leitung des Komponisten.

64 Wahnfried, den 22. Januar 1892

Mein teurer Ausdruck,

diesmal habe ich wirklich auf einen Bericht gewartet. Sie hatten ihn versprochen und er kam nicht. Ihr Brief langt[e] erst am Montag bei mir an, sonst hätte ich Ihnen gewiß Sonntag einen Gruß des Gedenkens entsendet.

Wie ist es nun gegangen? Das interessiert mich wohl sehr! Ich habe mir Ihre Dissidenz mit Brandt sehr gut vorgestellt und ich danke Ihnen dafür, das Bayreuther Prinzip der Einfachheit durchgeführt zu haben. Wenn

Brandt wüßte, daß für die Isolde in Karlsruhe zuerst ein ganz jugendliches Mädchen verlangt wurde, welches die Liebe noch nicht kennt, so würde seine Auffassung wohl eine andere sein. Die Gefahr ist jetzt bei uns, da wir lauter Unverstand auf der deutschen Bühne gewahren, daß wir nur mit dem Verstand in der Kunst arbeiten und das Dämonium dabei vollständig zugrunde geht. Nun bedarf dieses Dämonium – ist es überhaupt vorhanden – der Bildung. Halten Sie mir Ihr Gymnasium hoch in Ehren, ich kann es Ihnen nicht genügend wiederholen, den sicheren Sinn für das Maß erlangt man durch das methodische Denken, und dies fehlt unserem Freund, der sonst so begabt ist und dessen Sie sich so mit Recht erfreuen können.

Etwas Eigenes hat unsere Maschinenzeit an sich, die begabten Menschen haben jetzt meist so gut wie kein Gemüt, als ob das Mark in den Knochen ihnen fehlte; daher auch keine Wärme und dafür eine gewisse Hitzigkeit und oberflächliche Schlagfertigkeit, die mir unkünstlerisch erscheint. Ich kann mir kein Gestalten außer der Gemütstiefe vorstellen und zu dieser ersehe ich kaum einen Zugang.

Ihr Programm hat mich sehr amüsiert! Ich hätte gar zu gerne das Doppelkonzert gehört. Hier mein Konzertprogramm. Denken Sie sich, daß ich wirkliche Freude an manchem hatte. Die „Serenade" ist ein Idyll von entzückender Klangwirkung, das verlorene Paradies der Unschuld. Und im Konzert von Mozart sind so grandiose Züge, daß ich nachschlagen will, um sie Ihnen anzugeben. Begierig wäre ich, ob Sie meine Meinung über das Stück von Vieuxtemps[1] teilen, welches ich nicht so bedeutend wie ein Chopinsches finde, aber als Virtuosenkunst fesselnd, von guter Struktur, etwas melodienbedürftig, aber reich an originellen Einfällen; jedenfalls ungewöhnlich trotz der vielen Kadenzen.

Nun freue ich mich *sehr* auf Ihren Aufsatz. Sie schreiben ausgezeichnet, aus dem einfachen Grunde, weil Sie gut denken, und dann immer wieder das Gymnasium!

Was, um Gottes willen, liest Bronsart *jetzt* in den Schriften? Doch nicht „Oper und Drama"? Wir lasen neulich mit Conradi[2], der uns sehr gefällt, die Prachtarbeit von Ritter. Sie ist wirklich einzig und ein wahres Meisterwerk an Klarheit, Wahrhaftigkeit, Feinheit, Humor und Schmerz. So daß man wie befreit ist, wenn man es gelesen, denn keine gute Eigenschaft fehlt.

Verzeihen Sie, daß wir das Bild und die Chocolade vergaßen. Es ist bunt bei uns hergegangen, ja, bis zu einem improvisierten Lustspiel, wo Siegfried Sie, und zwar unter dem Namen „der Musiker Blitz" gegeben hat. Das Stück von Fidi war famos, er war ganz wie Gozzi, Dichter der Improvisation und Regisseur. In drei Sprachen wurde gesprochen, und alle haben ausgezeichnet gespielt, insbesondere aber Eva (ein Jude) und Fidi. Sie lieben eine

Herzogin, die sie verschmäht! Montemaggiore[3] war Anarchist, meine Tochter Gravina eine Nihilistin, ich habe unendlich viel Vergnügen an der Sache gehabt und finde, daß man viel derlei Zeug treiben sollte.

Nun sind die meisten fort. Siegfried in London, nahe beim Einschiffen, Gravinas und Isolde in Rom. Montemaggiore haben Sie so überzeugt, daß er von seiner deutschen Reise vierzehn Tage für Bayreuth und fünf für Berlin, Dresden und Nürnberg bestimmt hat. Auch hat ihm Bayreuth mehr als alles gefallen. Alles Ihr Werk, mein lieber Ausdruck! Was werden Sie noch alles zustande bringen. Wann sieht man sich wieder? Es war so lieb von Ihnen, zu unserer Weihnacht zu kommen! Möglicherweise besuchen wir Meiningen in Bälde, dann ginge es natürlich sofort nach Weimar; auch vermutlich nach Berlin mit nächstem. Kämen Sie vielleicht hin? Also, nicht wahr, Sie schicken hie und da ein göttliches oder götzliches Programm! Und bleiben mir gut, wie Sie von mir gut und best geheißen sind.

Leben Sie wohl, übernehmen Sie sich ja nicht, ärgern Sie sich auch nicht und schreiben Sie mir, wann Sie Muße haben. Ich erkläre es mir immer, wenn Sie schweigen.

Und jetzt nur noch einen herzlichsten Gruß und die besten Wünsche für das neue Jahr!

C.W.

Viele herzliche Grüße vom Sekretair, Manfred und Mariechen![4]

1 Henri Vieuxtemps (1820 – 1881), belgischer Violinist und Komponist, schrieb u.a. sechs Violinkonzerte.
2 Wohl Franz Conradi, ein Freund Alexander Ritters.
3 Marquis von Montemaggiore, ein Freund des Grafen Gravina aus Sizilien.
4 Secretair: Eva Wagner.
Manfred und Mariechen: Die beiden ältesten Kinder von Biagio und Blandine Gravina.

65 Weimar, den 23. Januar 1892[1]

Hochverehrteste gnädige Frau!

Letzten Sonntag ist dann also glücklich das große Ereignis vor sich gegangen: „Tristan" mit einheimischen Kräften besetzt ohne Strich zum ersten Male in Weimar. Nach Maßgabe unserer Mittel ging das herrliche Werk ausgezeichnet und hat einen Sturm von Begeisterung unter Publikum und Künstlern hervorgerufen; es war, als wenn das wundervolle Werk jeden der Mitwirkenden weit über das Maß dessen hinausgetragen habe, was er sonst zu leisten imstande ist. Ich hatte bereits die Hauptprobe wie eine Aufführung gehalten, ohne abzuklopfen, und hier hat Zeller bis jetzt den Höhepunkt seiner Leistung geboten; durch die Kraft seiner Begeisterung, wirklich ausgezeichnete Darstellung war er geradezu ergreifend, hielt auch stimmlich bis zum Schluß frisch, vortrefflich aus und hat mir die größte Freude bereitet. Leider war in der Aufführung von Zellers Seite ein kleines Decrescendo, insofern als die Anstrengungen der Proben (in fünf Tagen dreimal den ungestrichenen Tristan mit voller Stimme zu singen) ihn doch ermüdet hatten und er in der Aufführung den dritten Akt nur mehr durch seine ausgezeichnete Deklamation und schöne Darstellung halten konnte, die Stimme war müde. Daß trotzdem seine Leistung überall mit größter Begeisterung aufgenommen worden ist, mag Ihnen der Beweis sein, wie famos er sich gehalten hat.

Frau Naumann als Isolde hat Wunderdinge geleistet; es war, glaube ich, nicht ein Mensch in ganz Weimar, der ihr die Rolle zugetraut hätte, und nun staunen alle: „Wer hätte das hinter Frau Naumann gesucht" und starren Brandt und mich wie Zauberkünstler an. Die ganze Hexerei bestand darin, daß seit 20 Jahren zum ersten Mal mit dieser nicht unbegabten, aber künstlerisch ganz vernachlässigten Frau eine Rolle ordentlich studiert worden ist. Sie sprach ebenfalls recht gut aus und so kam, bei der Intimität unseres Hauses und der wirklich außerordentlichen Diskretion des Orchetsers, die Dichtung zu möglichster Geltung. Über das Orchester habe ich mich wirklich gefreut; es war von außerordentlicher Feinheit im Vortrag, dabei sehr frei und elastisch und ermöglichte meinem alla breve das genaueste Eingehen auf jede Modifikation des Sängers.

Vortrefflich trotz einer gewissen Jugendlichkeit, die ihm nicht wegzubringen war, hielt sich Bucha als Marke, trug sehr einfach und ergreifend vor.

Bei Fräulein Tibelti (Brangäne), die in der Darstellung sehr gut war und sehr lebhaft an der Handlung teilnahm, war leider die Aussprache noch immer mangelhaft, trotz meiner größten Bemühungen; der Ungarin wollen noch immer die *scharfen* Konsonanten nicht aus dem Munde heraus.

Herr Schwarz war als Kurwenal so gut als ein Jude überhaupt diesen Empfindungsmenschen wiedergeben kann.

Brandt hatte, trotz einiger dramaturgischer Irrtümer, die ich ihm nicht ausreden habe können und die ich Ihnen einmal mündlich berichten werde, Außerordentliches geleistet. Wenigstens ein dutzendmal hatte er jedem der Darsteller seine Rolle vorgelesen und erklärt, vorgespielt und sich als ausgezeichneter Künstler bewährt. Im ganzen sind fast alle dichterischen Intentionen auf der Bühne zur deutlichen Anschauung gelangt, wofür der Enthusiasmus des Publikums das beste Zeugnis ablegt, die Darstellung war einheitlich im Ensemble, die Dekorationen sehr glücklich zusammengestellt; kurz für Weimar war's ganz großartig, und bin ich überglücklich.

Zum ersten Male habe ich nun „Tristan" dirigiert, es war der schönste Tag meines Lebens!

Doch ich muß schließen; leben Sie wohl, teuerste gnädige Frau. Tausend Grüße an Sie und ganz Wahnfried

Ihres in innigster Verehrung treu ergebenen

Rich. Strauss

1 Auch dieser Brief ist irrtümlich noch 23. Januar 1891 datiert.

66 Bayreuth, den 26. Februar 1892

Mein lieber Freund!

Ich werfe es mir vor, Ihnen für Ihren Bericht über den „Tristan" noch nicht gedankt zu haben, aber ich hoffe, daß Sie sicher wissen, welche Freude Sie mir damit gewährt haben und welchen Anteil ich an allem nehme, was Sie tun können und lassen müssen. Von verschiedenen Seiten hörte ich enthusiastische Äußerungen über Ihre Aufführung, freilich leider auch von denselben das gleiche über Alvarys Tannhäuser. Das geht nun in Deutschland nicht anders, der Geschmack ist zu wenig gebildet. Ich habe in der ganzen Zeit wenig gesehen und gehört. Den Berliner zweiten Akt „Tannhäuser" überlasse ich Ihrer Phantasie, es war zwar wenig Regel, aber deshalb doch nicht stolz. Weingartner bat mich selbst, seinen „Lohengrin" nicht anzusehen, und so bleibt mir als einzige musikalische Ernte meines Ausfluges eine allerdings erhabene Sarabande von Bach und in Dresden etwas, was Sie hingerissen haben würde – den „Titus", letzterer zu Ihrer Beruhigung vor ganz leerem Hause.

Nun haben wir unser Mulderchen[1] in Nürnberg produziert und sie hat ihre Sache, was Gesang, Aussprache und Mienenspiel betrifft, vorzüglich gemacht, aber es bleibt ihr so ziemlich alles noch bezüglich der Gebärde zu lernen, und da ich gestern wegen einer großen Anhäufung von Obliegenheiten selbst nicht schreiben konnte, bat ich Kniese, bei meiner Nichte Franziska anzufragen, ob sie die Güte haben würde, die Partie der Eva mit ihr vorzunehmen.

Würde es möglich sein, unsere Mulder in Weimar gastieren zu lassen, wenn Sie erklären, daß sie kein Engagement sucht? Freilich, ich weiß, Sie haben Frau Stavenhagen, und Bronsart ist ja kein geflügelter Bayreuther. Also hier wiederum tun und lassen nach Können und Müssen.

In Nürnberg freute ich mich, eine christliche Direktion zu finden und ein christliches Personal, welches sehr freundlich gegen unsere Mulder war.

Wie ist es nun mit Ihrem „Tristan" weitergegangen? Ihr Glück bei der Direktion kann ich mir vorstellen. Konnten Sie die Aufführung auf der gleichen Höhe erhalten? Das glückt selten. Ihre Erfahrung an Frau Naumann erinnerte mich an das, was mit Frau Voggenhuber[2] in Berlin ermöglicht wurde. Es war ganz erstaunlich, was sie als Isolde leistete, die sonst recht mittelmäßig sich gebärdete.

Möglicherweise muß ich Ende März auf einige Zeit nach Dresden. Wenn es der Augenarzt irgend gestattet, komme ich dann zu Ihnen. Wenn ich aber Sperre habe, machten Sie sich vielleicht auf einen Tag frei und auf. Scheidemantel, an dem ich viel Freude hatte, versprach mir ein gutes Repertoire. Ich verspreche Ihnen, darunter „Titus" nicht zu verstehen. Nun also auf Wiedersehen! Schreiben Sie mir aber bald, wie es Ihnen geht. Nehmen Sie fürlieb mit diesem langweiligen Briefe, den ich unter Zahnschmerzen geschrieben. Ich wollte aber länger nicht anhalten, um Ihnen zu sagen, wie herzlich ich Ihrer stets gedenke. Von Siegfried hatte ich einen förmlich im Taumel geschriebenen Brief von Granada. Das soll doch alles übersteigen, was man träumen kann, der verwirklichte Klingsor. Dies bringt mich wieder auf van Dyck und Alvary, die noch nicht ihre Zusage gaben. Daß Sie mit letzterem solch ein Elend durchmachten, hörte ich mit Pein. Ich denke wie der Kaiser: Die nicht mit uns gehen, sollen draußen bleiben! Wie fanden Sie übrigens seinen „Tristan"?

Ach, mein lieber Ausdruck, so Gott will, werden wir einmal ganz unter uns sein – 's wär fein! Nun leben Sie wohl, mein teurer Ausdruck. Seien Sie auf das wärmste und innigste gegrüßt und lassen Sie mich bald und eingehend wissen, wie es Ihnen geht.

C. Wagner

1 Luise Mulder (1870 – ?), Sopranistin, sang in Bremen, Riga und Coburg. Bei den Bayreuther Festspielen wirkte sie von 1891 – 1897 mit, 1892 sogar als Eva in *Die Meistersinger von Nürnberg*.

2 Vilma von Voggenhuber (1841 – 1888), Sopranistin an der Hofoper in Berlin. Sie sang die Isolde in der dortigen ersten Aufführung von *Tristan und Isolde* am 20. 3. 1876 in Anwesenheit des Komponisten.

67 Wahnfried, den 9. März 1892

Einen herzlichen Gruß aus Wahnfried bringt Ihnen, mein lieber Freund, Baron Ernst von Wolzogen[1], der sich freut, die sinfonischen Dichtungen unter Ihrer Leitung und „Tod und Verklärung" zu hören.

Eine Frage bei dieser Gelegenheit: Hörten Sie das Vorspiel von „Tristan und Isolde" unter Herrn von Bülows Leitung? Und wenn nicht, könnten Sie es hören?

Später werden Sie den Grund zu Frage und Bitte erfahren.

Herzlichsten Gruß

C.W.

1 Ernst Freiherr von Wolzogen (1855 – 1934), Schriftsteller, Gründer des „Überbrettls" in Berlin. Für Richard Strauss schrieb er das Libretto zu *Feuersnot*.

68 Weimar, den 14. März 1892

Hochverehrteste gnädige Frau!

Herzlichen Dank für Ihren lieben Brief und Ihren freundlichen Gruß durch Herrn von Wolzogen, dessen Bekanntschaft mich übrigens sehr erfreut hat.

Schade, daß Sie, teuerste Frau, nicht auch zum Leipziger Konzert zugegen sein konnten; trotz eines mittelmäßigen Orchesters (die verstärkte Kapelle des 134. Regiments, das Leipziger Gewandhaus hat seinen Mitgliedern die Mitwirkung in den Lisztvereinskonzerten nun endgültig verboten) habe ich eine recht gute Aufführung der „Ideale" und des „Mazeppa" zustande gebracht. Der Eindruck der herrlichen Werke auf das Publikum war wenigstens ganz außerordentlich, und ich glaube, daß auch Sie mit mir zufrieden gewesen wären.

Ich fühle mich wenigstens mit den sinfonischen Dichtungen so ganz eins und sie entsprechen so ganz meiner Individualität, daß ich wirklich glaube, ohne den großen Meister je gekannt und gehört zu haben, den in seinen Werken liegenden dichterischen Gehalt wenigstens zu „entsprechendem" (nach Alexander Ritter) Ausdrucke bringen zu können.

Am „Tristan" habe ich noch immer dir größte Freude, insofern als in den Leistungen Zellers und Buchas (Marke) sowie des Orchesters von Vorstellung zu Vorstellung ein größerer Fortschritt zu bemerken war. Isolde und Brangäne werden wohl kaum viel weiter zu bringen sein, haben sich aber doch leidlich auf der ersten Höhe erhalten.

Auch an mir selbst kann ich seit der letzten Vorstellung in der Interpretation des „Tristan" einen Fortschritt konstatieren, insofern als ich dabei zum ersten Male das Gefühl hatte, ganz *über* der Sache zu stehen. Die letzte Vorstellung hatte bei aller Freiheit der Modifikation einen schönen Fluß, wie keine der vorangehenden.

Wenn ich so meinen guten, herrlichen Zeller ansehe und dann des frechen schamlosen Alvary gedenke, dessen Tannhäuser wirklich das Nichtswürdigste, Talentloseste war, was ich überhaupt jemals gesehen (es war unerhört!), und wie spricht der Kerl von Bayreuth!, so will es mir immer noch nicht in meinen dummen Kopf, daß Zeller wegen Stimmlosigkeit von der Darstellung einer größeren Rolle in Bayreuth ausgeschlossen sein soll, während der Mangel an Stimme bei Fräulein Wiborg[1] keine Rolle spielt, Fräulein de Ahna, von deren großer Begabung ich mich trotz allem und allem immer wieder aufs neue überzeuge, den Festspielen fern bleiben soll, trotzdem sie stimmlich genügte, während dieser elende „histrione" trotz seiner bodenlosen Talentlosigkeit, über die wirklich kein Zweifel sein kann, wieder der unverdienten Ehre teilhaftig werden soll, in Bayreuth mitzuwirken, weil er eben „wenigstens ein bißchen Stimme hat".

Verzeihen Sie, teuerste gnädige Frau, daß ich so offen bin, aber ich habe das Gefühl, daß ich Ihnen nichts von meinen törichten Gedanken und Bedenken in betreff unserer heiligen Sache verheimlichen darf, selbst auf die Gefahr hin, daß Sie mir, wie schon einmal im Sommer, ernstlich böse werden. Aber ich meine ganz offen und ehrlich, daß wir nicht besser beweisen können, daß der „Tannhäuser" im vorigen Sommer gelungen war, als indem wir nächstes Jahr ihn genau und in derselben Besetzung wieder geben, in keinem Punkte weichen, *außer es findet sich irgendwo ein Tannhäuser- oder Elisabethphänomen.* Geben wir irgendeinen Punkt der Aufführung auf, so beweisen wir doch, daß wir uns geirrt haben, und desavouieren alle ehrlichen Freunde der Sache, die Artikel über Artikel schreiben, um zu beweisen, daß der „Tannhäuser", so wie er in Bayreuth gegeben worden ist, der einzig richtige „Tannhäuser" war. *Ich* finde, die Vorzüge und Schwächen unserer beiden vorjährigen Elisabeths halten sich gegenseitig so die Waage, daß Sie nicht gut eine auffordern können und die andere ausschließen; wenn sich eine neue Elisabeth findet, die wirklich besser ist als Wiborg und de Ahna, dann natürlich beide weglassen, ist dies nicht der Fall, dann könnten Sie ganz beruhigt beide wieder singen lassen. Ebenso verhält es sich mit Zeller und Winkelmann. Dabei kann ich nicht leugnen, daß *es mir persönlich wehe tut* (dies spielt ja eigentlich keine Rolle, aber da ich nun einmal beim Beichten bin, so soll auch alles vom Herzen herunter; wenn ich nicht aufrichtig sein darf, bin ich auch nicht würdig, bei der hohen und herrlichen Sache mitzuwirken und das Glück Ihres Wohlwollens zu besitzen), in einem Augenblicke zu der Leitung der Festspiele mit beigezogen zu werden, wo ich von Ihnen, hochverehrteste gnädige Frau, in zweien meiner nächsten Kunstzöglinge, die ich mich wirklich *nur für Bayreuth* herauszubilden bemüht habe, so grausam desavouiert werde.

Als ich Ihnen im Sommer von meiner Verantwortlichkeit für de Ahna und Zeller sprach, haben Sie mich ausgelacht, und doch fühle ich es so. Außerdem bin ich mir immer noch im unklaren darüber, was die Veränderung Ihrer Meinung über Fräulein de Ahna hervorgebracht hat, denn im Sommer haben Sie mir selbst gesagt (es war im Hofgarten), sie würden für nächsten Sommer *beide* Elisabeths beibehalten; es war bei der Gelegenheit, als Sie mit mir über die Besetzung des Evchens sprachen.

Ein Auftreten von Fräulein Mulder als Evchen wird kaum zu ermöglichen sein, Sie kennen ja Bronsart, außerdem dirigiert Lassen die „Meistersinger", und Lassen ist, trotz 30jährigen Heuchelns, *ein Feind von Bayreuth.* Darüber wird Ihnen wohl Freund Ritter, dessen Besuch in Weimar mir eine große Freude war, berichtet haben. In diesem Augenblick geht mir beiliegende Kritik[2] der „Weimarischen Zeitung" zu, eines bis jetzt *ganz blassen* Blattes. Sie können daraus ersehen, wie die künstlerischen Verhältnisse hier jetzt auf die Spitze getrieben sind. Es wird mir allmählich recht schwer hier gemacht, ich stehe so ganz allein und einsam, da auf Brandts Ehrgeiz und Eitelkeit trotz seiner großen Fähigkeiten auch kein unbedingter Verlaß ist. Doch darüber bitte ich Sie, tiefstes Stillschweigen zu beobachten.

Wenn ich mich nicht ab und zu auswärts, wie unlängst in Berlin und vorgestern in Leipzig etwas auffrischte, ginge mir's wahrlich recht traurig und es wird mir oft recht schwer, auszuhalten. Ich suche dann meine herrlichen

Bayreuther Erinnerungen hervor und denke dann, daß das Heil doch irgendwo noch zu finden ist.

Auch arbeite ich fleißig für mich; ich habe nämlich meinen Operntext[3] so ziemlich fertig und beginne auf Ritters Rat schon mit dem Komponieren.

Von Herrn von Bülows Direktion der großen „Leonoren"-Ouvertüre habe ich wieder den herrlichsten Eindruck empfangen, auch Berlioz' „Beatrice-und-Benedict"-Ouvertüre sowie die „Haroldsinfonie" hat er meisterhaft dirigiert. Das „Tristanvorspiel kenne ich nicht von ihm, habe auch leider vorläufig keine Gelegenheit dazu, es von ihm zu hören; tritt eine solche ein, werde ich jedenfalls Ihrem Wunsche Folge leisten.

Ach, teuerste gnädige Frau, nun habe ich Ihnen wieder recht viel vorgeklagt; aber ich versichere Sie, es geht dem Ehrlichen und Redlichen auf dieser scheußlichen Welt oft recht zu Herzen.

Wenn Sie mir nicht zu böse sind und mich doch noch ein wenig lieb haben, so trösten Sie mich und melden Sie mir etwas Erfreuliches (doch daran haben Sie leider auch keinen Überfluß).

Leben Sie wohl, hochverehrteste, teuerste gnädige Frau, und seien Sie herzlichst gegrüßt

von Ihrem in innigster, treuester Verehrung ergebenen

Richard Strauss

Die herzlichsten Grüße an ganz Wahnfried.

Siegfried war so freundlich, aus Granada mir einen Gruß zu senden.

Bitte, teuerste gnädige Frau, lassen Sie es mich ja wissen, wenn Sie in die Nähe von Weimar, z.B. nach Dresden, gehen; ich wäre so glücklich, Sie einmal wiedersehen zu dürfen! Auch wenn Sie mich wegen dieses Briefes tüchtig ausschelten werden!

1 Elisa Wiborg (1867 – ?), norwegische Sopranistin, war 1890 in Schwerin und ab 1893 am Hoftheater in Stuttgart. In Bayreuth sang sie 1891 – 1894 die Elisabeth in *Tannhäuser* (1891 und 1894 mit Pauline de Ahna alternierend).

2 Fehlt.

3 *Guntram* op. 25.

69 Weimar, den 28. März 1892

Hochverehrteste gnädige Frau!

Herzlichen Dank für Ihren liebenswürdigen Brief, der wie immer, durch den Ausdruck Ihrer freundlichen Gesinnung für mich, mich innig erfreut hat, wenngleich ich nicht verhehlen darf, daß er den erhofften Trost mir nicht gebracht hat.

Wie dem auch sei: die Besorgnisse, die mich drücken, habe ich offen und ehrlich, wie ich es für meine Pflicht halte, ausgesprochen, auf meine Fragen und Bitten habe ich aber nur die Antwort erhalten, die ich mir aus persönlichem Verkehr von den letzten Festspielen her sehr wohl selbst hätte in Erinnerung bringen können. Sie schreiben mir, teuerste gnädige Frau: wenn Sie jetzt Zeller für den Tannhäuser aufforderten, *sähe es aus,* als ob Sie meinten, er sei *der* Tannhäuser. Ist denn Alvary *der* Tristan? Ist Winkelmann *der* Tannhäuser? Außerdem schreiben Sie mir, ich solle die Dinge nie nach dem betrachten, wie sie die Leute etwa deuten könnten? –

Hochverehrteste gnädige Frau, ich bescheide mich und schweige und wünsche nur von Herzen, daß Ihr grenzenloses Vertrauen in diesen Alvary Sie nicht von neuem täuschen möge. Nun genug davon!

Nun aber eine sehr wichtige Frage: Sie schreiben mir, daß Sie bestimmt hätten, ich solle für Richter[1] die „Meistersinger"-Proben halten und dürfte eventuell (wenn der große Hans Richter mir das glücklich wieder ruiniert hat, was ich in diesen Proben zustandegebracht) die zwei letzten Aufführungen dirigieren. Soll das nun meine einzige Aufgabe sein? Haben Sie den Plan, mir eines der vier Werke (welches, ist mir ganz egal) ganz allein zur Direktion zu übergeben und mich mit voller Autorität ausgestattet offen schon jetzt zum Leiter dieses Werkes zu ernennen, aufgegeben?

Wenn dies der Fall ist, so muß ich Ihnen schon jetzt erklären, daß ich auch die Leitung der „Meistersinger"-Proben nicht übernehmen werde. Nicht aus gekränkter Eitelkeit, die kenne ich nicht, sondern weil ich ganz genau weiß, daß ich so „eingeschoben" und als Lückenbüßer nichts leisten werde. Ich bin in Bayreuth neu und brauche Zeit und Gelegenheit, mich langsam mit allen Mitwirkenden zusammen in das mir anvertraute Werk einzuleben; für einen anderen etwas vorzubereiten, das kann ich nicht, dazu bin ich eine viel zu wenig geschmeidige Natur. Ich weiß genau, daß Sie, teuerste gnädige Frau, mit mir zufrieden sein werden, wenn Sie mir irgendeines der vier Werke allein übergeben, über dessen Wiedergabe ich mich *mit Ihnen allein zu verständigen habe* und für das Sie mich als offen designierten Festspieldirigenten mit vollster Autorität ausstatten. Wie gesagt, so heimlich einzuschieben als Vertreter eines Hans Richter bin *ich* nicht; das kann und will ich auch nicht. Wenn es Ihnen also nicht möglich ist, mir eines der vier Werke ganz allein zu übergeben, so muß ich Sie schon heute bitten, auf meine Mitwirkung bei den Festspielen ganz zu verzichten, denn zur Rolle eines Probenbummlers, wie so die unmusikalische Assistenz sie spielt, tauge ich gar nicht. Über meine Begeisterung für die Sache brauche ich Ihnen wohl nicht zu schreiben, ich gebe alles, was ich habe, für die Bayreuther Sache her, aber ich muß dort an einem Platze stehen, an dem ich wirklich etwas zu leisten imstande bin.

Verzeihen Sie, teuerste Frau, diese ganze Erörterung war vielleicht gar nicht nötig, da Sie mir von „Tristan" und „Tannhäuser", von welchen Werken Sie mir doch eines übergeben wollten, gar nichts schrieben; jedenfalls möchte ich das klargestellt wissen, daß ich, wenn sich meine Tätigkeit bloß a la Sucher gestalten sollte, Sie bitte, auf meine Mitwirkung ganz zu verzichten. Ich bin kein „Vertreter", sondern ein recht eigensinniger Dickkopf, der nur etwas Gutes zu leisten imstande ist, wenn er seinen eigenen Weg gehen kann. Also, teuerste gnädige Frau, nicht mich einschmuggeln! Halten Sie mich im Ernste für einen „Festspieldirigenten", dann bekennen Sie es auch offen und übergeben Sie mir offiziell eines der Werke mit allen Rechten und Pflichten des Dirigenten; dies meine dringende Bitte, die dem innigsten Wunsche entsprungen, der Bayreuther Sache *würdig und erfolgreich* zu dienen! — —

Mit meiner Gesundheit geht es nicht recht besonders; Magen und Nerven sind etwas parterre, wir hatten diese Woche zweimal „Tristan" und einmal „Lohengrin" in recht wohlgelungener Ausführung, aber es ist etwas zu viel für einen Menschen, der mit Begeisterung dabei ist. Ein Erholungsurlaub täte mir eigentlich recht wohl, doch kann ich nicht gut fort, da ich des armen Hans Sommers[2] „Loreley" neu einstudiere und im Mai herausbringen will. Sonnabend werde ich nach Berlin fahren, um die IX. Sinfonie unter Herrn von Bülow zu hören, und im übrigen komponiere ich ein bißchen an meiner Oper, deren Text soweit fertiggestellt ist.

Daß ich Sie, teuerste gnädige Frau, in nächster Zeit gar nicht sehen soll, ist mir sehr schmerzlich; doch freue ich mich, wenn Sie sich in Meran recht gut erholen werden.

Mit besten Wünschen für Ihr Wohlergehen und herzlichsten Grüßen an Sie und ganz Wahnfried

Ihr in innigster Verehrung treu ergebenster

Richard Strauss

1 Hans Richter (1843 – 1916), österreichischer Dirigent, war 1867 – 1869 an der Hofoper in München (unter Bülow), 1871 – 1875 in Budapest und anschließend an

der Hofoper in Wien; 1875 – 1898 leitete er dort die Philharmonischen Konzerte und 1880 – 1890 die Konzerte der Gesellschaft der Musikfreunde. Seit er die *Meistersinger*-Partitur für den Stich übertragen hatte, war er mit Bayreuth verbunden. 1876 dirigierte er die Uraufführung des *Ring des Nibelungen*. Die Leitung beider Werke hatte er mit Unterbrechungen bis 1912 inne.

2 Hans Sommer (1837 – 1922), Mathematiker und Komponist von Liedern, Liederzyklen und Opern. Mit Richard Strauss, Max v. Schillings und Friedrich Rösch gründete er 1898 die „Genossenschaft deutscher Tonsetzer" (GDT). Richard Strauss dirigierte neben dessen *Loreley* in Berlin auch seinen *Rübezahl*.

70 Weimar, den 31. März 1892

Hochverehrteste gnädige Frau!

Bei meinem letzten Brief muß mir wahrlich ein böser Dämon die Feder geführt haben oder zum mindesten zwischen den Zeilen etwas geschrieben haben, wenn aus demselben das herauszulesen war, was Sie mir zu meinem tiefsten und aufrichtigsten Kummer heute zum Vorwurf machen. War die Form meiner Mitteilung unziemlich, so verzeihen Sie gütigst meiner Nervosität und vielleicht – ja einer gewissen Gereiztheit über das unwürdige Gebaren Richters, dem der Titel „Festspieldirigent" eben nur ein Titel für englische Reklamezwecke geworden, der es nicht der Mühe wert findet, die Einstudierung eines so schwierigen Werkes wie die „Meistersinger" selbst zu übernehmen – darüber mehr zu schreiben, hieße wahrlich Eulen nach Athen tragen. Sie, teuerste gnädige Frau, wissen und fühlen das selbst ja am besten. Daß Sie, hochverehrteste Frau, aber an meinen Gesinnungen in der Bayreuther Sache und an den Gefühlen, mit denen ich von je Bayreuth genaht bin und aus denen heraus ich meine schwachen Kräfte von je und für je in den Dienst der Bayreuther Sache gestellt, so verkennen konnten, daß Sie mir persönlichen Ehrgeiz, Eitelkeit, Gefühl der Zurücksetzung unterschieben würden, das tut mir wahrlich sehr weh, und wenn das alles wirklich aus meinem Briefe herauszulesen war, so habe ich denselben wirklich nicht geschrieben, dann, bitte, verbrennen Sie ihn oder ändern Sie die Unterschrift.

Ich habe niemals an Sie einen anderen Anspruch gestellt, als in der Form, die Sie, teuerste gnädige Frau, für die für mich am geeignetsten halten, der hohen, herrlichen Bayreuther Sache zu dienen, wenn als Lampenputzer oder Orchesterdiener, sogar in diesem Amt.

Als Sie mich vor drei Jahren zur *musikalischen* Assistenz (ich verbanne krampfhaft jeden Gedanken an Porges und Merz[1], damit die beiden *un*glücklichen Anfangsbuchstaben mir nicht wieder unvermerkt in die Feder fließen) setzten, glaubte ich Ihnen wohl bewiesen zu haben an meinem ganzen Gebaren und Handeln, daß ich dies, wie jegliche Mitwirkung, sei es in welcher Form auch, für eine hohe Ehre halte; es kommt mir wirklich merkwürdig vor, daß *ich* mich Ihnen gegenüber *darüber* aussprechen muß. Doch sehe ich zu meinem großen Schmerze, daß ich die – wie soll ich gleich sagen – *Gefühlsbasis* unserer gemeinsamen künstlerischen und persönlichen Beziehungen als *zu breit schon* angenommen habe.

Ich glaube, Sie waren damals mit dem musikalischen Assistenten Richard Strauss zufrieden; ich war es auch mit meinem *Amt*. Nun wollen *Sie selbst, ich habe niemals darauf auch nur den geringsten Anspruch erhoben*, mich zu einem schwierigeren und verantwortungsvolleren Amte ausersehen; wer ist glücklicher als ich? Aber weil dies für mich das größte und schönste Glück ist, das ich mir denken kann, so will ich mich dieses herrlichen Glückes auch wahrhaftig *würdig* erweisen. Dies besteht *vorläufig* darin, daß ich Sie bitte, mir alle Vorbedingungen zu schaffen, unter denen ich unter dem Aufgebot meiner besten Kräfte auch wirklich *Gutes und Ersprießliches* leisten kann.

Als ich Ihnen schrieb, Sie möchten mich, wenn Sie mir keine andere Aufgabe als die Proben der dann von Richter zu übernehmenden „Meistersinger" stellen könnten, ganz von der Mitwirkung bei den Festspielen entheben, glaubte ich Ihnen eben *gerade* zu beweisen, wie ernst ich die Sache nehme und wie sehr ich mich [sic!] der großen Verantwortung eines Festspieldirigenten bewußt bin. Ich wiederhole, ich bin gar nicht ehrgeizig, gar nicht taktschlagwütig, *aber das, was Sie mir in Bayreuth zu tun geben, will ich gut, will ich ausgezeichnet machen.* Und das kann ich in den „Meistersinger"-Proben, wenn Richter die ersten Aufführungen und Generalprobe dirigiert, wirklich und wahrhaftig nicht. Bedenken Sie nur, gnädige Frau: Ich stehe zum ersten Male in Bayreuth am Dirigentenpult, vor der Partitur des im Zusammenspiel vielleicht schwierigsten Werkes, das ich selbst nie dirigiert habe, mit dem Gefühl, daß alles, was ich den Sängern, dem Orchester sage, vielleicht später von Richter umgestoßen wird. Ja, wenn Richter *Mottl* wäre, dann will ich Wort vom *gemeinschaftlichen Arbeiten* gewiß gelten lassen und mich keinen Augenblick sträuben. Aber Richter ist mein absoluter Gegensatz.

Als Mottl vor zwei Jahren die „Meistersinger"-Proben dirigierte, hatte er 1886 schon „Tristan" und 1888 „Parsifal" *allein* dirigiert, sich also vollständig eingearbeitet, außerdem ist Mottl viel elastischer und gewandter als ich. Aber ich, ohne zuerst in Bayreuth ein Werk für mich allein dirigiert zu haben, die Proben der „Meistersinger" für einen anderen halten, wobei zu der großen Schwierigkeit der Aufgabe *der Mangel jeglicher Unbefangen-*

heit kommt, indem ich doch nicht weiß, ob Richter das auch brauchen kann, was ich ihm da einstudiere, *ist wirklich ganz unmöglich.* Bedenken Sie doch, teuerste Frau: Ich, in Bayreuth neu, eigentlich zu jung, Kapellmeister an einem kleinen Hoftheater, gewohnt, Anfänger einzudrillen – nun als Aushilfsdirigent für Richter den Bayreuther Sternen gegenüber, die mir bei jedem Wort, das ich ihnen sage, erwidern können: „Richter hat's anders gemacht", „Richter wird's doch anders machen", dazu meinen Eigensinn und Heftigkeit – ich sehe mich da nicht hinaus. Und so war meine Bitte, Sie möchten mich mit der vollen Autorität eines Festspieldirigenten ausstatten, einzig und allein gemeint, und wagte ich nicht zu fürchten, hierin von Ihnen, hochverehrteste gnädige Frau, so sehr mißverstanden zu werden. Ob Sie mich als *Festspieldirigenten ankündigen,* ist mir wirklich gleichgültig, nicht aber, daß Sie mir die Möglichkeit benehmen könnten, mich als *Festspieldirigenten zu bewähren.*

Ist es denn nicht möglich, daß Mottl außer „Tristan" *oder* „Tannhäuser" drei „Parsifals" dirigiert; ich dann „Tristan" *oder* „Tannhäuser" für mich allein erhalte (ein Werk, wo ich als Dirigent auf meinen eigensten Füßen stehen kann)? *Dann* bin ich gerne bereit, die „Meistersinger"-Proben zu halten und erhebe gar keinen Anspruch, eine „Meistersinger"-*Vorstellung* zu dirigieren.

Hochverehrteste gnädige Frau! Verkennen Sie mich noch immer? Werden Sie mich auch diesmal mißverstehen? Wenn wirklich, so muß ich geduldig warten, bis mir das Glück wird, Sie wieder persönlich begrüßen zu dürfen. Dann geht's eben brieflich nicht. Bis dahin zürnen Sie mir nicht zu sehr und seien Sie, teuerste gnädige Frau, aufs herzlichste gegrüßt von

Ihrem in treuester Verehrung tiefbetrübten

Richard Strauss

Herzliche Grüße an ganz Wahnfried.

1 Oskar Merz, Münchner Musikkritiker. In Bayreuth war er 1882 – 1892 und 1896/1897 musikalischer Assistent. Richard Strauss hat ihn unter die Widersacher in *Ein Heldenleben* eingereiht.

71 Auf der Wartburg, den 18. April 1892

Hochverehrteste gnädige Frau!

Sie sehen, wie ich Ihren gütigen Rat befolgt habe! Als Gast des Großherzogs bin ich seit Donnerstag auf der Wartburg und laufe in den herrlichen Wäldern herum. Es ist hier prachtvoll! Diese herrliche Fernsicht, diese himmlische Luft, diese göttliche Ruhe – der ganze Zauber der schönen Burg mit all' ihren Geistern ist so recht geeignet, einen das aufreibende Alltagsleben vergessen zu machen, und so fühle ich auch hier gar nicht, daß ich überhaupt Nerven habe, bin fröhlich, frei und munter!

Aus dieser schönen Stimmung heraus kann ich Ihnen so recht von Herzen für Ihren letzten, so lieben Brief und Ihre gütige Entscheidung danken: Wenn es sich also machen läßt, so bitte ich um „Tristan", da Sie mir den „Tannhäuser" nicht anvertrauen wollen. Mit zwei Gesamtproben habe ich für den „Tristan" genug, wenn ich Gelegenheit habe, vorher allein mit den Sängern tüchtig zu studieren und einige Separatproben mit dem Orchester zu halten.

Für die „Meistersinger"-Proben stehe ich Ihnen natürlich nun gerne zur Verfügung, selbstverständlich *ohne* Anspruch auf Direktion einer Aufführung; überhaupt, teuerste gnädige Frau, verfügen Sie nun über mich, wie Sie wollen, von früh 8 Uhr bis nachts 12 Uhr steht Ihnen meine Arbeitskraft zur beliebigen Disposition! Denn: „Ich han min lehn" oder zu deutsch: Ich habe *mein* Werk für mich allein!

Nun aber sogleich noch eine Bitte: Mit den Sängern, die in dem Werke singen, dessen Direktion Sie mir übergeben werden, möchte ich, soweit meine Zeit überhaupt reicht, möchte ich immer *selbst* studieren, mit Ihnen zusammen natürlich, hochverehrteste gnädige Frau. Für *das* Werk können Sie also von vornherein den armen, überbürdeten Kniese dispensieren, der sich ja sonst bei den vier Werken zu Tode arbeitet!

Also ich bitte dringend darum, daß Sie das Studium mit den Sängern für das von mir geleitete Werk *mir allein* übergeben; es ist für mich zugleich eine Übung, Besprechungen *nach* den Proben sind dann unmöglich, Auseinandersetzungen *auf* den Proben unnötig, da die gegenseitige Verständigung schon vorher erzielt worden ist. Sie wundern sich vielleicht, daß ich darauf so großes Gewicht lege, aber ich kenne meinen Eigensinn und meine Heftigkeit und möchte nicht, daß Sie, teuerste, hochverehrteste gnädige Frau, eines schönen Tages von derselben zu unangenehm überrascht und erschreckt würden!

So, nun hätte ich alles, was mir am Herzen liegt, ausgesprochen; wie innig leid es mir tut, daß Sie teuerste Frau, über meine letzten, im Ausdrucke meiner Gedanken und Empfindungen offenbar sehr mangelhaften Briefe so betrübt waren, daß Sie aus denselben unberechtigte Anmaßung, fremde Einflüsse herauslesen konnten, das kann ich Ihnen gar nicht sagen. Wie konnten Sie nur glauben, daß ich mir einen Einfluß auf Ihre Entschlüsse anmaßen wollte! Ich kleiner Knirps! Dieser kleine Knirps bittet nur darum, daß er immer frei seine Meinung heraussagen darf; wenn er dann ab und zu was Dummes sagt, dann weisen Sie ihn nur tüchtig zurecht, aber seien Sie ihm darum nicht ernstlich böse (denn von Uneinigkeiten kann doch nie im Ernste die Rede sein), da Sie doch wissen, wie ich von ganzer Seele und ganzem Herzen Ihnen, hochverehrteste gnädige Frau, und unserer herrlichen großen Sache, der ich nur recht ausgezeichnet dienen möchte, ergeben bin!

Auf der herrlichen Wartburg gab ich mich gestern so ganz den schönen Erinnerungen an die wundervollen Ostertage hin, die ich vergangenes Jahr bei Ihnen in Wahnfried verleben durfte, und dachte mit Betrübnis daran, wie lange ich Ihnen nun schon wieder ferne bin, und ob es wirklich noch zwei volle Monate dauern soll, bis ich Sie wiedersehen darf. – In der Elisabethenkapelle spielte ich gestern während eines herrlichen Sonnenunterganges Orgel, über Motive aus „Parsifal“ und der „heiligen Elisabeth“ phantasierend; es war eine sehr schöne und feierliche Stimmung. Morgen abend geht's nun wieder in den alten Theatertrödel zurück, Donnerstag werde ich zum ersten Male in meinem Leben „Fidelio“ dirigieren. Diese kleine Freude erleichtert mir wenigstens einigermaßen den Abschied von der herrlichen Burg und ihren herrlichen Wäldern!

Nun, teuerste gnädige Frau, *bleiben* Sie mir gut und seien Sie und ganz Wahnfried (was haben Sie für Nachrichten von Siegfried?) tausendmal gegrüßt von

Ihrem in innigster Verehrung immer treu ergebenen

Richard Strauss

„Heute lieb
morgen leid
das ist der Welt
unstätigkeit“ (Freidank) steht über meiner Türe!

72 Weimar, den 15. Mai 1892

Hochverehrteste, teuerste gnädige Frau!

Heute wird es mir furchtbar schwer, auf Ihren so freundlichen letzten Brief zu antworten, welcher, so sehr ich aus jeder Zeile Ihre liebevolle Gesinnung für mich herauslas, doch mich in die größte Bestürzung versetzt und mir seit Wochen den schwersten Kummer bereitet hat. Wie leid es mir tut, daß ich Ihre letzten lieben Briefe so falsch deuten mußte, kann ich Ihnen gar nicht sagen; ebenso, daß ich durch mein Mißverstehen, Ihnen, hochverehrteste gnädige Frau, die ganze, auch mir so peinliche Korrespondenz nicht erspart habe. – Werde ich heute das rechte Wort finden? Fast muß ich fürchten: Nein, nachdem ich mit Betrübnis ersehe, daß auch Sie, hochverehrteste Frau, die Auseinandersetzungen meiner letzten Briefe und ihre Motive so sehr mißdeuten konnten.

Doch ich will es noch einmal versuchen, meine Bitten und meine, wie mir deucht, Ihnen anmaßend und ungerechtfertigt erscheinenden „Ansprüche" zu motivieren; möge mich der heilige Geist Bayreuths erleuchten!

Als ich zu Weihnachten das Glück hatte, in Wahnfried zu weilen, hatten Sie mir von Mottls liebenswürdiger Bereitwilligkeit, mir jedes Werk, welches Sie als für mich passend erachten würden, abzutreten, erzählt. So sehr mich dies erfreut und von neuem von Mottls vortrefflicher künstlerischer Gesinnung überzeugt hatte, so habe ich es doch nur – verzeihen Sie! – für beinahe selbstverständlich erachtet. Denn auch Mottl muß daran liegen, daß der einzige wahre künstlerische Genosse unter seinen Bayreuther Kollegen, der ich einst, *wenn sich überhaupt meine Fähigkeiten als ausreichend erweisen*, mit ihm, Mottl, einzig und allein wirklich Hand in Hand zusammen arbeiten könnte, das erste Mal, wo dieser Kunstgenosse die große Ehre hat, in Bayreuth am Dirigentenpulte zu stehen, auch in der denkbar günstigsten Weise eingeführt werde. Mottl kennt die Schwierigkeiten des Dirigierens in Bayreuth vom Jahre 1888 her wohl zur Genüge! ≪und ich bin noch lange kein Mottl!≫

Nachdem ich Sie, teuerste gnädige Frau, nun so dringend gebeten hatte, mir ein Werk für mich allein zu übergeben, und, wie ich hoffte, zur Genüge bewiesen hatte, warum ich diese Bitte stellte, waren Sie so freundlich, mir „Tristan" anzubieten, und ich habe dieses Anerbieten auf Grund der eben erwähnten Voraussetzungen auf Treu und Glauben mit innigstem Danke angenommen. – Aus allen meinen Hoffnungen ist nun nichts geworden; Ihr letzter Brief wiederholt mir den ersten. Mit „Parsifal", „Tristan" und „Tannhäuser" ist es nichts (die Direktion dieser Werke ist in festen Händen) und ich füge mich, hochverehrteste Frau, selbstverständlich hier in Ihren Willen.

Ihre Wünsche nun aber bezüglich meiner Tätigkeit bei den Aufführungen der „Meistersinger" haben mir, ebenso wie das erste Mal, so auch jetzt ungeschwächt denselben Schrecken eingejagt und seit Wochen laufe ich in hellster Verzweiflung herum und brüte und suche nach einem Ausweg, wie es zu vereinigen wäre, Ihre Wünsche zu erfüllen, Ihnen, teuerste gnädige Frau, jegliche Verlegenheit zu ersparen, ohne die projektierten „Meistersinger"-Aufführungen aufs schwerste zu gefährden. *Und dies letztere wäre bei der jetzigen Form meiner Tätigkeit bei denselben unbedingt der Fall.* Zürnen Sie mir nicht: aber die Proben der „Meistersinger" und dann, nachdem Richter, mit dem ich *nicht einen* künstlerischen Berührungspunkt habe, vielleicht die Generalprobe und die zwei ersten Aufführungen geleitet, die beiden letzten zu dirigieren, das kann ich nicht leisten, das fühle ich, das geht über meine Kräfte, diese Verantwortung darf ich nicht übernehmen. Wenn ich mich für meine Person allein blamiere, daran liegt mir gar nichts, ich habe gar keinen Ehrgeiz, aber hier gefährde ich die heilige Sache, und das darf ich nicht tun. Ich befinde mich nun hier vor der schwersten Alternative, die ich überhaupt in meinem kurzen Leben durchgemacht, und in meiner Herzensangst habe ich mich an meinen lieben Freund Ritter gewandt: Ich lege seinen Brief[1] bei. Wenn Sie die Güte haben wollen, seine freundschaftliche Überschätzung meiner Fähigkeiten darin in Abzug zu bringen – der Rat, den er mir gibt, stimmt genau mit dem überein, was auch ich unterdessen mir in meinem armen Gehirn zurechtgelegt habe.

Also: in Gottes Namen! – – Wenn es möglich ist, d.h. wenn der große Richter darauf eingeht, so bitte ich: Geben Sie mir die zwei ersten Aufführungen der „Meistersinger", damit ich Proben und Aufführungen in einem Zuge, ohne daß mir ein anderer dazwischenfährt, habe. Da weiß ich, daß wenigstens keine Dummheiten dabei herauskommen werden. Geht dies aber nicht, und ich fürchte schon jetzt, daß es nicht gehen wird, da Richter auf die sogenannte *„erste Aufführung"* nicht verzichten wird, vielleicht auch werden Sie, hochverehrteste gnädige Frau, es ihm gar nicht zumuten wollen (ich kenne ja zur Genüge die furchtbaren Schwierigkeiten, mit denen auch Sie zu kämpfen haben, und darum ist es mir so gräßlich, daß ich mir keinen vernünftigen Ausweg weiß, wie ich Ihnen diese Verlegenheiten ersparen kann – o könnten Sie, teuerste gnädige Frau, fühlen, wie furchtbar schmerzlich es mir ist, Ihnen alles dies schreiben zu müssen) – wie gesagt: geht dieses Arrangement aber nicht, so bitte ich Sie, mich dieses Jahr (ich weiß zwar selbst nicht, wie ich es diesen Sommer aushalten soll) von den Festspielen ≪d.h. natürlich von der künstlerischen Mitwirkung bei den Festspielen –≫ ganz zu dispensieren und mich, wenn Sie überhaupt das Vertrauen in meine geringen Fähigkeiten haben, aufzusparen, bis sich in Bayreuth Gelegenheit findet, mich vor eine Aufgabe zu stellen, vor der ich Ihnen mit gutem Gewissen werde sagen können: Ja, gnädige Frau, *das kann* ich leisten, Sie werden mit mir zufrieden sein! So, nun ist's heraus, Gott helfe weiter!

Zürnen Sie, teuerste gnädige Frau, mir nicht zu sehr, glauben Sie mir, daß ich selbst unter diesem schweren Entschluß bitter leide, und bewahren Sie trotz allem ein bißchen Liebe

Ihrem in innigster Verehrung wie immer treu ergebensten

Richard Strauss

1 Der Brief Alexander Ritters lautet:

München, den 5. Mai 1892

Mein liebes teures Sträußchen!

Ihr lieber Brief vom 2. d.M. hat mich in schwere Sorge versetzt! – Sie wollen meinen Rat – und da ich weiß, daß mein Rat Ihre Entschließung auch wirklich beeinflussen wird, so fühle ich lebhaft die *ungeheuere* Verantwortung, die ich auf mich lade. –

Meine erste Empfindung war diese:

„Strauss soll festbleiben und nicht nachgeben. Er hat allerdings die moralische Verpflichtung, der von uns heiliggehaltenen Sache zu dienen. Aber um dies eben allzeit, auch später, immer wirkungsvoll tun zu können, muß er auch darauf bedacht sein, seine Autorität – seinen Ruf als *hervorragender* Dirigent nicht unnötigen Gefahren auszusetzen. Solche Gefahren scheinen mir aber im vorliegenden Falle zu drohen. Denn wenn Frau Wagner sagt: Richter wird kein Wort gegen irgend etwas von Strauss Angeordnetes sagen – oder: kein Mensch wird sagen: das nimmt Richter anders – so glaub ich das zwar gerne auch, erkenne die Gefahr aber ganz woanders. Es wird nämlich *so* kommen: Die unzähligen feinen, zarten Tempomodifikationen, welche Strauss – zum Teil ohne bewußte Absicht, sondern *un*bewußt seiner feinen musikalischen Natur folgend – dem Orchester, dem Chor und den Solosängern während der Proben eingeimpft haben wird, kann Richter – der jetzt nur noch ein taktschlagender Biermusikant – nicht *nach*dirigieren. Er wird Mühe haben, die Sache wieder in strammen Takt zu bringen, und dann werden sich Feuerwerker finden, welche verbreiten: Strauss hat beim Einstudieren Dummheiten gemacht. Alle Dummen, also Legionen, werden dies nachsprechen – und daß es Eingang in die Presse findet, dafür lasse man nur Levi sorgen. – Nein, Strauss muß festbleiben, darf nicht nachgeben."

So reflektierte ich im Andrang der ersten Empfindung. Aber wir wollen uns von unserer verehrten Frau Wagner nicht vergebens an „*Besonnenheit*" mahnen lassen. Und da „besinne" ich mich denn zuerst auf die ganz fürchterliche Verlegenheit, in welche Ihr Festbleiben Frau Wagner versetzen würde. Ihr bliebe nur Zweierlei übrig, nämlich

1) Sie übertrüge *Ihnen* die *ganzen* „Meistersinger", indem sie Richtern abschriebe. Dadurch aber würde nicht nur Richter selbst – was nicht so gefährlich wäre – sondern *mehrere Wiener Cliquen* zu fanatischen Gegnern der Festspielleitung. – Das geht also nicht. –

Oder

2) Sie läßt Richter, wie projektiert ist, zu den zwei ersten „Meistersinger"-Vorstellungen kommen und überträgt die Proben und zwei letzten Vorstellungen (*nicht* dem schon mit *zwei* Opern „behafteten" Mottl, sondern) *dem Saujuden Levi.*

Eine schlimme Sache! Eine eminente Verschuldung, die Sie durch Ihr *Festbleiben* auf Ihr Gewissen laden würden! Denn der Wirksamkeit Levis – die jetzt Gott sei Dank auf nur *eine* Oper beschränkt ist – zu einer *Terrain-Erweiterung* zu verhelfen, halte ich für eine Todsünde.

Also sich den Anordnungen der Frau Wagner ganz unbedingt fügen?

Dazu würde ich Ihnen freilich am liebsten raten. Aber mir graut doch vor der Verantwortung, die ich durch diesen Rat – bei unheilvollem Ausgang – übernehme. Für unseres Meisters Kunst, für die große, heilige Bayreuther Sache, gibt es heutzutag (es ist schrecklich zu sagen) nur zwei Dirigenten: Mottl und Sie. (Denn auf Weingartner ist, seiner zweifelhaften Gesinnung wegen, nicht zu zählen.) Es scheint mir daher durchaus – *nicht* in *Ihrem persönlichen* Interesse – sondern im Interesse eben der großen heiligen Sache, daß man nicht Autorität und Ruf des einen dieser beiden jenen Gefahren aussetze, die ich auf der zweiten Seite dieses Briefes näher bezeichnete, sondern daß man diesen einen einstweilen noch aufspare, bis sich eine Aufgabe bietet, für welche er sein ganzes volles Können ungefährdet einsetzen kann. Ich glaube, es wäre gut, wenn Sie diese Auffassung recht eingehend an Frau Wagner vorstellen würden. Ist es noch einzurichten, so wird Sie Frau Wagner gewiß für dies Jahr ganz dispensieren. Ich habe mir heut die halbe Nacht darüber den Kopf zerbrochen, wie von Frau Wagner *jede*, auch *geringste* Verlegenheit fernzuhalten sei, ohne daß *Sie* der bezeichneten Gefahr ausgesetzt werden. Dies wäre nur dadurch zu erreichen, daß Frau Wagner *Ihnen* (außer der „Meistersinger"-Einstudierung) die zwei *ersten* und *Richtern* die zwei *letzten* Vorstellungen übertrüge. Bei *diesem* Arrangement wäre jede Gefahr für Sie ausgeschlossen. Denn wo Sie Ihr ganzes Können – unbehindert durch die Dazwischenkunft eines Dritten – zu entfalten vermögen, wird das Resultat immer so ausfallen, daß alle Feuerwerker-Machinationen wirkungslos verbleiben müssen.

Dies scheint mir wirklich der richtige Ausweg. Und der einzige Rat, den ich Ihnen geben kann, ist dieser: *Bitten Sie, unter eingehender Motivierung, Frau Wagner um dieses Arrangement.*

Ich glaube, Richter wird sich bewegen lassen, denn er ist zu faul und blasiert, um noch ehrgeizig zu sein, wenn er auch töricht genug sein sollte, das Dirigieren der *ersten* Vorstellungen für eine „größere Ehre" zu halten.

Ist es aber an Frau Wagner nicht möglich, dieses Arrangement zu treffen, dann Liebster, bin ich auch mit meiner Weisheit am Ende! Denn ich kann nicht einen Rat verantworten, welcher *Sie* – also die ganze Hälfte der Dirigentenstützen Bayreuths – sehr bedenklichen Gefahren entgegenschickt. Noch unmöglicher ist es mir aber, einen Rat zu geben, welcher der heldenmütigen Führerin unserer heiligen Sache Verlegenheiten bereiten würde. – Also, wie gesagt, in *diesem* Falle wär meine Weisheit am Ende, und ich würde mich nur noch darauf legen, den lieben Gott recht inbrünstig zu bitten, daß er Sie bei Ihren Entschließungen recht gnadenvoll erleuchten möge! –

Ach ja!! Es ist eine geschmacklose Welt! Wo sie nicht nach Juchten riecht, riecht sie nach Knoblauch! und Rosendüfte werden uns selten beschert.

Gott bessere es!

Herzlich umarmt Sie Ihr alter

Ritter

Ps. Aber Sträusschen!! Wo bleibt mein Zettel? Ich muß ihn wiederhaben. –

73 Bayreuth, den 18. Mai 1892

Mein lieber Freund,

Richter *muß* in der Probezeit in London und bei den letzten zwei Aufführungen in Wien sein. Deshalb kann ich Ihnen nur das gewähren, was ich Ihnen anbot.

Bitte schicken Sie meinem teuren Neffen Ritter die Briefe, worin ich Ihnen auseinandersetzte, weshalb ich Ihnen in diesem Jahr „Tristan“ und „Tannhäuser“ nicht übergeben kann.

Für den „Tristan“ haben wir kaum Proben und für den „Tannhäuser“ betrachte ich das vorige Jahr als die Vorarbeit, für welche jetzt die Vollendung erreicht werden soll. Die Arbeit, die ich gemeinsam mit Mottl vornahm, kann ich *jetzt* nicht von neuem beginnen.

Nun ist eine Möglichkeit der Verschiebung des Ganzen. Levi soll recht elend daran sein, möglicherweise werden wir für den „Parsifal“ einen zweiten Dirigenten brauchen. Dann würde ich Mottl bitten, „Parsifal“, „Tannhäuser“, „Meistersinger“-Proben und zwei letzte Aufführungen zu übernehmen, und ich übergäbe Ihnen „Tristan“.

Ob dies zum Vorteil des Ganzen geschähe, bleibe dahingestellt. Mein Freund, mir scheint das Lebendige die Hauptsache. Daß Sie in Reih und Glied bei uns eintreten, darauf kommt es an; und dem Lebendigen beugt sich auch das Leben. Ich kann Ihnen nichts anderes sagen und glaube, daß Sie wohl daran täten, einfach meinem Ruf zu folgen.

Wie mir scheint, unterschätzen Sie Richter. Das Metier, welches er gezwungenermaßen treibt, ist kein förderliches. Wollen wir nicht vergessen, daß er den „Ring“ hier dirigierte, ≪daß er wie keiner mit den „Meistersingern“ zusammenhängt, da er die Komposition derselben erlebte, die Sänger einstudierte, die Chöre dirigierte und obendrein den Kothner sang≫, daß von ihm geschrieben steht: „Mein Unmögliches leistender, viel erprobter, für alles einstehender Hans Richter“, und daß, wenn sein Leben es ihm auch nicht ermöglichte, diese Vergangenheit nach außen hin zu vertreten, wie wir es ihm gewünscht hätten, es gerade die Sache Bayreuths ist, an dieser Vergangenheit festzuhalten und an das Ewige dessen [zu] glauben, was einmal war, möchte es so wenig für andere noch zu erkennen sein.

Ich glaube, daß, wenn ich anders dächte und empfände, ich garnicht dahin gehörte, wo ich stehe; oder vielmehr, daß mit Bayreuth solche Empfindungen verwachsen sind.

Ich denke, ein jeder von uns arbeitet hier so gut wie er kann, und sollte Ihnen Richter Ihre Intentionen verderben, so versichere ich Sie, daß mancher schon mir die meinigen verschüttet hat; und sollten Sie schlecht gemacht werden, so kann ich Ihnen nur wiederum mich als Genosse anbieten und so gut wie ich doch noch weiter arbeite würden Sie eben auch weiter hier dirigieren und wenn kein gutes Haar an Ihnen gelassen worden wäre.

Mottl ist als Dirigent des „Parsifal" so schlecht gemacht worden wie kaum je ein Dirigent und er wird ihn doch wieder dirigieren und hat ihn bereits wieder dirigiert.

Ich dächte, wir faßten die Dinge unbefangener an und sähen uns das Draußen gar nicht an.

Doch – wie Sie wollen. Was ich kann, habe ich Ihnen dargelegt und, da ich nie einen Vorschlag tue, ohne mir ihn sehr lange überlegt zu haben und ohne daß die Umstände mich zu ihm führen, so kann auch ich höchst selten zurück.

Nun gebe Gott seinen Segen! In jedem Menschen ist sein Dämon, und wenn der Ihrige Sie dazu treibt, mich zu verlassen, so wünsche ich nur, daß Sie es guten Mutes tun, in der Überzeugung, daß ich es tief beklagen werde, aber hoffen, daß Sie sich dabei wohler fühlen, und Ihnen gut bleiben und wieder einmal einzusehen haben, daß die Dinge nicht in unserer Macht liegen und daß unser bester Wille von geringerer Bedeutung über die Verhältnisse ist.

Lassen Sie mich durch eine Depesche wissen, wie Sie entscheiden, weil wir jetzt ankündigen müssen!

Treulich

C. Wagner

Als P.S. noch die Bemerkung, daß Sie die Dinge, glaube ich, hier zu monumental auffassen. Eine gut gehaltene Probe halte ich schon an und für sich für einen Gewinn in der Kunst. Das nenne ich eben das Lebendige, worunter manche Verschüttung mitlaufen muß.

Ich habe die Sorge, nicht herzlich genug in meinem Briefe gewesen zu sein. Es ist aber spät abends und der Tag bringt mir immer mancherlei. Fühlen Sie das Fehlende mit Ihrem Wissen von mir aus!

74 [Telegramm] Weimar, den 19 Mai 1892

Ich komme also / Herzlichen Gruß

Strauss

75 Bayreuth, den 20. Mai 1892

Ich glaube, daß es so recht ist, mein lieber Ausdruck, und hoffe zu Gott, daß Sie es nicht bereuen werden.

Wie gesagt, ich konnte die vier Werke nur in der Annahme ankündigen, daß die Hälfte der Arbeit für die drei ersten geschehen sei.

Jetzt lassen Sie uns auf ein recht frohes Wiedersehen hoffen!

Heute früh habe ich mit Herrn Schillings[1] trotz blöder Augen und stumpfer Finger das „Meistersinger"-Vorspiel vierhändig gespielt. Ich wollte ihm zeigen, wie wir hier Musik verstehen.

Er erzählte mir von dem Erfolg Ihres „Tod und Verklärung" am Rhein. Es war ganz wunderlich zu hören, gerade am Rhein.

Nun seien Sie gegrüßt, guter, lieber Ausdruck. Sie haben mir Not gemacht; aber wer macht sie nicht, und gerne trage ich die von Ihnen kommende.

Entschuldigen Sie auch heute die Kürze. Die Arbeit an dem „Tristan" benimmt mich sehr.

Leben Sie wohl, grüßen Sie Ihr gutes Innere von mir, mit diesem werde ich gewiß immer einig wandeln!

Treulichst

C. Wagner

1 Max (von) Schillings (1868 – 1933), Komponist, Dirigent und Lehrer (u.a. von Furtwängler). 1908 – 1918 Generalmusikdirektor an der Hofoper in Stuttgart, 1919 – 1925 Intendant der Preußischen Staatsoper in Berlin, verheiratet mit der Sopranistin Barbara Kemp (1881 – 1959). In Bayreuth war er 1892 musikalischer Assistent. Richard Strauss dirigierte u.a. des Freundes *Seestücke* op. 6 sowie die Opern *Ingwelde, Mona Lisa* und *Pfeifertag*.

76 München, den 14. Juni 1892

Hochverehrteste gnädige Frau!

Da setze ich mich nun an den Schreibtisch, um einen recht schönen Brief zu schreiben, und unterdessen werden in Bayreuth Proben gehalten, die schönsten, herrlichsten Proben, von denen ich es früher gar nicht geglaubt hätte, daß sie möglich wären, ohne daß ich dabei wäre, *ich*, eine hochwichtige, äußerst bedeutende Persönlichkeit. Nun, die Proben nehmen ihren gewohnten schönen Verlauf; nur die eine hochwichtige Persönlichkeit sitzt in der Krankenstube, hustet sich halb zu Tod vor Ärger und Langeweile und philosophiert darüber, was für ein elendes Geschöpf doch der Mensch ist. Nachdem ich die ersten Tage durch den Schrecken meines Anfalls und die Veränderung meiner Reiseroute wie vor den Kopf geschlagen war, gelange ich jetzt so allmählich zur Besinnung meines Elendes. Ich soll also heuer nicht nach Bayreuth! Es wird dies wohl die Strafe des Himmels sein, daß ich Sie, teuerste gnädige Frau, diesen Winter mit der Dirigentensache so gequält habe; zwei „Meistersinger"-Aufführungen waren mir nicht genug, ich wollte den Löwen auch spielen, und nun? Dirigiere ich nicht, höre ich nichts, dagegen kuriere ich an meiner hochverehrten Gesundheit herum und sitze mit Berliner Juden zusammen in Reichenhall, Saline einatmen und Molken trinken. Es ist nur ein Glück, daß Sie so rasch Ersatz für mich gefunden haben, denn auf einen solchen Krüppel wie ich einer bin, ist ja doch kein Verlaß, der wird jedes Jahr gerade vor den Festspielen krank, ja am letzten Tage vor der ersten Probe sagt er noch ab. Es ist wahr, solche Leute kann man nur an Hoftheatern brauchen, da gehören sie hin und sollen sich nicht erdreisten, da mittun zu wollen, wo wirkliche Kunst getrieben wird.

Ach, gnädige Frau, wenn ich Ihnen sagen könnte, wie mir's um[s] Herz ist! – – –

Mein Kranksein hat sich jetzt auf eine sehr starke Bronchitis reduziert, Lunge und Rippenfell sind soweit in Ordnung, auch bin ich vollständig fieberfrei. Der Arzt hofft, daß der Husten sich auch in fünf bis sechs Tagen bessern wird, und dann hoffe ich doch wieder an die Luft zu können.

Nun, teuerste gnädige Frau, gedenken Sie hie und da eines Getreuen, der fern dem Festspielhügel sehr unglücklich und traurig ist. Aus der Ferne will ich wenigstens Gottes reichsten Segen auf die herrlichen Festspiele herabflehen; *möge alles aufs schönste und wunderbarste gelingen* zu Nutz und Fromm['] unserer erhabenen, deutschen Kunst!

Vergessen Sie mich nicht ganz und seien Sie, teuerste gnädige Frau, sowie ganz Wahnfried aufs herzlichste gegrüßt von ihrem in innigster Verehrung für ewige Zeiten treu ergebensten

Richard Strauss

Einen schönen Gruß an Mottl!

77

Reichenhall-Kirchberg,
Villa Barack, den 21. Juli 1892

Hochverehrteste gnädige Frau!

Während ich hier schreibe, abends 8 Uhr, sehen die Festspielbesucher dem III. Akte der ersten „Parsifal"-Aufführung dieses Jahres entgegen, zugleich der *ersten* Aufführung des Wunderwerkes *seit vier Jahren*, der ich nicht das Glück habe, beiwohnen zu können. Was dieses Glück alles in sich schließt, empfinde ich heute so recht voll und ganz, da ich es missen muß, da ich fern bin, hoffnungslos und tieftraurig. Wie tief mich in dieser meiner Verlassenheit das liebevolle Zeichen Ihres Gedenkens meiner unbedeutenden Person gerührt hat, daß wirklich ein „Lichtblick" in die Trübnis meiner Gedanken heute fiel, vermag ich auch mit den innigsten Worten des Dankes Ihnen nicht auszusprechen. Ich küsse im Geiste Ihre Hand, teuerste gnädige Frau, daß Sie, wo Sie jetzt wirklich genug für die Gesunden und Brauchbaren zu denken haben, des *„Unbrauchbaren"* nicht vergessen haben, der aus der Ferne nichts bieten kann als treueste Grüße und die innigsten Wünsche zum wundervollsten Gelingen des hohen Werkes!

„Genug der Worte, ließet Ihr endlich mich einmal Taten sehen!" können Sie mit Recht mir zurufen; darum will ich Sie mit den Leiden und Bekümmernissen meiner Wenigkeit auch nicht weiter behelligen; daß meine Erholung die schönsten Fortschritte macht und es mit meiner Gesundheit eigentlich vortrefflich geht, nur nebenbei!

Nochmals tausend Dank für Ihre große Güte; die herzlichsten Grüße an ganz Wahnfried und Mottl!

In innigster, unbegrenzter Verehrung Ihr in dankbarster Treue ergebener

Richard Strauss

78 Weimar, den 20. Oktober 1892

Hochverehrteste gnädige Frau!

Endlich, endlich ist mein etwas morsches Lebensschifflein wieder etwas ausgebessert und verträgt kräftigen Steuerdruck. Der schwankende Kurs der letzten Monate lenkt nun in neue und zielbewußte Bahnen ein, und so wagt der etwas verunglückte Steuermann auch wieder vor Ihre Augen zu treten. Was ich im September schon Siegfried als schönen Plan mitteilen durfte, wird nun durch die Gnade des Großherzogs, der mir einen Jahresurlaub erteilt, und durch die Großmut meines Onkels Pschorr, der mir das Reisegeld spendet, Ereignis: Freitag, den 4. November, werde ich von Triest nach Korfu abdampfen, nach kurzem Besuch der Inseln Kephalonia, Ithaka und Zante nach Patras, von da nach dem altgriechischen Bayreuth: Olympia, Korinth und Athen reisen. In dem „Weimar Griechenlands" will ich 10 Tage bleiben, um dann Ende November von Syra nach Alexandria und Kairo zu fahren. In der Nähe von Kairo: das Bad Helouan soll mich dann die Wintermonate Dezember und Januar aufnehmen, 3. Februar trete ich dann die vierwöchentliche Nilfahrt bis zum II. Katarakt an, April und Mai sollen Sizilien gewidmet sein, im Juni geht's dann langsam durch Italien und Südtirol zurück und Juli und August verbleiben der Nachkur im bayerischen Gebirge, wohin ich als vollständiger Riese, der seinen alla breve nur mehr mit Eichbäumen dirigiert, mit einer Lunge wie Gott Boreas und Nerven so dick wie die Schiffstaue aus dem I. Akt „Tristan" glücklich anzulangen hoffe.

Ich glaube, teuerste Frau, Sie werden mit dem Plane einverstanden sein; ich selbst fühle, wie notwendig ich diese Reise, mit der ich die „Wanderjahre" zu eröffnen gedenke, brauche: Alles, was einem von der Jugend her als dort nötige Fessel, als teilweise fördernder Zwang, der auf den rechten Weg den Unerfahrenen zu leiten bestimmt war, anhängt, einmal abzuwerfen, in *vollständiger Einsamkeit* alles, was man in der Jugend gelernt und in sich aufgenommen hat, auf seinen eigentlichen Wert und seine Brauchbarkeit fürs spätere Leben einmal so recht zu prüfen, ins Anschauen fremder, herrlicher Kulturen versenkt, so recht weit weg von dem trostlosen Deutschland der Philister, die Zeit des selbständigen Mannesalters vorzubereiten, dünkt mich jetzt nebst der Sorge für meine Gesundheit von ganzem Herzen erstrebenswert, und so stürze ich mich in wahrer Begeisterung auf diese Reise.

Daß es mich drängt, vor diesem wichtigen Schritte wenigstens ein paar Stunden auf dem „letzten Felsen, auf den sich die deutsche Kultur gerettet hat": in unserem herrlichen Bayreuth zu weilen und Ihnen, hochverehrteste gnädige Frau, die Hand zu küssen, können Sie sich wohl denken!

Am Sonnabend, den 29. Oktober, dirigiere ich im Leipziger Lisztkonzert die „Faust-Sinfonie“ und möchte am 30. Oktober nach Bayreuth kommen, um Sie, teuerste Frau, noch einmal zu sehen und zu begrüßen! Darf ich kommen?

In der schönen Hoffnung eines freudigen Wiedersehens und mit der Bitte um eine baldige zustimmende Antwort grüßt Sie und ganz Wahnfried aus innerster Seele

Ihr in innigster, unbegrenzter Verehrung stets getreuer

Richard Strauss

Von Mittwoch, den 26., an ist meine Adresse: Leipzig, Krafts Hotel de Prusse.

79

Salò am Gardasee
Hotel Salò, den 23. Oktober 1892

Endlich geschieht etwas Vernünftiges! Gott sei Lob und Dank! Wenn ich den Großherzog sehe, will ich ihn preisen, und Ihren Onkel Pschorr freue ich mich sehr, kennengelernt zu haben, denn er ist geradewegs großartig.

Ihre Zeilen, mein teurer Ausdruck, erhielt ich hier und hoffe ich bestimmt, daß unsere Wege sich treffen.

Ich habe mich nämlich bei der Frau Großherzogin in Baden-Baden gemeldet. Sie ist aber jetzt wegen der Taufe in Berlin und ich werde erst in einigen Tagen wissen, wann sie zurück sein wird. Aber ich denke bestimmt 26. hier zu verlassen, 27. und 28. bin ich in München: Hotel Marienbad, von da ab ist [es] unbestimmt. Aber ich hoffe, am 30. in Bayreuth einzulaufen. Könnten Sie vielleicht am 31. oder 1. November, so wäre es sicherer. Oder wir träfen uns in München? Aber schöner wäre Wahnfried, wenn auch im provisorischen Zustand des Augenblicks nach der Ankunft.

Nur diese zwei Worte für heute. Ich diktiere sie aus dem Bett, wo irgendeine Nuance des Schnupfens mich hält und wo Kopfweh mich verhindert, eingehender Ihren lieben Brief zu beantworten.

Alles mündlich und einstweilen nur den herzlichsten Gruß treuer Anhänglichkeit.

C.W.

Meine Kinder freuen sich sehr für Sie und auch Sie wiederzusehen.

80

Leipzig, [undatiert]
Kraft's Hotel de Prusse

Hochverehrteste gnädige Frau!

Herzlichen Dank für Ihre Zeilen, die mich sehr erfreuten.

Da ich Donnerstag, den 3., früh von München nach Triest abreisen muß, um das Schiff nach Korfu zu erreichen, muß ich spätestens Montag abend schon in München sein, da Dienstag und Mittwoch für die nötigen Vorbereitungen zur „großen Reise" kaum ausreichen.

Wenn ich Sie also nicht Sonntag, den 30., schon in Bayreuth treffen kann, ich träfe daselbst mittags 2 Uhr ein, um bis Montag mittag zu bleiben, so würde ich Sie, teuerste gnädige Frau, innigst bitten, mich in München zu erwarten, wo ich dann Sonntag abend einträfe. Darf ich Sie bitten, mich nochmals über Ihre Pläne zu benachrichtigen? Also: ich reise Sonntag entweder 6.45 früh nach Bayreuth oder 11 Uhr vormittags nach München, je nachdem Ihr lieber Befehl, der mir das Glück verheißt, Sie noch einmal wiederzusehen, lautet.

Gebe Gott, daß Ihr Unwohlsein bald behoben ist!

Mir geht es vortrefflich, indem daß ich gehörig in der „Faust-Sinfonie" schwelge!

Auf fröhliches Wiedersehen! Mit den innigsten Grüßen an Sie, hochverehrteste gnädige Frau, und Ihre Lieben

Ihr in treuester Verehrung herzlich ergebener

Richard Strauss

81 Kairo, den 9. Dezember 1892
Shepheards Hotel!

Hochverehrteste gnädige Frau!

„Endlich mal was Vernünftiges" – Ja, das einzige Vernünftige, was ich gerade jetzt tun konnte, ist diese Reise; wie glücklich bin ich, daß ich mich dazu entschlossen; denn was ich alles in Griechenland erlebte, die Bewunderung dieser herrlichen hellenischen Kunst auf dem Boden, dem sie entsprossen, das Staunen über die großartigen Bauwerke in der Landschaft, in der und für die einzig passend sie errichtet, unter dem Himmel, der über ihnen leuchten *muß*, das sind Eindrücke, die fürs ganze Leben bestimmend sind.

Ich wußte bis jetzt nicht, daß ein Bauwerk den Menschen bis zu Tränen rühren kann, nun hab' ich's beim Anblick des Parthenons erfahren; was Bildhauerei ist, begreift man erst an einem Praxitelischen Hermes, dessen Original (in Olympia) alle nur denkbaren Schönheitsmöglichkeiten (die man den Nachbildungen mit kühnster Phantasie entnehmen könnte) weit übetrifft, an den Nikes des Phidias und besonders, wenn, wie in den reichen Sammlungen von Athen, man zum ersten Male eine vollständige Übersicht über die gesamte Entwicklung der plastischen Kunst der Griechen erhält, die Anknüpfung an ägyptische Kunst, wie der Grieche diese starren Formen allmählich belebt, wie der Ausdruck der Köpfe immer charakteristischer wird, wie aus der Freude des sich entwickelnden technischen Könnens die Übertreibungen im „Ausdruck" entstehen (in dem archaischen Zentaurenkampf am Friese des Zeustempels in Olympia), um dann allmählich zur höchsten Schönheit modifiziert zu werden –

von der Skulptur bis zur Musik

von hellenischer Lebensfreudigkeit bis zum Christentum, vom äußeren bis zum inneren Menschen,

von Olympia bis Bayreuth.

Das habe ich jetzt nicht bloß theoretisch angenommen, das habe ich jetzt mit Auge und Herz in mich aufgenommen, das habe ich geschaut, das weiß ich jetzt, weil ich's erlebt habe.

Als ich in Olympia stand, auf der Stätte reinsten Gottesfriedens, einem Platz so ausgesucht „heilig", ganz ringsum von sanften, grün und braun gefärbten Hügeln umgeben, zwischen zwei Flüssen der heilige Tempelbezirk noch sehr schön erhalten, wie gedachte ich da Bayreuths. Hier in Olympia schafft ein Volk aus sich heraus, im innigsten Anschluß an die Natur, sich Festspiele, die an und für sich geringfügigen Inhaltes doch schließlich ein Schönheitsideal der äußeren Form wie den Praxitelischen Hermes hervorbringen – Volk, Kunst, Natur, Religion vereinigen sich in einer Harmonie des Optimismus, der durch seine Bestimmtheit und die Vollendung, mit der er sich gibt, wahrhaft faszinierend auf den Beschauer wirkt und dem man sich hingeben muß, ob man will oder nicht!

Bayreuth – repräsentiert dagegen die äußerste Vereinsamung des christlichen Genius, der auf den Flügeln der Musik unerreichbar über einem Volke schwebt, das ihm nicht mehr zu folgen vermag, das mit ihm gar nichts mehr gemein hat. Die Definition von „Volk" als diejenigen, die eine gemeinsame Not empfinden, paßt meiner Meinung nach nur auf die Griechen; jetzt gibt's kein „Volk" mehr, jetzt gibt's nur einsamen Genius.

Ich weiß nicht, ob ich mich deutlich genug ausdrücke; Sie verstehen mich aber, hochverehrteste Frau; ich spreche dies alles so kurz aus, die Gedanken sind ja alt und mir längst bekannt, nur als wirkliche *Erlebnisse* so neu und wunderbar.

In Ägypten habe ich bis jetzt, so interessant das Land, so wunderbar Sonne, Beleuchtung und Farbe sind, so amüsant und toll das Volksleben ist, einen annähernd großartigen Eindruck wie von Griechenland nur von den Pyramiden erhalten. Denn da ist annähernd ein wirklich künstlerischer Eindruck erzielt; so wenig an und für sich so eine Pyramide bedeutet, so ist sie doch in der umgebenden Natur, den weichen Linien der Sandberge, das einzig Entsprechende dieser Landschaft, und der Beschauer bewundert, wie die Naivität der Alten immer unbewußt das Richtige in ihrer künstlerischen Formgebung getroffen hat. Man nähert sich gleichsam dem Urzustande künstlerischen Gefühls und frischt sich an dieser monumentalen Naivität auf wie Antäus durch die Berührung der Erde.

Der moderne Orient ist ja riesig interessant, das Volksleben bunt und amüsant (die heulenden Derwische haben mir mit ihrem Fanatismus, so brutal er sich äußert, doch einen gewissen Eindruck gemacht – Fanatismus ist nun einmal mein Fach – in jeder Gestalt), die arabische Architektur wirkt aber nur in der Masse, so in der Vogelperspektive Kairo von der Zitadelle aus gesehen, im Detail wirkt sie nicht, wenigstens *nach* Griechenland. Das Land jedoch, das Frühling, Herbst und Sommer vereinigt, die Farbentöne der Luft und besonders die Wüste sind von gewaltigem Zauber, wolkenloser Himmel, blühende Rosen und Palmen am 8. Dezember sind eben doch kein leerer Wahn; über dem Garten meines Hotels kreisen die Geier, in den Straßen wimmelt's von Eseln, englischen Gigerln, Kamelen, Deutschen, Büffeln, Arabern, Kairo vereinigt höchsten europäischen Komfort (so. z.B. habe ich im Theater hier „Dinorah" von Meyerbeer gesehen) mit afrikanischem Schmutz (da fällt mir ein, daß Meyerbeer eigentlich da hin rangiert) – kurz, es ist das verrückteste Durcheinander genau so bunt wie – mein Brief!

Januar werde ich auf den Nil gehen, mit einer Dahabiye bis Assuan fahren und wohl erst Anfang März zurückkommen; alles in allem geht es mir wunderbar, großartige und verrückte, künstlerische und barbarische Eindrücke schießen durch meinen einsamen Dickkopf, meine Gesundheit ist die denkbar beste, zudem lese ich viel, arbeite auch und lese nur ab und zu in einer deutschen Zeitung – die allerkuriosesten Dinge, von Mottl – der nach Wien geht, von Richard Strauss, der *nicht* nach Frankfurt kommt (um Gotteswillen, ich werde doch nicht verurteilt sein, wieder nach Weimar zu müssen, davor schaudert mir jetzt schon) – das sind eben alles nur kurze Augenblicke der Beunruhigung, dann setze ich mich auf einen Esel und reite durchs arabische Viertel und Deutschland liegt eben so weit hinter mir als ich meine Freunde und Gönner nur im Geiste nahe fühle. Ich denke Ihrer, teuerste gnädige Frau, so oft und in innigster Liebe und Treue, daß ich fühle, daß auch Sie den Ungetreuen, der sich so oft schlecht aufführt, nicht ganz vergessen werden. Sie sollten auch einmal hierher, ich glaube, es würde Ihnen schon gefallen; dabei die denkbar schönsten Hotels, außer – Musik gibt's hier alles, was das Herz begehrt: na, und für die Musik wird – – Bayreuth „schon sorgen"!

Ich sende Ihnen, hochverehrteste gnädige Frau, und ganz Wahnfried die herzlichsten Grüße und (der Gedanke daran ist *hier* sehr komisch) die besten Wünsche zum *Weihnachtsfest*, das ich voriges Jahr das große Glück [hatte], so schön bei Ihnen zu verbringen, und verbleibe

in innigster Verehrung Ihr ewig getreuer

Weltreisender
(auch Ausdruck genannt)

82 Wahnfried, den 18. Dezember 1892

Mein lieber Ausdruck!

Ja, es war vernünftig, das einzigste Vernünftige! – *Wie* habe ich mich über Ihren Brief gefreut und mein altes: „Halten Sie Ihr Gymnasium in Ehren" kam mir dabei in seiner glänzenden Berechtigung in den Sinn; und wie recht haben Sie: Dort ein Volk, hier ein einzelner Geist! Daher dort Schönheit und Kultur, hier Erhabenheit und ringsum Barbarei. – Wie gerne wäre ich mit Ihnen durch den Olympischen Hain gewandelt und in den Tempel eingetreten und vor dem Hermes gestanden. Selbst nur die geringste Abbildung aus jener Welt läßt uns empfinden, wie auf ewig wir von ihr getrennt sind.

Nur der Venusberg bringt sie als Traumbild uns wieder und wohl auch die „Klassische Walpurgisnacht", wenn auch nicht so anschaulich. – Daß Ihnen so schnell der Unterschied der arabischen Baukunst und ihre verhältnismäßige Unbedeutendheit aufging, hat mich sehr gefreut. Um von dieser ganz berauscht zu werden, muß man, scheint es, die Alhambra sehen. Könnten Sie es nicht möglich machen (d.h. der liebe, von mir so innig geschätzte Onkel Pschorr), über Konstantinopel zurückzukommen, damit Sie noch den Eindruck der Hagia Sophia und des Goldenen Horns hätten? Gott weiß, wann Sie wieder einmal derlei Genuß haben! Und, Weimar in Ehren, aber alles ersetzt es doch nicht; und so Gott will kommen Sie woanders hin. Es scheint jetzt Kapellmeister-Gärung zu sein. Levi – maladig; Mottl auch. d.h. seit gestern abend verheiratet, vermutlich nicht in Karlsruhe bleibend; Weingartner wegen des kuriosen Durchfalles seines „Genesius" („G'wesius" sagen die Berliner!) nach Frankfurt sich sehnend. Dessoff[1] zu seinen Stammvätern; Hellmesberger[2] pensioniert, daher wahrscheinlich Fuchs[3], der dritte Kapellmeister Wiens, das Theater verlassend.

Ich wünschte Sie entweder in Karlsruhe, wenn Mottl geht, oder in Berlin neben Muck[4], der dort ganz zufrieden ist. – Gott wird Rat schaffen, vorläufig denken Sie an nichts als das, was Sie jetzt umgibt.

Heute haben wir aus Gnad' und Barmherzigkeit ein bißchen Sonne, was ich schnell melde, bevor sie wieder weggeht.

Auch wir denken wehmütig unseres vorigen Weihnachten. Keine Enkel diesmal und kein Ausdruck, dafür eine Grimgarde, ein Pferd, welches ich Siegfried beschere, wenn er von Wien zurückkommt, wo er Mottls Zeuge war. Ich habe soeben meine Kinder zu großem Gelächter gebracht, weil ich gern bei der Bescherung den „Walkürenritt" von der Militärkapelle aufgeführt möchte. Die behaupten, daß kein Posaunist mir da bläst.

Im übrigen werden wir hier geschulmeistert. Für den Fall, daß meine Ansprache sich in der Wüste ebenso gut ausnehmen sollte wie in der Bürger-Ressource, lege ich sie bei[5]. Vorläufig lehren Kniese und ich unseren Schülern: Buchstabieren! Ich versichere Sie, mein Ausdruck, wir sind noch in Deutschland einen Tag nach dem Dreißigjährigen Krieg, diese Verkommenheit! Es ist entsetzlich! Dabei, immer wieder guter Wille, der einen rührt und einen das Unmögliche unternehmen läßt.

Knieses Chor dagegen ist „grandios selbstbewußt" und studiert die „Missa Solemnis".

Wenn ich jetzt Abschied von Ihnen nehme, schreibe ich an Mme. Bellincioni[6], eine merkwürdig begabte italienische Sängerin, die ich in Berlin sah und von welcher ich höre, daß sie Deutsch lernt. „Wißt ihr, wie das wird"?

In Berlin habe ich den „Rienzi" mit den dortigen Vorständen vorbereitet und ich bin nicht ganz ohne Hoffnung, daß es gut wird. Ich habe noch viel daran gearbeitet und bin begierig, was Sie dazu sagen. Jedenfalls müssen Sie hin, es ansehen, wenn er im September daran kommt! Das hat also gute Weile.

An Kniese würden Sie hier Ihre Freude haben. Er leistet buchstäblich alles, als Adjutator (von Cromwell her!) gaben wir ihm Schlosser[7], Mimes Sohn, der sich ganz intelligent anläßt, wenn er natürlich die gewissen frischen Operntempi bringt, die mich neulich, bei des Adriano: „Zurück, zurück", geradewegs in Schrecken versetzten. Dann hat sich uns aus Mannheim ein netter Schauspieler mit vorzüglichem Gesicht und, wie Kniese sagt, mit guter Stimme gemeldet. Sind die Zöglinge erst über das Buchstabieren, dann wollen wir auf „Tod und Verklärung" (großer Erfolg in München, unter dem Major!) Theater spielen: „Dorfbarbier"[8] und so manches Jerum und so manche Bettelei, wie Sie Ihnen gefallen! – Siegfried hat mit Mühe und Not die Haydnsche Sinfonie der Militärkapelle hier einstudiert, um sich dann mit Leidenschaft auf die „Preludes" zu stürzen. Er fühlt sich als musikalischer Assistent sehr wohl, und ich glaube, er wird uns noch tapfere Dienste leisten. Er hat mir auch die Pantomime des „Rienzi" zusammengestellt und ist so fleißig, daß ich ihm das Pferd gegen die Stubenhockerei schenke.

So, mein guter Ausdruck, aus der nordischen Not! „Greis, grau, grämlich-schnarrend". Aber ein wundervoller Sonnenuntergang war, wenigstens für unsere Verhältnisse.

Zwischen Anfang und Ende dieser Zeilen liegt eine Weihnachtswanderung, die hier mit gutem Humor durchgemacht werden muß.

Leben Sie wohl, teuerster Ausdruck, bleiben Sie ja beim Fanatismus! Des Lauen gibts genug und des Farblosen auch, weiß Gott.

Wenn Sie Moses in der Wüste begegnen, fragen Sie ihn, ob er Semit ist, was ich nicht glaube, und lassen Sie sich von Ahlwardt und der Löweschen Gewehrfabrik[9] erzählen. So im Sande wird sich die Geschichte aus dem Trokkenen recht gut ausnehmen!

Zum Christabend erreichen Sie wohl diese Zeilen. Kein Baum kann heller leuchten als mein Herz voller Wünsche für Sie! Werden Sie recht gesund! Im übrigen können Sie Dickkopf bleiben und mir Ärger bereiten, soviel Sie wollen, ich weiß doch, wie es steht!

Gutes Weihnachten von ganz Wahnfried

1 Otto Dessoff (1835 – 1892), Dirigent und Komponist, 1860 – 1875 Hofopernkapellmeister und Dirigent der Philharmonischen Konzerte in Wien, anschließend in Karlsruhe und ab 1881 erster Kapellmeister in Frankfurt a.M.

2 Joseph Hellmesberger d.Ä. (1828 – 1893), österreichischer Violinist und Dirigent, 1877 – 1892 Hofkapellmeister in Wien. Direktor der Gesellschaft der Musikfreunde.

3 Johann Nepomuk Fuchs (1842 – 1899), österreichischer Dirigent, seit 1880 an der Hofoper in Wien, später Direktor des Konservatoriums der Ges. der Musikfreunde.

4 Carl Muck (1859 – 1940), Dirigent, 1886 erster Kapellmeister am deutschen Landestheater in Prag, 1892 – 1912 an der Hofoper in Berlin, 1908 Generalmusikdirektor. Außerdem wirkte er als Konzertdirigent in Wien, Boston und Hamburg. In Bayreuth leitete er 1901 – 1930 die *Parsifal*-Aufführungen, 1909 *Lohengrin* und 1925 *Die Meistersinger von Nürnberg*.

5 Die Ansprache fehlt. Cosima Wagner bildete zusammen mit Julius Kniese in der Bayreuther Stilbildungsschule junge Bühnenkünstler im Bayreuther Gesang-, Sprech- und Bewegungsstil aus.

6 Gemma Bellincioni (1864 – 1950), italienische Sopranistin, sang die Santuzza in der Uraufführung von Mascagnis *Cavalleria rusticana*, gab eine Gesangsschule heraus und schrieb eine Autobiographie.

7 Max Schlosser (1835 – 1916), Tenorist, 1868 – 1895 an der Hofoper in München. In der Uraufführung der *Meistersinger von Nürnberg* sang er den David. In Bayreuth war er der Mime in der Uraufführung des *Ring des Nibelungen*. Sein Sohn Anton war 1894 auch musikalischer Assistent.

8 Das Singspiel *Der Dorfbarbier* (1796) von Johann Baptist Schenk (1753 – 1836).

9 Hermann Ahlwardt (1846 – 1914), antisemitischer Agitator, beschuldigte die Löwesche Waffenfabrik, durch die Lieferung schlechter Gewehre den Staat betrogen zu haben, wurde aber daraufhin zu fünf Monaten Gefängnis verurteilt.

83 Luxor, Oberägypten, den 1. März 1893

Hochverehrteste gnädige Frau!

Was ich als schwache Entschuldigung für mein langes Schweigen heute anführen kann, können Sie mir mit vollem Rechte nicht gelten lassen; doch ist es die einzige Entschuldigung, mit der ich vor Ihre Güte treten kann, welche Sie mir in Ihrem lieben, herrlichen Briefe nach Kairo von neuem bewährt haben und die – doch vielleicht soweit reicht, mir den Frevel zu verzeihen, daß ich hier in Oberägypten Privatsport treibe, d.h. nämlich Opern komponiere. Daß ich zwischen alle Reisegenüsse hindurch eifrigst Schopenhauer studiert habe, hätte mich nicht am Schreiben gehindert; daß ich aber noch in Kairo mit der Orchestrierung des I. Aktes begonnen habe, die gestern fertig geworden ist, nahm meine Schreibkräfte derart in Anspruch, daß ich erst nach einem Ruhetag es versuchen kann, einen halbwegs leserlichen Brief zu schreiben. Nun aber hübsch der Reihe nach und nicht wieder „irrlichtern“!

Ihr so liebevoller Brief hat mir die außerordentlichste Freude bereitet und war mir ein wunderschönes Weihnachtsgeschenk zusammen mit Ihrer großartigen Rede zur Eröffnung der Schule, zu deren prächtigem Gedeihen ich freudigst gratuliere. Daß Siegfried nun uns armen Taktschlägern so gewaltige Konkurrenz macht, las ich schon in der Zeitung. Wir armen Mimes, wenn Jung-Siegfrieds Schwert zu „schneiden" anfängt. Hei, wie glückte ihm das?

Über „Minna von Barnhelm"[1] werden wohl die Herrn Gesangsmeister arg ihre dummen Belcantoköpfe geschüttelt haben! –

Ich sitze nun, nachdem ich im Januar den Nil bis Assuan hinaufgefahren bin, in den „heiligen Hallen" des Isistempels von Philae Freund Sarastro begrüßt habe, seit zwei Monaten in friedlicher Einsamkeit hier in Luxor, der Stätte des alten, hundertpylonigen Theben, gehe in den Sphinxalleen des Karnaktempels spazieren, krieche in den Felsengräbern Setis' und Ramses' herum, warte vergebens, ob die alten Memnonskolosse nicht doch wieder einmal singen werden, und staune täglich über die Riesenwerke der alten Ägypter, die für die „Zeit und Ewigkeit" zu bauen vermeinten und deren Obelisken und steife Riesensäulen mit ihrem 3000jährigen Alter dem Beschauer, wenn sie auch von den Griechen an Formschönheit überholt worden sind, immerhin sehr ehrwürdig erscheinen und gegen die erbärmliche arabische Baukunst sich in ihren kolossalen Verhältnissen und durch das mächtige Wollen, das sich hier betätigt hat, immerhin imposant genug ausnehmen. Besonders der Karnaktempel, dem ein freundliches Erdbeben jetzt sogar zu einer höchst malerischen Wirkung verholfen hat, inmitten herrlicher Palmenwälder, an dem heiligen See, in dem sich die zusammengekrachten Pylonen und die verstümmelten Ramseskolosse spiegeln, ist ein höchst stimmungsvoller Platz, dank dem „erfreulichsten aller Dinge": der lieben Sonne, die ihre Kunst jede Stunde den Ruinen zu neuen Beleuchtungseffekten leiht.

Abgesehen aber von den 8 Tempeln, 30 Felsengräbern, bald 100 Sphinxen, an 30 Kolossen von Ramses, Tutmes, etc., die Osiriskaryatiden gar nicht gerechnet, abgesehen von dem ganzen Eldorado für den altertümerbedürftigen Menschen ist Luxor auch landschaftlich der schönste Punkt des Nils; die Kalksteinberge der Wüste sind von prächtiger Formation, von herrlichen Schluchten durchzogen; das Fruchtland ist reicher und größer als sonst, dem Auge wie ein großer Park mit Palmenwäldchen und allerdings nur sehr von weitem malerischen Dörfern, dem Spaziergänger ein weites Feld für sein Bewegungsbedürfnis, dem man in diesem unverändert herrlichen Wetter gerne nachgibt. Alles in allem der idealste Landaufenthalt der Welt, dessen Freuden selbst die ekelhaften, dummen, albernen, faulen, schmutzigen Araber einem nur auf Augenblicke verbittern können. Das Volk ist so widerlich, daß ich sogar hie und da erwogen habe, ob mir nicht die lieben Deutschen doch lieber sind, was sehr viel sagen will! Bin ich zu Hause, sehne ich mich wieder nach den Arabern, die vor dem deutschen Philister das voraus haben, daß ich ihr Stammeln, auch Sprache genannt, wenigstens nicht verstehe. Hierbei fällt mir lebhaft Schopenhauers herrliches Wort: „Jeder erfüllte Wunsch ist ein erkannter Irrtum“ ein! Alles, was die bloße Neugier befriedigen kann, das originellste Volksleben (von außen betrachtet, wie's die meisten Menschen nur können) ermüdet und langweilt!

Bei der Gelegenheit möchte ich Ihnen doch mitteilen, welch großen und tiefen Eindruck mir Schopenhauers wundervolles Kunstwerk: „Die Welt als Wille und Vorstellung“ gemacht hat. Ich nenne es ein Kunstwerk, weil es sich in der Erkenntnis des wahren Wesens der Welt doch weit über alle „Wissenschaft“ erhebt und in seiner schönen Form und seinem wundervollen sinfonischen Aufbau wirklich höchstes ästhetisches Wohlgefallen erregt. Von dem Standpunkt aus freut man sich sogar über mannigfache Widersprüche zwischen reiner logischer Vernunfterkenntnis und beinahe künstlerischer Anschauung, welch letztere besonders im letzten Teile: „Über die Bejahung und Verneinung des Willens“ überwiegt, wo das „Individuum Schopenhauer“ ab und zu, wenn auch mit geistvollster Dialektik, Schlüsse zieht, die nicht ganz mit der wundervollen objektiven Haltung der ersten Bücher im Einklang stehen. Ich meine hier speziell die etwas einseitige Darstellung der „Leiden der Welt“ und die Glorifizierung der Modifikation des Willens im Leben der Heiligen. Ich sehe Sie, hochverehrteste Frau, im Geiste bereits über den „Künstler“ lächeln; ich kann mir nun einmal nicht helfen, der Heiligenschein wird mir doch nie beschieden sein (ich bin froh, wenn ich es zum „bloß Gerechten“ bringe) – ich sehe nun einmal „die Krone der Schöpfung“ im Leben des Genius, im reinen, willenlosen Subjekt der Erkenntnis; das einzige, wahre reine Glück künstlerischer Produktion – wiegt dies nicht qualitativ alle kleinen Leiden dieser Welt auf? Wenn man das Glück nach der Elle mißt, vielleicht nicht; und wenn auch die Leiden des Genius gegen die Leiden der kleinen Leute gesteigert sind, die Freude des reinen, willenlosen Erkennens – kann eben nur der kennen, der sie erlebt hat.

Auch der Satz von der „Erlösung des Willens in der Verneinung“ scheint mir nicht unanfechtbar! Will denn der Wille sich erlösen? Diese Frage unterwirft Schopenhauer gar keiner Untersuchung. Das bis jetzt einzig erkennbare *Ziel des Willens* ist: daß er sich im Menschen seines Wollens *bewußt* geworden ist, daß er *erkennt*, ob er (kraft der Prädestination im einzelnen Individuum) bejahen oder verneinen *will* – weiter kann, glaube ich, unsere allerdings an Zeit und Raum gebundene Erkenntnis nicht gehen, ohne utopistisch zu werden. Schließlich ist dies aber auch schon recht viel! Doch nun will ich Sie nicht länger mit meiner vielleicht recht mittelmäßigen Künstlerphilosophie langweilen, am Ende halten Sie mich gar – – für einen Optimisten! Schließlich, wenn Sie dann einmal wirklich meine Oper hören müssen, sagen Sie vielleicht: Der hat sogar zum Heiligen noch mehr Talent als wie zum Opernkomponisten. – Ja, was man in Ägypten nicht alles erlebt; neulich traf ich hier in Begleitung des Landgrafen von Hessen[2] sogar den kleinen Harris[3], den ich mich als Bayreuther herzlich freute zu sehen. Ich hoffe, ihn in Sizilien wieder zu treffen, wohin ich im April gehe. Den März bin ich noch in Kairo (Adr. Baron von Richthofen); April Messina, Taormina, wo ich vier Wochen bleiben will, über Syrakus, Girgenti nach Palermo, wo ich die zweite Hälfte des Mai zuzubringen gedenke und hoffe, Ihre verehrte Tochter begrüßen zu können. Nachdem ich nun altägyptische Kunst, griechische Kunst (in Griechenland und Sizilien) erlebt habe, will ich mit Überspringen Roms und Neapels direkt in die Renaissance: Florenz, Perugia, Siena, um dann Ende Juni über Genua, Lago Maggiore, Simplon, Montreux wieder im „lieben, alten, Festspiele heuchelnden" München einzutreffen. Wird denn Mottl *wirklich* da mitdirigieren? Schöner Schwindel! Als ob die Herrn Winkelmann, van Dyck etc. Bayreuth ausmachten?! Na, wer weiß, vielleicht befördert diese Dummheit *indirekt* in der blöden Masse das Verständnis des „wahren Wesens von Bayreuth"! Von dem Standpunkt aus begrüße ich die geniale Idee des Herrn Possart[4]! – Nun aber, hochverehrteste, teuerste Frau, leben Sie wohl und seien Sie sowie ganz Wahnfried mit den herzlichsten Wünschen bestens gegrüßt

von Ihrem in innigster Verehrung stets getreuen

Richard Strauss

1 Von Cosima Wagner mit ihren Schülern einstudiert.
2 Landgraf von Hessen: Ernst Ludwig (1868 – 1937), seit 1892 Großherzog.
3 Clement Hugh Gilbert Harris (1871 – 1897), englischer Pianist (Schüler von Clara Schumann) und Komponist, Reisegefährte Siegfried Wagners.
4 Ernst von Possart (1841 – 1921), Schauspieler und Rezitator, von 1864 – 1905 dem Hoftheater in München verbunden, zuerst als Charakterdarsteller, seit 1872 auch als Regisseur, 1878 Schauspieldirektor und schließlich Intendant. Er war auch für die von Perfall als Gegenstück zu den alljährlichen Kunstausstellungen eingeführten Musteraufführungen verantwortlich, die in Bayreuth als Konkurrenz der Festspiele angesehen wurden. Das Prinzregententheater und damit die Münchner Festspiele sind Possarts Verdienst. – Richard Strauss schrieb für den Rezitator Possart die Melodramen *Enoch Arden* op. 38 (Uraufführung 24. 3. 1897 in München, Mathildensaal) und *Das Schloß am Meere* o.op. 92 (Uraufführung 23. 3. 1899 in Berlin) und war sein Begleiter auf vielen Tourneen.

84 Wahnfried, den 15. März 1893

Mit Ihrem Brief, mein teurer Ausdruck, sind Sie direkt in meine Stube getreten, und es war mir wie an jenem Ostertag, wo wir hier zusammensaßen und so ziemlich von allem miteinander plauderten. Ich glaube, wir haben damals auch die Schopenhauersche Philosophie nicht ausgelassen, deren Haupterkenntnis Sie mir so ausgezeichnet zusammenfassen. Was mich betrifft, so kann ich nicht sagen, daß ich Schopenhauer studiert hätte; was ich von ihm weiß (ich meine gründlich), ist das, was ich mir durch „Beethoven“ angeeignet habe, und Ihre Auffassung entspricht meiner Neigung, die Dinge zu nehmen. Ob aber Schopenhauer nicht recht hat und ob der Wille nicht einzig im Heiligen völlig erlöst ist, das ist eine andere Frage. Ich glaube, wir täuschen uns dadurch, weil wir uns in die Heiterkeit des Heiligen nicht ganz versetzen können. Während die Heiterkeit des Genies uns bis zur Mitteilnehmung verständlich ist. Goethe sagt einmal (besser als ich es hier aus dem Kopf anführe), er glaube wohl, daß mit der Zeit der Mensch sich immer mehr um die Not des anderen kümmern werde, aber dann würde die Welt das Aussehen eines Lazaretts bekommen. So empfindet der Künstler, und darin liegt eben der Haken. Stein, der sich mit dem Problem der Heiligkeit, vielleicht wie keiner, beschäftigt hat, sagte mir einmal, er könne nicht mehr. Wir wollen also leben, und was uns diesem Leben entgegen zu stehen scheint, bleibt uns Geheimnis; und in dem Leben, wie wir es empfinden, ist das künstlerische Schaffen uns das Göttliche, Befreiende! Wehe aber dem Künstler, der von diesem Schaffen in die Wirklichkeit zurücktritt. Ein Blick auf Beethovens Antlitz, auf Dürer oder Rembrandt sagt uns wohl alles, und genügte das nicht, so würde das Flüchten Goethes in die Naturwissenschaften uns auch manches erklären. Aber – wir können uns positiv in den Heiligen nicht versetzen. Ja, kaum ihn lieben, da er unserer gar nicht bedarf! Und so bleiben wir fest und treu beim Genie und laben uns an ihm und wissen, daß wir es ihm schuldig sind, sein Wirken und sein Leiden fruchtbar zu erhalten.

Ich freue mich auf das von der Sonne Ägyptens gezeitigte Drama! Im April bringt Mottl seinen „Firdusi“ zur Aufführung, und ich habe ihm versprochen, nach Karlsruhe dafür zu kommen. Er wollte nicht nach München. Nun ist er aber glücklicher Ehemann geworden, sein Intendant hat ihm abgeschlagen, seine Frau zu engagieren, die Münchner wollen sie nehmen, und so wird er aus holder Nähe folgen. „Tannhäuser“ wird er nicht dirigieren. Wollen sehen, wie es wird! Sie kündigen dort auf Tod und Teufel überall an, und ich wurde schon von der Harmlosigkeit gefragt, ob ich in München Festspiele dieses Jahr gäbe? Wenn eine Schwalbe keinen Sommer macht, so macht gewiß ein Grüning keinen Frühling, und Wand und Winkel auch kein Haus! Es ist mir aber nicht ganz angenehm, daß die guten Leutchen dort in das grelle Souffleur-Licht setzen, was sie nicht können. Und so jeder Nimbus fällt. Aber ich glaube, die Münchner werden sehr zufrieden sein, und das ist wohl die Aufgabe.

Meine „Minna" ging vorüber und konnte sich ganz gut mit den Federn, die ich ihr geschenkt, sehen lassen. In der Tat, wie ich vor kurzem die „Vasentasena"[1] im Berliner Schauspielhaus sah, dachte ich mit Genugtuung an unseren Abend. Siegfried hat seine Sache wacker, mit größter Ruhe, gemacht und er fährt fort, hier mit der Militärkapelle zu arbeiten.

Meine Schule ist aber sehr reduziert. Die meisten ergaben sich als unbrauchbar. Jetzt sind wir nur noch vier Frauen und drei Männer, wovon der eine recht talentvoll, leider brustkrank ist. Ob noch Anmeldungen kommen, ist fraglich, da jetzt die Menschen, welche Stimme haben, gar nichts lernen und gleich zur Bühne laufen. Ich habe aber Freude an den paar, die hier sind, da sie mit großem Eifer sich ausbilden lassen und selbst Freude an dem Verhältnis, welches ihnen zu ihrer Kunst wird, empfinden.

Kniese ist zum zweiten Mal auf Reisen wegen unserer künftigen Festspiele. Die Ernte ist gering! Unser armes Land ist ausgesogen, und Talent findet man nur in solcher Dürftigkeit, daß man zuerst eigentlich füttern müßte. Ja, die lieben Deutschen! Der gute schnarchende Michel! Er ist über Nacht um alles gebracht worden. Sahen Sie das Gedicht von Heyse[2] an die Ratsherren von Düsseldorf (bei Gelegenheit der höchst anständigen Ablehnung eines Denkmals für *Heine*)? Es hat mich empört, und ich bin überzeugt, daß der gute Deutsche das liest und reizend findet, weil ihm alles gefällt, „Lohengrin" und „Rantsau"[3], Schiller und Sardou[4], *alles*. Er ist Universalgenie! In Berlin herrscht Mascagni, so daß ich in die Oper nicht kann.

Sieht denn das Arabergesindel wenigstens hübsch aus? Um diesem Stamm gerecht zu werden, muß man, glaube ich, seinen Aufenthalt in Spanien studieren, wo er entschieden eine Kultur, auf seine Weise, hervorbrachte. Jedenfalls ärgert er einen nicht so wie der deutsche, dem alles geschenkt wurde und der gar nicht weiß, was er hat und mit seinen höchsten Gütern den Fremdling hausen läßt. Doch genug von dem alten, traurigen Lied! Die Vögel zwitschern draußen und es läßt sich (freilich immer unter grauem Himmel!) wie Hoffnung an.

Ich finde Ihre Reisepläne ausgezeichnet. Meine Tochter wird sich unendlich freuen, Sie wieder zu sehen. Taormina wird Sie entzücken! Es ist wundervoll und wird Sie gewiß an Griechenland erinnern. Perugia ist fast mein Lieblingspunkt in Italien gewesen. Und Sie werden gewiß (was ich leider nicht konnte) Assisi besuchen, wo die Heiligkeit sich das herrlichste Kunstdenkmal setzte.

Daß Rienzi ein Freund und Schüler der Franziskaner war, erfuhr ich kürzlich mit Freude. Meine letzte Arbeit war das Szenario von „Rienzi" für Berlin. Ob es ganz so durchzuführen sein wird, weiß ich nicht. Fürs erste habe ich Freude an Muck, Brandt, Brückner und dem Costumier. Mit den Sängern werde ich erst Ende Mai zu tun haben. Der Chordirektor soll schlimm sein! Das belcanto wird uns wohl da nicht sehr stören!

Am Ende treffen Sie (mit) Siegfried in Sizilien, da er auch seine Schwester besuchen möchte. Die Begegnung mit Clement[5] unterhielt uns sehr. Bayreuth in der Wüste! In Deutschland ist es auch so ziemlich in der Wüste! Wenn Sie schon so über mich gelacht haben, daß ich bei den Festspielen an den „Peloponnesischen Krieg" dachte und ihn empfahl, was würden Sie dazu sagen, daß ich unmittelbar nach den vorjährigen Aufführungen die Geschichte Cromwells begann? Ich glaube, es ist das Bedürfnis nach der Äußerung der Kraft (und zwar einer gestaltenden Kraft) in der Geschichte, welche mich zu so unzusammenhängenden Lektüren treibt. Mit Cromwell bin ich noch nicht fertig und kaum zu einer in Worte sich fassen lassenden Auffassung gelangt. Vielleicht ist die Unerbittlichkeit der Dinge niemals zu solchem Ausdruck gekommen wie bei dieser großen, beinahe bis zur Unpersönlichkeit großen Individualität.

Nun aber, mein Ausdruck, leben Sie wohl. Genießen Sie Ihr Dasein voll und ganz, kommen Sie uns recht gesund zurück und seien Sie von ganz Wahnfried auf das herzlichste gegrüßt!

C.W.

Im nächsten Jahr: „Lohengrin"! Ich habe aber weder Lohengrin noch Telramund, noch König, noch Elsa, noch Ortrud. Aber wir geben die christliche Trilogie: „Parsifal", „Tannhäuser", „Lohengrin"! Dann kommen die Heiden.

1 „Vasentasena": Drama des indischen Königs Sudraka (2. Jh. n. Chr.) in der Fassung von Emil Pohl.

2 Paul Heyse (1830 – 1914), Schriftsteller, besonders Novellist, Mittelpunkt des Münchner Dichterkreises, Nobelpreisträger 1910.

3 *I Rantsau* (Deutsch: *Die Rantzau*) (Uraufführung 1892), Oper von Pietro Mascagni (1863 – 1945).

4 Victorien Sardou (1831 – 1908), französischer Dramatiker, Haupterfolg: „Madame Sans-Gene", „La Tosca" (Grundlage für Puccinis Oper).

5 Clement: Harris.

85 Kairo, den 23. März 1893

Hochverehrteste gnädige Frau!

Vielen, vielen Dank für Ihren herrlichen, interessanten Brief. Ihre lieben Nachrichten sind so recht geeignet, einen Deutschland, dem ich nur allmählich wieder näher komme, wieder lieb gewinnen zu lassen – und Bayreuth ist eben doch in Deutschland! Wenn man so weit weg ist, entschwindet der alberne Kunsttrödel, den die Juden und Judengenossen da in unserer lieben Heimat aufführen, beinahe einem aus den Augen, und der „letzte Hort" Bayreuth steht allein in der Erinnerung da – und um Bayreuths willen liebe ich doch mein Deutschland und freue mich eigentlich schon, die Heimat wiederzusehen. Ich fühle mich jetzt wieder kräftig genug, um wieder einigen Kampf zu bestehen, meine Nerven gewinnen allmählich wieder die nötige Ruhe, um allem Widerwärtigen mit der nötigen Fassung zu begegnen, und so mag denn bald der Tanz wieder beginnen! Die Vorspiele dazu begannen bereits in einer höchst merkwürdigen Unterredung Levis mit meinem Vater in München, wobei Levi meinen Vater fragte, ob ich geneigt sei, ihm gleichgestellt den Hofkapellmeisterposten in München wieder anzunehmen.

Diese höchst überraschende Nachricht kommt gleichzeitig mit Ihrer Mitteilung, ≪sowie verschiedenen Nachrichten aus München≫ daß Mottl nach München gehen will, was mich gestern zu einer diesbezüglichen Anfrage an Mottl bewogen hat, ob er von Karlsruhe wegginge, ob ich Aussicht hätte, dort sein Nachfolger zu werden. Ich wollte mir von Mottl direkte Gewißheit holen, bevor ich mich auf weitere Unterhandlungen mit Frankfurt, für das meine Aussichten jetzt auch wieder zu steigen scheinen, einlasse. Denn nach Karlsruhe ginge ich viel lieber als nach Frankfurt, am liebsten allerdings nach München, wenn Mottl nicht dahin geht.

Der Levischen Anfrage stehe ich nun ziemlich ratlos gegenüber! Was bedeutet diese? Ist's eine eigenmächtige Aktion Levis hinter Possarts Rücken oder mit Possarts Vollmacht? Haben sich die Verhandlungen mit Mottl doch zerschlagen?

Bitte hochverehrteste gnädige Frau, raten Sie mir hier und teilen Sie mir Ihre Wünsche mit. Levis Anfrage an meinen Vater lautet ziemlich bestimmt und enthält nur die eine Bedingung, daß ich freundlich mit ihm verkehren möchte, da er sich keiner Schuld gegen mich bewußt sei.

Wie gesagt, ich sitze im fernen Ägypten und verstehe von der ganzen Sache gar nichts, bei Ihrem großen Einfluß auf das Rätsel Mottl kann ich nur durch Sie volle Gewißheit über diese dunkle Sache bekommen. Bitte, raten Sie mir und teilen Sie mir, wenn es Ihnen möglich, einiges Bestimmte über das etwas schleierhafte Verhältnis zwischen Levi und Mottl mit.

Will Possart den Mottl in München haben und Levi will es nicht?

Oder will Levi Mottl in München und dieser will nicht?

Oder Possart will Mottl nicht, degegen Levi?

Irgend etwas ist dunkel in dieser Sache, worüber ich gerne aufgeklärt sein möchte, bevor ich weitere Schritte tue. Möchten Sie die große Güte haben, in dieser schwierigen Sache die freundliche Mittlerin zu spielen, da Ihnen doch vielleicht das Schicksal Ihrer glücklichen wie Ihrer verunglückten Bayreuther Dirigenten nicht ganz gleichgültig sein dürfte. Von Levis Anfrage weiß außer meinem Vater noch niemand, als ich gestern selbst an Mottl schrieb, hatte ich selbst nicht die leiseste Ahnung! Eventuell kommt diesem „Wissenden" mein Brief recht naiv vor! – –

Ich bleibe noch zehn Tage hier, gehe Anfang April, wenn ich Reisegesellschaft finde, doch vielleicht noch auf ein paar Tage nach Jerusalem; außerdem direkt nach Taormina (Poste restante). Siegfried dort zu sehen, würde ich mich herzlich freuen, in Palermo gedenke ich so Mitte Mai anzukommen. Wollen Sie nicht auch, wenn die „Schule" es zuläßt, auf einige Zeit im Frühjahr nach Süden? Wie würde ich mich freuen, Sie im sonnigen Italien zu begrüßen!

Verzeihen Sie meine obige Bitte, aber ich weiß mir gegenwärtig keinen anderen Rat, als mich vertrauensvoll an Sie, teuerste gnädige Frau, zu wenden!

Empfangen Sie sowie ganz Wahnfried die innigst[en], herzlichsten Grüße

Ihres in treuester Verehrung ergebenen

Richard Strauss

86 Taormina, den 10. April 1893
Poste restante

Hochverehrteste gnädige Frau!

Tausend Dank für Ihren liebenswürdigen Brief und die freundlichen Glückwünsche „zu München", welche, wie ich fürchte, leider verfrüht waren, denn abgesehen davon, daß ich bis jetzt noch keine direkte Anfrage von Levi oder Possart erhalten habe, empfing ich heute eine Zeitungsnotiz aus München, welche besagt, daß Weingartner vom 1. April 1896 an nach München engagiert sei. Wenn sich dies bestätigt und in München vielleicht die Absicht besteht, mich ad interim die Arbeit tun zu lassen, bis dann endlich 1896 der sehnlichst erwartete „Geniale“ eintrifft, so glaube ich kaum, daß ich mich darauf einlassen werde. Ich würde nach München nur mit *ganz bestimmten Garantien* gehen – und selbst wenn ich ad interim ginge, wer bürgt mir dafür, daß ich dann 1896 eventuell Weingartners Stellung in Berlin erhalte? Ach Gott, ich sehe schon, ich werde in Weimar sitzen bleiben müssen und über sechs ersten Geigen den Taktstock schwingen: eine Tätigkeit, die man doch auf die Dauer nur bei übermäßigem Biergenuß aushalten kann. Ja, ja, für Deutsche, die eine Überzeugung haben und dabei gar noch so töricht sind, dieselbe hie und da zu vertreten und auszusprechen, gibt's allmählich in Deutschland keine Stellungen mehr; außerdem wimmeln da jetzt so viele „Geniale“ herum, daß für „Uns vom bescheidenen Talent“ kein Platz mehr ist.

So danke ich Ihnen denn herzlich für Ihren liebenswürdigen Wunsch, mich in München zu sehen – es wird wohl leider ein frommer Wunsch bleiben.

Ich sitze nun seit acht Tagen bei ziemlicher Kälte und windigem, regnerischen Wetter in dem alten Normannennest Taormina und erfreue mich des ab und zu aus den Wolken erscheinenden Ätna, der herrlichen Meeresbuchten und der wundervollen Frühlingsvegetation, wenn ich mir gleich nicht verhehlen kann, daß mir die einsame, weite Stimmung Ägyptens und der Wüste mit ihren herrlichen Beleuchtungen großartiger und bedeutender erscheint als die ein bißchen stark für deutsche Touristen aufgebaute Prunkdekoration Italiens; ich werde das Gefühl nicht los als ob Brückners in Coburg dies ebenso schön machen könnten. Auch die Herrn Lazzeroni[1] nehmen sich nach den Arabern etwas blaß aus; die Luft hingegen ist schön und kräftig und habe ich mich von den Strapazen der etwas stürmischen Überfahrt wieder prächtig erholt.

Aus der großen Konfusion, die Nietzsches allerdings viele geniale und kühne Gedanken enthaltendes Buch: „Jenseits von Gut und Böse“ in meinem armen Kopfe angerichtet hat, habe ich mich vorläufig wieder zu Schopenhauer gerettet – die Zweifel, die Schopenhauer mir erweckt, hat Nietzsche auch nicht ganz gelöst, wenn ich es auch gleich für möglich halte, daß auf dem Wege, auf dem der erste wahnsinnig geworden, doch vielleicht einmal „die Philosophie der Zukunft“ heraufdämmern wird. Das „Vorspiel“ dazu ist mir vorläufig noch zu wirr und kraus; es scheint eben, daß der „Erdenrest, der zu tragen uns so peinlich ist“ wohl immer übrig bleiben wird. Kennen Sie das Buch? Es ist ein tolles Gemisch von Verrücktheit, Absurditäten (die Sehnsucht nach dem „Süden in der Musik“ ist höchst komisch) und dann wieder Gedanken, die ich für das Bedeutendste mit halte, was ein Menschenkopf ersinnen kann (z.B. das Kapitel über die Frauen ist sehr scharfsinnig und zeugt von feinster Beobachtung; auch der antidemokratische Zug in dem Ganzen ist mir höchst sympathisch; im ganzen hat mir das Buch, wie man sagt, einen Brummschädel verursacht, und bin ich vorläufig wieder zu Schopenhauerscher Klarheit zurückgekehrt).

Im übrigen versuche ich weiter, mit Hilfe meiner Arbeit mich meines Daseins zu freuen – vielleicht aber endige ich doch noch einmal „am Ganges" – Gott sei Dank, daß es nächstes Jahr wieder Festspiele gibt; aus allem Gedankenkram, mit dem man „die Wahrheit" doch wohl nie findet, errettet uns einzig die heilige Kunst, und es gibt noch ein Bayreuth! Wenn Bayreuth nicht wäre!

Wie freue ich mich auf den „gottgesandten Mann"!

Mit den innigsten Wünschen für Ihre teure Gesundheit und den herzlichsten Grüßen an Sie, hochverehrteste Frau, sowie ganz Wahnfried in innigster Verehrung

Ihr immer getreuer

Richard Strauss

1 Eigentlich: Lazzaroni, die Proletarier Neapels.

87

Taormina, den 23. April 1893
Poste restante

Hochverehrteste gnädige Frau!

Herzlichsten Dank für Ihren liebenswürdigen telegrafischen wie brieflichen Rat, den ich getreulichst befolgt habe. Auf Levis sehr freundlichen Brief hin, der mir besagen soll, daß Weingartners Engagement hinter Levis Rücken erfolgt sei, und worin er mir eine erste, Fischer übergeordnete Stellung vom 1. Januar 1894 bis 97 verspricht, habe ich nach München geschrieben, daß ich im Prinzip den Antrag annehme, aber zugleich gebeten, daß man den endgültigen Abschluß der Angelegenheit bis Anfang Juli, der Zeit meiner Rückkehr nach München, verschieben möchte, wo ich am besten alle Details (Repertoire, die Werke und meine Machtbefugnisse wegen der Novitäten, Freiheit in betreff der Proben, Besetzungen etc.) mündlich besprechen könnte und wodurch ich zugleich Zeit gewinne, die Entwicklung der Wien-Karlsruher Angelegenheit etwas abzuwarten. Zugleich habe ich bei Graf Hochberg[1] meine Bewerbung um die Berliner Stellung eingereicht, meine Anfrage damit motivierend, daß ich mich bei dem Abschluß meines Münchner Vertrages eventuell darnach richten würde, wann er wünscht, daß ich in Berlin eintrete.

Wenn ich auch wahrscheinlich in München nicht gerade auf Rosen gebettet sein würde, so habe ich mich doch entschlossen, hinzugehen, in erster Linie deshalb, weil ich glaube, daselbst Ihnen, teuerste gnädige Frau, und Bayreuth bessere Dienste leisten zu können als in dem – sagen wir: Goethe-und-Schiller-Traditionstempelruinen Weimars! Das alte griechische Theater hier in Taormina ist – mir zwar lieber, erstens wird in demselben nicht mehr gespielt, ein großer Vorzug, zweitens bringt das Meer und der Ätna, der uns gestern nacht ein recht niedliches Erdbeben, welches ich natürlich verschlafen habe, beschert hat, etwas Leben in die Geschichte, was man gerade – sagen [wir] wieder: von der Ilm nicht behaupten kann – drittens: überhaupt!

Teuerste gnädige Frau, Sie haben mir in Ihrem vorletzten Briefe verschwiegen, daß der Krankheitsanfall, der Sie in Bayreuth überrascht hat, ziemlich ernstlicher Natur gewesen ist, was ich erst gestern aus München erfahren habe. Schonen Sie um Gottes willen Ihre kostbare, uns allen so teure Gesundheit recht und bleiben Sie recht lange in Montreux, wohin ich Ihnen meine innigsten Wünsche für Ihre baldige, dauernde Wiederherstellung sende.

Also seien Sie recht vorsichtig und nicht leichtsinnig! Was sollen wir Armen machen, wenn Sie uns krank werden!

Ich bleibe noch sechs Tage hier, dann besuche ich Catania, Syrakus, Girgenti und hoffe in den ersten Tagen des Mai in Palermo einzutreffen und daselbst Ihre Tochter zu begrüßen! Meine Adresse daselbst: Hotel des Palmes.

Hat Siegfried seinen Plan, nach Palermo zu gehen, aufgegeben? Ich würde mich so sehr freuen, dort mit ihm zusammen zu sein!

Mit den herzlichsten Wünschen und besten Grüßen an Sie, hochverehrteste gnädige Frau, sowie ganz Wahnfried

Ihr in innigster Verehrung stets allergetreuester

Richard Strauss

1 Bolko Graf Hochberg von Fürstenstein (1843 – 1926), Komponist, 1886 – 1903 Generalintendant der Kgl. Schauspiele in Berlin.

88

Montreux, den 27. April 1893
Hôtel des Avants près

So ist [es] recht, mein Ausdruck, ich freue mich vor allem auf die Kündigung! Mein Vater wendete auf Weimar an das, was ein Schalk in der Zeit der vollständigen Brachlegung Italiens von Rom gesagt: „cela sent le mort". Und wirklich, wenn man so an dem Wieland-Denkmal vorbeigeht, ist einem moderig zumute.

Wenn Sie mir glauben, so stellen Sie Ihre Forderungen in München nicht zu pragmatisch. Der Lebende hat recht, und Sie werden leisten und daher die Situation schaffen.

Richter bleibt in Wien. Nun kann dreierlei geschehen: Weingartner zieht es vielleicht doch noch vor, mit Berlin(er) wieder anzuknüpfen. Sie blieben in München. Oder Sie blieben in München neben Weingartner, und Mottl käme nach Berlin. Oder: Weingartner Alleinherrscher München; Mottl – Berlin, Sie – Karlsruhe. Oder Sie – Berlin; Mottl – Karlsruhe; Weingartner – München.

Jedenfalls halte ich Ihr Eintreten in München für günstig und deshalb rate ich, keine zu großen Schwierigkeiten zu machen. –

Ferner: Teilen Sie doch alles Mottl mit, damit eine Art Kombination in die Sache kommt, und Mottl dürfen Sie ja ganz trauen.

Levi versicherte mir auch, daß das Engagement Weingartners ohne sein Wissen geschehen. Ich drückte ihm nämlich mein Staunen über die Wendung des Auftrages an mich aus.

So, mein lieber, guter Ausdruck! Verschlafen Sie ja ferner alle Erdbeben und bleiben Sie mir gut!

Es geht mir viel besser und, so Gott will, kommt dies „Lohengrin" zugute!

Siegfried kommt jetzt leider nicht nach Palermo. Meine Tochter Gravina wird sich aber herzlich freuen, Sie zu sehen.

Nun, Gott befohlen, mein teurer Ausdruck! Lassen Sie uns das Beste hoffen! Tausend innige Grüße und auf gutes Wiedersehen!

C.W.

Vom 4. Mai ab: München, Dr. Fiedler. Vom 8.: Bayreuth.

89 Ramacca, den 27. Mai 1893

Hochverehrteste gnädige Frau!

Da ich Ihnen speziell von Ramacca aus schreiben wollte und durch die Ankunft des Grafen in Palermo mein Hieherkommen sich etwas verzögert hat, so mußte ich auch meinen Dank für Ihren lieben letzten Brief bis heute verschieben, wo ich Ihnen nun erzählen möchte, wie schön es hier ist und wie außerordentlich glücklich ich mich hier fühle. Kleinwahnfried unter italienischem Himmel, mit Ausssicht auf den Ätna, inmitten einer herrlichen Campagna, nahe einem himmlischen Dorfidyll ein reizendes altes Klösterchen, das sich Ihre Kinder bereits zu einem höchst gemütlichen, hübschen Heim umgestaltet haben. Die Gräfin, die die Güte und Fürsorge selbst für mich ist, finde ich prächtig aussehend und von den Leiden des Palermitanischen Winters in der kräftig frischen Bergluft vortrefflich erholt, der Graf, ganz Landwirt, weiht mich in die Geheimnisse des Feldbaus ein in gütiger Nachsicht meines schlechten Französisch, fährt mich auf einem reizenden kleinen Wägelchen mit einem schönen Rappen bespannt spazieren, nächstens werde ich zur Erheiterung Ramaccas sogar einen cavallo besteigen. Mariechen ist groß geworden, prangt, sehr zu ihrem Vorteil verändert, in frischester Natürlichkeit und wendet mir ihre besondere Huld zu – und so lerne ich das Leben in der Campagna in seiner allerherrlichsten Form kennen und lebe wie ein Prinz. Wie schade, daß Siegfried nicht auch da ist, ihm würde es, glaube ich, ebenfalls gefallen; ich habe mir schon immer gewünscht, einmal in einem italienischen Kloster zu wohnen (trotz meiner geringen Anlage zur Heiligkeit), nun genieße ich die Erfüllung, und noch dazu unter so lieben Menschen, die mir das reizende Idyll zu einem wahren Paradiese umgestalten.

Wieviel Bayreuths gedacht wird, können Sie sich, teuerste gnädige Frau, wohl vorstellen, es wird aber auch gut Bayreuthisch musiziert und gelesen, so Goethe-Eckermanns „Gespräche“, die ich hier zum ersten Male sehe und die mir eine neue Quelle größten reinsten Genusses sind, wie alles, was man von diesem außerordentlichen Geiste in sich aufnimmt. Ich hatte in Palermo die „Italienische Reise“ gelesen und kaum gewagt, so viel des dort so herrlich zum Ausdruck gebrachten als meine eigenen Reiseempfindungen in Ägypten und Italien wiederzuerkennen, bei der Lektüre der Gespräche muß ich aber oft immer wieder die Jahreszahl ansehen, um nicht zu glauben, so und so vieles sei heute geschrieben oder stünde in den „Gesammelten Schriften“: so Goethes Bemerkungen über Publikum, Politik usw. Die Genies sind eben eine große Familie und in ihrer herrlichen Harmonie durch alle Zeiten hindurch ein unnachahmliches Muster für alle kleinen Familien, wo es der Mißverständnisse kein Ende gibt! ≪bezieht sich, bitte, nur auf den Passus von „bei der Lektüre der Gespräche“ an. Natürlich!≫ –

Nun muß ich Ihnen aber doch berichten, daß ich durch den Grafen in Palermo die Bekanntschaft einer jungen Sängerin, Elvira di Cesare[1], gemacht habe, von welcher Ihr Schwiegersohn Ihnen schon geschrieben, und die ich nicht verfehlen möchte, Ihrer ganz besonderen Aufmerksamkeit zu empfehlen: Eine mittelgroße sympathische Erscheinung, mit schönen, schwärmerischen Augen, 17 Jahre alt und mit einer herrlichen, starken Mezzosopranstimme begabt, die vollständig ausgeglichen den Umfang von  mühelos beherrscht. Die Stimme ist groß und dramatisch und nebenbei von seltener Leichtigkeit, würde Freund Kniese nicht viele Schwierigkeiten mehr bereiten. Zudem hat sie noch sehr wenige italienische Unmanieren, scheint musikalisch und könnte mit der Zeit eine vortreffliche Elisabeth, Elsa – später sogar Walküre werden. Es bedürfte *nur* (?) des Studiums der deutschen Sprache und des übrigen „Bayreuthischen"; da sie vollständig mittellos, müßte sie von Bayreuth erhalten werden. Ich glaube mich (bei aller gewonnenen Vorsicht in den Empfehlungen für Bayreuth) kaum zu täuschen, daß das junge Mädchen jedes Opfer glänzend lohnen würde, zum mindesten möchte ich Ihnen dringend raten, die verhältnismäßig geringe Ausgabe, sie sofort einmal nach Bayreuth kommen zu lassen und selbst zu prüfen, nicht zu scheuen!

Da mich zudem Graf Gravina darum gebeten, kann ich Ihnen diese meine Ansicht nicht verhehlen und ich glaube, Sie könnten an Elvira di Cesare viel Freude erleben!

Was Ihren Wunsch, mich mit Freund Felix[2] bezüglich Berlins auseinanderzusetzen, betrifft, so bin ich natürlich gerne bereit, denselben – gehorsam wie immer – (ich sehe im Geiste Ihren zweifelnden Gesichtsausdruck) – zu folgen, wenn nämlich dies nicht bereits schon – überflüssig geworden ist. Graf Hochberg (der vielleicht erfahren hat, daß mir Mascagni nicht lieber ist als C.M. von Weber und daß ich Meyerbeer gegen Leoncavallo[3] gehalten immer noch für einen Abbé Vogler[4], was technisches Können betrifft, halte) hat nämlich auf meine Bewerbung um Weingartners Stelle nicht einmal geantwortet, er wird meinen Brief wohl zu den bekannten Akten: „Deutsche Kunst und was aus ihr werden soll" gelegt haben.

Wenn Sie zudem wünschen, daß Mottl nach Berlin kommt, so ist eigentlich eine Auseinandersetzung zwischen uns beiden unnötig, da Mottls Ruf und Können sowie ihr Wunsch vollkommen genügt, um ohne mein Zutun die Sache einfach zu erledigen.

Sollte ich aber hierin (wie so manches Mal) falsch zwischen Ihren Zeilen gelesen haben, so belehren Sie mich, gütig wie immer, zum soundsovielten Male und seien Sie mir nicht böse, denn ich habe doch mit meiner Bewerbung um Berlin auch nur Ihrem so liebenswürdigen telegrafischen Rufe zu folgen geglaubt.

Theurer Freund! Wir sind jetzt zu 5 hier in Wahnfried, Alle Gott sei Dank wieder gesund. Wir vereinigen uns in einem herzlichsten Gruss an Sie u. ich insbesondere entsende Ihnen das Beste an treuen Wünschen für Ihr Wohl u. die Entfaltung Ihres Wesens. Vergessen Sie uns die Natur nicht, u. lassen Sie hie u. da eine Cigarette unangeraucht liegen! Dies, damit Sie dort noch der Predigten in Wahnfried gedenken!

C. Wagner

Bayreuth. den 12 August 90.

Bitte übernehmen Sie bei Frl. de Chia meinen herzlichen Dank für die Blumen, welche mich bei meiner Rückkehr aus Mailand so freund-

Capitel über die Frauen ist sehr interessant u. zeugt von feinster Beobachtung; auch der antidemokratische Zug in dem Ganzen ist mir höchst sympathisch; im Ganzen hat mir das Buch, wie man sagt, einen Brummschädel verschafft u. bin ich vorläufig wieder zu Schopenhauerscher Klarheit zurückgekehrt.

Im Übrigen versuche ich weiter mit Hülfe meiner Arbeit, mich meines Daseins zu freuen — vielleicht aber werde ich doch noch einmal „ein Ganzes" — Gott sei dank, daß es nächstes Jahr wieder Festspiele giebt; aus allem Gedankenkram, mit dem [illegible] die ~~Hoffnung~~ doch wohl nie findet, rettet uns einzig die heilige Kunst und es giebt nur ein Bayreuth! Einen Bayreuth giebt's nur!

Wie freue ich mich auf den „gottgesandten Mann"!

Mit den innigsten Wünschen für Ihre treue Gesundheit u. den herzlichsten Grüßen an Ihre hochverehrte Frau [illegible] ganz [illegible]

in innigster Verehrung

Ihr treu ergebener

Richard Strauss.

München ist bis zu meiner Rückkehr (Anfang Juli) vertagt, was mir Possart vor wenigen Tagen freundlichst bestätigt hat. Von letzterem wird wohl nun abhängen, ob ich endgültig abschließe oder nicht. Ich muß bezüglich des Zwanges in der Direktion der Novitäten in diesem italienischen Zeitalter(s), bezüglich der Unbeschränktheit in Zahl und Dauer der Proben, bezüglich der Besetzungen mir eine Reihe von Garantien kontraktlich geben lassen, wenn mein Wirken in München derart sein soll, daß Weingartner nach drei Jahren wirklich in Sabbatsruhe die Früchte meiner Arbeit genießen kann.

Verzeihen Sie: Ich weiß nicht, was es ist, hier in Ramacca ist's so schön, ruhig und friedlich und ich werde die „verdammte Bosheit" doch nicht ganz los; in Ägypten schien sie ganz verschwunden – es scheint, daß ich schon wieder zu nahe an Deutschland bin.

Zu meiner größten Freude erfahre ich durch die liebe Gräfin, daß Ihre teure Gesundheit wieder hergestellt ist; möge dies von rechter Dauer sein und seien Sie nicht leichtsinnig: Der „Lohengrin" wird auch herrlich werden, ohne daß Sie, teuerste Frau, sich dafür total aufreiben! Wie freue ich mich auf die Chöre und den armen gemißhandelten II. Akt und kurz alles! Gott, was wird da Freund Kniese wieder Fleiß entwickeln, und die armen Kapellmeister wegen angeblicher chronischer Faulheit gescholten werden. Als ich heute früh trotz des in mein Zimmer guckenden Ätna arg verschlafen hatte, fuhr es mir, der Gräfin gegenüber, heraus: Das ist ja beinahe, als wenn die gnädige Frau früh 5 Uhr eine Separatprobe des II. Aktes „Tannhäuser" angesetzt hätte!

Und so kann die böse Jugend nicht hübsch genügsam im herrlichen Sizilien sich bloß ihres schönen Daseins freuen, sondern wagt auch noch schlechte Witze über die ernstesten Dinge.

Drum scheint es mir hohe Zeit, daß ich für heute schließe, wer weiß, was für Insubordinationen da noch zum Vorschein kommen würden. Auch kommt es davon, daß Sie immer so gut gegen mich sind, da kommt dann der Übermut.

Ohne aber, daß ich bitten möchte, daß Sie in Ihrer Güte für mich je nachlassen möchten, verbleibe ich mit tausend Grüßen von Graf und Gräfin, Mariechen (Manfred hat mir in Palermo schon eigens einen Gruß für die Großmama aufgetragen) an Sie, hochverehrte gnädigste Frau, soweit [sic!] ganz Wahnfried

Ihr in innigster Verehrung allergetreuester Ramaccaner

Richard Strauss

Bezüglich Fräuleins di Cesare dürfte nicht viel Zeit verloren werden, da dieselbe als gänzlich mittellos bereits mit Ricordi in Unterhandlung steht und dann für die deutsche Kunst wohl verloren ist!

1 Elvira di Cesare: Zu Ausbildung oder Engagement in Bayreuth scheint es nicht gekommen zu sein.
2 Freund Felix: Mottl.
3 Ruggiero Leoncavallo (1858 – 1919), Komponist der Erfolgsoper *Pagliazzi (Der Bajazzo)*.
4 Georg Joseph Vogler (1749 – 1814), Komponist und Musiktheoretiker.

90 Bayreuth, den 1. Juni 1893

Das war ein lieber Brief und gute Nachrichten, mein teurer Ausdruck! Ich freue mich für Sie und meine Tochter, welche ihrerseits an unsere Freunde Groß ihre ganze Freude mitgeteilt hatte, Sie in Ramacca zu haben! Wenn Gott mir gnädig ist, so will ich den August in Luzern, September bei Thodes und Oktober in Ramacca zubringen, um dann 1. November wieder Schulfreund zu sein.

Ach, wie haben Sie recht, daß man in Deutschland boshaft wird, wenn man sich nicht ganz in den Winkel zurückzieht. Sie glauben nicht, was unserer Schule für häßliche Streiche allenthalben gespielt werden! Daher, obgleich wir arme Schlucker sind, ich mich kurzweg, auf Ihre Empfehlung hin, entschlossen habe, Rat Groß zu bitten, an Sie zu telegrafieren, Sie möchten die Cesare gleich mitnehmen, sie bis München begleiten, von wo aus sie leicht zu uns käme. Die Geldfrage besorgt Adolf Groß mit Gravinas. Und nun gebe Gott seinen Segen, denn auch gegen den „Lohengrin" arbeitet man jetzt gehörig!

Siegfried kam diese Nacht von der Tonkünstlerversammlung zurück, wo er sich sehr über Ritters „Reigen" in jeder Hinsicht – Komposition, Direktion und Wirkung – gefreut hat. Mündlich wird er Ihnen allerhand Drolliges mitteilen. Er saß neben Frau von Bronsart, welche meinte, die „Ideale" gehörten zu den schwächsten der Kompositionen meines Vaters, und von sich aus sagte, sie gliche Friedrich dem Großen!

Freilich haben Sie falsch zwischen den Zeilen gelesen, mein guter Ausdruck, und natürlich nehme ich es Ihnen nicht übel. Mottl hatte mir nämlich geschrieben, er würde ganz gerne jetzt nach Berlin kommen. Aus verschiedenen Gründen hielt ich dies für untunlich und gab Ihnen meinen Rat. Nun erschien mir dies wiederum wie eine Art Felonie gegen Mottl, die dadurch aufgehoben würde, wenn Sie sich beide besprächen und dadurch für alle Fälle Karlsruhe und Berlin in guten Händen blieben.

So, das wäre wieder einmal erklärt! . . . Und dabei streiten wir uns, wie es scheint, um Kaisers Bart, denn – Herr Großmann[1] ist, so sagt man, der neueste Sendbote aus Palästina!

Ich glaube, Sie werden sich mit Possart verstehen. Ich – halte es nicht für möglich, daß man Sie drei Jahre lang arbeiten läßt und dann fortschickt (zumal, da Ihnen das Ganze angeboten werden sollte). Ich habe auch in diesem Sinne zu Possart gesprochen. – Daß Sie Garantien fordern, halte ich für gut.

Nun aber, nichts mehr davon; es wird einem wirklich ganz schwül, wenn man an unsere Zustände denkt.

Gräfin Wolkenstein verglich mich mit dem Mont Blanc, Lichtenstein[2] mit dem Chimborasso, Chamberlain mit der Dent du Midi, Sie mit dem Aetna. Ich kann mit diesen Höhen, denke ich, ganz zufrieden sein und wünschte nur einiges Bewußtsein davon zu haben.

Soeben kommt die Zeichnung vom Heerhorn[3]. Wollen sehen, ob unsere Trompeten darin anzubringen sind.

Also, der „Lohengrin" wird auch gut, wenn ich mich nicht aufreibe! Meine Kinder sind ganz Ihrer Ansicht, und nächstens kann ich die Hände in den Schoß legen. – Ich habe den I. Akt „Tannhäuser" in München gesehen, Siegfried den III. Sie werden Ihre Freude haben.

Nun aber leben Sie wohl! Ich muß zu den „Kleinen von den Meinen".

Nochmals haben Sie Dank, mein teurer Ausdruck! Grüßen Sie mir meine Kinder groß und klein; anbei Siegfried für meine Tochter. Auf baldiges Wiedersehen! Wir können in Wahnfried in „Biedermann"[4] fortfahren, das ist eines meiner Lieblingsbücher und selbst die irische Frage kommt darin vor.

Alles Beste mit Ihnen – selbst – wenn Sie mich verkennen!

C. Wagner

Noch soll ich von Mama Ihnen ihre herzliche Freude über Ihre Worte bezüglich des „Lohengrin" sagen und melden, daß Kniese eine herrliche „Missa Solemnis" hier aufführte – eine Vorahnung kommender nächstjähriger Taten.

Gerne füge ich diesem Auftrag schönste Grüße von mir und den Geschwistern an ganz Ramacca hinzu!

E.W.

1 Vielleicht Stefan Großmann (1875 – 1935).

2 Fürst Rudolf Liechtenstein (1827 – 1899), Obersthofmeister, Freund und Verehrer Richard Wagners aus der Wiener Zeit.

3 Heerhorn: Das seit dem 9. Jh. belegte h e r h o r n verlangt Richard Wagner zu Beginn des 1. Aktes von *Lohengrin:* „Der Heerrufer des Königs und vier Heerhornbläser schreiten in die Mitte. Die Bläser blasen den Königsruf."

4 Gustav Woldemar von Biedermann (1817 – 1903), Literarhistoriker, gab Goethes Gespräche heraus (Bd. I-IX, Leipzig 1889 – 1891, Bd. X 1896).

91 Florenz, den 13. Juni 1893
Hotel d'Italie

Hochverehrteste gnädige Frau!

Tausend Dank für Ihren so lieben Brief und das Vertrauen, das Sie mir durch die Berufung von Fräulein di Cesare bewiesen haben; ich hoffe nur, daß Sie an der kleinen Sizilianerin Freude erleben möchten.

Meine von Ihnen so günstig aufgenommene Empfehlung ermutigt mich bereits zu einem zweiten Stücklein dieser Art; aber da wir Bayreuther doch auch unsere Augen hübsch offen halten müssen, möchte ich Ihnen mitteilen, daß Arthur Seidl, den Sie gewiß aus den „Blättern" kennen und der unserer Sache aufs treueste ergeben ist, mir mitgeteilt hat, daß er seine Stellung in Weimar als Generalsekretär des „Vereins für Massenverbreitung guter Schriften" aufgegeben und nun einen Platz (an einer Musikschule oder Universität) sucht, auf welchem er recht im Bayreuther Geiste für unsere Sache wirken könne.

Nun kommt meine Idee: Könnten Sie ihn nicht an der Schule als Lehrer für Musikgeschichte etc. brauchen? Seidl hat sehr viel Wissen, die besten Intentionen, ist persönlich ein sehr netter, hochanständiger Mensch (nur leider schon verheiratet), er schreibt recht gut, es fehlt ihm eigentlich nur der letzte Schliff und die ganz direkte Richtung, die man aber nur – in Wahnfried gewiesen erhält. Herr von Wolzogen könnte sich an ihm einen höchst brauchbaren Mitarbeiter für die „Blätter" heranziehen – kurz, wenn überhaupt ein derartiger Platz in Bayreuth frei ist, ich glaube, Sie würden mit Seidl zufrieden sein, wie er sicher sein letztes Tröpfchen Blut hergeben würde, um sich diese Ihre Zufriedenheit zu erwerben.

Seidl hat keine Ahnung davon, daß ich Ihnen dies schreibe, hat auch in seinem Briefe nicht das geringste angedeutet, und doch weiß ich, daß es sein höchster Herzenswunsch wäre, in dieser Weise unter die „Adjutanten des *Oberkommandos*“ gestellt zu werden. Apropos! Nächsten Freitag findet hier das große Friedensrendezvous mit dem Major statt, der bei Pistoia in heißen Bädern sich kurieren will.

Seien Sie mir nicht böse wegen der Belästigung mit Seidl – aber ich finde eben, wir kleinen Adjutanten sind eben dafür da, Sie auf derlei Gelegenheiten aufmerksam zu machen; wenn Sie keinen Gebrauch von meiner Mitteilung machen können oder wollen, bedarf es keiner Antwort.

Ich habe zwölf Tage wirklich wunderschön in Ramacca verlebt und danke der lieben Gräfin wirklich die Glanzepoche meiner ganzen Reise; ganz schweren Herzens bin ich am 6. Juni mit dem Obersozialisten Montemaggiore von dem reizenden Idyll abkutschiert und von Messina beinahe direkt bis Livorno gefahren. Nur in Neapel habe ich einen herrlichen Frühlingstag genossen und drei Stunden im Museum geschwelgt, um jetzt hier in Florenz, welches als Stadt prächtig und durch seine Vornehmheit höchst erfreulich ist, von der ganzen mittelalterlichen Kunst eigentlich etwas enttäuscht zu sein. Oh, höre ich Sie sagen: „Der radikale Ausdruck“!! Es geht mir aber wirklich so, von den Skulpturen der Renaissance kann sich eigentlich nur der Perseus des Cellini neben den Griechen einigermaßen sehen lassen, und mit den Malern?

Während mich die ganz Alten: Lorenzetti, Giotto, Orcagna durch ihre himmlische, herzerfrischende Naivität zu Tränen unter Lächeln zwingen, kann ich das, was zwischen ihnen und den Höhepunkten: Raffael, Tizian liegt, kaum ansehen. Abgesehen davon, daß viele von diesen Mittelgliedern durch die religiöse Tendenz in eine ihrem Talente fernliegende Bahn geleitet worden sind, z.B. Botticelli – ihr Unglück ist, daß sie den ganz Großen schon zu ähnlich und eben doch *nicht groß genug* sind. Diese Andrea del Sartos und Paul Veroneses etc., wenn sie nicht das Glück hätten, 300 Jahre alt zu sein!

Sagen Sie, bitte, ja nichts davon Ihrem Schwiegersohn Thode – aber ich kann mir nicht helfen: Für das eine Chrsituskind der „Madonna mit dem Stieglitz“ schenke ich die ganzen Uffizien mitsamt der affektierten Venus von Medici her, die römischen Porträtbüsten ausgenommen, die mich diesmal außerordentlich interessieren.

Ganz besonders enttäuscht bin ich von Herrn Michelangelo, der mir wie ein höchst genialer Dekorateur erscheint, von dem ich aber absolut nicht begreifen kann, wie man ihn als Maler jemals mit Raffael auch nur hat vergleichen können. Dieser Athletenfotograf mit seinen ausdruckslosen Köpfen!

Nun höre ich aber schon einen Schrei des Entsetzens durch ganz Wahnfried erschallen und will mich darum lieber in Schweigen hüllen, bis Sie mir selbst einmal, zu einer Stunde der Erheiterung vielleicht, die Zunge lösen! – Ach –

Siegfried neben Frau von Bronsart! Das ist ja himmlisch! Und Friedrich der Große? Hätte man dem jemals die Rettung des Kapitols zugetraut?

Noch eins: Ich habe Ihren lieben Brief erst hier erhalten und konnte so leider Ihren Wunsch, Fräulein di Cesare zu begleiten, nicht ausführen, zumal ich mich hier acht Tage aufhalte und am 17. Juni durch die Schweiz (über den Simplon, Brig, Montreux) nach München reisen will, wo ich erst die letzten Tage des Juni einzutreffen gedenke.

Wo werde ich dann die Freude haben, Sie, teuerste gnädige Frau, wiederzusehen? Ich bleibe bis 16. Juli in München, von da ab bin ich in Marquartstein (in der Nähe des Chiemsees) und harre Ihrer Befehle!

Fräulein Eva speziell herzlichen Dank für die freundlichen Grüße (wie gerne hätte ich die famose „Missa" unter Freund Kniese gehört!). Ihnen hochverehrteste gnädige Frau, die innigsten Wünsche für stetiges Fortschreiten des „Lohengrin" (daß Sie diesen Sommer einmal Ihrer teuren Gesundheit widmen wollen, ist sehr schön) und tausend Grüße an das übrige Wahnfried

In innigster Verehrung Ihr allergetreuester

Richard Strauss

Chamberlains höchst verdienstlicher Aufsatz[1] in den letzten „Blättern" hat mir große Freude gemacht und wird vielleicht doch endlich einmal die Aufklärung über diesen Punkt bringen!

1 Houston Steward Chamberlain (1855 – 1927), englischer philosophischer Schriftsteller, Kulturhistoriker und Rassentheoretiker, seit 1908 in Bayreuth. Seine Veröffentlichungen beschäftigen sich mit Kant, Goethe und Richard Wagner. Auf „Die Grundlagen des 19. Jahrhunderts" bezog sich der Nationalsozialismus. Chamberlains Aufsatz „Richard Wagner und die Politik" erschien in den „Bayreuther Blättern" 16. Jg., 1893, 5. und 6. Stück.

92 Florenz, den 15. Juli 1893
Hotel d'Italie

Hochverehrteste gnädige Frau!

Obgleich Sie besser zwischen den Zeilen lesen als wohl die meisten Adressaten Ihrer lieben, wundervollen Briefe und zudem mich wahrscheinlich besser kennen als ich mich selber, ist dieses Postskriptum zu meinem gestrigen radikalen Herzenserguß eigentlich kaum nötig. Ich fühle aber doch etwas Gewissensbisse, über einen Großen zu grünschnablig abgeurteilt zu haben, und so möchte ich Ihnen denn beichten, daß ich heute zum ersten Male die Mediceergrabdenkmäler in der neuen Sakristei von Michelangelo gesehen habe und Sie infolgedessen bitten, in meiner gestrigen Bemerkung über diesen großen Gesamtkünstler die Spreu von dem Körnchen Weizen, das sie enthält, freundlichst zu sondern.

Durch die Lektüre von Goethes „Italienischer Reise" war ich so voll von den ewigen Vergleichen und Streitereien, ob Michelangelo oder Raffael der größere Maler sei, daß ich in meiner Entrüstung darüber, daß man dem letzeren überhaupt streitig machen könne, daß er vielleicht der einzige gewesen, der die allerhöchsten Offenbarungen des Christentums malerisch zum Ausdruck bringen konnte – die Verdienste Michelangelos, die in dem Zusammenfassen der einzelnen Künste und vielleicht noch mehr in dem Einfluß, den diese gewaltige Persönlichkeit auf alle Zeitgenossen ausgeübt haben muß, liegen, nur zu – jugendlich ungerecht in den Hintergrund stellte. Es ist eben mein alter Fehler: wenn eine ganz alte Wahrheit in meinem dummen Kopfe zum ersten Male deutlich wird, sie dann gleich so extrem gegeben in die Welt hinauszuposaunen, daß die Wahrheit zur – Torheit wird.

Dies kleine Schreiben hat somit nur den Zweck, Ihnen den Glauben an meine Besserungsfähigkeit nicht ganz [zu] benehmen, und so grüße ich Sie, hochverehrteste Frau, und ganz Wahnfried aufs herzlichste

als Ihr in innigster Verehrung stets getreuer

„Ausdruck"!

93

Gardone. Lago di Garda,
den 7. Oktober 1893
Villa Cargnacco[1]

Mein lieber Ausdruck,

an einem wundervollen, sonnigen, warmen Tag will ich Ihnen sagen, daß Ihr lieber Brief hier Siegfried im Augenblick der Abreise traf und daß er Ihnen herzlich für Ihren Rat danken läßt, den er befolgen wird.

Ich schrieb an Levi, daß Sie täglich die Entscheidung erwarteten, und so Gott will, erfolgt endlich einmal etwas Gutes!

Aber auch wenn es jetzt nicht kommt, mein lieber Ausdruck, verlieren Sie Mut und Geduld nicht. 1896 geschieht die große Kapellmeister-Rückung, und da kommen Sie sicher vorwärts. Freilich ist es hart und schwer für Sie, bei Ihrer Jugend und Ihrem Talent. Vor allem bei Ihrer Gesinnung! Und was Sie von Narren- und Zuchthaus sagen, ist nur *zu* wahr!

Wir müssen aber dahin kommen, es nicht besser haben zu wollen als die Größten unter den Menschen, und es dankbar empfinden, wenn uns das Gute zu wirken nicht unmöglich gemacht wird.

Schwer genug wird es einem, davon kann ich ein Lied singen. Und die Menschen, die sich weder schämen noch grämen, möchte man beneiden.

Aber wir müssen uns tapfer halten und, sollten wir untergehen, ein Beispiel geben, wie Egmont, heiter gefaßt, der Tücke und Gemeinheit erliegen.

Wir werden aber nicht erliegen, mein guter Ausdruck! Lassen Sie Ihren Geist wacker dem Körper nachkommen! Da der Körper so hübsch, zu meiner Freude, seine Schuldigkeit tut!

Von mir sage ich, es geht mir sehr gut, wenn ich bedenke, wie Sie in der Blüte der Jugend schwer von Krankheit heimgesucht wurden; und erträglich, wenn ich denke, was ich alles gerne leisten möchte.

Gott befohlen, mein Ausdruck! Lesen Sie ein bissel Goethe? „Wilhelm Meister" half mir in jüngsten üblen Zeiten sehr – das Buch wurde mir zur Wirklichkeit und alle andere Erfahrung zum Spuk. Das leistet uns Dostojewski nicht. Nur noch ein gutes, treues Tier tut das auch!

C. W.

1 Das Tusculum Henry Thodes.

94 Weimar, den 18. Oktober 1893

Hochverehrteste gnädige Frau!

Wie innig hat mich Ihr liebevoller Brief erfreut! Er hat mir in Stunden, wo ich geistiger Stärkung so sehr bedurfte, wirklich Trost gebracht; ich kann Ihnen dafür nicht herzlich genug danken! Die Münchner haben mich nun recht schlecht behandelt: Nachdem Possart den 1. Oktober als Ultimatum bezeichnet hatte, an welchem Weingartner in München eintreten müsse, wenn nicht mein Kontrakt von 1. Januar ab in Kraft treten soll, telegrafiert mir Possart, Weingartner bäte um Aufschub, da seine Sache in Berlin der Entscheidung nahe, und ich solle mich noch weiter gedulden und warten, bis man – schließlich doch noch Weingartner statt meiner „gewinnt"!

Dies war mir doch etwas zu stark, ich erinnerte Possart an seine mündlichen und schriftlichen Zusagen mir gegenüber, er erwidert[e] darauf, das seien keine „kontraktlichen Abmachungen" und für ihn nicht bindend, er könne jetzt noch nicht mit mir abschließen. Ich habe nun einen Rechtsanwalt befragt, derselbe sagt mir, die Abmachungen seien *rechtlich* bindend und ich sei im Rechte. Was sollte ich aber machen? Ich kann doch mit Possart keinen Prozeß anfangen!

Die Weingartner, dem „echten Wagnerianer", befreundete Presse agitiert furchtbar dagegen, daß ich, als „Ihr getreuer Sendbote", nicht nach München kommen soll. Es ist wirklich ekelhaft!

Ich habe nun an Possart geschrieben, daß er, wenn er überhaupt noch darauf reflektiere, daß ich am 1. Januar eventuell nach München komme, mir jetzt einen *wirklichen* Kontrakt, von ihm gezeichnet, mit neuen, noch zu vereinbarenden Bedingungen zusenden solle und neuerdings einen *letzten* Termin bestimme, von welchem an dieser Kontrakt für beide Teile bindend sein soll, wenn der berühmte, „ob seiner Genialität in Wahnfried so unbeliebte Weingartner" dann nicht in München eintritt. Die Angst, die die Berliner Berühmtheit vor mir kleinem, unberühmten Menschen hat, ist mir ja nur schmeichelhaft, aber ich bin eben um sechs Monate umsonst hingehalten worden.

Ich habe nunmehr, glaube ich, das größte Entgegenkommen bewiesen – allerdings der erste Brief, den ich an Possart geschrieben, war recht energisch, so daß der mutige Major schon einen höllischen Schrecken bekommen hat. Possart hat sich aber nicht aus der Fassung bringen lassen, der verträgt noch mehr! Aber seine Untergebenen haben eben alle keine Courage; nun einen Sklaven engagiert er sich in mir nicht, darum wird er wohl vorziehen, mich einfach laufen zu lassen.

Und dabei kann ich es hier kaum mehr aushalten; dieses erbärmliche, armselige Getriebe in dem Weimar. Das hiesige Theater macht mir gar keine

Freude mehr, zudem lastet die ganze bleierne Philisteratmosphäre hier so schwer auf mir, daß mir jede Lust an eigenen Arbeiten fehlt. Es ist ein trauriges Dasein!

Goethe lese ich freilich, und zwar die „Gespräche", die ich mir unlängst alle gekauft habe. Ist das schön!

Gestern schrieb ich an Mottl und bat ihn um Zusendung seiner Oper[1], die ich gern noch aufführen möchte; auch „Hänsel und Gretel" hoffe ich zu machen.

Sonntag habe ich eine neue Oper von R. Metzdorff[2]: „Hagbart und Signe" dirigieren müssen; auch wieder einer, den viele herrliche Dinge in den „Werken" begeistert haben, auch so was zu machen – nur stehen die schönsten Situationen aus „Lohengrin" und „Tristan" ohne die Spur einer Notwendigkeit so ganz hilflos nebeneinander und die schönste Konzertsauce, die der „Tondichter" (?) drum rum gemacht hat, lockt keinen Hund hinter dem Ofen hervor. Nicht wahr, Albi? Auf Siegfrieds Konzert in Leipzig freue ich mich riesig und finde das Programm nunmehr sehr glücklich, wenn er auch ruhig den „Mazeppa" hätte beibehalten können!

Daß es mit Ihrer teuren Gesundheit besser geht, ist mir ein wahrer Herzenstrost, nun seien Sie aber hübsch brav und folgsam, damit es auch Bestand hat und wir nächsten Sommer am „Lohengrin" auch wieder einmal eine Freude erleben, die uns eben doch in München nicht *ganz* geboten würde!

Bitte beantworten Sie mir eine Frage, die mich schon lange drückt: Ist es Ihnen gelungen, den „Parsifal" in Österreich für Bayreuth zu sichern, die zehn Jahre sind doch vorüber? Ich gelobe größtes Stillschweigen, wenn Sie es wünschen!

Verzeihen Sie, daß ich Ihnen keine erfreulicheren Nachrichten schicke und Sie mit meinen Klagen belästige – aber was Schönes mitzuteilen weiß ich wahrlich nicht! Ja, wenn ich wieder in Ägypten säße!

Nun leben Sie recht wohl, teuerste gnädige Frau, und seien Sie sowie ganz Wahnfried auf das herzlichste gegrüßt

von Ihrem in innigster Verehrung getreuesten

Richard Strauss

1 Mottls Oper: Den Einakter *Fürst und Sänger* brachte Richard Strauss am 9. März 1894 zur Aufführung.

2 Richard Metzdorff (1844 – 1919), Komponist und Dirigent, später Musikschuldirektor in Hannover.

95 Gardone, den 21. Oktober 1893
Villa Cargnacco

Mein guter, lieber Ausdruck,

das ist doch wiederum ein recht wehmütiger Brief, recht nordisch, grau und griesgrämlich!

Wenn mein Urteil in einer Angelegenheit, die ich eigentlich nicht kenne, Ihnen von Wert sein kann, so würde ich Ihnen sagen: Levi hat Sie zu engagieren gewünscht; Possart dagegen, aus Gründen, die ich nicht kenne, wünscht Sie nicht! und frägt sich, ob er sich von der Verpflichtung von Levi frei machen kann. Nun hängt alles davon ab, ob Sie unter solchen Umständen nach München wollen, wo Sie sich auf Unannehmlichkeiten gefaßt machen müssen? *Wollen* Sie, so dürfen Sie die Geduld nicht verlieren und nicht grob werden. Wollen Sie nicht, so können Sie tun, was Sie Lust haben.

Daß Sie lieber in Ägypten wären als in Deutschland, empfinde ich Ihnen ganz nach. Nehmen Sie es mir daher nicht übel, wenn ich Ihnen rate, das denkbar Beste aus den Verhältnissen zu tun. Und, bitte, lesen Sie *keine* Zeitungen. Solche Zitate sind Ihrer ganz unwürdig. Wir wissen ja, wie die Presse beschaffen ist, wird es zu toll, so muß man handeln wie der arme General Kirchhof oder sich an die Gerichte wenden.

Was „Parsifal" anbetrifft, so *hoffe* ich.

Im übrigen schweige ich. Mir ist gesagt worden, sie hätten wieder das Tollste über Bayreuth und meine Person bei Gelegenheit der Münchner Aufführungen ausgelassen. Gott gesegne es den traurigen Geschöpfen! Wird es gefährlich, dann würde ich das Gericht anrufen wegen Bayreuth und Siegfried, um einmal *Lüge* (z.B. bezüglich Weingartners, dessen Talent ich, wo ich die Gelegenheit hatte, immer hervorhob) zu kennzeichnen. Ist es nur Geschwätz, so möge es das große Pandämonium bereichern, von welchem man sich abwendet, um zu den Gefilden hoher Ahnen sich zu flüchten.

Heil diesen, die in dieser Wüstenei es aushielten und uns Trost spendeten!

Mit der Frau Erbgroßherzogin von Weimar[1] sprach ich hier von Ihnen. Sie hat großes Interesse für Sie und freut sich Ihrer Tätigkeit. Ich glaube, Sie werden immer Teilnahme für sich bei ihr finden.

Nun leben Sie wohl, mein guter, armer Ausdruck! Meine Gesundheit ist mittelmäßig, sie kann also für gut gelten!

Mit diesem Witz über indische Weisheit verlasse ich Sie, indem ich aus der südlichen Helligkeit Strahlen an Wünschen Ihnen zusende!

Tausend Grüße von uns allen! Möchten Ihnen „Firdusi" und „Hänsel" rechte Freude machen!

Treulichst

C. W.

1 Großherzogin Sophie von Sachsen-Weimar-Eisenach, Prinzessin der Niederlande (1824 – 1897).

96 [Telegramm nach Marienbad] Leipzig, den 27. Oktober 1893

Brief gestern abgegangen, ich hoffe und bitte, daß ich Sie 31. Montag in München begrüßen darf. Gruß

Strauss

97 Wahnfried, den 7. November 1893

Mein lieber Ausdruck,

Siegfried erzählt mir, wie herzlich, anfeuernd und anerkennend Sie gegen ihn gewesen sind! Es ist mir Bedürfnis, Ihnen dafür zu danken. Wohl Ihnen, daß Sie Freude an dem anderen haben! Wer sie nicht hat, ist der eigentliche Unglückliche! Und darin sind Sie ein echter Lisztianer!

Nun bitte ich Sie aber, Ihrer selbst recht froh zu bleiben und ja nicht zu entmutigen, es wird noch ganz famos mit Ihnen, gar nicht „Kohlhäs"lich, Ihre Rappen werden Sie noch bekommen, wenn Sie auch die Schimmel besungen haben!

Und also das nächste Jahr in Bayreuth als Dirigent. Wie sich's verteilt, kann ich noch nicht sagen. Aber berufen werden Sie. Richter kommt auch. Wie's sonst wird, weiß ich nicht. Vielleicht werden wir zu sagen haben: „Er singt ein Lied und zieht dann ab!". Aber nur heiter und fest, und wenn es noch so grau um uns herum ist!

Herzlichste Grüße, mein lieber Ausdruck; Gott mit Ihnen! Auf baldiges gutes Wiedersehen und nochmals vielen, herzlichen Dank!

C. Wagner

Wo sind Sie zu Weihnachten? Wollen Sie nicht zu uns kommen?

98 Weimar, den 20. Dezember 1893

Hochverehrteste gnädige Frau!

Was werden Sie von mir denken, daß ich so lange nichts von mir habe hören lassen, daß Sie mir mit Ihrem so lieben, dankeswerten [Brief] für meine Anwesenheit bei Siegfrieds Konzert sogar zuvorkommen konnten, bevor ich Ihnen selbst schreiben konnte, welch außerordentlichen Eindruck mir Siegfrieds Dirigentenleistung gemacht, daß sie nicht nur alles bestätigt hat, was ich schon im Sommer in Bayreuth erfahren durfte, sondern noch weit übertroffen hat.

„Ein Dirigent von Gottes Gnaden" ist unser lieber Siegfried, damit ist alles gesagt: Heil ihm und unserer deutschen Kunst, der für Bayreuth ein solches Erbe enststanden ist.

Ich selber bin ein armer, geplagter Mensch, dem außer viel Ärger furchtbar viel Arbeit beschieden ist, dies der Grund, daß ich bis jetzt nicht eine freie Minute zum Briefschreiben gefunden habe. Vorige Woche habe ich im Wagnerverein die prächtige Klaviersonate des Meisters gespielt, die wie die Sinfonie beredtes Zeugnis davon ablegt, wie tief schon der jugendliche Meister seinen Beethoven im Herzen getragen hat. Außerdem habe ich Bruchstücke aus den „Feen" gemacht, für welche ich mir doch einmal eine pietätvolle Aufführung wünschte, denn die in München ist eine Schmach! Arindals Wahnsinnsarie ist ein herrliches Stück!

In meinen Konzerten habe ich eine recht gelungene Aufführung der „Eroica“ zu verzeichnen und jetzt zanke ich mich mit Fritz Brandt über die Inszenierung von „Hänsel und Gretel“ (ein wirklich wundervolles Werkchen, das ist „Schule“!) ab, wo er alles besser verstehen will als Humperdinck und zudem beweist, daß ihm jegliche Poesie als Regisseur mangelt; alles Dekorative macht er ausgezeichnet!

Auch die Aufführung von Mottls „Fürst und Sänger“ habe ich bei Bronsart glücklich für Februar durchgesetzt und freue mich sehr auf das reizvolle, poetische Werk!

Nun zur Hauptsache für heute: Ihre Aufforderung, nächsten Sommer in Bayreuth zu dirigieren hat mich sehr glücklich gemacht, gebe Gott, daß ich mich der Ehre würdig erweisen werde! Haben Sie, teuerste gnädige Frau, innigsten Dank für das in mich gesetzte Vertrauen! Endlich werde ich mich einmal an wirklichem Kunstschaffen reproduktiv beteiligen können!

Ach, diese Theater! Wäre ich nur in Ägypten!

In Halle hörte ich Sonntag in einer unbeschreiblich schlechten Aufführung (man hält so was kaum für möglich) „Kunihild“ von Kistler[1]. Der Text unglaublich albern und konfus, die Musik verrät viel Talent und – sehr wenig Können! Die alte Geschichte!

Ihrer gütigen Einladung, zu Weihnachten zu kommen, kann ich leider keine Folge leisten; ich muß hier Takt klopfen! Es ist schrecklich, aber nicht zu ändern! Desto inniger werde ich des schönen Weihnachten in Wahnfried gedenken!

Wie geht es Ihrer teuren Gesundheit?

Verzeihen Sie diesen eiligen Brief, den ich nicht länger aufschieben wollte – ohne die eigentliche freudige Muße für ihn zu haben!

Tausend Dank und die herzlichsten Grüße an ganz Wahnfried

Ihr in innigster Verehrung treu ergebenster

Richard Strauss

1 Cyrill Kistler (1848 – 1907), Komponist und Musikschriftsteller. Uraufführung *Kunihild* 1884 in Sondershausen.

99 Weimar, den 21. Februar 1894

Hochverehrteste gnädige Frau!

Kaum daß ich erst von der tiefergreifenden, erschütternden Nachricht von dem Tode unseres großen Meisters Bülow etwas zur Besinnung gekommen, hieß es schon, an der Leiche dieses großen einstigen Vorkämpfers für die ideale Sache sich zu neuem Streite zu rüsten. Hermann Wolff[1] hatte an mich die Aufforderung gerichtet, die Trauerfeier für den Heimgegangenen in Hamburg zu leiten und ihm dazu ein ernstes, würdiges Programm vorzuschlagen. Ich hatte gewählt: „Héroide funèbre" oder „Orpheus", „Nirwana", „Eroica", „Tristan"- und „Meistersinger"-Vorspiel.

Gewiß ein würdiges Programm! Hermann Wolff und die edlen Hamburger waren aber anderer Ansicht und bestürmten mich mit Telegrammen und Briefen, von der Wahl einer Lisztschen sinfonischen Dichtung (als pietätlos) sowie von „Tristan" und „Meistersinger" abzusehen und den Meister mit Bach, Beethoven und Brahms zu feiern. Bülow, wie *sie ihn kannten!*

Ich bin in dem Kampfe unterlegen und mußte gestern meine Zusage zu dirigieren zurückziehen, da ich darauf bestanden habe, nur dann zu dirigieren, wenn mein Programm voll akzeptiert wird.

Habe ich recht gehandelt? So schmerzlich es mir ist, meinem großen Lehrer nicht selbst ein würdiges künstlerisches Denkmal setzen zu können und einen lächerlichen Streit an seiner Leiche entfachen zu müssen, durfte ich mich dazu hergeben, bei einer Trauerfeier für Bülow nur des Bülow der letzten 15 Jahre zu gedenken?

Ist es nicht furchtbar, daß man im Jahre 1894 sich noch den größten Mißdeutungen aussetzt, wenn man es wagt, zu Ehren Bülows eine sinfonische Dichtung aufs Programm zu setzen?

Bitte schreiben Sie mir ein paar Zeilen, ob Sie mir zustimmen und ob ich das Andenken meines großen Lehrers nicht mehr ehre, wenn ich mich von einer solchen Trauerfeier ganz zurückgezogen habe?

Ich habe Ihnen lange nicht geschrieben, teuerste gnädige Frau! Es gibt nicht viel Wichtiges zu berichten, eine Reihe persönlicher Erfolge als Komponist und Dirigent u.a. in Hamburg und Berlin, die das Resultat hatten, daß Wolff mir für die nächste Saison die Übernahme seiner Berliner und Hamburger Konzerte angeboten, außerdem günstige Ausssichten auf die Nachfolgerschaft Weingartners. Da aber der Großherzog mich durchaus nicht fortlassen will, werde ich vorläufig das Wolffsche Anerbieten dazu benützen, meine hiesige Stellung künstlerisch in vieler Hinsicht zu verbessern und nur die Wolffschen Konzerte in Berlin (mit Wahrung meiner vollsten künstlerischen Selbständigkeit bezüglich der Programmwahl) zu übernehmen. Und dann zu warten, bis das Berliner Opernhaus mir seine Pforten öffnet. Zudem hat Wolff, der zwar als Geschäftsmann nicht unanständig ist, von dem man aber auch keine Ideale verlangen kann, in Angelegenheit der Bülowschen Trauerfeier sich als zum mindesten gar nicht mutig den Wünschen des verehrlichen Publikums gegenüber erwiesen, daß ich es nicht wagen möchte, mich durch Aufgabe meiner Weimarer Stellung ganz in seine Hände zu begeben.

In Leipzig dirigierte ich gestern Lisztkonzert mit „Héroide", „Nirwana", „Tristan"- und „Meistersinger"-Vorspiel; am 13. Februar hatte ich eine sehr würdige, wohlgelungene Aufführung von „Tristan"! Am 11. März gedenke ich die Oper Mottls herauszubringen, der mir unlängst durch eine großartige Aufführung der „Faust"-Sinfonie einen außerordentlichen Genuß bereitet hat. Ich selbst gedenke noch am 5. März „Faust" und „Dante" hier an einem Abend zusammen vorzuführen!

Sonst fließt mein Leben still und in sehnsüchtiger Erwartung eines sonnigen Frühlings und eines herrlichen Festspielsommers dahin; meine Gesundheit ist fortdauernd die beste und zeigt sich den mannigfachsten Anstrengungen vortrefflich gewachsen.

Wie steht es mit Ihrer teuren Gesundheit? Siegfried erfreut mich ab und zu mit direkten wie indirekten Siegesbotschaften seiner jungen Dirigentenlaufbahn! Heil ihm und uns!

Mit den herzlichsten Grüßen an Sie, teuerste gnädige Frau, sowie ganz Wahnfried

Ihr in innigster Verehrung stets treu ergebener

Richard Strauss

1 Hermann Wolff (1845 – 1902), Musikschriftsteller und Konzertagent, Unternehmer der Philharmonischen Konzerte in Berlin und Hamburg. Die Berliner Konzerte leitete Richard Strauss 1894/95 als Nachfolger Hans von Bülows.

100 Wahnfried, den 22. Februar 1894

Sie haben vollkommen recht, mein teurer Ausdruck, es ist erbärmlich, wie die Menschen noch im Tode die Zwietracht leben lassen, da doch der Tod die Harmonie ist! Mein Vater gehört als Lehrer Bülows in die Feier, und wenn später Bülow nicht mehr für nötig hielt, die Werke meines Vaters aufzuführen, so ist dessen Einwirkung auf seine künstlerische Entwicklung doch nicht zu streichen.

Brahms und Herren dieses Schlages können ja selbst eine Feier veranstalten und werden wohl ihren Dirigenten finden. – Ich habe an Porges Freude gehabt, weil er genau wie Sie empfand und es sehr schön ausgedrückt hat.

Ja, ich finde, daß von Rechts wegen auch ein Stück von Berlioz auf dem Programm zu stehen gehabt hätte, und die Lebenden auszuscheiden.

Ich hätte Bach, Beethoven, Berlioz, Liszt, „Nirwana" und „Tristan" gewählt. Und das wäre recht gewesen.

Es tut mir nun *unendlich* leid, daß Sie diese Feier nicht leiten, denn, *Sie* waren dazu berufen, Sie sind sein würdiger Schüler in Talent und Gesinnung. Vielleicht ist es nicht ganz aus? Setzen Sie noch einmal Ihre Gründe auseinander. Sie vertreten die Vergangenheit. Herr Brahms kann die Gegenwart vertreten . . .

Daß Sie gesund sind, hat mich herzlich erfreut und auch, daß es für Sie sich regt. Gut, daß Sie die Philharmonie übernehmen. Sie werden wohl hie und da etwas dirigieren müssen, was Ihnen nicht ganz zusagt. Tun Sie es, um dieses arme Orchester wieder in die Höhe zu bringen und diesem elenden Dirigenten-Gastspiele ein Ende zu machen. Sehr würde es mich aber freuen, wenn Sie 1896 an die Oper kämen. Mit Sucher und Muck werden Sie gut auskommen, das sind Künstlernaturen.

Mir geht es leidlich. Und wenn es mir irgendwie möglich, komme ich mit meiner Tochter Eva zu Ihnen für „Dante" und „Faust". (Bitte sprechen Sie nicht davon!)

Pohlig[1] war am 17. Februar hier, er spielte uns auf meinen Wunsch acht Beethovensche Sonaten vor, und *so* schön, daß wir in der Trübsal, die auf uns lastete, eine Wohltat empfanden. Könnten Sie etwas für ihn tun? Er gehört zu den Besten unter uns und ihm wurde übel mitgespielt!

Siegfried grüßt herzlichst. Nächsten Dienstag begibt er sich nach Brüssel.

Auf ein gutes, gutes Wiedersehen, mein teurer Ausdruck! Gott segne Sie, und seien Sie versichert, daß Talent und Gesinnung, wie diese Sie auszeichnen, sicher auch den Menschen sich aufprägen. Ihr Lehrer ist ein Beispiel davon! Alles war gegen ihn, und kaum eine Persönlichkeit hat in der Kunstwelt sich zu solcher Prägnanz gebracht! Aber Geduld muß man haben und geprüft muß man werden! Leben Sie wohl, haben Sie Dank für die Freude, die Sie mir gewähren, und seien Sie innigst gegrüßt.

C.W.

„Hänsel und Gretel“ hat mir in Karlsruhe große Freude bereitet. Ich finde es eine meisterliche Arbeit. Mottl hatte sich sehr gefreut, daß Sie nach Karlsruhe gekommen waren. Es freute mich, daß Sie seinen „Faust“ so gut gefunden.

1 Karl Pohlig (1864 – 1928), Pianist (Schüler von Liszt), Dirigent und Komponist, war Kapellmeister in Graz, Hamburg, London (Covent Garden), Coburg, 1900 – 1907 Hofkapellmeister in Stuttgart und 1914 – 1924 in Braunschweig. In Bayreuth wirkte er 1892 – 1899 als musikalischer Assistent.

101 Wahnfried, den 23. Februar 1894

Mein teurer Ausdruck,

Es verläßt mich der Gedanke nicht, daß Sie die Feier in Hamburg nicht dirigieren sollen. Würden Sie nicht noch einmal schreiben und sagen, daß bei so einer Veranlassung man nicht die wechselnden Meinungen und Ansichten, sondern die *Verdienste* eines Menschen feiert. Und zu den Verdiensten gehört doch unbedingt, mit Mut eine Kunst vertreten zu haben, die damals nur Feinde, jetzt aber Freunde, und zwar viele bedeutende hat. – Konnte die Meinung bezüglich meines Vaters wesentlich sich verändern, wer steht denn dafür, daß sie bezüglich Brahms sich nicht verändert hätte? Was sich nicht ändert und was wir feiern, ist die Gesinnung, der Mut, die Aufopferung, die sich in allen Fällen bewährt hat. Und „Tristan“ darf schon aus dem Grunde nicht ausbleiben, als die Aufführung desselben und die Umarbeitung für Klavier zu den Juwelen in Bülows Krone gehören.

Eine zweite Berücksichtigung ist auch, daß Bülow den Dank, den er meinem Vater schuldete für die erhaltenen Eindrücke und Weisungen, nie versiechen [sic!] lassen konnte, da dies bei einer edlen Natur unmöglich. Sie können also aus Ihrer Kenntnis dieser Natur behaupten, daß Sie im Namen dieser Natur auf Ihr[em] Programm bestünden.

Ich bitte Sie, mein lieber Ausdruck, schreiben Sie einen sehr schönen Brief. Vielleicht wirkt er, wenn nicht, so ist wenigstens diesem Andenken das rechte Wort gespendet worden.

Es ist *jammervoll* mit den Menschen! Wollen sie jemanden feiern, so müssen sie ihn erst herabziehen!

C.W.

Ich fände nichts dabei, wenn Sie auch ein Stück von Brahms dirigierten. Diese Konzession könnten Sie machen, und irgendein Stück wird sich doch finden.

Suchen Sie es *ja* wieder zustande zu bringen![1]

1 Die Gedenkfeier in Hamburg hat Richard Strauss nicht dirigiert.

102 Wahnfried, den 27. Februar 1894

Mein lieber Ausdruck,

wollen Sie mir genau sagen, wann und *wo* Sie „Dante“ und „Faust“ aufführen? Wolzogen sagte, auf Seidls Mitteilung, in *Leipzig* am 5.

Wäre dem so, dann würde meine Tochter Eva zum Konzert mit Wolzogens fahren. Ich selbst reise jetzt nicht, außer etwa um Schweninger[1] zu sprechen, und versage mir daher die Freude Ihrer Aufführung.

Gerne wüßte ich, wie Sie mit Hamburg *jetzt* stehen? In München keimt eine Feier, für welche man Sie auffordern wird. Ritter und Porges möchten sie veranstalten.

Nur so viel heute. Geben Sie mir ein Wort Nachricht, mein lieber Ausdruck. Und Gott mit Ihnen und herzlichste Grüße von meiner Tochter und mir.

Siegfried kommt jetzt in Heidelberg an, wo er die „Matthäus-Passion" morgen hört. Übermorgen ist er in Brüssel.

C.W.

1 Ernst Schweninger (1850 – 1924), Mediziner, seit 1881 Leibarzt Bismarcks.

103 Weimar, den 8. März 1894

Hochverehrteste gnädige Frau!

Gestern war Fuchs aus München bei mir, um mir in Possarts Auftrag diesmal definitiv den Münchner Kapellmeisterposten anzubieten. Er kam von Berlin, die Weingartnersche Sache ist nun endgültig bis 1896 verschoben, und nun kommt man doch zu mir. Dies ist mir zwar eine gewisse Genugtuung, was ich auch Possart mitteilen ließ – aber nun ist's wahrscheinlich zu spät. Ich habe Wolff mindestens die zehn Berliner Konzerte zugesagt und stehe außerdem hier in Unterhandlung wegen einer bedeutenden Verbesserung meiner Stellung, die man mir wahrscheinlich bewilligen wird. Geschieht das wirklich, so würde ich das ruhige Weimar mit den Berliner Konzerten dem doch höchst unsicheren Münchner Boden vorziehen. Nun hat mich auch Fuchs eingeladen, einige der Münchner „Mustervorstellungen" diesen Sommer zu übernehmen, und ich komme nun zu Ihnen, Sie nach Ihren Wünschen zu fragen. Wie stehen Sie jetzt zu München? Mir liegt gar nichts daran, in München zu dirigieren, wenn ich den Kapellmeisterposten *nicht* annehme, was wahrscheinlich der Fall sein wird. Bitte schreiben Sie mir nur ein Wort! Wenn Sie im Interesse der Bayreuther Sache wünschen, daß ich *nicht* in München dirigiere, ist die Sache sofort erledigt: Ihr Wunsch ist mir Befehl!

Wie ging es Siegfried in Brüssel?

Mit den innigsten Grüßen in Eile

Ihr in treuester Verehrung ergebenster

Richard Strauss

104 Bayreuth, den 9. März 1894

Mein teurer Ausdruck,

ich freue mich *sehr*, daß Sie sich München gegenüber so stolz benehmen. Die Wahrheit zu gestehen, glaube ich, daß man Sie jetzt nur deshalb auffordert, weil wir Sie angekündigt haben und Herrn Possart an einer möglichsten Verwirrung zwischen München und Bayreuth (zumal den Fremden gegenüber) liegt ≪er hat dies ausdrücklich und zynisch Levi gesagt.≫ Wie wir stehen, ersehen Sie aus der beigelegten kleinen Schrift[1] , die ich Sie bitte, für sich zu behalten.

Führen sie in München im Mai den Lohengrin *nicht* auf, dann will ich nicht die Feindseligkeit als maßgebend gegen uns dort annehmen. Führen sie ihn aber auf, dann kann ich nicht anders sagen, als daß sowohl dieser „Lohengrin“ wie die sogenannten Musteraufführungen gegen uns gemünzt sind.

Was Ihr definitives Engagement in München anbetrifft, so würde ich sagen: Wenn man Ihnen in Weimar nicht eine ganz ausgezeichnete Stellung und Wirksamkeit schafft. Wenn Sie in Berlin nicht die Aussicht bekommen, an Stelle Weingartners gewählt zu werden. Wenn, vor allem, in München Ihnen eine ausgezeichnete Wirksamkeit niet- und nagelfest, mit allen möglichen Versicherungen gegen alle erdenklichen Möglichkeiten gemacht wird (wobei, vorerst, Sie nicht hinter Weingartner zurückgesetzt werden). *Dann* würde ich in Gottes Namen sagen: Nehmen Sie das definitive Engagement an. Aber *nur* diese drei „Wenns“ vorausgesetzt.

Die „Musteraufführungen“, von denen würde es mich freuen, wenn sie in diesem Sommer nicht durchgemustert würden!

Mottl dankt, Sie danken, Weingartner wird vermutlich nicht freigegeben, blieben: Levi und Fischer.

Ich habe das halb und halb vorausgesehen und deshalb *Richter* aufgefordert.

Ich freue mich, daß man sich um Sie reißt! Das ist Gerechtigkeit. –

Leben Sie wohl, mein lieber Ausdruck! Fidi ist entzückt von dem Brüsseler Orchester; er hat an Klang *nie* so etwas Schönes, wie das „Idyll“ gehört; am 11. ist sein Konzert.

Tausend Grüße, mein lieber Ausdruck!

Gott mit Ihnen!

C.W.

1 Fehlt.

105 Weimar, den 11. März 1894

Hochverehrteste gnädige Frau!

Tausend Dank für Ihre lieben Zeilen!

Mein Stolz München gegenüber ist bereits gesunken: eine zweistündige Unterredung mit Herrn von Bronsart gestern abend hat ergeben, daß von Weimar für mich nichts zu erhoffen ist. Ich hatte zur Bedingung meines Verbleibens die Erfüllung von sechs großen Punkten gemacht, von denen man mir nur den ersten: eine Gehaltszulage, bewilligen will. Die übrigen fünf: darunter die Zusage einer Neuausstattung von „Tannhäuser" und „Lohengrin", erklärt Bronsart als über meine Kompetenzen hinausgehend und unerfüllbar. Weimar ist nun zu Ende.

Nun heißt's entscheiden zwischen dem Anerbieten von Wolff: 20 Konzerte in Berlin und Hamburg vorläufig auf ein Jahr und dem Possartschen Angebot eines zweijährigen Kontraktes, in dem ich mir einen kontraklichen Urlaub für zehn Berliner Konzerte ausbedingen will. Dieser Kontrakt bietet zwei Möglichkeiten: Daß Weingartner in Berlin verbleibt und mein Kontrakt in München nach zwei Jahren erneuert wird, oder daß ich in zwei Jahren mit Weingartner einfach tausche.

Nachdem ich vorige Woche hier die „Meistersinger" ohne jede Probe zum ersten Male wirklich sehr gut dirigiert habe, habe ich ordentlich Vertrauen in mein Können bekommen und gedenke jetzt den Kampf in München mit Glück aufzunehmen, und da Sie, teuerste gnädige Frau, im Prinzip nichts einzuwenden fanden, will ich noch heute an Fuchs schreiben und um Zusendung des Münchner(s) Kontraktes bitten.

Nun kommt aber der Punkt der „Musteraufführungen"! Wenn ich mich engagieren lasse, wird Possart schwerlich darauf verzichten, daß ich nicht auch schon bei den Sommeraufführungen dirigiere, da ich keinen plausiblen Grund habe, warum ich das Münchner Engagement nicht schon am 1. September antrete.

Ich will versuchen, als Anfangszeit den 1. Oktober durchzudrücken. Gelingt es aber nicht, soll ich dann das Münchner Engagement *mit* den Musteraufführungen ganz fahren lassen?

Dann bleibt mir nur mehr die Konzertstellung in Berlin auf *ein* Jahr, und aus dem Theater bin ich vorläufig ganz raus! Hoffentlich mißdeuten Sie mich nicht, ich hatte wirklich gehofft, man würde mir hier meine Bedingungen erfüllen und ich könnte hier verbleiben; aber gegen Dummheit –

Wenn ich nun München annehmen muß und es gelingt mir nicht, mich von den Musteraufführungen loszuschrauben, wozu ich alles aufwenden werde – geben Sie mir die Erlaubnis? Schließlich bin ich in Bayreuth noch keine solche Hauptperson; bitte geben Sie mir sofort Nachricht, was Sie für das Beste halten und was das Ihnen Wünschenswerteste ist!

Mottls Oper ging am Freitag in sehr gelungener Aufführung vonstatten und hat einen freundlichen Erfolg gehabt; die Musik ist reizend, Instrumentierung vortrefflich – schade, daß dem Textbuch ein eigentlicher tiefer Konflikt fehlt!

Mit tausend Grüßen an ganz Wahnfried

Ihr in innigster Verehrung treu ergebener

Richard Strauss

Paktieren – taktieren!
O weh, o weh, o weh!

106 Wahnfried, den 11. März 1894

Mein lieber Ausdruck,

durch Zufall erfahre ich, daß Sie nach Würzburg kommen. Soeben schrieb ich eine Karte an Sie dorthin und bat um ein Telegramm. Aus Vorsicht aber schicke ich diese Zeilen nach Weimar und ersuche Sie, es mich [sic!] telegrafisch zu wissen zu geben, *wann* Sie dort eintreffen. Ich könnte, wenn nicht gerade Siegfried heimkehrt, Dienstag abend in Würzburg sein, den Mittwoch dort zubringen, um Donnerstag früh zurückzukehren.

Gerne möchte ich Sie sprechen und einer *Probe* würde ich noch lieber als dem Konzerte beiwohnen. Auch will ich sehen, ob ich Fidi vielleicht in Würzburg Rendez-vous geben [kann].

Viele herzliche Grüße und hoffentlich auf Wiedersehen!

C. Wagner

107 Bayreuth, den 13. März 1894

Mein lieber Freund,

ich fühle mich bewogen, Ihnen schriftlich *das* zu wiederholen, was ich Ihnen soeben mündlich sagte.

Der einzige Gesichtspunkt, der mir entspricht ist der:

Wo und wann die Werke unserer Kunst aufgeführt werden, liegt mir daran, daß dies mit möglichster Sorgfalt geschieht.

Bei dieser Gesinnung können Sie sich selbst sagen, wie ich mir vorkäme, wenn ich aus dem Grunde, daß man sich rücksichtslos gegen mich benimmt, die Freunde, die ich in der künstlerischen Welt besitze und welche Rücksicht auf mich nehmen, davon abhalten wollte, dort, wo man dies nicht tut, mitzuwirken.

Sie sind also vollkommen frei. Ob ich Ihnen nun, ganz abseits dieses einen Verhältnisses, raten soll, auf einen zweijährigen Kontrakt einzugehen? Ob Sie nicht lieber in Weimar, wo Sie bereits so manches Gute gewirkt haben und anerkannt und geschätzt sind, verbleiben, um von dort aus die Philharmonischen Konzerte zu dirigieren, wo Sie eine ernste Bestimmung haben? Das wüßte ich wirklich nicht zu sagen. Da muß allein Ihre Neigung entscheiden.

Ich werde verstehen, wenn Sie gehen, und ernstlich begreifen, wenn Sie bleiben.

Entschuldigen Sie mich dafür, daß ich kein entscheidender Ratgeber bin! Haben Sie Dank für Ihr Vertrauen zu mir und seien Sie in herzlicher Wertschätzung warm gegrüßt!

C. Wagner

108 Bayreuth, den 3. April 1894[1]
Hotel Fantaisie

Mein lieber Ausdruck,

bevor ich Ihnen antwortete, wollte ich mich noch einmal bei Mottl versichern. Er geht also nicht nach München und hat es Ihnen auch geschrieben.

Ich fände es sehr hübsch, wenn Sie nach München kämen und *Sie* könnten jetzt kopfschütteln. Nur würde ich zweierlei raten: Erstens, daß Sie sich den Eintritt nach den Musteraufführungen ausbedingen; zweitens, daß Sie „Tannhäuser“ und „Lohengrin“ vorläufig nicht dirigieren.

Die Gründe hierfür mündlich; am liebsten inszenierte ich für Ihr Debut den „Rienzi“ in München. Aber ich bin vorläufig noch in Berlin gebunden.

Levi hat mich gebeten, Sie zu überreden, nach München zu kommen, und ich tue es herzlich gerne, denn ich bin überzeugt, daß Sie dort freie Hand haben werden und daß er sich sehr gut gegen Sie benehmen wird.

Also, Glück auf, in Ihrer Vaterstadt! Ich freue mich auf Ihren Absagebrief nach Weimar und auf unseren häufigen Verkehr. In Italien werden wir uns wohl nicht treffen. Ich bin hierher gebannt und muß sehen, daß ich meine Zeit ausnütze. Es kommt einem genug dummes Zeug dazwischen, wie z.B., daß ich am Ostertag eine simple Fahrt nach Fantaisie machen will und da ins Bett geworfen werde. Dies zur Erklärung meines Papiers und meiner Kürze. Heute ist alles wieder gut, ich muß aber noch etwas liegen.

Tausend Grüße und gute Wünsche für Ihr Wohl, leiblich und geistig!

C.W.

Meine Kinder wünschen auch Glück zu München und freuen sich auf die blau und weiße Fahne, mit welcher Sie, Arm in Arm mit dem Major, das Jahrhundert in die Schranken fordern!

1 Der Brief ist irrtümlich 3. April 1895 datiert.

109 Weimar, den 17. Mai 1894

Hochverehrteste gnädige Frau!

Sie zürnen mir, daß ich so lange nichts von mir habe hören lassen; wenn Sie aber wüßten, was ich die ganze Zeit mit der Einstudierung meiner Oper, wobei ich Kapellmeister, Solorepetitor, Regisseur, Dekorationsmaler, Theaterschneider, Beleuchter, alles in einer Person war, zu arbeiten hatte, so würden Sie sicher meine Schreibfaulheit milder beurteilen.

Nun hab' ich alles glücklich hinter mir, es ist mir gut bekommen, denn ich bin frisch und munter und gedenke im Vollbesitz meiner Kräfte diesmal in Bayreuth eintreffen zu können, um so mehr als meine Tätigkeit hier am 1. Juni zu Ende ist und ich von da bis 20. Juni noch einen Erholungsurlaub auf dem Heinstein in Eisenach werde genießen können. Hier in Weimar geht es jetzt recht lustig zu, nämlich alles drunter und drüber. Nachdem es glücklich zu spät, empfindet man plötzlich meinen Weggang als einen gräßlichen Verlust für das „Weimarische Kunstleben" und bereitet mir eine Ovation nach der anderen, so daß ich mich aus diesem ewigen Gefeiertwerden ordentlich sehne nach dem Kampfe mit einer tüchtigen Opposition, die mich ja in München erwartet.

Ich habe mit Possart vorläufig auf zwei Jahre abgeschlossen mit dem kontraktlichen Anrecht auf sämtliche Werke mit Ausnahme des „Tristan", den sich der Major vorbehalten hat, sowie mit kontraktlichem Urlaube für die Bayreuther Festspiele und je zehn Philharmonische Konzerte in Berlin.

Possart war bei der Kontraktabfassung sehr charmant und versicherte mir wiederholt, daß ihm meine Grobheit gelegentlich der Affäre mit meiner Oper sehr imponiert habe, worauf ich ihm höflichst bemerkt habe, daß er das öfter haben könne, wenn es ihm so gut gefallen habe. Na, wir wollen eben sehen! Bei dieser Gelegenheit erlaube ich mir, Ihnen mitzuteilen, daß ich mich mit Fräulein Pauline de Ahna verlobt habe und meine Münchner Stellung am 1. Oktober bereits als glücklicher Ehemann antreten werde.

In München soll ich im August und September „Meistersinger" und „Tristan" dirigieren!

Wie geht es Ihnen, hochverehrteste gnädige Frau? Gebe Gott, daß auch Sie in voller Kraft und bester Gesundheit das „Lohengrinjahr" antreten und überstehen möchten. Wenn nur Sie, teuerste Frau, uns gesund bleiben, dann mögen die Münchner so viel historische „Lohengrins" aufführen als sie wollen: der Bayreuther Geist wird schon das seinige wieder tun!

Heute ist hier „Goethetag" mit einem Vortrag des Herrn Paul Heyse, der die Technik der Goetheschen Dramen einer abfälligen Kritik unterziehen will, resp. sie beleuchten im Gegensatz zur Technik der modernen Dramen (als da wahrscheinlich sind die von Heyse, Wildenbruch[1] und der übrigen Heineverehrer!). Ja, das ist Weimar! Noch 14 Tage – dann adieu alte Musenstadt ohne Musen!

Auf Wiedersehen, teuerste gnädige Frau, auf geweihtem Boden (geweiht durch die lebendige Tat) und tausend Grüße an Sie und ganz Wahnfried

von Ihrem in innigster Verehrung treu ergebensten

Richard Strauss

1 Ernst von Wildenbruch (1845 – 1909), Dramatiker. Seine Ballade *Das Hexenlied*, von Max von Schillings als Melodram komponiert, gehörte zum Repertoire der Rezitationsabende von Ernst von Possart und Richard Strauss.

110 Bayreuth, den 20. Mai 1894

Mein lieber Ausdruck,

herzlichsten Glückwunsch zu Ihrer Verlobung, von welcher ich bereits gehört hatte und die ich mich freute, von Ihnen selbst zu erfahren. Grüßen Sie Ihre Braut schönstens von mir und sagen Sie ihr, daß ich überzeugt wäre, daß in der Vereinigung mit Ihnen sie künstlerisch immer bedeutender sich entwickeln würde.

Ferner gratuliere ich zu dem Erfolg von „Guntram"[1]; Wolfrum[2] hat an Mottl von einem wirklichen Eindruck berichtet, den er davon erhalten.

Was München anbetrifft, so schweige ich. Ich bin überzeugt, daß Sie mit den dortigen Kräften sehr Tüchtiges werden leisten können.

Das Beste ist, daß Sie sich frisch und gesund fühlen und daß Sie uns bald kommen. Ich kann mir denken, mit welchen Gefühlen Sie den Goethefeiern beiwohnen und wie gerne Sie Valet sagen. Leben Sie wohl, mein lieber Ausdruck, und seien Sie herzlichst gegrüßt und beglückwünscht!

C. Wagner

1 Uraufführung *Guntram* in drei Aufzügen, op. 25, Dichtung und Musik von Richard Strauss, am 10. Mai 1894 im Großherzoglichen Hoftheater in Weimar. Heinrich Zeller sang die Titelpartie, Pauline de Ahna die Freihild.

2 Philipp Wolfrum (1854 – 1919), Musikforscher, Komponist und Dirigent, Schüler von Rheinberger, Wüllner und Bärmann in München, in Heidelberg als Universitätsmusikdirektor und Professor für Musikwissenschaft. Zusammen mit Henry Thode hat er sich für die Ehrenpromotion von Richard Strauss eingesetzt, der ihm schon 1897 die *Hymne* op. 34,2 gewidmet hatte.

111 Bayreuth, den 3. Juni 1894

Mein lieber Ausdruck,

ich komme mit einer einfachen Frage, die ich bitte, mir ebenso einfach zu beantworten:

Würden Sie es gerne sehen, wenn Ihre Braut wieder in den Ring unserer Genossenschaft einträte, und würde Fräulein de Ahna selbst gerne ein Blumenmädchen und zwei Elisabeth übernehmen?

Der Grund, weshalb ich diesen Vorschlag mache, ist:

1) weil ich annehme, daß es Ihnen lieb sein könnte, gemeinschaftlich hier zu wirken.

2) Weil Frau Gadzky[1] in der Stimme nicht mehr die Sicherheit des Tones hat, welche sie im vorigen Jahr bekundete.

Zur Beruhigung melde ich noch, daß die Blumenmädchen aus Repräsentantinnen erster Fächer von verschiedenen Städten besetzt sind.

Schicken Sie mir bitte, mein lieber Ausdruck, ein Telegramm als Antwort und seien Sie und Ihre liebe Braut herzlichst von mir gegrüßt!

C. Wagner

1 Johanna Gadsky (1872 – 1932), Sopranistin, 1889 – 1893 in Berlin, anschließend in Mainz, Stettin, Bremen und wieder Berlin, ab 1896 in den USA, 1899 – 1901 an Covent-Garden in London, bis 1904 in New York (Metropolitan Opera House). In Bayreuth sang sie 1899 die Eva in *Die Meistersinger von Nürnberg*.

112 [An Hermann Levi] Wahnfried, den 4. Juni 1894

Mein lieber Major,

bezüglich Strauss sage ich *Nein*, und zwar lediglich aus Grund seiner Gesundheit.

Nach den Anstrengungen in Weimar, vor der Arbeit in Bayreuth, muß er 14 Tage Ruhe haben.

Fischer kann dann sowohl jetzt wie im August den „Tristan“ dirigieren. Und wenn Strauss daran liegt, im Laufe des Winters den „Tristan“ auch aufzuführen, so sind Sie wohl so gut, lieber Major, und tauschen mit ihm.

Dies ist meine Meinung. Wollen Sie Strauss diese Zeilen zusenden?

Ich danke Ihnen für die freundliche Aufnahme meiner Zeilen und hoffe bestimmt auf eine gedeihliche gemeinschaftliche Arbeit hier. An mir wird es nicht fehlen.

Besten Gruß einstweilen und auf gutes Wiedersehen!

C. Wagner

113 [Telegramm] München, den 6. Juni 1894

Soll hier als Generalprobe für August „Tristan“ 29. Juni dirigieren / Können Sie mich 25. bis 29. beurlauben / Erbitte, wenn irgend möglich, diese Erlaubnis telegraphisch / Treffe 19. Bayreuth ein / Tausend Grüße

Strauss

114 Marquartstein, den 8. Juni 1894

Hochverehrteste gnädige Frau!

Es tat mir furchtbar leid, daß ich Sie wegen des Urlaubs vom 25. bis 29. Juni eventuell in Festspieldispositionen stören mußte, die Sache kam aber so: Levi schrieb mir nach Weimar, ob ich am 20. Juni in München „Tristan“ dirigieren wollte, und riet mir dazu in Anbetracht dessen, daß dies die einzige Gelegenheit wäre, wo (da Fräulein Dreßler zum ersten Male die Isolde singe) ich *zwei Orchesterproben* zu diesem Werke abhalten könnte.

Mit Hinsicht darauf, daß ich im August „Tristan" und „Meistersinger" in München dirigieren muß und nur zu den „Meistersingern" eine Probe noch erhalte, ergriff ich die Gelegenheit, das Münchner Orchester vorher einmal ein bißchen unter die Hand zu bekommen, und sagte Levi für den 20. zu, *unter der Bedingung*, daß Sie, teuerste gnädige Frau, mir gestatten würden, erst am 21. in Bayreuth einzutreffen.

Wie ich mich in München mit Possart besprach, verschob sich „Tristan" plötzlich auf den 29. – Levi war nicht da, Ihren Brief an ihn hatte ich noch nicht in der Hand – und da ging mein Telegramm vom Stapel, welches eigentlich nur auf der Möglichkeit basierte, daß Sie eventuell vom 25. bis 29. „Parsifal"-Proben abhalten würden, da ich erfahren hatte, daß Levi um diese Zeit in Bayreuth sei.

Also nur in dem Falle, daß ich vom 25. bis 29. wirklich gut entbehrlich bin, nahm ich Ihre Erlaubnis, in München zu dirigieren (des Augusts wegen) dankbarst an; verursacht aber mein Wegbleiben diese fünf Tage Ihnen, hochverehrte gnädige Frau, nur die geringsten Ungelegenheiten, so sage ich natürlich den Münchner „Tristan" ab. Nur da Sie mir noch keinerlei Mitteilung über meine Beschäftigung in Bayreuth gemacht hatten, mußte ich, auf Possarts Wunsch, doch wenigstens einmal bei Ihnen anfragen. Denn den Probenplan habe ich allerdings erhalten, aber keine Nachricht dazu, welche von den Proben ich abzuhalten habe.

Könnten Sie mir darüber, hochverehrte gnädige Frau, einiges Nähere(s) mitteilen, wäre ich Ihnen sehr dankbar; jedenfalls treffe ich, wenn ich keine weitere Nachricht von Ihnen erhalte, am 19. Juni in Bayreuth ein!

Bis dahin hoffe ich, mich hier noch recht auszuruhen, um frisch und fröhlich bei der Arbeit zu sein!

Mit den herzlichsten Grüßen

Ihr in innigster Verehrung treu ergebenster

Richard Strauss

115 Wahnfried, den 11. Juni 1894

Mein lieber Freund,

es wäre thörig, über eine Situation und über Feindseligkeiten Worte zu verlieren, da alles so offenkundig ist, daß man den Sperlingen auf den Dächern das Schwatzen überlassen kann.

Daß ich von den Manipulationen mit den Werken nicht sehr erbaut, noch an den Evolutionen hierher und dorthin großes Vergnügen haben kann, ist ein einfacher Vorgang.

Andererseits aber ist mir Ihre Situation, wie sie war, wie sie ist, und daß ich selbst Anteil an Ihrer Berufung habe, stets gegenwärtig.

Von mir werden Sie also keinerlei Hemmung erfahren.

Sie sind also, vom 25. bis 29., ob für München oder für Buxtehude, vollständig frei.

Bezüglich Ihrer Wirksamkeit hier hatte ich gedacht, daß Sie mindestens fünfmal zur Direktion kämen; etwa viermal „Tannhäuser" und ein- oder zweimal eines der anderen Werke.

Den ersten „Tannhäuser" wollte ich gerne noch Mottl übergeben, um unser aufgestelltes Gefüge wieder ganz in der gleichen Weise zu bringen.

Für Ihre sonstige Tätigkeit hier gibt es aber ein weites Feld. So hatte ich z.B. gedacht, Ihnen Birrenkoven[1] zu übergeben, der wohl „Parsifal" mit Mahler studiert hat; da er aber noch niemals hier war, gewiß sehr gründlich wird vorgenommen werden müssen. Und vieles andere. – Der Major kommt erst zu den „Parsifal"-Proben.

Auf gutes Wiedersehen, mein lieber Ausdruck, kommen Sie uns recht gesund und frohmütig und seien Sie von uns allen bestens gegrüßt!

C. Wagner

Siegfried träumte, er dirigiere „Tod und Verklärung", war aber in spanischem Mantel und chinesischen Pantoffeln nicht in der rechten Tenü, indem er sich auch in der Partitur nicht auskannte, und rief Ihnen zu: „Dirigiere Dein Zeug selber!"

1 Wilhelm Birrenkoven (1865 – 1955), Tenorist, war in Düsseldorf, Köln, 1893 – 1912 in Hamburg, wo 1891 – 1897 Gustav Mahler (1860 – 1911) als erster Kapellmeister wirkte, und später in Dortmund. In Bayreuth sang er 1894 Lohengrin und Parsifal.

116 Wahnfried, den 18. Juli 1894

Mein lieber Freund, Ihre gestrige Leistung war so außerordentlich und hat mir so viele Freude gewährt, daß ich nicht umhin kann, es Ihnen sogleich nach der Ruhe der Nacht und bei der Begrüßung des Morgens, (es Ihnen) noch einmal zu sagen. Es war alles bewußt, lebendig, schwungvoll und tief empfunden, so wünsche ich Ihnen und auch dem Werke Glück und hoffe nur, daß Sie sich nicht übernommen haben. Ich bitte Sie, heute abend um acht Uhr zu einem kleinen Imbiß zu kommen und ersuche Sie auch, es Fräulein de Ahna zu sagen.

Leben Sie wohl, recht „ausdrücklich" wohl, und seien Sie herzlichst und dankbar von mir gegrüßt

C. Wagner

117 München, den 2. September 1894

Hochverehrteste gnädige Frau!

Empfangen Sie meinen herzlichsten Dank für das liebe Andenken, mit dem Sie mich erfreut haben.

Es hätte zwar desselben nicht bedurft, um meine Erinnerung an die schöne künstlerische Tätigkeit, die mir durch Ihr Vertrauen in Bayreuth beschieden war, stets lebendig zu erhalten; doch ist es mir als Zeichen Ihrer Anerkennung doppelt wertvoll und bin ich glücklich, von neuem daraus zu ersehen, daß Sie mit den bescheidenen Diensten, die ich der großen Sache widmen durfte, zufrieden waren. –

Ich freue mich nun sehr auf eine kurze Erholung, die mir blüht, wenn ich heute hier die „Meistersinger" und Mittwoch den „Tristan" glücklich hinter mir habe.

Wie geht es Ihnen, teuerste gnädige Frau? Haben Sie sich von den kolossalen Strapazen der Festspielzeit schon wieder etwas erholt?

Meine Braut, vom 8. September an meine liebe Frau, läßt sich Ihnen bestens empfehlen; ich aber verbleibe mit den herzlichsten Grüßen an Sie, hochverehrte gnädige Frau, und ganz Wahnfried

Ihr in innigster Verehrung stets treu ergebener

Richard Strauss

118 Bayreuth, den 18. November 1894

Mein lieber und ausdrücklicher Freund,

Adolf Groß kehrte heute von Berlin zurück; der nach meinen Angaben zusammengestellte „Rienzi" kommt, nach Graf Hochbergs Aussage, dort nächsten Januar zur Aufführung.

Wünschen *Sie* von mir dann davon das Aufführungsrecht zu erlangen, so würde ich es, dem Werke und Ihnen zuliebe, Ihnen geben.

Von dem Münchner Generalintendanten nehme ich an, daß er weder Anfragen an mich stellt noch Antworten von mir erwartet.

Ich habe mich über Ihren Erfolg im Konzert sehr gefreut und würde gerne eine Beethovensche Symphonie einmal unter Ihrer Leitung hören.

Grüßen Sie Ihre Frau schönstens und sagen Sie ihr, daß, wenn ich wieder nach München komme, ich auf einen Abend in Ihrem Heim rechne.

Tausend Grüße und beste Wünsche an Sie, mein lieber Freund!

C. Wagner

119 Berlin, den 26. November 1894
Hotel zum Askanischen Hof
Berlin W., Königgrätzer Str. 21

Hochverehrteste gnädige Frau!

Erst heute kann ich Ihnen für Ihre gütige Zusicherung des „Rienzi" herzlichst danken; ich freue mich furchtbar darauf, das herrliche Werk mit großen Mitteln einmal unverstümmelt aufführen zu dürfen. Würden Sie die große Güte haben, mir für wenige Tage einen Klavierauszug des „Rienzi" zu überlassen, der genau die neuen Striche etc. enthält, damit ich einen Musterauszug darnach einrichten und die Fertigstellung des gesamten Notenmaterials schon jetzt beginnen kann. –

Meine Frau läßt sich Ihnen vielmals empfehlen und dankt Ihnen mit mir hocherfreut dafür, daß Sie bei Ihrer nächsten Ankunft in München uns die Ehre erweisen wollen, einmal unser Gast zu sein. Hoffentlich *recht bald!*

Heute abend in der Philharmonie: „Tristan"-Vorspiel mit dem besonderen wunderbaren A-Dur-Schluß; II. Sinfonie von Beethoven; „Frühling" von

Alexander Glazunow[1], „Olafs Hochzeitsreigen“ von Alexander Ritter. In München nächsten Freitag: „Faust“-Sinfonie. –

Noch eines, hochverehrteste gnädige Frau! Sie schreiben in dem Briefe nichts davon, daß Sie die Bedingung stellen, Fuchs müsse die Regie des „Rienzi“ übernehmen; wenn dies Ihr Wunsch ist, ist es, glaube ich, schon nötig, daß Sie ihn als Bedingung für das Aufführungsrecht formulieren.

Für heute nochmals herzlichsten Dank und die wärmsten Grüße

Ihres in innigster Verehrung stets treu ergebensten

Richard Strauss

1 Alexander Glasunow (1865 – 1936), russischer Komponist, schuf u.a. neun Sinfonien, Konzerte und Kammermusik. Die Orchesterphantasie *Wesna (Frühling)* op. 34 entstand 1891.

120

München, den 28. November 1894
Hildegardstr. 2

Hochverehrteste gnädige Frau!

Als ich Ihnen von Berlin aus in betreff Fuchs schrieb, sandten Sie gleichzeitig die Antwort auf meine Frage schon ab.

Ich habe nun heute Herrn Generaldirektor Possart die beiden Forderungen, die Sie an das Aufführungsrecht des „Rienzi“ in der neuen Fassung knüpfen, mitgeteilt und gebe Ihnen jetzt das Resultat meiner langen Unterredung mit ihm wieder, deren Inhalt war, daß er sich nicht vorschreiben lassen könne, wem er die Regie und die musikalische Leitung eines Werkes übertrage, daß er bezüglich der Direktion Ihrem Wunsche, mich betreffend, gerne Rechnung trage, daß er sich aber die Regie selbst vorbehalten müsse. Er begründete diese Absicht, den „Rienzi“ selber in Szene zu setzen, mit dem ungleich größeren Kassenerfolge, dessen das Werk sicher sei, wenn er selbst als Regisseur auf dem Zettel stehe, und mit der Gabe, die er sich für die Gestaltung größerer Volksmassen auf der Bühne zutraut, worüber ich nicht urteilen kann, da ich noch keine von ihm selbst inszenierte Oper bis jetzt sehen konnte.

Generaldirektor Possart versprach, im Falle Sie von der *Bedingung*, daß Fuchs die Regie führe, abstünden, zur Aufführung des „Rienzi" selbst nach Berlin zu kommen, Dekorationen etc. nach dortigem Muster anfertigen zu lassen, wie überhaupt dem ganzen Werke die größte Pietät angedeihen zu lassen; wenn Sie auf Fuchs bestünden, müsse er aber auf die Freude, den „Rienzi" in der neuen Fassung hier zu geben, zu seinem größten Bedauern verzichten und würde er dann den *alten* „Rienzi" neu in Szene setzen.

Dies mein Auftrag!

Alle meine Bemühungen, ein anderes Resultat zu erzielen, waren vergebens, ich habe die neue Fassung in allen Tonarten gepriesen, wie schrecklich es wäre, wenn Sie uns das Aufführungsrecht verweigerten etc. etc. – an dem einen Punkte, daß er diesmal selbst die Regie führen würde, daß er sich als Leiter des Hoftheaters seine eigene Bühne nicht verbieten lassen könne, scheiterte alles.

Würden Sie, hochverehrteste gnädige Frau, nun unerbittlich sein? Es wäre mir schrecklich, wenn ich der herrlichen Stellen verlustig ginge, und ich gestehe zu meiner Schande, daß der Wunsch, das Aufführungsrecht für die „Pantomime" „Klagt, Jungfrauen, weinet" und wie die wunderbaren Dinge alle lauten, selbst einen noch größeren Mangel an Gesinnungstüchtigkeit aufwiegen würde als der ist, wenn ich Sie bitte, uns das Aufführungsrecht des „Rienzi" doch zu geben.

Fuchs kommt unter keinen Umständen zur Regie des „Rienzi"; daran ist kaum zu rütteln (Fuchs scheint es zudem selbst nicht zu glauben). Jetzt handelt es sich nur mehr, ob:

Ohne Fuchs alter „Rienzi"?
oder Ohne Fuchs neuer „Rienzi"?

Sind Sie nun sehr böse?

Aber die Freude am Werk überwiegt bei mir doch alle Bedenken – und eben dieser Freude an dem herrlichen Werke wegen werden Sie mir, hochverehrteste gnädige Frau, auch nicht böse sein, daß ich so charakterlos bin und ein bißchen den Vermittler spielen möchte.

Nun, teuerste gnädige Frau, seien Sie großmütiger als – andere Menschen und nicht zu ungnädig über einen, der sich die größte Mühe gegeben hat, die Sache in Ihrem Sinne zu regeln, nämlich

Ihren in innigster Verehrung treu ergebensten

Richard Strauss

121 Berlin, den 8. Dezember 1894
Hotel zum Askanischen Hof
Berlin W., Königgrätzer Str. 21

Hochverehrteste gnädige Frau!

Nachdem Ihre von mir sehnlichst erwartete Antwort drei Tage im Theater gelegen, ohne mir zu Händen zu kommen, erhielt ich sie erst unmittelbar vor meiner Abreise nach Berlin und bin erst heute imstande, sie zu erwidern.

Ihr Brief hat allerdings nicht die Erfüllung meiner Bitte gebracht; Gott sei Dank hat aber inzwischen der Bayreuther Geist oder sonst ein guter Genius das Herz des Herrn Generaldirektors Possart gerührt und die Sache hat sich folgendermaßen zu meiner größten Freude geregelt: Bevor noch Ihr Bescheid da war (ich konnte denselben dem Herrn Generaldirektor mündlich gar nicht mehr mitteilen), erklärte mir derselbe: Er habe sich die Sache überlegt, sei zur Überzeugung gekommen, daß die neue Fassung des „Rienzi" ein großer künstlerischer Gewinn für unsere Bühne wäre, und sei bereit, im Falle, daß Ihre Antwort ablehnend ausfiele, von der Regie des „Rienzi" abzustehen und dieselbe Fuchs zu überlassen. Seine Absicht sei hiebei, auch die entfernteste Möglichkeit eines neuen Streitfalles mit Bayreuth von vorneherein aus dem Wege zu räumen, da er die Ihnen, hochverehrte gnädige Frau, mit dem „Lohengrin" zugefügte Kränkung einsehe und bedauere, möge sein Rücktritt von der Regie des „Rienzi", *die nach seiner Ansicht immerhin ein großer Verlust für das Werk sei,* Ihnen den Beweis liefern, wie sehr es ihm daran gelegen, Ihren Groll wenigstens etwas zu mildern und wenn möglich wieder bessere Beziehungen zwischen Bayreuth und München anzuknüpfen. Ich habe bei dieser Gelegenheit gesehen, daß Possart doch für bestimmt geäußerte Vernunftgründe und künstlerische Bedenken zugänglich ist; auch dem sehr besonnenen und ruhigen Verhalten von Fuchs ist es zu danken, daß die Sache diesmal so nach Wunsch abgelaufen ist.

Ist nunmehr bezüglich des Aufführungsrechtes ein offizieller Kontrakt abzuschließen? Wenn ja, so ist die Münchner Generalintendanz nicht zu umgehen; denn Fuchs und ich als offizielle Inhaber des „Rienzi"-Aufführungsrechtes für München, das wir beide dann der Hofbühne überlassen, ist noch nicht gut möglich. Genügt aber die bisherige private Verabredung, so sind Sie ja einer Berührung mit der Ihnen so verhaßten Generalintendanz, die sich aber diesmal wirklich gut benommen hat, überhoben. Auf jeden Fall: *Ich habe meinen „Rienzi"* – Gott sei Dank!

In München hatte ich am 30. November eine wirklich außerordentliche Aufführung der „Faust"-Sinfonie, mit deren Wiedergabe sich das Münchner Orchester ausgezeichnet hat. Vortrag, Klangschönheit und technische Vollendung waren ersten Ranges. Das vom Orchester mit größter Begeisterung wiedergegebene herrliche Werk hat denn auch eine tiefe Wirkung erzielt.

Die große Freude, die mir dieses Werk wieder bereitet hat, durfte nicht ungestraft bleiben: Nächsten Montag darf ich zum Gedächtnis Rubinsteins dessen „Ozeansinfonie“[1] (zum „*allerletzten Mal*“) dirigieren. –

Ihr „Hänsel und Gretel“ in Dessau muß wunderschön gewesen sein, hochverehrte gnädige Frau; nicht umsonst schimpfen die Judenblätter so darüber. Die edlen Kunstwächter! Die Schützer der deutschen Kunst! Ja, ja!

Für heute leben Sie wohl, teuerste gnädige Frau! Ich verbleibe mit den herzlichsten Grüßen an ganz Wahnfried (ist Siegfried noch immer böse auf mich?)

Ihr in innigster Verehrung stets treu ergebenster

Richard Strauss

Meine Adresse in München: Hildegardstr. II

1 Anton Rubinstein (1829 – 1894), russischer Pianist, Komponist und Dirigent, seit 1862 Direktor des Konservatoriums in Petersburg. Er schrieb u.a. Opern, sechs Sinfonien (darunter Nr. 2 in C-Dur op. 42: *Ozean-Sinfonie*), fünf Klavierkonzerte und Kammermusik.

122

[Bayreuth, undatiert]

Heute früh schrieb ich Fuchs und bitte Sie, lieber Freund, den Brief zu lesen.

Er wird Ihnen meine Lage genau bezeichnen.

Wenn man das erfährt, was ich im vorugen Sommer zu erfahren hatte, so ist man für diejenigen, die es einem zufügen, nicht mehr vorhanden, und diese nicht mehr für einen.

Aber Haß . . . Ach! davon kann – beinahe sagte ich leider – keine Rede sein.

Hätte ich Haß empfunden, so würde ich keinen der Künstler, die nicht für geraten hielten, mit Bayreuth sich in der schmachvollen „Lohengrin“-Sache solidarisch zu empfinden, zu den Festspielen zugelassen haben.

Der Begriff der Ehre ist wohl von dem der Ab- und Zuneigung zu trennen.

Empfände ich irgend etwas so Lebendiges (in dieser Sache) wie Abneigung, so würde ich rundweg den „Rienzi" abgeschlagen haben. Nun gebe Gott seinen Segen! Ich wünsche nichts mehr zu hören, weder von gutem, noch von schlechtem Benehmen. Beides ist für mich nicht vorhanden.

Die „Faust"-Sinfonie hat mir Freude gemacht! Über „Hänsel und Gretel" las ich nichts, derlei ist auch für mich nicht vorhanden, und am Ende wäre es besser, wenn es auch für andere nicht da wäre und ich nichts davon zu hören bekäme[1]. Ich glaube, die Inszenierung hätte Ihnen gefallen.

Siegfried grüßt herzlich. Er muß nun auch sich an manches gewöhnen; von Freund und Feind, und ich glaube, er stellt seinen Mann.

Herzlichen Gruß, lieber Freund, und alle besten Advent-Wünsche!

C.W.

+ Vertrag wird wohl zwischen uns nicht notwendig sein.
Freilich hat sich Fuchs wie immer ausgezeichnet benommen!

1 Nach den Schriftzügen zu urteilen, scheint der Brief in großer Erregung geschrieben zu sein. Nur so ist der Satz zwischen der Erwähnung von *Hänsel und Gretel* und der (Dessauer) Inszenierung zu verstehen.

123 Bayreuth, den 25. Januar 1895

Mein lieber Freund!

Wie Sie sich wohl denken, habe ich meine Arbeit sorgfältig gemacht und nicht aus Übermut Kürzungen vorgenommen. Ich bin von der Ökonomie des Ganzen ausgegangen und mit vorsichtiger Anwendung dessen, was ich auch über den „Rienzi" erfahren habe, habe ich es versucht, den dramatischen Gehalt am deutlichsten zur Erscheinung zu bringen und zugleich das Ohr des Hörers vor Übermüdung und die Stimme des Sängers vor Anstrengung zu hüten. Ich bitte daher, sich zu entscheiden: Entweder die autograph[ische] Partitur oder meine Bearbeitung genau, wie sie ist, zu akzeptieren. Zu einer Vermengung von beiden gebe ich das Aufführungsrecht nicht; denn ich halte das für künstlerisch unrichtig. Auch kann ich keinen Präzedenzfall gestatten, wo dann Wien, Dresden, Hamburg etc. jeder einen anderen Wunsch bezüglich des Werkes kundgäben.

Entschließen Sie sich also, ich bitte, und sagen Sie mir Ihren Entschluß.

Ich habe die Stretta des 2. Aktes aus dem Grunde gestrichen, weil ich, wie gesagt, keine Übermüdung vor der eigentlichen Peripetie eintreten lassen wollte.

Was den Schluß des 3. Aktes betrifft, so sehen Sie sich die Dichtung in den „Gesammelten Schriften" an, und Sie werden finden, wie es gewollt wurde. (Offengestanden erstaunt es mich, daß Sie nicht die dramatische Notwendigkeit von Adrianos und Irenes schmerzlicher Trennung gerade inmitten der Triumphklänge empfanden.) – Was die andern Striche anbetrifft, so bitte ich die Künstler zu erwägen, daß wir z.B. keine Sängerin haben, welche die Koloraturen des Duettes im 5. Akt singen kann. Rienzis Antwort auf Irene ist so drastischer.

Wie gesagt, meine ganze Bearbeitung ist von einem bestimmten Prinzip ausgegangen und gründet sich auf Unterweisung. Ich kann also nichts daran ändern, werde es aber sehr zufrieden sein, wenn Sie sich an die autographierte Partitur halten und dieselbe genau bringen, wie sie ist. Dies ist ein Ganzes, wie auch meines ein Ganzes ist.

Ich bin Ihnen gar nicht böse, seien Sie mir es auch nicht, denn wirklich, ich kann nicht anders.

Herzlich und treulich

C. Wagner

Nachschrift:

Wenn Sie sich, lieber Freund, für meine Bearbeitung entscheiden, so wiederhole ich nochmals, daß unter allen Umständen Berlin vorangehen muß, denn ich habe mich verpflichtet. Kniese wird morgen Fuchs in München von der Lage der Dinge unterrichten und daß ich das Aufführungsrecht nur unter der einen, von mir gestellten Bedingung geben kann.

124 Bayreuth, den 26. Januar 1895

Lieber Freund!

Den einen kleinen Strich: „Wohl liebt ich glühend meine hohe Braut", habe ich hergestellt, da ich glaube, daß der Sänger nicht zu müde dafür sein wird. Dies geschah gern!

Viel Glück zum Konzert!

Treulichst

C.W.

125 München, den 7. Februar 1895
Hildegardstr. 2

Hochverehrteste gnädige Frau!

Siegfried wird Ihnen wohl von unserem vergnügten Zusammensein in Berlin erzählt haben; er war so nett und liebenswürdig, daß meine Frau und ich uns noch mit größter Freude der angenehmen, in seiner Gegenwart verlebten Stunden erinnern. Seine Mitteilungen über „Rienzi" ergänzten Ihre beiden Briefe, die ich in Berlin erhalten habe. Vielen Dank dafür, daß Sie wenigstens die eine meiner Bitten bezüglich: „Ich liebte glühend einst meine hohe Braut" – – erfüllt haben.

Daß Ihr Wille bezüglich der Bearbeitung stets Gesetz *bleibt*, ist wohl selbstverständlich. Aber anfragen, warum gegen Ihre frühere Fassung manches nunmehr geändert ist, was mir in der ersten Form, die Mottl und ich schon aufgeführt haben, besser gefallen hat, ist doch wohl erlaubt.

Darf ich noch zweierlei fragen: Warum haben Sie das Duett Rienzi und Irene: „In diesem treuen Bunde, in dieser keuschen Brust" etc. nicht ganz gestrichen? Dieser Zwiegesang macht sich wirklich nicht gut, jeder Rienzi wird froh sein, wenn er dies nicht mehr singen muß, und der Sprung: „Komm, stolze Jungfrau, an mein Herz" – Umarmung – auf: „Es sei, noch einmal tönen soll der Ruf" etc. ist wirklich nicht schlecht!

2) Wenn Sie nun dafür das darauffolgende Duett zwischen Adriano und Ire-

ne *ungestrichen* ließen? Die kolossale, rasende Steigerung im Gesang Adrianos ist mit dem jetzigen Striche geradezu unterbunden.

Ich möchte dies ja nicht als Reservatrecht für München, ich glaube, Muck wäre mit den beiden Änderungen ebenfalls einverstanden – denn dieselben gereichen dem V. Akt überhaupt zum größten Vorteile.

Vielleicht überlegen Sie, hochverehrteste gnädige Frau, diese beiden Stellen doch noch und nehmen die zwei Änderungen in Ihre Bearbeitung auf; wenn nicht, so wird am suprema lex nicht weiter gerüttelt und ich bin brav und folge.

Dürfte ich Sie bitten, mir die Partitur wieder zu senden, wenn Sie dieselbe entbehren können; ich brauche dieselbe notwendig, um mein Orchestermaterial und Partitur darnach einrichten zu können.

Hoffentlich ist seinerzeit alles rechtzeitig angekommen. Für heute mit den herzlichsten Grüßen an Sie, hochverehrteste gnädige Frau, und ganz Wahnfried, auch von meiner Frau

Ihr in innigster Verehrung stets getreuester

Richard Strauss

126 Bayreuth, den 8. Februar 1895

Mein lieber Ausdruck!

Ich danke Ihnen herzlich für Ihren lieben Brief. Vornehmlich Ihre Worte über Siegfried haben mich erfreut! Bleiben Sie ja bei dieser Herzlichkeit und lassen Sie sich diese nicht durch das traurige Getriebe unserer künstlerischen Öffentlichkeit verkürzen.

Er ist jetzt wie ein Symbol, außerhalb alles dessen, wozu die anderen genötigt sind, stellt er die Ausübung unserer Kunst in ihrer Reinheit und Loslösung dar. Wie man sich zu ihm verhält, ist nicht gleichgültig, ja – in einem gewissen Sinne – entscheidend. Und so hat mich Ihr Verhalten zu ihm von der ersten Stunde an gefreut und wünsche ich, daß es so bleibt. Er, seinerseits, hat sich Ihrer Direktion und Ihres Umganges sehr erfreut.

Die Partitur zu „Rienzi“ schicke ich, sobald ich die beiden Stellen wieder durchgenommen haben werde, die Sie mir angeben (ich bin heute bettlägrig; morgen ist es aber in Ordnung). Ich glaube nicht, daß ich Ihnen werde nachgeben können, weil auch in dieser Anordnung ich nicht nach der musikalischen Steigerung, sondern nach dem Drama gegangen bin.

Wenn ich also der Partitur nichts beilege, so bleibt es bei meiner Fassung.

Nun leben Sie wohl, mein guter, lieber Ausdruck. Grüßen Sie Ihre Frau schönstens – Siegfried hat mir erzählt, wie ihm die Begegnung mit ihr angenehm gewesen wäre und wie sympathisch er sie in Haltung und Gespräch gefunden. Herzlichst grüßt Sie alles in Wahnfried und wünscht Ihnen das Beste.

C.W.

P.S. Nicht wahr, Sträussle, Sie wissen, daß erst in München vorgegangen wird, wenn Berlin gewesen ist?

127 Bayreuth, den 11. Februar 1895

Mein lieber Ausdruck!

Ich will gerne den Passus des Adriano wieder herstellen. Die Rücksicht auf die Sängerin hatte mich da geleitet, und der Strich war dichterisch nicht unsinnig.

Aber die Szene zwischen Rienzi und Irene und der Zwiegesang der beiden *muß* ganz bleiben; diese Exaltation der Freude im Untergang ist unentbehrlich. Während Adrianos Szene mit Irene dem Inhalte nach bereits im 4. Akte gewesen ist.

Also keine Striche in dem ganzen 5. Akt. Er ist ja kurz.

Die Partitur kommt nächstens.

Herzlichen Gruß!

C. Wagner

128 München, den 9. März 1895
Hildegardstr. 2/I

Hochverehrteste gnädige Frau!

Ich komme heute nur mit einer dringenden Bitte: Sie möchten die Güte haben, mir sobald als möglich die Partitur des Rienzi wieder zu senden, da mein Kopist sonst die Arbeiten nicht mehr fertigstellen kann. Die Aufführung ist, nachdem Berlin vorangegangen sein wird, für den 22. Mai in Aussicht genommen! Ich bitte also dringend: Senden Sie mir die Partitur, die ich Ihnen nach vollendeter Kopie sofort zurückschicken werde.

Hier ist alles gespannt auf Siegfrieds Kommen! Entschuldigen Sie die eilige Kürze und empfangen Sie, auch für ganz Wahnfried, die herzlichsten Grüße

Ihres in innigster Verehrung treu ergebensten

Richard Strauss

Meine Frau erlaubt sich, die herzlichsten Empfehlungen zu senden!

129 Bayreuth, den 15. März 1895

Anbei, mein lieber Ausdruck, die Partitur des „Rienzi“. Die Aufführung in Berlin ist am 20. Demnach die Hauptverzögerung vorbei.

Ich behalte mir nur das Vorrecht, bei der ersten Feindseligkeit der Münchener Hofbühne gegen Bayreuth (in der Sache oder in den Personen) das Ihnen und Fuchs gegebene Aufführungsrecht, worüber ich deshalb keinen Vertrag schloß, zurückzunehmen. Gebranntes Kind scheut das Feuer, und ich habe gutes Lehrgeld in München gezahlt.

Herzlichsten Dank für Ihre Teilnahme an Siegfrieds Auftreten in München! Möchte ein guter Stern leuchten, und diese Gelgenheit das viele Übele wegschwemmen.

Herzlichste Grüße Ihrer lieben Frau und Ihnen alles Gute, mein lieber Ausdruck!

C. Wagner

130 Bayreuth, den 22. März 1895

Mein lieber Ausdruck,

gerne spräche ich Sie über „Rienzi" und – über anderes. Könnten Sie in nicht gar zu langer Zeit nach Bayreuth?

Herzlichst

C.W.

131 München, den 23. März 1895

Hochverehrteste gnädige Frau!

Vielen Dank für Ihre freundliche Aufforderung, nach Bayreuth zu kommen! Possart hat mir leider vorgestern erklärt, daß er mir nicht *einen* Tag Urlaub mehr bewilligen werde; ich hatte außer meinem kontraktlichen Urlaub für zehn Berliner Konzerte noch Urlaub für je ein Konzert in Wien und Brüssel erbeten; nachdem er mir einen Tag den Urlaub trotz meiner „Unverschämtheit" bewilligt hatte, hat er den nächsten Tag den Urlaub für Brüssel zurückgenommen und mir zugleich „auf Ehrenwort" versichert, daß er mir nicht einen Tag Urlaub mehr geben werde. Wenn ich nun trotz alledem und trotzdem auch dem Major mein Konzert in Brüssel gar nicht angenehm ist, den Urlaub für Brüssel, wohin ich mich dem Monsieur Khnopff[1] nunmehr fest verpflichtet habe, erhalte, so wird dies, fürchte ich, das Äußerste sein, was ich von Possart herausbekomme.

Possart fürchtet sowieso schon, daß ich zu wenig „arbeite"! Und wenn ich dann „arbeite", wie z.B. gestern, woselbst ich eine sehr gelungene Aufführung der „Faust"-Ouvertüre und der „Ideale" verzeichnen durfte, so ist das höchste Lob, was einem Gesinnungsgenossen, wie z.B. Freund Porges, spenden, – daß sie die Aufführung den früheren, unter Altmeister Levi gemauschelten für – – „ebenbürtig" erklären!

Fuchs ist in Berlin zum „Rienzi" und will Dienstag wieder hier sein; sollten Sie eine Zusammenkuft mit ihm über „Rienzi" wünschen, so geben Sie ihm vielleicht telegrafische Nachricht nach Berlin (Hotel Metropole unter den Linden). Bezüglich der „Rienzi"-Tempi können Sie insoweit unbesorgt sein, daß das Werk hier sicher eine halbe Stunde kürzer sein wird als in Berlin, wo ich von Freund Muck, den ich sonst sehr schätze, einen unendlich langsamen I. Akt „Tristan“ gehört habe.

Wenn also dies, was Sie mir mitteilen wollen, überhaupt auf brieflichem Wege zu erledigen ist, würde ich Sie, hochverehrteste gnädige Frau, in Anbetracht dessen, daß es in den nächsten Wochen sehr unsicher ist, ob ich hier abkommen können werde, um briefliche Mitteilung bitten.

Siegfried hat hier einen großen Triumph gefeiert und war zu meiner großen Freude mit dem Orchester sehr zufrieden; es war mir schrecklich leid, daß ich nicht dabei war.

Mit den herzlichsten Empfehlungen meiner lieben Frau verbleibe ich, ganz Wahnfried schönstens grüßend

Ihr in innigster Verehrung treu ergebenster

Richard Strauss

1 Georges Khnopff (vermutlich ein Bruder des belgischen Symbolisten Fernand Khnopff), ein Verehrer von Richard Strauss, der seinen Sohn Richard Till nannte. Den musikalischen Glückwunsch von Richard Strauss veröffentlichte Willi Schuh in seiner Biographie a.a.O. S. 439 f.

132 Bayreuth, den 26. März 1895

Mein lieber Ausdruck,

gerne hätte ich Sie über „Rienzi“ gesprochen und *sehr gerne* über anderes! Wenn es aber nicht geht, müssen wir uns bescheiden.

Möglicherweise komme ich im Laufe des nächsten Monates nach München.

Muck hat seine Sache ausgezeichnet gemacht, und alle seine Tempi waren richtig.

Die Sänger, Rienzi und Adriano, baten herzlichst um die beiden Striche, wie ich es mir gedacht. Können die Ihrigen in München mehr, so versteht es sich, daß es mich herzlich freut!

(Gerne würde ich mit den Sängern unter der Hand arbeiten.)

Mein lieber Ausdruck, lassen Sie sich nicht durch vieles und manches reizen; der Weg des Künstlers ist ein schwerer! Sie müssen den Außendingen keinen Einfluß auf sich gewähren. Ich habe vieles, was ich Ihnen sagen möchte. Irgendwo können wir uns treffen.

Porges ist Ihnen gut, verkennen Sie das nicht!

Ich danke Ihnen für Ihre lieben Worte über Siegfried. Es freute mich, daß er auch in München zeigte, was er leistet, und daß seine Leistung einen Eindruck hinterließ.

Auf Wiedersehen, mein lieber, guter Ausdruck!

Lassen Sie mich bald etwas von sich hören und , bitte, fragen Sie Fuchs, wann ich Ihn werde sprechen können.

Treulichst und unter Grüßen an Ihre liebe Frau

C. Wagner

133 München, den 27. März 1895

Hochverehrteste gnädige Frau!

Vielen Dank für Ihre lieben Zeilen!

Mit Ausnahme des 1. bis 3. April, welche Zeit ich in Wien bin, stehe ich und wohl auch Fuchs, der seit gestern wieder hier ist, jederzeit zu Ihrer Verfügung.

Ich habe gestern erste Klavierprobe zu „Rienzi" gehalten und mich über Vogl recht gefreut. Fräulein Ternina hat den Adriano endgültig refüsiert, sie singt nur Männerrollen, die eigentlich Frauenrollen seien, und auch „keine *Alt*partien". Des Pudels Kern ist, daß ihr die Rolle im Verhältnis zu der aufzuwendenden Anstrengung nicht dankbar oder „titelröllerich" genug ist. Nun muß ich mit Fräulein Frank[1] auskommen, die jedenfalls den besten Willen und die kräftigere Stimme, aber ein bißchen wenig Darstellungstalent hat.

Bitte teilen Sie mir nun rechtzeitig mit, wann Sie hier sein wollen und mit wem Sie gerne arbeiten, ich halte dann sofortige Umfrage: Die Besetzung ist bis jetzt:

Rienzi:	Vogl – Mikorey[2]
Irene:	Dreßler – Bianchi[3]
Adriano:	Frank
Colonna:	Wiegand[4] – Siehr[5]
Orsini:	Brucks[6] – Fuchs
Baroncelli:	Walter[7] – Knote[8]
Cecco:	Bauberger[9] – Bertram[10]
Friedensbote:	Bettaque[11] – Borchers[12]
Cardinal:	Siehr – Wiegand

Dr. Walter und Fräulein Bettaque sind gegenwärtig nicht hier, haben sich daher noch nicht geäußert, ob sie Baroncelli und Friedensboten annehmen, doch hoffe ich das Beste.

Ich werde sofort Fuchs informieren!

Daß Sie mit Muck so zufrieden waren, freut mich sehr, denn ich schätze ihn, wie gesagt, als Mensch und Künstler!

Wenn die Tempi richtig waren, muß er sich aber doch – höllisch beeilt haben!

Mit den höflichsten Empfehlungen meiner Frau und herzlichen Grüßen an ganz Wahnfried

Ihr in innigster Verehrung stets getreuer

Richard Strauss

1 Emanuela Frank (1870 – 1940), österreichische Sopranistin, war 1888 in Düsseldorf, 1889 – 1891 in Kassel, 1892 – 1900 an der Hofoper in München und anschließend in Leipzig.

2 Max Mikorey (1850 – 1907), Tenorist, Schüler von Heinrich Vogl, ab 1878 an der Hofoper in München, sang den Guntram in der einzigen dortigen Aufführung.

3 Bianca Bianchi (Pseudonym für Bertha Schwarz) (1855 – 1947), Sopranistin, Schülerin von Pauline Viardot-Garcia, war 1873 – 1876 in Hamburg, Mannheim, 1877 – 1880 in Karlsruhe, 1880 in Wien und 1890 – 1892 in Budapest. In München wirkte sie 1887 – 1888 und 1895 – 1898. Sie war verheiratet mit Bernhard Pollini.

4 Heinrich Wiegand (1842 – 1899), Bassist, war in Zürich, Köln, 1873 – 1877 in Frankfurt a.M., 1878 – 1882 in Leipzig, Wien, 1884 – 1890 in Hamburg, 1894 – 1896 in München, dann in Mannheim. In Bayreuth sang er 1886 – 1891 als Marke, Gurnemanz, Pogner und Landgraf.

5 Gustav Siehr (1837 – 1896), Bassist, war in Neustrelitz, Gothenburg, Prag, Wiesbaden und 1881 – 1896 am Hoftheater in München. In Bayreuth sang er in der Uraufführung des *Ring des Nibelungen* den Hagen sowie 1882 – 1889 den Gurnemanz, auch den Marke.

6 Otto Brucks (1858 – 1914), Tubist, Baritonist (Schüler von F. Betz) und Komponist, kam über Dresden, Hamburg, Düsseldorf und Prag 1890 – 1898 an das Hoftheater in München. 1906 – 1914 war er Direktor des Theaters in Metz.

7 Raoul Walter (1863 – 1917), Tenorist und Spielleiter, war 1888 – 1890 in Wien, 1890 – 1891 in Brünn und seit 1891 an der Hofoper in München. Richard Strauss hat ihm die Lieder op. 36,2 – 4 gewidmet.

8 Heinrich Knote (1870 – 1953), Tenorist, gehörte dem Hof- und Nationaltheater in München seit 1892 als Vertreter der Heldenpartien an.

9 Alfred Bauberger (1866 – 1937), Bassist, war 1891 – 1926 Mitglied des Hof- und Nationaltheaters in München.

10 Theodor Bertram (1869 – 1907), Baritonist, begann 1890 in Ulm, kam nach Hamburg und Berlin (Kroll-Oper). 1893 – 1899 sang er an der Hofoper in München. In Bayreuth sang er zuerst 1892; 1901 – 1906 war er dort Holländer, Wotan und Amfortas.

11 Katharina Senger-Bettaque (1860 – 1921), Sopranistin, war in Berlin, Leipzig, Rotterdam, 1891 in Bremen, 1892 in Hamburg; 1894 – 1905 wirkte sie am Hof- und Nationaltheater in München. In Bayreuth sang sie 1884 die Eva und 1888 ein Blumenmädchen.

12 Hanna Borchers (1869 – ?), Sopranistin, sang 1889 – 1900 an der Hofoper in München. In Bayreuth war sie 1889 ein Blumenmädchen.

134 Bayreuth, den 21. April 1895

Mein lieber Ausdruck,

gestern bat ich Kniese, Fuchs meine Ankunft in München zu melden.

Mit zwei Zeilen möchte ich Sie bitten, Ihre Zeiteinteilung zu überlegen und mir genau in die *Arcisstraße 10* zu wissen zu geben, wann ich mit Ihnen betreffs des „Rienzi“ zusammenkommen könnte. Wollen Sie sich mit Fuchs darüber verständigen? Am 25. abends bin ich in München und würde gerne eine Zeile vorfinden, nach welcher ich meine Tage, die ziemlich in Anspruch genommen sein werden, werde einrichten können.

Ich freue mich darauf, Sie wiederzusehen, und grüße Sie und Ihre liebe Frau herzlichst!

C. Wagner

135 Wahnfried, den 23. April 1895

Sehr gerne, mein lieber Ausdruck, bin ich Ihr und Ihrer lieben Frau Gast.

Darf ich um Fuchs bitten? Und zwar so: Ich käme um *1/2 6,* träfe Fuchs bei Ihnen, wir arbeiteten bis *8*. Um 8, wenn es Ihrer Frau paßt, das Abendbrot, wobei uns ja nicht untersagt ist, über „Rienzi" zu sprechen.

Ist es Ihrer Frau recht, so halten wir es so zu viert.

Wir konnten die Stimmen zum „Tannhäuser" leider nicht schicken, weil wir als Gesetz es aufgestellt haben, nichts aus dem Inventar zu verleihen.

Ich freue mich darauf, Sie wieder zu sehen und mit Ihnen zu arbeiten. Nicht wahr, Sie grüßen Fuchs schön und bitten ihn um *1/2 6* zu sich? Daß wir gleich mit der Arbeit beginnen. Ich werde pünktlich sein.

Herzlichste Grüße Ihnen beiden und auf gutes Wiedersehen!

C. Wagner

136 [Auf der Rückseite des Briefes von Frau Tombo[1]]

Mürren, Berner Oberland,
den 21. August 1895
Grand Hotel Kurhaus

Lieber Ausdruck, wäre hier eine Subskription zu eröffnen, an welcher ich mich beteiligen könnte?

Notgedrungen einsilbig, aber immer in treuen Gedanken bei Ihnen!

C.W.

1 August Tombo (1842 – 1878) war seit 1861 Harfenist am Hof- und Nationaltheater und Lehrer an der Kgl. Musikschule in München. Bei seiner Hochzeit mit der Schauspielerin Caroline Weckert (1868) war sein Kollege Franz Strauss Trauzeuge, der ihm im Herbst desselben Jahres seinen Sohn Richard zum Klavierunterricht übergab. Nach dem frühen Tod Tombos (Tuberkulose) bezog seine Witwe jährlich

384,– Mark Witwenpension, die infolge ihres Gesundheitszustandes 1904 auf 576,– Mark erhöht wurde.
Der Brief seiner Witwe lautet:

München, den 14. August 1895

Euer Hochwohlgeboren!
Hochverehrte gnädige Frau!

Vergeben Sie mir, ich bitte vielmals, wenn ich hiemit, gedrängt von den unseligsten Verhältnissen, an Ihre vielgerühmte Großmut mit der innigsten Bitte mich zu wenden mir gestatte, mir zur Erleichterung meiner derzeitigen Lage eine momentane pekuniäre Unterstützung gewähren zu wollen.
Als Witwe des im Jahre 1878 verstorbenen kgl. Kammermusikers und Harfenspielers der Münchner k. Hofkapelle, August Tombo, war ich nach dem Tode meines Gatten auf eine monatliche Pension von 38 M. angewiesen.
Eine nicht zu bekämpfende Kränklichkeit zwang mich, von jeglicher Stellenannahme und dgl. abzusehen und mit Hilfe von schriftlichen und literarischen Arbeiten einen Nebenerwerb mir zu schaffen, bis auch diese Quelle in Folge eines mehrjährigen Gehirnleidens endlich versiegte.
Leider begannen dadurch meine Verhältnisse in Unordnung zu geraten, so sehr, daß ich nun nicht mehr ohne fremde Hilfe dieselben zu bewältigen vermag.
Möchten Sie, hochverehrte gnädige Frau, demnach gütigst es entschuldigen, wenn ich, zur Zeit einer trostlosen Situation preisgegeben, an die Güte und den Edelmut Euerer Hochwohlgeboren mit der innigen Bitte mich zu wenden wage, durch eine gütige Unterstützung mir es zu ermöglichen, einem unverschuldeten, aber täglich drohender werdenden Verderben zu entgehen.
Indem ich bange hoffend eine wohlwollende Entscheidung Ihrer Güte anheim zu stellen mir gestatte, zeichne ich
Euerer Hochwohlgeboren in vorzüglicher Hochachtung und Verehrung ergebene

Caroline Tombo
k.b. Kammermusikerswitwe

Barerstr. 65/I. *links*

137 Wolfratshausen,
den 3. September 1895
Hotel Kronmühle

Hochverehrteste gnädige Frau!

Auf Ihre Zusendung des Briefes der Frau Tombo hin habe ich bei unserem Orchester (denn um dasselbe würde sich es doch bei unserer Subskription zunächst handeln) Umfrage gehalten, leider aber den Bescheid von dem Komitee der Musikalischen Akademie erhalten, daß den Herren eine direkte Veranlassung zu hilfreichem Eingreifen für sie nicht vorzuliegen scheine und daß dieselben Ihnen, hochverehrte gnädige Frau, bei dem, was Sie auf den Brief der Frau Tombo hin für dieselbe zu tun gedächten, vollständig freie Hand ließen. –

Zu meiner großen Freude höre ich, daß Ihre teuere Gesundheit sich besser befindet und daß Sie sogar jetzt einen – Sommerurlaub nicht verschmähen, wie ihn wir arme Tagesknechte so gerne genießen und wie ich einen solchen im Juli in Cortina d'Ampezzo in wundervollster Höhenluft, mitten in den herrlichsten Dolomiten, verbracht und mich dabei mit meiner lieben Frau prächtigst erholend zu einem wahrhaften Fasolt entwickelt habe.

Dabei habe ich eine kuriose Arbeit begonnen: Ich habe von dem Schauspiel „Lila" von Goethe (kennen Sie das feinsinnige, duftige Stück?) drei Akte der zu komponierenden Sachen in „moderne" Musik gesetzt[1], stecke aber jetzt und mit mir der Regisseur Savits[2] in München vor dem IV. Akt in der Verlegenheit, daß wir beide nicht wissen, was mit diesem IV. Akte anfangen. Goethe scheint es auch nicht recht gewußt zu haben, denn er schreibt nach den großen Spinnchören (warum spinnen die Leute da plötzlich?), (Vorstehendes Tutti etc. etc., – der Ballettmeister in Gestalt des Dämons – *Überhaupt wird die ganze Anstalt des vierten Aktes völlig seinem Geschmakke überlassen*).

Diesen geschmackvollen Ballettmeister kenne ich nicht – nun wäre meine große Bitte: Würden Sie, hochverehrteste Frau, ein halbes Stündchen erübrigen, um das kleine Stück zu lesen – ich habe so eine geheime Hoffnung, als ob Ihnen das, was weder Goethe noch mir eingefallen ist, so ganz zufällig einfallen möchte.

Würden Sie mir dann die große Liebe erweisen und mir diesen zweiten „Hexenritt" mitteilen?

Ab und zu weht der Nordwind uns Uneingeweihten eine herrliche Kunde von wundervollen „Ring"-Dekorationen und großartigen Vorbereitungen nach München; wir aber sind mit Mustervorstellungen beschäftigt und genießen dazwischen den Rest des kurzen Sommers zwischen Isar und Loisach, uns des schönen Wetters und der krampfhaften Imitation italienischen Klimas erfreuend.

Meine Frau und mich Ihnen und den lieben Ihrigen aufs herzlichste empfehlend

in innigster Verehrung Ihr treu ergebener

Richard Strauss

1 Bereits im Januar 1878 hatte sich Richard Strauss mit dem Gedanken getragen, das Singspiel „Lila" von Goethe zu vertonen. Eine Arie der Almaide für Sopran mit Orchester o.op. 44 sowie „Auf aus der Ruh" für Solotenor, gemischten Chor und Orchester o.op. 45 sind erhalten. Erst im Juni 1895 erwähnt er Arthur Seidl gegenüber wieder eine Beschäftigung mit dem Stoff, der ihn bis Ende des Jahres beschäftigte, ohne künftig weiter verfolgt zu werden.

2 Jocza Savits (1847 – 1915), Schauspieler, Regisseur und Schriftsteller, war 1865 – 1867 in Augsburg, 1867 – 1869 in Weimar, 1869 – 1871 am Burgtheater in Wien, 1871 – 1884 in Weimar, 1884 – 1887 als Regisseur in Weimar und anschließend als Oberregisseur am Hoftheater in München, dort Begründer der Skakespeare-Bühne. Neben Übersetzungen aus dem Englischen und Französischen schrieb er theatergeschichtliche und dramatische Abhandlungen. 1917 erschien „Shakespeare und die Bühne des Dramas".

138 Brünig, den 10. September 1895

Mein lieber Ausdruck,

ich danke Ihnen für Ihre Bemühungen und bedauere es nur, wahrzunehmen, wie gering der kollegialische Sinn Ihrer Korporation ist! . . .

Noch mehr aber bedauere ich Sie, in dieser überschwenglichen Hitze durch„mustern" zu müssen, und begreife, daß Sie zur Isar Ihre Zuflucht nehmen, die mir in München (mit sehr wenigen Ausnahmen) immer den reinsten Genuß gewährt hat.

Was unsere Sommerarbeit betrifft, so hat sie im vielen Versuchen bestanden. Wir sind wenigstens im reinen über das, was wir wollen. Ob unsere Techniker es uns leisten werden, das ist die Frage.

Auf dem Mürren sowie hier suchte ich allen diesen Fragen mich fernzuhalten, und es ist mir auch so ziemlich geglückt. Als einziges Buch nahmen wir die Annalen von Goethe mit, dessen Größe und Weisheit wie die sonnige Luft zu einem dringt.

Und dies führt mich zu dem Hauptpunkte Ihres Briefes. Er ist schmeichelhaft bis zum Erdrücken für meinen alten Kopf, und was in der Jugend unaufgefordert schlecht und recht mir vielleicht eingefallen wäre, dies will jetzt als Absicht meinem müden Geiste wie eine Anmaßung vorkommen. Doch Ihnen zulieb werde ich in Luzern ≪für drei Wochen: Pension Stutz≫ mir „Lila" zu verschaffen suchen, und wer weiß, ist der Pegasus nicht sattelfest, so ist vielleicht der Hexenbesen zum zweitenmal beflügelt!

Jedenfalls hat es mich gefreut, Sie mit einer solchen Aufgabe beschäftigt zu wissen, und wir sprechen im November darüber. Wir kommen nämlich auf 8–10 Tage in die Kunstmetropole und meine Kinder möchten sich herzlich von Ihnen einiges ausbitten:

1) „Rienzi"
2) „Alceste"[1]
3) Konzert mit Ihrem „Eulenspiegel".

Wenn Herr Savits dazu etwas von Shakespeares Königsdramen hinzufügen möchte, wäre man dankbar. – Unser Aufenthalt wird vom 10. zum 20. etwa dauern.

Den Kaffee-Luitpold-„Figaro"[2] können ja Sie und Fischer nicht dirigieren, und ich weiß nicht, ob Levi zurück sein wird, sonst würde ich für mich darum bitten.

Nun aber, Scherz beiseite, ich freue mich, Sie bei der Tätigkeit zu sehen, und freue mich auch, Ihre liebe Frau wieder zu begrüßen, an deren behaglichste Gastlichkeit ich immer mit Vergnügen denke!

Alles Herzlichste Ihnen, mein lieber Ausdruck!

C. Wagner

1 *Alceste* von Christoph Willibald von Gluck (1714 – 1787).
2 Die Direktion von *Figaros Hochzeit* hatte sich Levi als einzige Mozart-Oper ausbedungen.

137 Luzern, den 26. September 1895
Pension Stutz

Mein lieber Ausdruck,

Ich habe mir „Lila“ hier doch verschaffen können, und anbei das Resultat meiner Beschäftigung mit ihr.

Die Szene des Dämons würde ich darin umgestalten, daß ich in ihr die Peripetie des Dramas setzte. Der Dämon wäre Lilas Gemahl, und die Erkenntnis-Szene (pantomimisch seiner Seite, gesanglich ihrer Seite) ging unter den Klängen des letzten Chors vor sich. – Ich glaube, daß wir damit dem ursprünglichen Goetheschen Gedanken am nächsten folgen.

Da so etwas aber im Zusammenhang stehen muß, habe ich die Szene mit dem Ungeheuer (lieber *nicht* „Oger“) ausgedacht, ferner eingeteilt, was zu sprechen ≪der ganze erste Akt würde gesprochen, Lila dagegen singt durchweg, bis zu dem Ausruf des Namens ihres Gemahls, mit welchem sie in seine Arme sinkt und kein Wort mehr spricht noch singt.

Die Szenen *mit* ihr sind alle gesungen, dagegen die Szenen der anderen untereinander gesprochen, mit Ausnahme des Liedchens von Friedrich.≫, was zu singen, was zu tanzen ist; einige Kürzungen gemacht, kurz mir ein Ganzes vorgestellt.

Eine hier anwesende Jugendfreundin schriftstellert unter dem Namen: Günther von Freiberg[1], und da hier die Ausführung alles ist, bat ich sie darum.

Damit sie aber nicht vergeblich arbeite, bitte ich Sie, lieber Freund, mir telegrafisch zu melden, ob Sie mit meinem skizzenhaften Vorwurf einverstanden sind oder nicht?

Nun leben Sie wohl, lieber Freund, und seien Sie und Ihre liebe Frau auf das schönste gegrüßt!

C. Wagner

1 Günther von Freiberg, Pseudonym für Ada Pinelli, geb. von Tresckow (1840 – ?), Schriftstellerin.

140 München, den 30. September 1895

Hochverehrteste gnädige Frau!

Vielen Dank für die liebevolle Teilnahme, die Sie meinem „violetten" Problem widmen.

Ihre Idee, den „Oger" mit dem Gatten Lilas zu identifizieren, ist herrlich – geradezu „goethlich". Ich freue mich sehr auf den versprochenen „skizzenhaften" Vorwurf.

Nur mit einem, wie ich mir schon zu telegrafieren erlaubt, bin ich, wenn Sie mir den Einwand gestatten, nicht einverstanden – das ist: daß *alle* Szenen mit Lila gesungen werden sollen. Das Ganze darf durchaus nichts Opernhaftes bekommen, die Musik dabei soll nur aufs Notwendigste beschränkt werden, äußerst diskret sein, und ein großer Reiz am Ganzen ist: das Problem von geschickt vermittelten Übergängen von Dialog zur Musik und daraus zurück zwar zu lösen, aber in einem Sinne zu lösen, als wenn „die Werke" nicht geschrieben. Wenn wir dem Stücke „Lila" das gewisse „Veraltete, Moderne, Rokokohafte" nehmen, was der ganzen Denkweise der „Zelterschen Zeit" bei aller Genialität Goethes anhaftet, so nehmen wir ihm seinen Mondscheinduft, den wir mit der Elektrizität des 20. Jahrhunderts ertöten.

Was mich an der Arbeit reizt, ist, daß die zweierlei Art Musik, die heute existiert, darin zu höchst drastischer Anwendung und Gegenüberstellung kommt; verstehen Sie mich genau? „Musik als Ausdruck" der menschlichen Psyche (in unserem Fall des Sparrens, den Lila hat) und Musik als tönende Form, als angenehmes, nervenberuhigendes Tonspiel (wofür alle diejenigen Zunftmusiker und Kammermusik treibenden Dilettanten, die unter der Rubrik: Hanslick figurieren und Akademiekonzerte besuchen, auf Liszt schimpfen etc. etc. sie halten und was sie als Heilmittel in den Händen des Arztes und seiner Genossen ist).

Alles aber nur angedeutet, skizzenhaft, wie eine Federzeichnung.

Wenn Sie mir also die Bitte erlauben, so möchte ich, was Gesang und Dialog betrifft, den II. und III. Akt in der Anordnung von Goethe möglichst lassen, um so mehr, als ich alle von Goethe in gebundener Rede gesetzten Stellen in den beiden Akten schon komponiert habe.

Mit einer wesentlichen Änderung der Szene mit dem Dämon im III. Akt und des ganzen IV. Aktes, von dem ich noch gar nichts komponiert habe, bin ich dagegen einverstanden. Vielleicht wäre im IV. Akt eine bedeutungsvolle Szene der Lila an dem bewußten Brunnen, wo ihr die Ketten von den Armen fallen, mit Glück einzufügen.

Den Motiven der „Gartenarbeit" und Spinnerei liegt wohl die Idee zugrunde, daß eine emsige Tätigkeit den Menschen vor Wahnideen schützt, wie sie mithilft, die Gefangenen aus der Gewalt des Dämons zu befreien. Könnten die zwei Tänzerinnen, die den Tanz mit dem Ungeheuer zu tanzen haben, als passende Allegorien in obigem Sinne verkleidet werden?

Die allererste Stelle der Lila (Anfang des II. Aktes) ist, glaube ich, charakteristisch für die Art, wie Goethe Musik und Prosa nebeneinander gestellt wissen will.

Lila ist ja nicht total verrückt, hat nur fixe Ideen. So weit sie also vernünftig, spricht sie

„dann aber kommt wieder ein Schlaf über mich, eine Ohnmacht".

Dann tritt die idee fixe („die Melodie des Todes") auf, sie schleicht sich unvermerkt heran – Musik!

Der absolute Gegensatz ist dann die Anwendung der Musik, des Gesanges im Munde des Magus am Ende dieser Szene

„Feiger Gedanken
bängliches Schwanken" etc.

Nun aber genug!

Wir haben heute „auf allerhöchsten Befehl" „Rienzi", der geht in einer halben Stunde an.

Tausend Dank und die herzlichsten Grüße

Ihres in innigster Verehrung treu ergebensten

Richard Strauss

141 Luzern, Stutz, den 30. November 1895

Mein hochvioletter Ausdruck,

gewiß, Lila ist nicht wahnsinnig, sie ist aber der Realität entrückt und damit sinnigerweise der Sprache verlustig, welche sie nur bei der Erkennung ihres Gemahles mit dem Ausruf seines Namens wiederfindet.

Eine Abtönung der Musik zum Wort gibt es nicht, und wenn Sie mit einer einzelnen Geige im Pianissimo aufhörten. Sie wissen ebenso gut als ich, daß dies die zwei sich gegenüberstehenden Welten sind, welche nun durch Lila und ihre Umgebung vertreten würden.

Abzutönen wäre die melopeeartig komponierte Prosa in die gebundenen Lieder. Doch, das Kühne läßt sich nicht raten, sondern tun, und überzeugen könnte ich Sie (wie beim III. Akt „Rienzi") nur durch die Ausführung, und diese ist Ihre Sache.

Ich füge noch hinzu, daß, da der erste Akt und die sämtlichen Szenen der Umgebung untereinander gesprochen würden, wir die Hälfte Prosa und die Hälfte Musik hätten, was sehr wohl den Charakter des Singspieles aufrecht hielt.

Daß Sie bereits komponierten, ist doch eigentlich kein Grund, mein lieber Strauss??

Der „Oger" (Ungeheuer) ist der Knecht des Dämons, wird von dem Grafen Altenstein gegeben. Bei Goethe singt er ein Lied und zieht dann ab, ich lasse ihn der Lila das sagen, was später Friedrich ausdrückt, und Lila dabei die erste Wendung zur Erkenntnis begehen (III. Akt).

Der *Dämon* ist der Gemahl, er befiehlt den Tanz (Worte des Chores), dann steht er im Mantel verhüllt, gegen die Säule der mittleren Halle. Lila, durch seine Stimme angezogen, erscheint, verlangt ihren Gemahl von ihm, etc. etc. etc.

Zu dieser halbpantomimischen, halbgesungenen Szene: der Schluß-Chor.

Den Tanz der erdarbeitenden Gefangenen und der Spinnerinnen habe ich mir auch ausgedacht.

Die etwas kindlichen und durchaus bühnengemäßen Löcher für die Hände habe ich dahin verändert, daß der Morgendunst die Hallen umgibt und man undeutlich die arbeitenden Hände dadurch sieht.

Meine Freundin führt in Wien die Sache aus, Sie werden daraus entnehmen, was Ihnen paßt. Ich bin ganz von dem rührenden Moment von Lilas Zustand ausgegangen. An Rokoko, Zelter, archaisierende Musik habe ich nicht gedacht. Und wenn gewiß die Musik fern jeder Überladung sich halten müßte, da der Stoff dies nicht zuläßt, und eine unendliche Unschuld das Waltende sein müßte, so glaube ich, daß alles, was altmodisch erschiene, die Seele der Dichtung verscheuchen würde.

Zu der Szene am Brunnen würde ich nicht raten. Hinzugedichtet habe ich nur, was Goethe unausgeführt ließ. „Ideen" habe ich gar keine gehabt, noch gesucht, und nur der Handlung die möglichste Deutlichkeit zu schaffen gesucht.

Wie gesagt, schalten Sie mit der Wenigkeit, wie Sie wollen, können oder müssen. Wunderlich genug ist, daß *Sie* Rokoko – Zelter vertreten! Ich glaube, hätte Goethe das innerste Wesen der Musik gekannt, er hätte mir zugegeben, daß seine Lila damit verbunden ist wie Mignon.

Ich übergehe die Fischerin und komme zu Fischer, der Ihnen meinen Brief wird gezeigt haben.

Niemals und niemandem habe ich meine Zustimmung zu Aufführungen von Fragmenten aus „Parsifal“ gegeben. Ich kann sie nicht verhindern, weil sie 1882 publiziert wurden. Vom ganzen III. Akt kann nie die Rede sein.

Sie schweigen bezüglich des Repertoires im November? Ich nehme das goldene *Ja* an; da „Guntram“[1] dann aufgeführt wird, bitten wir uns ihn, versteht sich, aus!

Es freut mich, daß unser „Rienzi“ Glück macht, und daß das edle Werk aus seiner Verkümmerung errettet ist. Sie und Fuchs haben das meiste dazu beigetragen! Haben Sie Dank und seien Sie, mein lieber Ausdruck, gegrüßt!

Glück auf zum Veralteten, Modernden, Rokokohaften, Zelterschen! Wie dasselbe als Mondschein ist, weiß ich nicht, oder wollen Sie den Mann mit Dornbusch, Pudel und Latern als Mondschein nehmen?

Herzlichste Grüße, mein lieber Ausdruck! Nichts für ungut und beste Wünsche für Ihre Arbeit!

C. Wagner

Vom 5. Oktober ab: Gardone, Villa Cargnacco, Lago di Garda.

1 Die erste und letzte Aufführung des *Guntram* im Hof- und Nationaltheater in München fand am 16. November 1895 statt.

142 Gardone, den 3. November 1895
Cargnacco

Mein lieber, guter „Ausdruck“,

der Telegraf ist eine schöne Erfindung, aber hie und da beizeiten ein Briefchen schreiben, könnte nützen.

Ich lege „Guntram“ alles zur Last und wünsche trotzdem viel Glück.

Meine Abreise hier hängt von den Schiffsverhältnissen in Sizilien ab – ich denke aber bestimmt am 11. oder 12. spätestens in München (Hotel Marienbad) zu sein. Ist „Rienzi“ zu verlegen?

Was das Schauspiel anbetrifft, mache ich gar keine Ansprüche; ich will froh sein, wenn ich überhaupt ins Theater komme, da mein Kopf wieder schwach und meine Nächte nicht gut. Aber meine Kinder werden mich vertreten und wünschen natürlich auch den „Guntram". Auf Wiedersehen, mein guter „Ausdruck" – die Sache für „Lila" teile ich Ihnen in München [mit.] Herzlichste Grüße Ihnen und Ihrer lieben Frau, von deren Elisabeth in Dresden ich Ausgezeichnetes vernommen.

C.W.

143 [An Pauline Strauss] Wahnfried, den 12. Dezember 1895

Liebwerte Frau,

wir kommen heute mit der Frage an Sie, ob Ihnen wohl eine kleine Schwarzalbin (auf gewöhnlich: Pudelin!) zur Weihnachtszeit willkommen käme? Isolde meinte sich zu erinnern, daß Sie Lust zu einem solchen lockigen, intelligenten und *vornehmen* Tierlein aus Wahnfried gezeigt hätten.

Wir haben nun gerade nur noch dieses eine Dämchen übrig und bäten Sie, uns *bald* Antwort zu geben, ob Sie sie zu sich nehmen können oder nicht. Unter „Till Eulenspiegels" Zeichen wäre eigentlich dieser lebendige Gruß ganz am Platz! Ihr lieber Mann ist aber in der Tierfrage nicht ganz echt und gemütvoll, und würden wir daher die kleine Albin Ihrem Schutz mehr anvertrauen.

Gerne erführen wir, wie es Ihnen beiden geht. Sie selbst sind ja wieder ganz Künstlerin geworden. Das wird Sie gewiß recht befriedigen. Wir hatten wirkliche Freude an Ihrer Freihild!

Hier sind wir inzwischen ganz in den „Gefilden hoher Ahnen" mit dem Studium der Bachschen Messe. Wir freuen uns, in dieses gewaltige Werk allmählich einzudringen. Kniese ist da der rechte Führer.

Sonst leben wir so still, daß es gottlob Mama ziemlich gut geht. Sie grüßt Sie beide mit uns herzlichst, und ich bin in freundlicher Ergebenheit

Ihre

Eva Wagner

144 Bayreuth, den 8. März 1896
Wahnfried

Mein lieber Ausdruck,

ich möchte Ihnen, und von Herzen, sagen, wie sehr ich mich über Ihre jüngsten Erfolge in Theater- und Konzertdirektion gefreut habe und wie namentlich Ihre, wie ich höre, so schöne Aufführung von Ritters Werk[1] mir eine förmliche Genugtuung war. Denn neben dem künstlerischen bedeutenden Momente wird diese Aufführung gewiß auch ein Friedenswerk sein, das Sie und Ihren eigentlichen musikalischen Pflegevater wieder wie vordem einigt.

Und ich gönne Ihnen, mein lieber Ausdruck, inmitten all der Mißhelligkeiten und Quälereien des Berufes, die freundliche Eintracht.

Lassen Sie sich diese nie durch unnötige Zwischenträger stören! Diese törichten Leute meinen es ja eigentlich nicht schlimm, aber ihre sogenannten guten Absichten sind wirklich Höllenpflaster!

Wenn Sie wüßten, was in dem Lauf der Jahre alles versucht worden ist, mir von Ihnen zuzutragen, und wie das alles in das Nichts durch meinen zuversichtlichen Gleichmut verging.

Erhalten Sie sich oder erwerben Sie sich diesen Gleichmut! Er wird Ihnen, der Kunst und der Gemeinde aller Guten wohl bekommen!

Ich freue mich in dem Gedanken, daß Sie in München festen Fuß fassen! Das Mißgeschick mit dem „Guntram" ist gewiß bei Ihnen überwunden, dafür haben Sie mit „Till" sich viele Freunde erworben, und es ist gar kein Zweifel, daß Ihre ungemeine Begabung Ihnen mit der Zeit zu allem verhelfen wird, was Sie sich wünschen.

Nehmen Sie sich aber die Zeit zu Ihrem Verbündeten.

Sie müssen schon meinem Alter, meiner langen Erfahrung und meiner ernsten Teilnahme für Sie nachsehen, daß ich Sie also in einem Briefe ermahne, der Ihnen nur Glück wünschen sollte.

Wie steht es mit „Lila"? Ich bin sehr gespannt darauf. Siegfried hat mir von seiner Auseinandersetzung mit Ihnen gesprochen, und wenn ich auch sehr bedauerte, daß Sie also beunruhigt worden waren, so war es mir doch recht, daß Sie bei dieser Gelegenheit ihn in seiner ganzen Geradheit, Einfachheit und Freundschaft für Sie kennenlernten. Auf Wiedersehen, recht gutes ausdrückliches Wiedersehen, mein lieber Freund!

Gott sei mit Ihnen!

Grüßen Sie Ihre liebe, vortreffliche Frau herzlichst von uns allen und seien

Sie in warmer Teilnahme und unter herzlichsten Wünschen von ganz Wahnfried gegrüßt.

C. Wagner

1 In einem Konzert der Musikalischen Akademie dirigierte Richard Strauss am 7. März 1896 Alexander Ritters *Sursum corda*.

145

München, den 12. April 1896
Herzog-Rudolf-Straße 8/III

Hochverehrte gnädige Frau!

Ihr liebenswürdiger Brief hat mich unmittelbar vor meiner Abreise zu einem Konzerte in Moskau überrascht; kurze Zeit nach meiner Rückkehr von da warf mich eine heftige Influenza auf ein zwölftägiges Krankenlager, nachdem ich soeben in eine neue Wohnung umgezogen war. Kurz, viele unangenehme Dinge mögen mich entschuldigen, daß ich erst heute in der Lage bin, Ihnen für Ihre freundlichen Wünsche herzlich zu danken. Und wie seltsam das Geschick spielt, in demselben Augenblicke, da ich Ihre teilnehmenden Worte zu Alexander Ritters Akademiekonzerterfolg zu beantworten im Begriffe bin, muß ich Ihnen mitteilen, daß ich soeben von des teuren Freundes Leiche für immer Abschied genommen habe.

Heute mittag 12 Uhr ist er sanft verschieden, nachdem in den letzten zehn Tagen ein rapider Kräfteverfall des Kranken Widerstandsfähigkeit gegen das furchtbare, langwierige Leiden, dasselbe, dem schon seine Frau zum Opfer gefallen, vollständig gebrochen hatte. Ich sah ihn im Konzert am 7. März zum letzten Mal; sein Tod hat mich tief ergriffen, scheidet doch mit ihm derjenige Künstler aus meinem Leben, dessen treuer, liebevoller Teilnahme ich verdanke, daß meine künstlerischen Fähigkeiten in die Bahnen gelenkt worden sind, in denen sie einzig zu ihrer vollen Entwicklung gelangen konnten.

Ihre einsichtsvollen Ratschläge, hochverehrte gnädige Frau, werde ich, weit entfernt davon, Ihnen nicht herzlich dankbar dafür zu sein, nach besten Kräften befolgen; aber so sehr dieselben goldene Wahrheiten enthielten, für mich persönlich gehörte in der letzten Zeit gerade ein großer Aufwand von Selbstbewußtsein dazu, um alle die abenteuerlichen Gerüchte und Klatschereien, die mir massenhaft um die Ohren schwirrten, so ruhig, ohne dieselben auch nur auf ihre Wahrheit hin zu prüfen, in den Wind zu schlagen. – Meine hiesige Stellung fängt allmählich an, sich wirklich zu befestigen; sogar Herr von Perfall[1] beginnt, nachdem ich, bescheiden genug, mich mit einer einzigen Aufführung von „Guntram" begnügt habe, mir nach und nach zu verzeihen, daß ich gewagt habe, auch der Bühne mich schöpferisch zu nahen, nachdem man mir wohl oder übel den Konzertsaal nicht gut mehr hat verschließen können. In der Würdigung dieser Tatsache arbeite ich gegenwärtig an einer sinfonischen Dichtung, die wirklich: „Also sprach Zarathustra" heißen soll; dieselbe nimmt mich so sehr in Anspruch, daß ich „Lila", ohne dieselbe ganz aufzugeben, vorläufig liegen lassen muß. –

In unserem Theater beginnen bereits die Wiederbelebungsvesuche am Mozartschen „Don Juan". – Sie, hochverehrteste Frau, sind natürlich schon mitten im „Ring"! Empfangen Sie meine besten Wünsche für ein volles Gelingen des großartigen Werkes und mit den verehrungsvollsten Grüßen meiner lieben Frau die besten Empfehlungen, auch an ganz Wahnfried

Ihres in innigster Verehrung ergebensten

Richard Strauss

1 Karl Freiherr von Perfall (1824 – 1907), Komponist (Schüler von Moritz Hauptmann), 1864 Hofmusikintendant, 1867 – 1893 Intendant des Kgl. Hoftheaters in München.

146 Bayreuth, den 13. April 1896

Auch ich, mein teurer Freund, bin durch das Scheiden eines geistig nahen Verwandten sehr bewegt. In meinem Alter gönnt man ja jedem den Frieden und insbesondere denen, die in der Welt kein Behagen finden können, weil sie nach Höherem streben! Aber die Betrachtung des gemeinsam zurückgelegten künstlerischen Weges, das Gedenken erhabener Erlebnisse in Gemeinsamkeit, der Unterschied der Dinge zwischen jetzt und den Zeiten, wo wir mit Ritter schwärmten und hofften – das alles übergibt das Sinnen einer Stimmung, die ich weder fürchte noch meide, die aber sich nicht leicht mit irgendwelcher Zerstreutheit verbinden läßt.

Es hat mich gerührt, daß Ihre Antwort auf den Brief, worin ich Ihnen zu Ihrem schönen Benehmen gegen Ritter Glück wünschte, nun mit dessen Tod zusammen fiel!

Dieser Schluß Ihrer Beziehungen war versöhnlich, und gewiß tut Ihnen das wohl!

Lassen Sie uns das Versöhnliche immer obwalten lassen! Trauen Sie denen nie, die den Frieden stören, sie sind unsere Feinde, auch wenn sie scheinbar gute Absichten haben.

Sie haben meine Worte so freundlich aufgenommen, daß, wie Sie sehen, ich fortfahre.

Vor allem freut es mich, daß Ihre Stellung sich in München befestigt! Das ist eine Hauptsache! Man muß einen Punkt haben, von wo aus man wirkt, und Jahre müssen an Jahre sich reihen, um wirklich etwas zu schaffen.

Ich hatte den Titel Ihrer symphonischen Dichtung „So sprach Zarathustra“ für einen Zeitungsscherz gehalten. Aber ich kenne Nietzsches Buch nicht und nehme jetzt an, daß in seinem Inhalt etwas sein muß, was Sie musikalisch anregte. Möchten Sie Freude an der Arbeit haben und an ihr erleben.

Wir hier bereiten nun vor und erbitten Gottes Segen auf unser Werk! Wir werden Sie doch hier sehen? Oder werden Sie durchaus in München zurückgehalten sein? Das täte mir sehr leid! Sie können an meiner Teilnahme für Sie und an der freundschaftlichen Gesinnung meiner Kinder nicht zweifeln, und so hätten wir Sie gerne unter uns, wenn es auch nur kurze Zeit wäre. Ihre liebe Frau mit, das versteht sich, für welche wir wahre Sympathie empfinden, und von welcher Siegfried noch besonders betonte, wie taktvoll, freundlich und dem elenden Geschwätze gegenüber vornehm sie sich bewährt hätte.

Und das ist ein Glück für Sie, lieber Freund. – Schreiben Sie mir auf diese Zeilen *nicht*, es war mir Bedürfnis, Ihnen im Geiste die Hand zu drücken und Ihnen zu versichern, daß mein Vertrauen in Sie unerschütterlich ist, und daß ich Ihrer Tätigkeit, auf welchem Gebiete es sei, ein innerstes Gedeihen wünsche.

Treulichst

C. Wagner

147 Bayreuth, den 15. April 1896

Mein lieber Freund,

Wolzogen besuchte mich gestern und drückte mir den Wunsch aus, von Ihnen für die „Bayreuther Blätter" den Nachruf[1] für Alexander Ritter zu erhalten.

Ich erbot mich dazu, Sie darum zu bitten, und tue dies nun auf das herzlichste!

Sie haben Alexander Ritter genau gekannt und sind befähigt, das Besondere in dieser Erscheinung hervorzuheben und zugleich, was mit dieser Erscheinung zusammenhängt, allgemeine Gedanken zu verbinden.

Wir hier können diesen Nachruf nicht schreiben, weil wir Ritters Werke nicht kennen (nur „Olafs Reigen" kennt Siegfried).

Bitte übernehmen Sie diese Arbeit, geben Sie Ritter dieses letzte Geleite, wie er Sie in unsere Kunst geleitet hat!

Mit allseitigem freundschaftlichen Gruß

C. Wagner

1 Von Richard Strauss existiert kein Nachruf auf Alexander Ritter.

148 München, den 9. April 1897

Hochverehrteste gnädige Frau!

Wenn das sogenannte „freudige Ereignis", auf das meine liebe Frau nun gerade seit drei Wochen wartet, bis jetzt schon eingetreten wäre, so hatte ich die Absicht, an die kleine Konzertreise nach Frankfurt, Stuttgart, Würzburg und Nürnberg, die ich jetzt mit dem Rezitator[1] von „Enoch Arden" vom 11. bis 14. April unternehme, anknüpfend, mir als Lohn für meinen winterlichen Fleiß einen Osterbesuch im Hause Wahnfried zu gönnen. Ich habe diesen Besuch für den sog. grünen Donnerstag angesetzt und mich schon so darauf gefreut, die herrlichen Stunden, die ich bei Ihrer letzten Anwesenheit in München bei Ihnen, hochverehrteste gnädige Frau, erleben durfte, um einige zu vermehren. So aber – soll ich morgen abreisen, ohne, was ich doch stündlich erwarte, ehrwürdiger Papa geworden zu sein. – Sie begreifen, daß ich unter diesen Umständen die Mußreise nicht auf eine Vergnügungsreise ausdehnen darf und, sobald die einmal eingegangenen Verpflichtungen erledigt sind, von Nürnberg direkt wieder nach Hause eile. Mein Konzertabend in Nürnberg findet Mittwoch, den 14. statt.

Verzeihen Sie darum, wenn ich mir heute schriftlich erlaube, Ihnen mit einer Bitte zu nahen, zu der mich Ihr gütiges Versprechen sowie Ihr so tatkräftig schon bewährtes Wohlwollen vertrauensvoll ermutigt. Der Telegraph meldet heute Mahlers[2] Ernennung zum Nachfolger Jahns. Wie ich aus Possarts Mitteilungen weiß, ist nunmehr Mottls Eintritt in München nur mehr eine Frage der Zeit. So sehr nun Possart anscheinend die Absicht hat, mich neben Mottl hier zu behalten, so wäre es doch mein dringender Wunsch (wie schon längst aus München fort –) so doch sicher an Mottls Stelle nach Karlsruhe zu kommen. Ich bin fest überzeugt, in Karlsruhe erst wirklich das leisten zu können, was ich überhaupt zu leisten imstande bin. Sie waren nun, hochverehrte gnädige Frau, damals so ungeheuer gütig, mir zu versprechen, daß Sie, im Falle Mottl von Karlsruhe geht, Ihren großen Einfluß bei dem Großherzog sowie bei den dort allenfalls noch einflußreichen Persönlichkeiten, wie etwa Herr[n] von Chelius[3], geltend zu machen, daß ich zum Nachfolger Mottls ernannt würde. An den Generalintendanten Dr. Bürklin[4] habe ich bereits selbst geschrieben; werden Sie so gütig sein und mich auch Ihrerseits in Karlsruhe (zu) empfehlen? Ich glaube, wenn Sie mir diesen unendlich großen Dienst, der für meine ganze künstlerische Zukunft entscheidend sein könnte, wirklich erweisen wollen, so wäre jetzt der richtige Zeitpunkt dafür; denn Mottl unterhandelt bereits mit Possart und will nächstdem hierherkommen! Verzeihen Sie, daß ich es wage, Ihre kostbare Zeit auch noch mit der Protektion meiner unbescheidenen Persönlichkeit zu vergeuden, Sie haben mir aber erst unlängst so viel Liebes und Gutes erwiesen, daß ich stolz und nun wirklich anspruchsvoll geworden bin. Erlauben Sie mir, Ihnen im voraus für Ihre gütige Empfehlung zu danken und Sie zu versichern, daß Sie dieselbe keinem Unwürdigen, wenigstens was diese Dankbarkeit betrifft, angedeihen lassen werden.

Wie ich durch Levi hörte, war das Befinden von Fräulein Eva in der letzten Zeit nicht so gut als es wünschenswert wäre. Ich hoffe, daß es sich wieder gebessert hat und das ganze Haus Wahnfried mit frischen Kräften den großen, aber herrlichen Strapazen des Festspielsommers 1897 entgegengehen kann. Hoffentlich lassen sich auch alle künstlerischen Vorbereitungen für „Ring" und „Parsifal" so gut an als Sie es wünschen (oder, wollen wir vorsichtig sein, bei nicht allzu unbilligen Ansprüchen wünschen dürfen).

Möchten Sie, hochverehrteste Frau, durch schönstes Gelingen der Festspiele das Gegengeschenk erhalten für alles, was Sie dem deutschen Volk (beinahe hätte ich geschrieben „unverdientermaßen") an Fleiß und Können opfern.

So wünsche ich Ihnen, hochverehrteste gnädige Frau, sowie Ihren lieben Kindern recht fröhliche Ostern und verbleibe mit herzlichsten Grüßen

Ihr in innigster Verehrung stets treu ergebenster

Richard Strauss

Meine Frau sendet verehrungsvollste Empfehlungen!

1 Rezitator: Ernst von Possart.
2 Gustav Mahler (1860 – 1911) war bis 1907 Hofoperndirektor in Wien und führte dort am 29. 1. 1902 *Feuersnot* auf.
3 Richard von Chelius (1858 – 1924), Kabinettchef des Großherzogs Friedrich von Baden (1826 – 1907).
4 Albert Bürklin (1844 – 1924) war 1890 – 1894 Generalintendant am Hoftheater in Karlsruhe.

149 Bayreuth, den 10. April 1897

Mein teurer Ausdruck,

es versteht sich von selbst, daß ich, was in meinen Kräften steht, tun werde, um Ihrem Wunsche zu entsprechen.

Mottl (den ich hier für die Hauptperson halte) hat mir versprochen, er würde Sie bestimmt und unbedingt als seinen Nachfolger empfehlen.

Ich werde Herrn von Chelius schreiben.

Sie dem Großherzog direkt zu nennen, bevor er mich frägt, ist schicklicherweise nicht tunlich.

Es ging allenfalls, wenn ich persönlich mit den großherzoglichen Herrschaften zu verkehren hätte und das Gespräch auf Mottls Fortgang käme.

Aber ich habe auf einen Umweg gesonnen, der vielleicht zum Ziel noch besser führt.

Ich hätte mich über Ihren Besuch sehr gefreut und meine Kinder mit mir. Man kann Ihnen nicht besser sein als wie wir alle. Und da Sie die Freundlichkeit haben, sich meine Predigten gefallen zu lassen, so ist volle Gegenseitigkeit da.

Mittwoch denken wir hier zu verlassen, um Gesundheits wegen auf einige Wochen nach Wiesbaden zu ziehen.

Könnten wir uns da nicht treffen? Da ich gar nichts lese, weiß ich von nichts, also auch nicht Ihre Tournee. Das „sogenannte freudige Ereignis" ist in meinen Augen eine wirkliche wahre Freude. Sie werden sehen, wie Sie glücklich sein werden, wenn Sie den Segen der Natur vor sich haben. Natur!

Seien Sie gegrüßt am freundwilligsten Herzen! Die besten Wünsche mit Ihnen! Herzlichen Dank für Ihren lieben Brief und Ihre guten Wünsche, die mir sehr wohl taten! Alles Schönste Ihrer lieben Frau, und bauen Sie immer auf mich!

C. Wagner

150 [Telegramm[1]] Wiesbaden, den 17. April 1897

Heil der Familie Ausdruck / bitte nicht Zarathustra als Erzieher / biete mich als Gouvernante an

C. Wagner

1 Zur Geburt von Franz Alexander Strauss am 12. April 1897.

151 München, den 17. April 1897

Hochverehrteste gnädige Frau!

Leider in Eile möchte ich nur schnell für das freundliche Telegramm danken und der größten und genialsten Erzieherin mitteilen, daß die gütigst offerierte Gouvernantenschaft für „Franz Alexander" von den vergnügten Eltern dankbaren Herzens für alle einschlägigen Wissenschaften des 19. und aller vorhergehenden Jahrhunderte akzeptiert wird, sowie daß der übermütige Vater (am 22. und 23. April auf pegasüßlich melodramatischer Enoch-Ordenjagd in Bonn und Köln) sich die Freiheit nehmen wird, am Sonnabend, den 24. April in Wiesbaden zu erscheinen, um sich mit der zukünftigen Erzieherin seines Sohnes über die näheren Details der zur Anwendung gelangenden Methode zu unterhalten. –

Mit der ergebensten Bitte, ihm den näheren Aufenthaltsort (Hotel genannt) in der Stadt der Hülsenfrüchte gütigst mitzuteilen, mit herzlichsten Grüßen vom „Haus Ausdruck" an Haus Wahnfried

in innigster Verehrung treu ergebenster

Richard Strauss

152 Wiesbaden, den 18. April 1897

Mein lieber Freund!

Gestern gab ich unserer Teilnahme an dem wahrhaft freudigen Ereignis scherzhaften Ausdruck, heute drücke ich Ihnen ernsthaft und feierlich die Hand und begrüße die Geburt dieses Knaben, der Sie einmal für alle Nöte(n) und Plagen entschädigen wird. Er ist am Karfreitag geboren! Keinen schöneren Tag hätte erwählen können, um seine Bestimmung als Germane und als Christ kundzutun. Seien Sie Heide, soviel Sie wollen – da es Ihnen Vergnügen macht – Ihr Junge wird ein Christ sein, und zwar nach dem zehnten Band[1]; das weissage ich Ihnen!

Grüßen Sie Ihre liebe Frau schön von mir! Sie wissen, daß ich mich Ihrer Ehe immer gefreut habe, und nun noch mehr! –

Um zu recht anderem überzugehen, melde ich Ihnen, daß ich nach meinem letzten Brief mir die Dinge noch überlegte. Erstens ist es mir gar nicht sicher, daß Mottl Karlsruhe verläßt; denn nirgends wird er das finden, was [er] dort hat. – Zweitens: Verläßt er wirklich, so will er vermutlich noch nichts davon verlauten lassen. – Nun möchte ich Ihnen dienen, ohne ihn zu beeinträchtigen, und so habe ich zuerst an ihn geschrieben und gefragt. Je nachdem seine Antwort ausfällt, mache ich die weiteren Schritte.

Ich weiß nicht warum, ich möchte: *Sie faßten Fuß in München,* wo Sie zu Hause sind, und wo die Anerkennung nicht ausbleiben kann – (zumal, wenn Sie ein wenig hübsch klug sind! Wie gesagt: Ich biete mich als Gouvernante für Vater und Sohn an.) Natürlich, steht die Berufung von Mottl fest, dann müssen Sie auf Weiteres sinnen, da neben vier Kapellmeistern wohl keine Stellung für Sie gemacht werden könnte. Sonst, als Kollege, würde Mottl gewiß ausgezeichnet sein.

Nun leben Sie wohl, Sie und Ihr Büblein und Ihre liebe Frau! Und seien Sie herzlichst von uns allen gegrüßt.

C. Wagner

Wiesbaden, Hotel zur Rose, wo meine Eva die Kur gebraucht und recht elend noch ist.

1 Der „Gesammelten Schriften und Dichtungen" Richard Wagners. Der Band enthält u.a. „Religion und Kunst" sowie die Dichtung des „Parsifal".

153 Bayreuth, den 31. Januar 1898

Mein lieber Ausdruck,

anbei meine Zeilen für Baron Radowitz[1] in Madrid.

Ich freue mich für Sie, daß Sie dorthin gehen und einige Sonnenstrahlen einziehen!

Wir haben uns sehr gefreut, Ihre liebe Frau hier zu haben, ihre Stimme hat weich und schön geklungen und ihr inniger und einfacher Vortrag hat allen Eindruck gemacht.

Gerne sähe ich Sie wieder! und bespräche so manches mit Ihnen.

Einstweilen nehmen Sie nicht gerade die Route nach Bayreuth! Alles Gute mit Ihnen, wohin auch Sie die Schritte wenden, und herzlichste Grüße von ganz Wahnfried!

C. Wagner

1 Joseph Maria von Radowitz (1839 – 1912), tätig im Auswärtigen Amt in Berlin. Das Empfehlungsschreiben Cosima Wagners für die Konzertreise nach Spanien fehlt.

154 Bayreuth, den 4. Februar 1898

Das war der rechte „Ausdruck" und obgleich es eine Antwort auf meinen Brief war, muß ich Ihnen doch sagen, wie sehr es mich gefreut hat! Ich habe zwar gar nicht daran gezweifelt, aber wenn man sich lange nicht sieht und ohne schriftlichen Verkehr bleibt, so wirkt ein herzliches Wort, wie Sie es mir sagen, mit zwiefacher Kraft.

Was Sie mir von Ihrem Schaffen sagen, habe ich immer empfunden, ja, da wo Sie den anderen kompliziert und absichtsvoll dünken, erscheinen Sie mir naiv und spontan. Das ist Ihre Kraft, und Gott bewahre sie Ihnen durch alle Leidigkeiten des Lebens.

Ich habe mir durch Ihre liebe Frau einiges erzählen lassen, und da ich den Boden, auf welchem Sie stehen, gründlich kenne, habe ich allem mit lebhafter Vorstellung folgen können. Ich habe aber die feste Zuversicht, daß es sich zum Guten für Sie wenden wird! Lassen Sie sich nur nicht befangen machen!

Siegfried dankt herzlichst für Ihre Teilnahme an dem „Bärenhäuter". Mit Freuden will er ihn Ihnen vorspielen das nächste Mal, daß Sie zusammenkommen.

An einen Besuch in Wahnfried ist wohl so bald nicht zu denken?

Nun seien Sie beide von unseren besten Wünschen nach Spanien begleitet! Ihre Erfahrung in Barcelona hat uns Freude gemacht! Möchten Sie nur Gutes erleben, mein teurer Ausdruck! Gedenken Sie unserer ferner freundlich und seien Sie und Ihre liebe Frau meiner warmen Teilnahme und der herzlichen Anhänglichkeit meiner Kinder versichert!

C. Wagner

155 Bayreuth, den 29. März 1899

Lieber Freund!

Sie haben mir auf meinen letzten Brief nicht geantwortet, aber ich weiß, daß Sie lieber Noten als Buchstaben haben, und da ich das Bedürfnis habe, mich Ihnen mitzuteilen, so entspreche ich ihm gern. Was ich Ihnen zu sagen habe, ist, daß ich neben unserer alten Garde, Richter und Mottl, Fischer gebeten habe, einige Aufführungen des „Parsifal" zu dirigieren. Er hat dies im Jahre 1882 durchaus zur Zufriedenheit getan, und ich fühlte wie eine Verpflichtung, dem armen, geplagten Menschen diese Genugtuung noch zu verschaffen; ich weiß, Sie werden mich verstehen. Soweit ich es kann, verfolge ich Ihre Wege und bedauere nur, so wenig mit Ihnen in persönlichen Kontakt mehr zu kommen.

Meine Tochter Thode erzählte mir von Ihrem Aufenthalte in Heidelberg und von der Freude, die sie daran gehabt hätte, ja, sie hat sogar Ihnen zum Trotz Ihre erste Sinfonie[1] schön gefunden. Über Frankfurt[2] wurde mir viel Schönes berichtet und ich freute mich, daß auch Ihre Frau teil an Ihren Erfolgen gehabt.

Auch wurde mir gesagt, daß Sie gerne in Berlin sind, was ich nach den Erfahrungen in München gut verstehe; auch entsinne ich mich, einen entschiedenen Zug des Publikums damals zu Ihnen wahrgenommen zu haben. Meine Kinder hofften Sie in Leipzig beim „Bärenhäuter" zu sehen, gedachten dabei lebhaft daran, daß es in Leipzig war, wo Sie bei Siegfrieds Auftreten eine so warme Teilnahme für ihn als Künstler bezeigten.

Sein Werk legt sich nun nicht auf die Bärenhaut, sein Brauner rennt ganz hübsch durch die Welt und zeigt seine Kunst.

In Wien war er zuletzt.

Nun leben Sie wohl, mein teurer Freund, vergessen Sie Bayreuth nicht und seien Sie und Ihre Frau von Herzen gegrüßt.

C. Wagner

Was macht der kleine Übermensch?

1 Am 28. Februar fand in Heidelberg ein Strauss-Konzert (mit Pauline Strauss als Solistin) statt, das mit der Sinfonie in f-Moll op. 12 eröffnet wurde.
2 Im 11. Konzert der Museumgesellschaft hatte Richard Strauss die Uraufführung von *Ein Heldenleben* op. 40 dirigiert.

156 Charlottenburg, den 25. April 1899

Hochverehrteste gnädige Frau!

So lange habe ich nichts von mir hören lassen; heute, indem ich Ihnen für Ihre beiden liebenswürdigen Briefe schönstens danke, kann ich Ihnen wenigstens eine sehr schöne, frohe Botschaft bringen. Nur muß ich Sie bitten, *strengstes Schweigen darüber zu bewahren* (denn ich weiß es selbst aus einer streng vertraulichen Mitteilung des Reichsjustizamtes), daß der neue Gesetzentwurf des Urheberrechtes die Verlängerung der Schutzfrist musikalischer Werke von 30 auf 50 Jahre enthalten und der „Parsifal" also, wenn das neue Gesetz die Bestätigung des Reichstages erhält, bis zum Jahre 1933 Bayreuth erhalten bleiben wird. Dies schöne Resultat wie so manches andere, das der wirtschaftlichen Lage der deutschen Komponisten künftig zugute kommen wird, ist größtenteils die Folge der tapferen und ausdauernden Arbeit unserer neugegründeten Komponistengenossenschaft[1], der ja auch Siegfried angehört, und ich kann wohl gestehen, daß Professor Hans Sommer, der böse Rösch[2] und ich uns diesen Winter wacker fürs Gemeinwohl geplagt haben. Ich bitte nochmals, verehrte gnädige Frau, über die projektierte Verlängerung der Schutzfrist tiefstes Schweigen zu bewahren; ich konnte aber die Mitteilung an Sie nicht unterdrücken, da ich weiß, welch große Freude ich Ihnen damit bereite. –

Sonst gibt's nicht viel Interessantes von mir zu vermelden; ich habe mich in der *Stadt* Berlin sehr gut eingewöhnt, die Stadt ist reinlich, komfortabel, hat ein gutes Klima, also so ziemlich alles Gute, was man von einer Stadt, die nun leider, wie so viele andere, auch nördlich von Neapel liegt, verlangen kann. An die Berliner „Kunst" werde ich mich wohl ebensowenig gewöhnen wie ich mich an die Münchner Kunst gewöhnt habe. Am hiesigen Theater habe ich immerhin eines, was mir Freude macht, das ist das ganz vortreffliche Orchester, eine Körperschaft, deren Mitglieder an persönlichem Anstand wie an künstlerischem Vermögen und preußischer Disziplin wirklich hohen Anforderungen genügen können. Das übrige ist in etwas anderer Farbe wohl dasselbe wie allenthalben; nur daß sich hier zu allen übrigen Übeln auch noch S.M. und der hohe und niedrige Adel in die Theaterangelegenheiten mischt, während wir in München nur unter dem Protektorat des Herrn Oscar Merz und einiger mehr oder weniger jüdischen Weinhändler zu leiden hatten. Immerhin ist's hier wenigstens erträglich, was man von München nicht behaupten konnte. Meine bisherigen Großtaten hier waren ein Opernfragment „Briseis" von Chabrier und der „Holländer" zum ersten Mal ganz ohne Strich in der revidierten Partitur; „Lohengrin" soll demnächst ganz *ohne* Strich ebenfalls von mir „kreiert" werden. Leider fehlt vollständig ein stilkundiger Regisseur, und so kann ich mich nur vorerst auf *musikalische* Korrektheit beschränken. –

Meine Frau läßt sich Ihnen empfehlen; sie ist durch den jähen Verlust ihrer einzigen jungen Schwester in schwere Trauer versetzt und hat zudem selbst über mancherlei Störungen ihrer Gesundheit zu klagen, denen ein Sommer in Marquartstein wohl Abhilfe schaffen wird. – Freund Kniese, der uns unlängst zu besuchen so freundlich war, habe ich leider verfehlt. – Siegfried wird mit dem Erfolg seines „Bärenhäuter" wohl zufrieden sein: Ich kenne das Werk erst aus dem Klavierauszuge und bedauere, stets verhindert gewesen zu sein, das Werk in Leipzig selbst zu hören. – Hier in Berlin würde wohl Kraus[3] ein guter Vertreter des Hans Kraft sein, wie ich überhaupt glaube, daß Sie an Kraus in Bayreuth Freude haben werden. Ich werde demnächst den Lohengrin mit ihm etwas studieren und hoffe auch, zum Walter Stolzing noch Gelegenheit zu finden. – Ob ich nach Bayreuth werde kommen können, wird wohl von der Beschaffenheit meiner Nerven abhängen: Man wird leider heutzutage den ganzen Winter so mit aller möglichen und unmöglichen Musik vollgepfropft, daß man im Sommer die absolute Ruhe auch dem musikalischen Paradies auf Erden vorzuziehen, im Interesse der Selbsterhaltung sich gezwungen sieht. Daß Fischer den „Parsifal" dirigieren soll, freut mich mehr für ihn als für das Werk.

Doch bevor ich boshaft werde, will ich lieber schließen und verbleibe mit den herzlichsten Grüßen für Sie, hochverehrte gnädige Frau, und ganz Wahnfried

Ihr in größter Verehrung ergebenster

Richard Strauss

1 „Genossenschaft Deutscher Tonsetzer" (GDT).

2 Friedrich Rösch (1862 – 1925), Jurist und Komponist (Schüler von Rheinberger), mit Richard Strauss seit der Gymnasialzeit befreundet, verheiratet mit Marie Ritter, einer Nichte Alexander Ritters. Er war Mitbegründer der GDT und Vorsitzender des Allgemeinen Deutschen Musikvereins. Richard Strauss hat ihm drei wesentliche Werke gewidmet: *Tod und Verklärung* op. 24, *Feuersnot* op. 50, *Krämerspiegel* op. 66. Seiner Frau sind *Stiller Gang* op. 31,4 sowie *Fünf Lieder* op. 41 gewidmet.

3 Ernst Kraus (1863 – 1941), Tenorist, begann 1893 in Mannheim und gehörte 1896 – 1924 der Hof- bzw. Staatsoper in Berlin an. In Bayreuth sang er 1899 – 1909 den Siegfried, in den ersten Jahren auch Stolzing, Erik und Siegmund. Richard Strauss hat ihm das Lied *In goldener Fülle* op. 49,2 und Grete Kraus *Wiegenliedchen* op. 49,3 gewidmet. Er ist das Urbild des Kammersängers in *Intermezzo*.

157 Bayreuth, den 29. April 1899

Mein lieber Freund!

Herzlichsten Dank für die gute Mitteilung und die freundliche Weise, in welcher Sie sie mir aussprechen.

Ich kann Ihnen um so eher das Schweigen geloben, als ich es bereits seit längerer Zeit in dieser Angelegenheit beobachte.

Bereits seit drei Jahren ist die Frage der Schutzfrist im Gange; ich habe darüber an den Fürsten Reichskanzler[1] geschrieben, und er hat die Güte gehabt, mir seine Teilnahme zuzusagen.

Wir sind mit höheren Beamten in Verkehr geblieben, und bereits vor sechs Monaten konnte mir unser Verwaltungsrat melden, daß seitens des Bundesrates die Sache gesichert sei.

Nun muß sie noch vor den Reichstag kommen.

Jetzt ist es an mich [sic!], Sie um Schweigen zu bitten.

Daß wir unsere Wege gewandelt sind und manche höhere Instanz anriefen, benimmt aber dem Werte nichts, den ich den Bemühungen Ihrer, unserer Freunde beilege; und auch nur die Tatsache, daß sie sich diesen Bemühungen unterzogen, genügt mir, um ihnen dankbar zu sein.

Denken Sie sich, Freund, daß ich mir gar nichts Bestimmtes unter Rösch vorstellen kann.

Ist er Künstler? oder Publizist oder Dichter? Meine Kinder, die jetzt alle abwesend sind, wissen sicher Näheres. Da er sich für „Parsifal" anstrengt und ihr Freund ist, kann er nicht recht böse sein, und ich darf Sie wohl bitten, ihm wie Sommer meinen Dank auszusprechen. Es freute mich herzlich, zu hören, daß Sie in Berlin zufrieden sind, man hat sich unwürdig gegen Sie in München benommen, und jedesmal, daß ich daran denke, überkommt mich Verstimmung, doch war es entschieden zu Ihrem Guten. Sie haben recht, die oberen Theater sind überall die gleichen; es ist unter diesen Verhältnissen nichts zu wollen, und das Festspielhaus wäre nicht erbaut worden, wenn dem anders wäre; darum seien Sie auch nachsichtig mit unserem guten Fischer, der elend getreten und gedrückt worden ist und der doch ein ehrliches Musikerherz hat. Ich entsinne mich noch unserer Streite, wo Sie die Intelligenz und ich das Gemüt vertrat; Sie sind jung und sehr begabt, ich alt, und meine Begabung, wenn von einer solchen gesprochen werden kann, ist eine sehr begrenzte; daher sehe ich mir die unglänzenden Menschen etwas näher an. Aber um eines bitt' ich Sie, seien Sie immer offen gegen mich und genieren Sie sich nicht, boshaft zu sein, denn so beschränkt bin ich nicht, daß ich das nicht bei Ihnen verstünde und nicht wüßte, wie gut Sie dabei sind.

Ich habe jetzt ein Buch gelesen, von dem ich sicher bin, daß es Sie interessieren wird; es ist die „Geschichte des 19. Jahrhunderts" von Chamberlain.

Wußten Sie, daß der Ausdruck Übermensch von Goethe herstammt, das habe ich unter vielem auch darin gefunden.

Siegfried hat bei Gelegenheit seines „Bärenhäuters" viel Rührendes und Erhebendes erlebt; es war schön, wahrzunehmen, daß sein Werk von solcher Herzensursprünglichkeit nun auch unmittelbar zu den Herzen sprach.

Ich danke Ihnen, mein teurer Freund, für die Mitteilung Ihrer Tätigkeit in Berlin und für das, was Sie für die Werke dort tun.

Gott wird es Ihnen in Ihrem eigenen Schaffen segnen.

Wir hier kneten und knisen weiter, das ist unser Beten und Genießen.

Ich hoffe, daß einiges Gute dabei im nächsten Sommer an das Tageslicht tritt. ≪Sehr leid tut es mir, Sie hier nicht zu sehen, ich spräche so gern wieder einmal mit Ihnen!≫

Nun aber grüßen Sie mir Ihre liebe Frau sehr, sehr herzlich und sagen Sie ihr, wie ich mit ihr empfinde. Wem die Prüfung beschieden ist, die Geschwister zu verlieren[2], der nimmt in einem gewissen Sinn Abschied von seiner Jugend!

Und bleiben Sie mir beide gut und leben Sie wohl, mein lieber Freund, und seien Sie versichert, daß Ihr Wohlergehen mir eine Freude ist.

Treulichst

C. Wagner

(Dieser Brief ist eine Antwort, erwartet keine Erwiderung; ich schreib' schon wieder gelegentlich, wenn ich etwas mitzuteilen habe.)

1 Fürst Chlodwig zu Hohenlohe-Schillingsfürst (1819 – 1901), Reichskanzler 1894 – 1900.
2 Cosima Wagner hatte durch frühen Tod ihre Schwester Blandine (1835 – 1862) und ihren Bruder Daniel (1839 – 1859) verloren.

158 Bayreuth, den 29. November 1899

Mein teurer Freund!

Gestern erhielt Herr von Groß Brief und Telegramm unseres Freundes Sommer mit Einlage von Herrn Rösch, worin die jetzige Lage geschildert wird. Adolf Groß erwiderte sofort, daß seinerseits alle Schritte getan würden.

Soeben empfange ich Ihre Zeilen. Guter, lieber Freund, warum haben Sie mich nicht früher instruiert? Sie entsinnen sich, daß Ihr letztes Schreiben voller Zuversicht war und [Sie] nur von mir die Geheimhaltung der günstigen Wendung der Dinge verlangten. Hätte ich durch Sie erfahren, daß die beiden Kultusminister opponierten, so hätte ich es versucht, einige Einwirkung auf sie zu gewinnen, aber so etwas erfordert Zeit, und meine Schritte kann ich einzig auf meine Weise unter Wahrung aller Rücksichten und unter dem Schutze absoluten Stillschweigens begehen. Auch vertrete ich etwas ganz für sich, was außerhalb der materiellen Interessen liegt. Vielleicht wäre es weiser gewesen, uns hier stille arbeiten zu lassen, aber uns von allem in Kenntnis zu setzen.

Da ich erfuhr, daß Sie alle so tätig waren und so zuversichtlich, habe ich es bei meinem ersten Schritt bewenden lassen und mich zurückgezogen, in der Annahme, alles sei auf das beste eingeleitet und man bedürfe unserer nicht mehr. Jetzt überlege ich mir, welcher Schritt der geeignetste sein könne, und Sie können sicher sein, daß Herr von Groß und ich das Unsrige tun.

Von Herzen danke ich Ihnen für die lieben Nachrichten, die Sie mir über sich geben. Ihr Programm des Vereinskonzertes ist famos. Gestern schrieb ich Graf Sporck, um ihm unsere Glückwünsche zu dem Erfolg des „Pfeifertages" auszusprechen und ihn zu bitten, sie Schillings zu übermitteln. Es hat uns für beide herzlich gefreut, und wenn man an der Berliner Oper dem Vertrag gemäß bezüglich des „Bärenhäuter" gehandelt hätte, hätten wir das Vergnügen gehabt, Ihrem interessanten Konzert beizuwohnen. So haben wir unsere Pläne verändern müssen, und in München, wo wir jetzt hingehen, wird wohl weder gepfiffen, noch ein Strauss geführt oder auch Sommer sein! „Zarathustra" ist gar nicht berüchtigt ≪*Ich* protestiere nur gegen den armen Nietzsche als Programmdichter, weil er ja schon seit über 20 Jahren traurig erkrankt ist.≫, vielmehr höre ich ihn von allen Seiten rühmen. – Siegfried dirigiert am 11. Dezember seinen „Bärenhäuter" in Wien und vorher ein Konzert in Pest. Er läßt Sie herzlichst grüßen. Wenn ich mich seiner Entwicklung nun so innig freue, vergesse ich es nie, daß Sie, mein lieber Freund, der erste unter den bedeutenden Musikern waren, die ihn als Dirigenten auf das wärmste anerkannten. Diese Züge, welche für mich (wie) eine Erinnerung an meinen Vater und das, was er unter Künstlern forderte, bilden, prägen sich mir unauslöschlich ein.

Bitte grüßen Sie Ihre liebe Frau herzlichst von uns. Gern hätte ich sie auch wieder gehört.

Wenn Sie Zeit haben, gehen Sie nicht an Bayreuth vorüber, sondern lassen Sie uns in freundschaftlichem Verkehr verbleiben.

Leben Sie wohl, lieber Freund, und bleiben Sie meiner herzlichsten Teilnahme für immer versichert

C. Wagner

Freundlichste Empfehlungen bitte an Ihre Schwiegereltern.

159 Bayreuth, den 30. November 1899

Mein teurer Strauss!

Ich habe also nach drei entscheidenden Seiten Schritte getan. Freilich wäre bedeutend besser gewesen, ich wäre früher unterrichtet worden und hätte Zeit, Einwirkung und Überredung gehabt, aber hoffen wir das Beste!

Es hat mich sehr gefreut, daß Oscar Merz das Werk von Schillings so günstig besprochen hat, weil Merz zu Bayreuth gehört und dafür immer eingetreten ist. An unserer teilnehmenden Gesinnung wird man wohl nicht zweifeln, aber der „allzeit geschäftige Teufel“ sät manches Üble, und ich freue mich jedes Zeichens, daß ihm die Arbeit verdorben wird.

Leben Sie wohl, mein teurer Strauss, alles Gute mit Ihnen und Ihren Lieben

C. Wagner

160 Charlottenburg, den 1. Dezember 1899

Hochverehrteste gnädige Frau!

Mit schönstem Dank den Empfang Ihrer beiden Briefe bestätigend möchte ich Ihnen heute nur den kleinen Irrtum benehmen, daß Sie glauben, wir hätten Sie nicht rechtzeitig über die drohenden Gefahren unterrichtet. Erstens dachten wir Sie stets genügend informiert, da doch Siegfried als dem Mitgliede unserer Gesellschaft alle Mitteilungen und erst vor wenigen Tagen unsere große Denkschrift an den Bundesrat immer zugegangen sind, zweitens ist die Nachricht aus dem Reichsjustizamt, daß das preußische und bayrische Kultusministerium gegen die Verlängerung der 30jährigen Schutzfrist stimmen werde *kaum acht Tage alt* und von uns sofort, nachdem wir sie selbst hatten, brieflich und per Telegramm durch Prof. Sommer und mich nach Bayreuth übermittelt worden.

Zu Ihrer weiteren Informierung wird Sie die Botschaft aus dem Reichsjustizamt (Geheimrat Dumks) interessieren, daß ein Ausnahmegesetz für ein einzelnes Werk (z.B. „Parsifal“) bei uns in Deutschland niemals eingeführt werde und durchdringen könne, daß also das Gesetz unter allen Umständen auch für die Allgemeinheit zugeschnitten und brauchbar sein müsse – zweitens, daß wir auf direkte Veranlassung des Herrn Geheimrat Dumks hin unsere ganzen Petitionen nur auf die *materielle* Seite zu gerichtet haben, nicht auf die *ideelle*, weil uns Herr Geheimrat sagte, wenn die ideelle betont würde, dann würde allen Einzelinteressen der Komponisten entgegen das ideelle Interesse der breiten Volksmasse berücksichtigt werden müssen, welchem jegliche Art von Schutzfrist hinderlich sei und welches so bald als möglich billige Aufführungen und billige Noten und Bücher haben wolle.

„Nur wenn also unsere Wünsche von der materiellen Seite her überzeugend wirkten, würde der Gesetzgeber sie berücksichtigen!“

Sehr eigentümlich! Aber leider wahr! Und wir mußten uns darnach richten, um wenigstens alles irgend Erreichbare zu erreichen. Und wir haben bis jetzt dank Röschs ungeheuerer Energie sehr viel erreicht, wenn es auch scheint, als ob wir nicht alles erreichen sollen. Aber die 50jährige Schutzfrist für die Aufführungsrechte[1] (und das ist die Hauptsache) hoffen wir durchzubringen!

Mit wärmsten Grüßen für Sie, hochverehrte gnädige Frau, und ganz Wahnfried, auch von meiner Frau

Ihr in größter Verehrung ergebenster

Rich. Strauss

1 Erst durch das Gesetz zur Verlängerung der Schutzfristen im Urheberrecht vom 13. 12. 1934 ist die allgemeine Schutzfrist von 30 auf 50 Jahre verlängert worden.

161 Bayreuth, den 13. Mai 1901

Mein lieber Freund,

Siegfried hat soeben den Protest der Autoren erhalten und ihn unterzeichnet.

Ich finde es sehr richtig, daß Sie an den Bundesrat gehen, und gestern bat ich Freund Wolzogen, an Professor Sommer zu schreiben und ihm zu raten, bei der Wiedereinberufung des Reichstags eine Petition der Autoren an denselben ergehen zu lassen mit dem Zweck der Wiederaufnahme der Debatte.

Gelingt Ihr Schritt bei dem Bundesrat, so ist natürlich dies überflüssig.

Ich begreife ganz Ihre Empörung, zumal wenn Sie an mala fide glauben (an welche ich mich nur äußerst selten zu glauben entschließen kann), aber ich frage mich, ob in dieser Form der Protest das erwirken kann, was Sie bezwecken?

Vielleicht gerade! Man sollte meinen, daß die Entrüstung der Dichter und Musiker etwas zu sagen habe.

Der Weg, den ich eingeschlagen habe, ist ein weniger kühner. Es hat mich gefreut, daß, ohne uns uns zu verständigen, wir an demselben Tag mit unserer so verschieden klingenden Klage hervortraten.

Ich lege Ihnen meinen Brief[1] bei, für den Fall, daß Sie ihn nicht kennen sollten.

Noch manche Argumente hätte ich in dem ersten Teil meines Briefes anbringen mögen (z.B. warum ein Industrieller sich für alle Zeiten des Ertrages seiner Erfindung erfreuen darf, und der Dichter und Komponist nicht?).

Im zweiten Teil wollte ich anbringen, warum man, weil man einem Haus die Erträgnisse nicht gönnt, (man) einen ganzen Stand benachteiligt? Aber ich wollte möglichst kurz sein und dachte, daß die Autoren-Genossenschaft das ihrige tun würde.

Meinen Sie nicht, daß unser Verein Sie bei dem Bundesrat unterstützen könnte?

So betrübend die Veranlassung ist, so freue ich mich doch darüber, dieses Wort an Sie zu richten, lieber Freund, um Sie meiner und meiner Kinder alter, herzlicher Gesinnung aufs neue zu versichern.

Treulich

C. Wagner

Schönste Grüße bitte Ihrer lieben Frau!

1 Fehlt.

162 Bayreuth, den 15. Mai 1901

Mein lieber Freund,

denken Sie sich, daß ich niemals Herrn Spahn[1] gesprochen oder gesehen habe, ich überhaupt nicht einen einzigen Reichstagsabgeordneten ≪mit Ausnahme von Prinz Arenberg[2], der bei der Debatte nicht anwesend war≫ kenne. Wie ich in meinem Brief angab: Nachdem in der zweiten Lesung irrige Sachen vorgetragen worden waren, bat ich Adolf Groß, nach Berlin zu reisen und einige Herren, denen er etwa begegnen könnte, zu unterrichten. Wie ich ebenfalls geschrieben habe, werfe ich es mir vor, *so spät* Schritte getan zu haben.

Was nun unser gemeinsames Mitgehen mit der Genossenschaft anbetrifft, so ist ja Siegfried Mitglied, und Sie hätten nur gebraucht, ihm ein Wort zu sagen, und er würde sich mit Ihnen verständigt haben.

Aus den traurigen Gründen, die Sie angeben, glaubte ich, es sei besser, wir verhielten uns ganz passiv, und fürchtete, der Genossenschaft die Aktion zu beeinträchtigen.

Die allerersten Schritte bei dem Reichskanzler Hohenlohe hatte ich getan. Kann ich in Frankreich etwas nützen, so stehe ich zur Verfügung. Dort wird der größte deutsche Name verehrt.

Sie haben recht, mein teurer Freund, ich kenne die Welt nicht, zumal *diese* nicht! Daß im deutschen Reichstag man den Namen einer Frau hin- und herwirft, daß offen kundgegeben wird, man gönnt den Künstlern den Wohlstand nicht, ist etwas, was ich noch nicht für möglich gehalten hätte, weil doch die Schlechtigkeit, um zu wirken, gerne die Larve der Gerechtigkeit entlehnt.

Doch sei dem, wie ihm wolle, denn es verdient wirklich kein Wort der Betrachtung.

Seien Sie so gut, mein lieber Freund, und lassen Sie mich gelegentlich wissen, ob und was die Genossenschaft von uns wünscht. – Haben Sie Dank für Ihre freundlichen Zeilen, grüßen Sie Ihre liebe Frau herzlich und seien Sie von meinen Kindern und mir in alter freundschaftlicher Gesinnung herzlichst gegrüßt!

C. Wagner

1 Peter Spahn (1846 – 1925), Preußischer Justizminister, Mitglied des Reichstags, Führer des Zentrums.

2 Franz Ludwig Prinz von Arenberg (1849 – 1907), seit 1890 Zentrumsabgeordneter im Reichstag.

163 Bayreuth, den 19. Mai 1901

Mein lieber Freund,

ich habe bereits die Schritte getan, die Sie mir nahe legen, und es versteht sich von selbst, daß wir hier niemals ein Wort von solchen Schritten verlauten lassen.

Nun gebe Gott seinen Segen!

Sind Sie der Ansicht, daß man in Frankreich die Angelegenheit bekannt gibt? Oder meinen Sie, es sei besser zu warten?

Eines habe ich mich noch gefragt, ob man nicht die Wähler Eugen Richters[1] unterrichten lassen könnte und einen Protest von dieser Seite erwirken.

Soviel ich es beurteilen kann, ist doch eine große Empörung, sowohl über die Entscheidung als über die eingeschlagenen Wege zu dieser Entscheidung.

Professor Sommer schrieb an Wolzogen, daß man noch immer von unserer Beeinflussung spräche. Nun kenne ich, wie gesagt, niemand von den Abgeordneten und habe niemanden gesprochen. Der mir befreundete Prinz Arenberg war nicht bei der Abstimmung. Herr von Heyl[2] ebenfalls nicht.

Sollte man mir aber den Vorwurf direkt vorbringen, würde ich fragen, was man unter Beeinflussung versteht? Bespricht man nicht alle Fragen, sucht man nicht die Gründe, die man hat, um etwas zu wünschen, darzulegen?

Und ist die Vorbringung falscher Tatsachen im Reichstag nicht die allerschlimmste Beeinflussung der Abstimmung?

Viele herzlichste Grüße, mein teurer Freund, ganz Wahnfried gedenkt Ihrer freundschaftlichst!

C. Wagner

1 Eugen Richter (1836 – 1906), Politiker, Mitglied des Reichstags, Parteigründer, Gegner Bismarcks.

2 Cornelius Wilhelm von Heyl (1843 – 1922) oder dessen Bruder Carl Maximilian von Heyl (1844 – 1925).

164 Charlottenburg, den 30. Oktober 1901

Hochverehrte gnädige Frau!

Empfangen Sie vor allem meiner Frau und meinen wärmsten Glückwunsch zur Geburt des jüngsten Bayreuthers[1], dem wir das stilvollste Gedeihen von Herzen wünschen.

Besten Dank für Ihre lieben Zeilen zu meiner Aufführung der „Bergsinfonie", der ich (als *klassischem* Grundstock meiner Novitäten-Konzerte) in den weiteren Abenden alle sinfonischen Dichtungen folgen lassen werde[2]. Weiter zurück wie auf Liszt geht in diesen Konzerten die Musikgeschichte einfach nicht.

Daß die „Freischütz"-Ouvertüre, „Leonore III" etc. nicht zu kurz kommen, dafür sorgen schon meine hervorrufsdurstigen Pultkollegen. Ich danke Ihnen, daß Sie die Gründe, die mich vom Besuch der Festspiele fernhalten, so gütig würdigen: Es ist wirklich nicht Teilnahmslosigkeit, wenn ich mir einen solchen herrlichen „Fliegenden Holländer", wie ihn Bayreuth diesmal wieder herausgebracht hat, entgehen lasse. Aber es ist einfach unmöglich: Selbst die zwei kargen Urlaubsmonate reichen nicht aus, aufzubügeln, was so ein Musikwinter an besseren Fähigkeiten im Menschen niederprügelt. Nun gar, wie's diesen Winter geht: Im Theater habe ich wöchentlich fünf Abende zu dirigieren, da ein dritter Kapellmeister noch nicht engagiert ist.

„Feuersnot" ist Ende November in Dresden, 2. Dezember unter meiner eigenen Leitung in Frankfurt. Ich würde mich freuen, wenn Sie das bescheidene Werkchen hören könnten: Ich glaube, dasselbe würde Ihnen wegen der ganz besonders akuten Spitzen gegen die Wagnerstadt München ein ganz boshaftes Vergnügen bereiten. Ach Pardon, ich vergaß: Lachende Bosheit ist nur bei uns schlimmen Nietzschebrüdern eine Tugend. Na, vielleicht macht auch „Schopenhauser" diesmal eine kleine Ausnahme. Am 25. November bin ich in Heidelberg und hoffe dort Ihre Kinder wieder in bestem Wohlsein zu treffen; zur Tonkünstlerversammlung habe ich reizende Stunden im Hause Thode verlebt.

Für heute empfiehlt sich ein Vielgeplagter ganz Wahnfried mit wärmsten Grüßen; Ihnen hochverehrteste gnädige Frau, ganz besonders als

Ihr in aufrichtigster Verehrung ergebenster

Richard Strauss

Meine Frau sendet mit verehrungsvollstem Handkuß herzliche Grüße! Sie wissen wahrscheinlich durch Herrn Dernburg[3], daß sich der Goethebund unter dem Vorsitz Hermann Sudermanns demnächst hier mit der „Parsifal"-Frage beschäftigen will. Man hat mich aufgefordert, den Sitzungen beizuwohnen, und werde ich die bis jetzt gewonnenen Erfahrungen dabei zu verwerten suchen, damit nicht allzusehr in „blauem Dunst“ herumfabuliert, sondern ein greifbares, gutes Endresultat erzielt wird. –

1 Am 16. 10. 1901 war Friedrich Wilhelm, das einzige Kind von Franz und Isolde Beidler, in Colmdorf bei Bayreuth geboren worden.
2 Anläßlich des 125jährigen Bestehens der Musikalischen Akademie in München hatte Richard Strauss 1936/37 die Leitung von acht Jubiläumskonzerten übernommen, in denen ausschließlich Werke von Beethoven, Liszt (7) und Strauss (7) gespielt wurden.
3 Bernhard Dernburg (1865 – 1937), 1906 Direktor im Auswärtigen Amt, später Staatssekretär und Reichsfinanzminister.

165 Bayreuth, den 3. November 1901

Mein teurer Freund!

Ihre Zeilen haben Sie mir in Ihrer lieben Eigenart, ganz wie Sie einstens in Wahnfried mich erfreuten, wieder vor die Augen gebracht, und es ist mir Bedürfnis, Ihnen für dieses Wiedersehen zu danken.

Dank auch Ihnen und Ihrer lieben Frau für die freundlichen Wünsche. Der kleine Bayreuther scheint „stilvoll“ zu gedeihen und so Gott will, kommt auch Stilett-Schärfe der Intelligenz zum körperlichen Wohlsein!

Wie gerne kämen wir zu Ihrer Aufführung nach Frankfurt[1]. Ganz abseits der gewiß wohltuenden Bosheit interessiert uns, das versteht sich, das Werk künstlerisch sehr. Bitte, schicken Sie mir doch die Dichtung.

Siegfried muß am 2. Dezember in Berlin sein. Dieses Auseinandertreffen tut ihm sehr leid (er ist aufgefordert, einiges aus seinem „Herzog Wildfang“ dort zu dirigieren); und ich leide seit 3 Monaten an einer Venenentzündung, welche mich fast zur Immobilität verurteilt. Vielleicht aber können die Heidelberger herüber und erzählen uns. Alles Glück mit Ihnen, mein lieber Freund!

Meine Kinder haben mir auch von ihrer großen Freude über die Tage in Heidelberg mit Ihnen gesagt und viel berichtet. Es muß lebendig da zugegangen sein, und ich erkannte meinen lieben Ausdruck ganz wieder.

Ich hätte nichts gegen das Lachen der Bosheit, wenn ich sie nur je hätte lachen sehen – vielleicht verstehen wir aber etwas Verschiedenes unter Bosheit. Dem Schlechten es versetzt zu sehen, das erregt gewiß Spaß, wie der gefoppte Teufel in der Komödie.

Gott: Nietzsche! Wenn Sie ihn gekannt hätten. Er hat nie gelacht und war immer durch unsern Humor wie überrascht. Dazu Kurzsichtigkeit bis zur Augenblödigkeit; armer Nachtvogel, der an allen Ecken und Enden anstieß, den als Prediger des Lachens anzutreffen, berührt seltsam.

Worüber ich aber laut und herzlich lachte, nachdem ich darüber still gelächelt, das war Ihre Erwähnung der Herausrufnummern: „Freischütz"-Ouvertüre, „Leonore III" („Tannhäuser"-Ouvertüre mit Finessen nicht zu vergessen). Das gehört allerdings zur heitersten Komik.

Was mich aber ernst stimmte, das ist Ihre Plage; die Musik als Metier ist etwas Entsetzliches, mir wird sie immer mehr ekstatisches Moment und dadurch mein Trost in manchem Schweren, was mir auferlegt ist, wobei das fratzenhafte, satyrspielartige sich leider nicht zum aristophanischen Humor befreien will.

Ich hatte nichts erfahren von dem Befassen des Goethebundes mit der „Parsifal"-Frage und danke Ihnen herzlich für die Mitteilung. Darf ich Ihnen einen Aufruf[2] beilegen mit der Bitte um Ihre Unterschrift und, falls es Sie nicht zu sehr bemüht, Einholung von anderen bedeutenden. Die Sache hat Zeit, wir sammeln nur für dereinst, wenn die Frage wieder in Angriff genommen werden soll.

Hoffentlich ist mein Brief an den Reichstag Ihren Bestrebungen nicht der Quere gekommen. In nicht sehr edler Weise hatte man meinen Namen in das Spiel gemengt, um die Sache zu vereiteln. Da sah ich mich genötigt, hervorzutreten und zu sagen, worauf es mir ankommt. Ich drücke Ihnen die Hand mit herzlicher Dankbarkeit für das, was Sie in dieser Sache tun, und hoffe, daß auch das, was Sie gerechterweise anstrebten, dabei gefördert werden kann.

Und nun leben Sie wohl, mein teurer Freund. Grüßen Sie Ihre liebe Frau herzlichst von uns und seien Sie in unwandelbarer, freundschaftlicher Sympathie freundlichst gegrüßt vom Festhügel hoch, vom Kolmdorfer Idyll und von der wahnfriedlichen Stille aus.

C. Wagner

1 Am 3. Dezember 1901 dirigierte Richard Strauss im Opernhaus in Frankfurt a.M. seinen am 21. November 1901 in Dresden uraufgeführten Einakter *Feuersnot*.

2 Der Aufruf fehlt; Richard Strauss hat ihn unterschrieben.

166 Bayreuth, den 17. November 1903

Lieber Freund!

Es ist mir stets eine Freude, von Ihnen direkt etwas zu hören, gedenke ich doch immer so gern unserer einstmaligen Beziehungen.

So bitte ich Sie, wenn Sie irgendein Anliegen an mich haben, es mir nur freundschaftlich unumwunden auszusprechen.

Ich sehe mich jetzt für Ihr Brevier[1] nach einem ungedruckten Briefe um. Ich möchte Ihnen etwas besonders Bedeutendes übergeben.

Die „Meistersinger"-Partitur besitze ich nicht. Sie ist in München.

Ich möchte Ihnen raten, für Ihren Zweck sich an Herrn von Wesendonck[2] in Berlin zu wenden, was alles erleichtern würde. Er besitzt Skizzen zu den „Meistersingern" und zu „Tristan", und ich glaube, daß ein Faksimile dieser Blätter ganz Ihrem Zweck entsprechen würde.

Wie recht tun Sie daran, das Über-Fleißige oder Über-Dicke „Über" auszulassen und einzig Auszüge zu bringen, und wie wichtig ist es, daß die Gedanken sich verbreiten, wie wenig ist noch alles gekannt.

Wie früher das feststehende Dresdner Schloß für 1848 angezündet und abgebrannt galt, so [ist] jetzt das bestehende Bayreuth für viele noch nicht vorhanden!

Von Ihrer schönen Aufführung der „Meistersinger" hörte ich und hoffe, sie einmal zu genießen.

Im Januar soll Siegfrieds „Kobold" in Hamburg aufgeführt werden. Da gibt es nur einen Sprung. Das hübscheste wäre aber, wenn Sie zu der Aufführung nach Hamburg kämen und wir dann zusammen nach Berlin führen. Sie haben ja zu den ersten gehört, welche Siegfrieds Begabung erkannten und ermutigten. Dessen gedenke ich stets mit Vorliebe und Genugtuung und es ist mir ein Bedürfnis, jetzt der freundlichen Momente mich zu erinnern! Sie sehen, ärgerlich bin ich nicht, aber ich würde mich erhabener darstellen als ich bin, wenn ich leugnen wollte, daß die Erfahrungen, die mir in diesem Jahre beschieden wurden, mich mit Schwermut erfüllen!

Hildebrand[3] erheiterte mich durch die Erzählung von einem oberbayrischen Bauern. Dem wurde aufeinander mitgeteilt, seine Frau sei gestorben, eine Sau tot, eine Scheune abgebrannt – da rief er aus: „Jetzt ist mir's zu viel", und ging ins Wirtshaus.

Mein Wirtshaus ist die Arbeit, sie empfängt mich immer gastlich und reicht mir den Vergessenheitstrank.

Leben Sie wohl, lieber Freund, und seien Sie von ganz Wahnfried auf das herzlichste gegrüßt.

Freundschaftlich treulich

C. Wagner

Bald hätte ich vergessen, den entr'acte tragique zu erwähnen. Ich danke für die Beachtung unserer Autorenrechte und bitte Sie, das Stück frei abzudrucken.

1 Am 1. Dezember 1903 schrieb Richard Strauss als Herausgeber die Einleitung zu „Die Musik", Sammlung illustrierter Einzeldarstellungen – aufgenommen in: Richard Strauss, Betrachtungen und Erinnerungen, a.a.O. – die es von 1904 – 1909 auf 32 Bände brachte (für die folgenden zeichnete Arthur Seidl als Herausgeber). Um den dritten Band, ein „Wagner-Brevier" von Hans von Wolzogen, handelt es sich in den nächsten Briefen.

2 Otto von Wesendonck (1815 – 1896), deutscher Großkaufmann, verheiratet mit Mathilde, geb. Luckemeyer (1828 – 1902).

3 Adolf von Hildebrand (1847 – 1921), Bildhauer, Schöpfer des Wittelsbacher-Brunnens in München.

167 Bayreuth, den 18. November 1903

Lieber Freund,

ich habe nach Briefen gesucht und keinen, der sich für die Veröffentlichung eignete, gefunden. Was von allgemeiner Bedeutung ist, wurde publiziert (Briefe an meinen Vater, Uhlig[1], Feustel etc.) und das Intime entzieht sich der Mitteilung.

Ich nahm heute früh die Briefe an Adolf von Groß für Ihren Zweck vor, allein, so gern ich es gekannt sähe, wie dieser treffliche Mann in seiner Unvergleichlichkeit geliebt und geschätzt wurde, so ist doch alles zu vertraulich.

Ich bat auch Wolzogen, allein, er meinte das gleiche. Er will aber noch einmal nachsehen, und findet er etwas, so schickt er es Ihnen.

Ich vergaß gestern (das Gute liegt so nahe!) Ihnen zu sagen, wie meine Tochter Thode uns Rühmlichstes von Ihrem „Taillefer"[2] geschrieben, alles hat ihr darin zugesagt, die Themen, die Bearbeitung, die Instrumentation. Und da dies Ihre Doktor-Komposition war, so gratuliere ich auch zum wohlverdienten Ehrendoktor! Unter seinen verschiedenen Ehrungen legte mein Vater den größten Wert auf den Ehrendoktor!

Herzlichsten Gruß von uns allen, lieber Freund, und treulichst

C. Wagner

Ich habe einen Brief von Wolzogen erhalten, den ich für geeignet erachte. Er wird morgen photographiert und wird Ihnen dann zugeschickt.

1 Theodor Uhlig (1822 – 1853), Violinist, Freund Richard Wagners in Dresden, schrieb den Klavierauszug zu *Lohengrin*.

2 Mit *Taillefer*, Ballade von Ludwig Uhland für Chor, Soli und Orchester op. 52 bedankte sich Richard Strauss bei der philosophischen Fakultät der Universität Heidelberg, die ihn zum Dr. h.c. promoviert hatte.

168 Bayreuth, den 20. November 1903

Lieber Freund!

Ich erfahre soeben durch den Photographen, daß er mit seiner Abnahme erst nächsten Donnerstag fertig sein kann. Das Wetter sei ungünstig, die blaue Tinte erschwere die Arbeit etc. etc.

Warum haben Sie sich nicht ein wenig früher an mich gewandt? Bei uns geht alles langsam.

Hoffentlich kommt dies alles noch zurecht.

Was nun die Partituren anbetrifft, so besitze ich wohl „Tristan“ und noch einige, allein ich habe eine fast unüberwindliche Scheu, diese Blätter ihrem Gewahrsam zu entnehmen und sie gleichgültigen Händen zu übergeben.

Bevor Sie mich engherzig schelten, lieber Freund, bedenken Sie unser Leben hier, seine völlige Abgeschiedenheit, und Sie werden verstehen, daß unsere Beziehung zu diesen Dingen einen religiös-andächtigen Charakter hat, dem alles, was Verbreitung, Ruhm, Befriedigung der Neugierde, Popularität [ist,] spukhaft fremd ist.

Doch ich verspreche Ihnen, mit mir zu Rate zu gehen, und wenn es mir möglich ist und die Zeit langt, sende ich Ihnen ein Blatt. (Für das Chamberlainsche Buch[1] wurde ich seinerzeit angegangen und bezwang mich – Freude habe ich an der Erinnerung nicht.)

Wie schön, wenn Sie nach Hamburg kämen. Ich hoffe bestimmt, daß die Aufführung Mitte Januar stattfindet.

Daß Sie, losgelöst von der schmählichen Unternehmung[2], nach Amerika[3] gehen, ist mir eine Genugtuung. Ich glaube, daß man dort viel Gutes, Unmittelbares antrifft, welches wir jetzt in unserem Prozeß anrufen.

Leben Sie wohl, lieber Freund, verstehen Sie mich gütig. Die Bibliothekare haben es leicht mit den Beethovenschen Manuskripten . . .

Auf gutes Wiedersehen, so Gott will!

Herzlichst freuen wir uns alle darauf und grüßen Sie in treuer wahnfriedlicher Freundschaft.

C. Wagner

1 Houston Steward Chamberlain, Richard Wagner, München 1896.

2 Vielleicht ist an die ersten *Parsifal*-Aufführungen außerhalb Bayreuths gedacht, die Heinrich Conried (1855 – 1909) gegen den Protest von Cosima Wagner in der Metropolitan Opera in New York 1903/04 veranstaltete.

3 Von Mitte Februar bis Ende April 1904 gab Richard Strauss (mit seiner Gattin als Interpretin seiner Lieder) 35 Konzerte in Amerika, wobei am 21. März die *Symphonia Domestica* op. 53 zur Uraufführung kam.

169 Wahnfried, den 20. November 1903

Lieber Freund!

Ich erinnere mich soeben, daß die Partitur der „Meistersinger" von dem Prinzregenten dem Germanischen Museum in Nürnberg geschenkt wurde. Wenn Sie dorthin sich wenden, erhalten Sie gewiß das Gewünschte schnell faksimiliert.

Herzlich erfreut, Ihnen dies zu melden,

herzlichst

C. Wagner

Mit bestem Gruß die Sekretärin Isolde Beidler

170 Bayreuth, den 21. November 1903

Mein lieber Freund,

im Augenblick, wo ich Ihre letzten Zeilen erhalte, haben Sie wohl Brief und Karte von mir und Sie wissen alles.

Ihre Briefe lese ich nie flüchtig! Allerdings hatte ich Wahnfried vergessen. Dies fiel mir bedrückend gestern abend ein und heute ist die Photographie abgegangen.

Seien Sie mir nicht böse wegen meiner Schwächen und lassen Sie mich hoffen, daß Sie mir einmal auch ohne Anliegen und Brevier schreiben, wir sind nämlich Gemütsmenschen in Wahnfried! Das will ich Ihnen sagen, falls Sie's vergessen hätten!

Siegfried dankt Ihnen herzlich für die liebenswürdige Absicht, zu seinem „Kobold" nach Hamburg zu kommen, und ganz Wahnfried grüßt auf das wärmste den Doktor, vor allem aber den *Freund* Strauss!

C. Wagner

171 Bayreuth, den 24. November 1903

Sie sehen, teurer Freund, daß Sie mir doch ohne Anliegen schreiben (denn das Festspielhaus rechne ich nicht). Herzlichen Dank für Ihre lieben Zeilen, und glauben Sie, daß ich nur zu gut verstehe, daß Sie nicht zu Briefen kommen. Die Zeiten von Schiller und Goethe sind vorbei.

Anbei ein Festspielhaus und noch ein Wahnfried, welches mir hübscher dünkt als das andere.

Übermorgen bin ich in Nürnberg. Ich will sehen, daß ich den Direktor des Germanischen Museums spreche, um Ihr Gesuch zu unterstützen. Wie gesagt, hätten Sie nur ein bißchen früher geschrieben.

Donnerstag hoffe ich den Brief abzusenden. Der Photograph klagt über Licht und meint, daß die violette Tinte es erschwere.

Herzlichsten Gruß, lieber Freund, vom treuen Wahnfried

C. Wagner

Es freut mich, daß Muck Ihnen das Blatt gab. Ich denke aber, daß Sie dennoch aus der Partitur gern noch ein Blatt hätten.

172 Bayreuth, den 28. November 1903

Lieber Freund!

Ich erhalte erst in diesem Augenblick (abends 6 Uhr) Platten und Faksimile. Ich schicke es sofort ab und hoffe, daß Sie alles Montag erhalten.

In Nürnberg traf ich Herrn von Bezold[1], Direktor des Germanischen Museums, nicht; er war verreist. Kapellmeister Bruch[2] versprach mir aber, meinen Auftrag zu übermitteln.

Gestern erhielt ich Kenntnis von dem Brief, den Herr Barth (?)[3] Herrn von Wesendonck in Ihrem Auftrage geschrieben; darin steht zweimal von „Dokumenten". Herr von Wesendonck glaubte, es handle sich um Briefe, die man wünschte.

Ich erklärte „Orchesterskizze"; ich glaube aber, es wäre am besten gewesen, wenn Sie, lieber Freund, Herrn von Wesendonck besucht hätten. Ein schönes Partiturblatt hätten Sie da auch erhalten können.

Und – früher hätte alles geschehen müssen!

Doch diesen Vorwurf mache ich nur in Ihrem Interesse.

Schreiben Sie mir nicht, Sie haben keine Zeit, und seien Sie von ganz Wahnfried auf das herzlichste gegrüßt

C.W.

1 Gustav von Bezold (1848 – 1934), Direktor des Germanischen Museums in Nürnberg.

2 Wilhelm Bruch (1854 – 1927), Dirigent und Komponist, entfernter Verwandter von Max Bruch, 1901 – 1918 Dirigent des Philharmonischen Orchesters in Nürnberg.

3 Richard Barth (1850 – 1923), Dirigent, Violinist und Komponist, Schüler Joachims, leitete 1895 – 1904 die Philharmonischen Konzerte in Hamburg, 1908 Direktor des Konservatoriums. Er veröffentlichte 1904: J. Brahms und seine Musik.

173 Bayreuth, den 24. Januar 1905

Lieber Freund!

Wollen Sie mir nur mit einem Worte zu wissen geben, was die Gesellschaft der Autoren in der Schutzfristfrage zu tun gedenkt. Ob sie diese an den Reichstag bringen will und wann. Es liegt mir daran, dies zu wissen, weil ich dann Schritte vorbereitender Art meinerseits tun würde.

Ich danke Ihnen herzlichst dafür, daß Sie den Protest der Kapellmeister gegen die Aufführung des „Parsifal" in Amsterdam unterschrieben. Ihr berühmter Name ist, das versteht sich, von Bedeutung.

Hoffentlich treffen Sie diese Zeilen in Wohlsein und Zufriedenheit.

Ich komme eben von Karlsruhe zurück, wo wir zwei in jeder Hinsicht schöne Aufführungen des „Kobold" mit Freuden erlebten.

Schönste Grüße bitte Ihrer lieben Frau und Ihnen das Herzlichste und Freundlichste in alter Anhänglichkeit.

C. Wagner

[Auf der dritten Seite des Briefbogens] Teplitz, den 27. Januar 1905

Lieber Freund[1]!

Was soll ich hierauf antworten?

Musikdirektor Bruch in Nürnberg will zwar mit uns abschließen, soll aber in schweren Existenzsorgen mit seinem Orchester liegen, wie ich von dritter Seite höre. Bruch scheint sehr anständig, ich glaube, wir dürfen ihn wohl milde behandeln.

Schönsten Gruß, Dein

Dr. Richard Strauss

1 Wohl Friedrich Rösch.

174 [Maschinenschriftlich] Charlottenburg, den 20. April 1905
Allgemeiner Deutscher Musikverein

Verehrte gnädige Frau,

verzeihen Sie, daß ich auch schon zur Schreibmaschine greifen muß, aber die Stenographie ist eine so wertvolle Hilfskraft, daß ich bei meiner gedrängten Zeit mich ihr auch nicht länger widersetzen kann.

Ich komme mit einer großen Bitte um Unterstützung an Sie, in einer Angelegenheit, die auch Ihr Interesse erregen dürfte. Es handelt sich um die Liszt-Stiftung[1], die seinerzeit von der Frau Fürstin Hohenlohe dem Allgemeinen Deutschen Musikverein *zum Geschenk* ≪?≫ gemacht wurde, um das Andenken des großen Meisters zu ehren.

Wie Sie vielleicht schon gehört haben, haben sich zwischen dem Kuratorium der Liszt-Stiftung und dem Vorstande des Allgemeinen Deutschen Musikvereins, dem ich zu präsidieren die Ehre habe, Kompetenzstreitigkeiten entsponnen, die im Grunde in der absolut konfusen Fassung der seinerzeit unter dem Vorsitz des Herrn von Bronsart festgesetzten Statuten zu suchen sind. Diese Kompetenzstreitigkeiten sollen ihren Abschluß nunmehr in einer neuen Fassung der Statuten erhalten, zu der die Genehmigung der Frau Fürstin Hohenlohe nötig ist. Wir haben schon verschiedene Versuche gemacht, durch Generalmusikdirektor Mottl sowie durch Herrn Hofkapellmeister Dr. Obrist[2], die Genehmigung der Frau Fürstin zu erhalten, sind aber bei Ihrer Durchlaucht auf ein Mißtrauen gestoßen, das nur darin seinen Grund haben kann, daß gewisse uns feindlich gesinnte Kreise uns bei der Frau Fürstin schwer verdächtigt haben.

In dieser Not komme ich zu Ihnen, gnädige Frau, mit der Bitte, die Frau Fürstin nach Möglichkeit darüber aufzuklären, welche Stellung ich speziell und der Vorstand des Allgemeinen Deutschen Musikvereins zu dem Werke Meister Liszts einnehmen, eine Stellung, von der Sie ja bereits selbst schon des öfteren hinreichende Beweise von mir erhalten haben.

Es handelt sich nämlich des weiteren um die Gesamtausgabe der Werke Liszts, die nach dem Wunsche der Frau Fürstin bei Breitkopf & Härtel erscheinen soll und zu der der Allgemeine Deutsche Musikverein aus der Liszt-Stiftung einen größeren Zuschuß leisten soll und zu leisten auch vollkommen bereit ist, sobald es an der Zeit ist, diese Gesamtausgabe in Angriff zu nehmen. Über diesen Zeitpunkt sowie einige Spezialfragen der Auswahl der Werke usw. herrscht zwischen der geschäftlich dabei beteiligten Firma Breitkopf & Härtel und dem Allgemeinen Deutschen Musikverein Meinungsverschiedenheit. Die Gesamtausgabe kann, solange nicht alle Verleger Liszts zustimmen, bekanntlich nicht vor dem Jahre 1916 erscheinen, vorausgesetzt, daß die Schutzfrist nicht überhaupt noch auf Grund einer Gesetzesänderung um weitere 10 oder 20 Jahre verlängert wird. Nach unserer Meinung ist der früheste Zeitpunkt, an dem die erste Publikation der Gesamtausgabe erscheinen könnte, das Jahr 1911. Sie könnte mit den bereits bei der Firma Breitkopf & Härtel erschienenen Sinfonischen Dichtungen beginnen, deren Drucklegung nicht vor dem Jahre 1909 oder 1910 zu erfolgen brauchte. Dies unsere Meinung. Die Firma Breitkopf & Härtel hatte bereits in den 90er Jahren des vorigen Jahrhunderts sich von dem Allgemeinen Deutschen Musikverein einen jährlichen Zuschuß von 1500 Mark leisten lassen zur Vorbereitung der Lisztausgabe. Das Resultat dieser Vorbereitung war damals eine Neu-Drucklegung der bei Breitkopf & Härtel erschienenen Sinfonischen Dichtungen, da andere Verleger, die im Besitze Lisztscher Werke sind, sich auf das strikteste geweigert haben, sich an der Lisztausgabe zu beteiligen. Auf Grund dieser Weigerung der Liszt-Verleger außer Breitkopf & Härtel haben wir damals die Rückzahlung des fünf Jahre lang geleisteten Zuschusses von 1500 Mark von der Firma Breitkopf & Härtel verlangt, die Summe auch zurückerhalten, aber beiseite gelegt, jedes Jahr um 1500 Mark vermehrt, so daß jetzt die hübsche Summe von 15000 Mark bar bereit liegt, um die Lisztausgabe zu unterstützen und zu ermöglichen, sobald mit der Firma Breitkopf & Härtel ein einigermaßen akzeptabler Vertrag zu erzielen ist. Hierin liegt nun die große Schwierigkeit. Soll ich diese Schwierigkeit Ihnen, die Sie die genannte Firma auf das genaueste kennen, noch weiter auseinandersetzen?

Sie würden mich also zu größtem Danke verpflichten, wenn Sie bei der Frau Fürstin Hohenlohe ein gutes Wort für mich und den Vorstand des Allgemeinen Deutschen Musikvereins in der Weise einlegen würden, daß die Frau Fürstin das Vertrauen zu uns gewinnt, daß wir treu und begeistert die Sache Liszts hochhalten, daß wir alles, was in unseren Kräften steht, tun werden, um die Lisztausgabe zu ermöglichen, und daß sie das Vertrauen soweit ausdehnen möge, daß sie es uns überlasse, wann wir den Zeitpunkt zur Inangriffnahme der Lisztausgabe für den geeigneten halten. Jetzt schon der Firma Breikopf & Härtel ausgiebige Zahlungen zu machen, bevor dieselbe im Stande ist, etwas zu leisten, wäre ein Verbrechen gegen den Verein, dem wir vorstehen. Ich gebe der Frau Fürstin die feste Versicherung, daß die Lisztausgabe so früh wie möglich in Angriff genommen und fertiggestellt werden soll.

Ich lege Ihnen hier den Bericht[3] bei, den der Allgemeine Deutsche Musikverein unlängst durch Herrn Generalmusikdirektor Mottl an die Frau Fürstin übermitteln ließ, der aber, wie ich hörte, bei ihr eine sehr schlechte Aufnahme gefunden hat. Also, bitte, verehrteste gnädige Frau, klären Sie die Frau Fürstin etwas darüber auf, wer ich bin, welche Stellung ich zum Werke Liszts einnehme, und klären Sie sie auch darüber auf, wer Herr Dr. von Hase[4] ist und welche Interessen ihn als Geschäftsmann im Gegensatz zu uns, die wir uns begeisterte Künstler und begeisterte Schüler Meister Liszts nennen, leiten.

[Handschriftlich]

In der angenehmen Hoffnung, daß Sie, hochverehrteste gnädige Frau, nach der Bekanntschaft mit meinem verrückten Judenmädchen[5] eine nicht allzu schlechte Nacht in der Eisenbahn verbracht und gute Reise gehabt haben, mit herzlichsten Grüßen an Sie und die Ihrigen, auch von meiner gleichfalls „nicht ganz unverrückten" Gattin

Ihr verehrungsvollst ergebener

Dr. Richard Strauss

1 Fürstin Marie von Hohenlohe-Schillingsfürst (1837 – 1920), Tochter von Carolyne von Sayn-Wittgenstein (1819 – 1887) und Fürst Konstantin von Hohenlohe-Schillingsfürst (1828 – 1896), k. Oberhofmarschall in Wien, gründete 1888 die Liszt-Stiftung zur Unterstützung talentvoller Musiker und Klaviervirtuosen sowie durch Alter invalid gewordener Musiker.

2 Aloys Obrist (1867 – 1910), Dirigent, 1895 – 1900 Hofkapellmeister in Stuttgart, anschließend Kustos des Liszt-Museums in Weimar und Vorsitzender der Revisionskommision für die Liszt-Gesamtausgabe.

3 Fehlt.

4 Oskar von Hase (1846 – 1921), Sohn der Schwester des Teilhabers und Erben der Firma Breitkopf & Härtel Gottfried Christoph Härtels (1763 – 1827). Er war mit seinem Vetter Wilhelm Volkmann (1837 – 1896) und nach dessen Tode mit dessen Sohn Ludwig Volkmann (1870 – 1947) Leiter des Verlages Breitkopf & Härtel.

5 Richard Strauss hatte Cosima Wagner am Karfreitag! im Hotel Bellevue in Berlin aus *Salome* vorgespielt. Damals soll sie das Urteil gefällt haben: „Das ist ja Wahnsinn!" und hinzugefügt haben: „Sie sind für das Exotische, Siegfried für das Populäre!" Es war die letzte Begegnung. Die Partitur der *Salome* war am 27. November 1904 begonnen und am 20. Juli 1905 beendet worden. Die Uraufführung fand am 9. Dezember 1905 in Dresden statt.

175 Portofino, den 2. Mai 1905
Gran Hotel Splendide

Lieber Freund,

Ihr Schreiben mit der Einlage wurde mir hierher nachgesandt und ich würde Ihnen unmittelbar den Empfang gemeldet haben, wenn nicht zu dem gewohnten Ernst des Lebens die Unerbittlichkeit des Todes[1] sich gesellt und mich ganz eingenommen hätte.

Alles, was Sie über die eine Angelegenheit sagen, ist so richtig und unwiderleglich, daß ich nicht daran zweifele, daß Fürstin Hohenlohe sich davon überzeugen lassen werde. Am liebsten *spräche* ich sie, aber die Zeit gestattet es mir nicht, sie aufzusuchen, und so werde ich mein Glück mit der Feder versuchen. Sobald ich etwas höre, werden Sie es erfahren.

Verzeihen Sie, lieber Freund, wenn ich heute nichts mehr vorbringen kann; aber meine Gedanken sind sehr eingenommen und die Geister müde.

Haben Sie Dank für alle Beweise freundschaftlicher Gesinnung, grüßen Sie Ihre liebe Frau schönstens und seien Sie von Eva und von mir aus der friedlichen Abgeschiedenheit hier auf das herzlichste gegrüßt!

Treulichst

C. Wagner

1 Am 22. April 1905 war Julius Kniese in Dresden an einem Herzschlag gestorben.

176 Bayreuth, den 24. Oktober 1905

Mein lieber Freund!

Was sagen Sie dazu, daß ich mir selbst in das Gehege gekommen bin! Ich hatte nämlich Frau Wittich[1] gebeten, den Monat November, welchen Sie frei hatte, hierher zu kommen, um mit ihr Isolde auszuarbeiten, denn es liegt mir daran, diese ungeheuren Aufgaben möglichst lange im voraus mit unseren Künstlern durchzunehmen, damit sie im Verlauf der Zeit sich dessen bewußt werden, was sie hier erfuhren, und um dann auf unserer Bühne mit Freiheit unangestrengt darin aufzutreten, nachdem die Probezeit bloß für die Einzelheit und Verfeinerung gebraucht worden war. Sie hatte zugesagt, nun muß sie mir absagen wegen des Studiums der „Salome".

Dazu kommt, daß ich erkennen muß, Ihnen keinen guten Rat gegeben zu haben. Sie hatten in Ihrer Absicht völlig recht. Nur das Wort Soubrette hatte mich erschreckt. Jetzt aber verstehe ich, was Sie meinten, nämlich Keckheit bis zum Äußersten, etwas Sinnlich-Bacchantisches, und dies ist nicht die Seite des Talentes von Frau Wittich. Ich habe demnach Ihnen, ihr und mir einen schlechten Dienst erwiesen.

Mit diesen Zeilen beabsichtige ich gar nichts, außer mich Ihnen mitzuteilen, denn ich kenne das Dresdner Personal nicht, weiß daher auch nicht, ob Sie eine entsprechende Persönlichkeit für die Aufgabe finden, und diese Aufgabe selbst berührt mich so schmerzlich, daß ich nicht weiß, welche Wiedergabe ich ihr wünschen soll.

Der berühmte französische Dichter Rostand[2] hat für den ebenso berühmten Schauspieler Coquelin[3] ein Stück geschrieben, worin die Hauptperson ein Hahn ist. Am Ende komponieren Sie auch das noch. Sie sehen, ich scherze, um mir zu helfen; on en rit pour n'en pas pleurer! In betreff der Menschen, denen ich ernstlich gut bin, und die ohne ihr Wissen und Wollen mir Kummer bereiten, habe ich mir den griechischen Vers zugelegt: „Meine Taten, sie sind gelitten mehr als getan."

Gewiß trieb Sie etwas Dämonisches zu dem Stoff und seine[r] Bearbeitung, da kann ich nur still sein und Ihnen gut bleiben, denn dies ist auch eine Macht in mir, und Sie dessen auf das herzlichste versichernd, dies mit voller Absicht, in der alten, treuen Freundschaftlichkeit

C. Wagner

Siegfried hat sehr bedauert, Sie in Berlin nicht mehr gesehen zu haben. Er trägt mir beste Grüße an Sie auf.

1 Marie Wittich (1868 – 1931), Sopranistin, 1889 – 1914 an der Hofoper in Dresden, sang die Salome in der Uraufführung 1905. Bei den Bayreuther Festspielen 1901 – 1909 war sie Sieglinde, Kundry und Isolde.

2 Edmond Rostand (1868 – 1918), französischer Dramatiker, schrieb u.a. die Versdramen „Cyrano de Bergerac" und „L'Aiglon".

3 Constant Coquelin (1841 – 1909), französischer Schauspieler. Er gastierte 1894 auch in München.

177 Berlin W. 15, den 4. März 1906
Joachimsthaler Straße 17

Hochverehrteste gnädige Frau!

Sie ersehen aus beiliegendem Schreiben[1], welchen komponistenfreundlichen Gebrauch Herr von Hase aus den Aufführungsrechten der Werke Ihres Vaters macht, die er von der Fürstin Hohenlohe zu Recht erworben zu haben glaubt. „Tasso“ ist ursprünglich ohne Aufführungsvorbehalt erschienen, demgemäß aufführungsfrei. Wenn Breitkopf & Härtel den Vorbehalt später auf die Partitur stempeln ließ, fällt nach dem Gesetz das Aufführungsrecht wieder dem Autor oder seinen Erben zu.

Wenn also Aufführungsrechte an diesen Lisztschen Werken wiedergewonnen ist [sic!], stehen sie dem Pariser Societé (und laut Cartell unserer Gesellschaft) zu, und es wird uns, wenn die Frau Fürstin diese widerrechtliche Übertragung der Rechte an von Hase nicht widerruft, nichts anderes übrig bleiben, als den Weg des Prozesses gegen die Frau Fürstin zu beschreiten.

Mit herzlichem Gruß verbleibe ich, hochverehrteste gnädige Frau,

Ihr stets treu ergebener

Dr. Richard Strauss

1 Fehlt.

BRIEFWECHSEL
RICHARD STRAUSS – SIEGFRIED WAGNER

Tischkarte von Siegfried Wagner für Richard Strauss

1 Frankfurt, den 29. März 1890

Lieber, geehrter Herr Strauss!

Da wahrscheinlich jetzt nichts in Weimar zur Aufführung kommen wird, warte ich mit meinem Besuche bis zu meiner Heimreise von Bayreuth, die ungefähr am 12. April sein dürfte. Vielleicht höre ich dann das Liszt-Konzert oder sonst etwas. Heute reise ich nach dem lieben Bayreuth ab.

Verzeihen Sie das eilige Geschmier.

Mit herzlichsten [Grüßen] Ihr ganz ergebener

Siegfried Wagner

2 Berlin, den 14. November früh, 1890
Mittelstraße 16/17 N.W.

Liebster Herr Kapellmeister!

Solch mefistofelischen Venusberg-Lockungen kann ich mit dem besten Willen nicht widerstehen und ich freue mich schon riesig, Sonntag nachmittag 1/2 2 Uhr bei Ihnen im lieben, alten Weimar zu sein. Hätten Sie vielleicht die große Güte, in irgendeinem Hotel ein einfaches Zimmer für mich zu bestellen? Auf Zeller, von dem ich schon so viel Gutes gehört habe, bin ich ungeheuer begierig.

Mit den herzlichsten Grüßen und bestem Dank für die Einladung bin ich

Ihr ergebenster

Siegfried Wagner

3 Berlin, Mittwoch
Mittelstraße 16/17

Teurer Kapellmeister!

Treu meinem Schlag komme ich am Sonntag um 1/2 2 Uhr, um mir wieder einmal einen so schönen Eindruck zu holen, wie ich ihn das letzte Mal hat[te] und wie er mich beständig begleitet. Ich komme mit einem jungen Grafen Götzen, einem begeisterten Bayreuthianer, der wahrscheinlich, da er eine hübsche Baritonstimme hat, sich für die Bühne ausbilden wird. Also bitte ich um zwei Plätze (womöglich nicht neben Kaufmanns!), aber auch nicht Stahrs! –

Nachts 2,40 Minuten werde ich dann gleich weiterfahren über Leipzig nach Bayreuth. Goetzen fährt fast zur selben Zeit nach Frankfurt weiter. Einstweilen auf ein recht heiteres, herzliches Wiedersehen

mit tausend Grüßen Ihr ergebenster

Siegfried Wagner

4 Bayreuth, den 11. April 1891

Bester Freund,

durch Knieses Maulwurfiaden erfahren wir, daß Du in den letzten Tagen wieder so viel Ärger hast durchmachen müssen und daß Du deshalb nicht schreibst. Es tut uns allen aufrichtig leid, umso mehr, da man fast genötigt wird anzunehmen, daß gewisse Gegebenheiten sich nicht werden ändern lassen.

Aus Frankfurt haben wir auch wieder empörende Nachrichten inbetreff meines Schwagers erfahren, und ist es jetzt festgesetzt, daß er im Oktober dieses elende Sau-Nest verläßt. Daniela, die uns sieben Tage hier erheitert hatte, schrieb uns nach ihrer Rückkehr, daß ihr Mann elend und spitz aussähe. – Tröste Dich mit dem armen Menschen!

Bei uns geht alles ruhig dahin mit Influenza und Festspielvorbereitungen. Gestern abend hörten wir eine Probe von Knieses Verein, die ganz ausgezeichnet ging. Die herrliche „Johannis-Passion“ machte uns einen gewaltigen Eindruck. Und diese Stimmführung in den Chören!

Hast Du erfahren, daß Du von höchster Seite – aus der 4. Etage der Arcostraße[1] – nach Paris an die große Oper empfohlen worden bist, falls dort – was jetzt möglich scheint – die Werke aufgeführt werden? illis quidem auspiciis! – Wilder[2], der Aussicht hat, Direktor der Oper zu werden, will zuerst Rheingold" in Konzerten, dann auf der Bühne geben, sodann die „Walküre" weil darin kein Chor sei (die größte Schwierigkeit in Paris!).

Zum 14. kann ich leider nicht bei Dir sein; doch hoffe ich, vielleicht im Mai Dich aufsuchen zu können, da ich wahrscheinlich zu den Beleuchtungsproben hieher reisen werde.

Leb recht wohl, liebster Freund, sei auf das wärmste gegrüßt von ganz Wahnfried im Namen Deines

Siegfried

≪Eben bekomme ich Deine Karte[3]; wenn irgend möglich, komme ich bestimmt zu Dir. Vielleicht kommen die Schwestern auch mit. Mama ist leider zu elend, so daß sie diesen Sprung nicht machen kann.

Ich freue mich riesig; also hoffentlich Aufwiedersehen!≫

1 Hermann Levi wohnte Arcostraße 2/III.
2 Victor von Wilder (1835–1892), belgischer Dr. jur. und phil., bekannt als Übersetzer Wagnerscher Bühnenwerke.
3 Fehlt.

5 [Postkarte] *An Herrn Kapellmeister Richard Strauss in Weimar*

Bayreuth, den 12. April 1891
[Poststempel]
Sonntag vormittag 12 Uhr

Liebster Richard. – Ich bin ganz außer mir, Dich und Dein großartiges Konzert nicht genießen zu dürfen. Da ich aber Influenza in den letzten Tagen hatte, will Mama mich nicht so schnell fortfahren lassen. – Es tut mir furchtbar leid, umso mehr, da ich ja wahrscheinlich am folgenden Tage die Ritterschen Einakter gehört haben würde. – Viel Glück zu Deinem Unternehmen. Von Wahnfried stets das herzlichste!

Dein getreuer

Siegfried W.

6 [Postkarte] *A Monsieur Siegfried Wagner, Bayreuth, Baviere, Allemagne*

Wüste, den 26. Dezember 1892
[Poststempel] Caire, 26. XII. 92

Lieber Siegfried!

Sträußchen setzte sich auf einen Esel, ritt mit stolzer Haltung mitten in die lybische Wüste, wo es nur Sand und Himmel gibt, und sendet im prahlenden Sonnenschein sitzend seinem lieben Siegfried und ganz Wahnfried einen herzlichen Neujahrsgruß.

In alten Märchen las ich einmal, daß es jenseits des Meeres Länder gebe, die nur von einer weißen Decke (Schnee genannt) bedeckt seien; weißt Du, wo das ist? Die alten herrlichen Pyramiden haben offenbar in all den 6000 Jahren noch nichts davon gehört; und wenn man so vor diesen prächtigen Kolossen sitzt, kommt's einem auch zu närrisch vor, daß es irgendwo – kalt sein soll.

Merkwürdigerweise habe ich in diesem komischen Lande doch schon – einen Menschen gefunden; der österreichische Botschafter hier: Baron Heidler geht alle Jahre nach Bayreuth, und noch dazu mit Verständnis. Inmitten dieser Kaffern (gleichviel ob sie mit gelben Gigerlschuhen oder bloß mit einem arabischen Hemde bekleidet sind) ein höchst erfreulicher Fund. Denn das übrige Europa, was sich hierher verirrt hat – hm! Dann doch gleich lieber bloß Esel, Araber und Kamele! Am 3. Januar geht's nach Oberägypten (Luxor, Theben, Karnak, Assuan), wo die alten Ägypter doch ganz merkwürdiges Zeug aus Granit, Alabaster aufgebaut haben.

Ach ist diese Wüste schön! Diese herrliche Einsamkeit und diese wunderbaren Farben!

Tausend innige Grüße an Deine hochverehrte Mama, Deine Schwestern und

Dich sowie auch Herrn von Groß und Freund Kniese.

Dein

R. Strauss

7

München, den 15. Juli 1893
Neuhauser Strasse 11/3

Lieber Siegfried!

Soeben erhalte ich von Levi, die „höchst unerwartete" Nachricht, daß sein Freund Fiedler durch „gewaltiges Zureden" etc. es fertig gebracht hat, den Major von seinem „festen Entschlusse", hier den Abschied zu nehmen, abzubringen, und Levi will also aus Rücksicht für mich auch – bleiben![1]

Nun sitz' ich glücklich da! Durch die von Seite Possarts dem Weingartner gewährte Frist, sich nicht vor 1. Oktober entscheiden zu müssen, wäre also glücklich meine Angelegenheit bis 1. Oktober vertagt. Nun kann ich aber doch nicht Mitte September in Weimar meinen Dienst antreten und dann plötzlich am 1. Oktober meine Entlassung nehmen. Letzteres tun ohne sicheres Engagement in München kann ich aber auch nicht – schöne Geschichte! Na, ich sehe schon – es wird mir eben in Weimar doch wieder „gefallen" müssen! ≪Possart hat, trotzdem die von ihm für die Entscheidung geforderte Frist von 14 Tagen abgelaufen, kein Wort von sich hören lassen! Ich rühre mich natürlich auch nicht!≫

Bitte teile von diesen hübschen Sachen Deiner lieben Mama so viel mit, als Du ihrem Gesundheitszustand für nicht schädlich hältst und berichte mir mit ein paar Zeilen nur, ob sich Deine hochverehrte, teure Mama von dem letzten Anfall wieder erholt hat und was ihr für den Sommer beschlossen habt, ob es Dir gelungen ist, Deine Mama zu dreimonatlichem vollständigem Ausruhen in der Schweiz zu bewegen? Es wäre ein Jammer, wenn sich die gnädige Frau nicht dazu entschließen würde und dadurch am Ende gar die Festspiele des nächsten Sommers in Gefahr kämen!

Ich gedenke noch immer voll herzlichster Dankbarkeit der schönen Tage, die ich durch Eure Güte in Wahnfried verleben durfte, insbesondere voll innigster Bewunderung und aufrichtigster Freude der unvergeßlichen Stunde, die „Dein Konzert" mir bereitet hat.

Nun, lieber Freund und Kollege, unentwegt fort auf der so glücklich betretenen neuen Bahn – zum Heile Bayreuths und zum Ruhme deutscher Kunst!

Von Mottl hatte ich mir vorgestern telegraphisch eine Zusammenkunft hier in München erbeten, er hat mir aber – gar nicht einmal geantwortet! Nun ist er wohl schon bei Euch!

Heute früh fand ich in meiner Tasche den Hofgartenschlüssel, den ich zugleich mit diesen Zeilen an Dich absende, bittend, meine Vergeßlichkeit freundlichst entschuldigen zu wollen!

Onkel Ritter hat sich furchtbar gefreut über meinen Bericht über Dein Konzert!

Vergiß bitte nicht, mir mitteilen zu wollen, wann Deine Mama auf der Durchreise nach der Schweiz hier durchkommt!

Es lebe das schöne, herrliche Weimar!

Mit den innigsten Wünschen für die uns allen so kostbare Gesundheit Deiner lieben Mama und den herzlichsten Grüßen an ganz Wahnfried

Dein treu ergebener Kollege

Richard Strauss

1 Es dauerte noch drei Jahre, bis Levi zurücktrat. Erst am 6. Oktober 1896 wurde Richard Strauss an seiner Stelle zum Hofkapellmeister ernannt.

8 Bayreuth, den 17. Juli 1893

Mein lieber Richard,

es schwindelt einem vor Staunen, wenn man das Lügennetz betrachtet, was schon allein zwei Juden fabrizieren. Welch ein Netz muß erst um das ganze Europa herum sich knüpfen, wo die sieben Millionen wirtschaften! –

Als wir, d.h. Daniela, von Levi den Brief mit der Nachricht erhielten, der Herr Generaldirektor sei durch den unschuldsvollen, allem Gemeinen abgewandten Deus ex machina Dr. Fiedler überredet worden, zu bleiben, da kriegten wir einen Ekel, der nun vollends durch Deinen Brief sich bei uns zu einer grenzenlosen (bei mir mitleidlosen) Verachtung gesteigert hat.

Doch lieber gleich zum praktischen Rat, den Dir Mama erteilt. Sie rät Dir, einfach zu Possart zu gehen und ihn zu fragen, was er vorhabe; Du müßtest die Entscheidung wissen, da der 15. September der Termin für Weimar sei.

Mama schrieb heute einen außerordentlichen Brief an Fiedler, worin sie als echte Tochter von Franz Liszt die Lage der Dinge klarstellt.

Gerade Dich, mein teurer Richard, in solch einen Synagogen-Morast hineingezogen zu sehen, tut mir furchtbar wehe, und wenn nicht der Schutzengel so stark wäre, der Dein kristall-reines, unbefangenes Gemüt beschützt, so könnte es einen ordentlich niederdrücken.

Du schreibst mir so warm und herzlich über mein kleines Konzert, daß ich schon ganz eingebildet werde. Gebe Gott mir Kraft, daß ich ernst berufen sein darf, das Werk, das in Mamas Händen ruht, würdig weiterzuführen!

Viele innige Grüße von ganz Wahnfried an unser teures Ausdrückchen.

In treuer Freundschaft

Dein herzlich ergebener

Siegfried

(O L . . i, [durchgestrichen:] du Aas, du Mistvieh, du Luder)

Mama bittet Dich, Dr. Golther[1] zu fragen, ob es ein Buch gibr: Über Eide und Eidesformalen [sic!] von frühester Zeit eventuell bis heute.

1 Wolfgang Golther (1863 – 1945), Literarhistoriker. Neben Veröffentlichungen zur mittelalterlichen Literatur gab er Wagners „Gesammelte Schriften und Dichtungen" sowie die Wesendonck-Briefe heraus.

9 Gardone, den 29. September 1893
Villa Cargnacco, Gardasee

Liebster Freund

vom Leipziger Liszt-Verein bekomme ich eine Einladung, ein Konzert zu dirigieren; nun möchte ich bei Dir anfragen, wie das Orchester ist, wieviel man Proben herausschinden kann; kurz ob ich annehmen soll. Ich erinnere mich, daß Du großen Ärger mit der „Faust"-Sinfonie hattest. Ich würde gern „Mazeppa" und „Orpheus" machen, außerdem „Siegfried-Idyll" und vielleicht ein symphonisches Stück aus Humperdincks Märchenspiel.

Vielleicht bist Du so freundlich und schreibst mir ein paar Worte nach Bayreuth, wo ich gegen den 10. Oktober bin.

Du bist wohl jetzt wieder in Weimar! –

(fein deklamiert!)

Diesem Gesang traust Du wohl nicht mehr! O, dieses  ! –

Hast Du Pohlig in München gesehen? Du würdest ihn liebgewinnen, bei näherer Bekanntschaft.

Mama ist seit [ein] paar Tagen hier angekommen. Es geht ihr entschieden etwas besser, doch wird sie von hier noch auf drei Wochen nach Karlsbad müssen. Ich geh nach Zürich, um eine Sängerin anzuhören, dann nach Karlsruhe, um Frau Mottl[1] als Elsa zu sehen, und endlich nach Straßburg, wegen Wulff[2].

Vielleicht führen mich meine Wege auch zum Isaac-Athen[3], um dort etwas Knoblauch-Majoraise zu genießen. (Ich bin bald schlimmer wie der Stromboli Sascha Ritter.)

Hoffentlich auf baldiges Wiedersehen. Stets Dein treu ergebener

Siegfried Wagner

Viele Grüße von der ganzen Familie, auch Großens.

1 Henriette Mottl-Standhartner (1866 – 1933), Sopranistin, sang 1890 – 1892 in Wien, anschließend in Karlsruhe.
2 Gustav Wulff, sang 1891/92 in Straßburg.
3 Statt Isar-Athen, in bezug auf Levi.

10 Weimar, den 2. Oktober 1893

Lieber Freund!

Dein lieber Brief bestätigt mir die freudige Nachricht, daß Du in Leipzig dirigieren wirst. Wenn Du meinem Rate Folge leisten willst, so würde ich Dir nicht raten, daselbst das „Siegfried-Idyll" zu machen. Für Feinheiten ist das dortige Orchester nicht recht zu haben; was habe ich mit dem „Gretchen" ausgestanden! Auch der „Orpheus" ist sehr heikel! „Mazeppa" geht famos, den habe ich selbst dort schon dirigiert; sonst würde ich Dir raten, einige Tutti-Stücke eher zu wählen – „Tannhäuser"-Ouvertüre ginge wohl, auch „Preludes", „Tasso", wie gesagt nichts, wo sehr feine solistische Leistungen der Bläser verlangt werden, wie „Orpheus" oder das „Idyll"!

Proben bekommst Du genügend, auch ist das Orchester sehr willig und für eine Militärkapelle sogar ausgezeichnet; im ganzen wirst Du zufrieden sein! Ich freue mich sehr auf dies Dein Debüt und komme jedenfalls hinüber, womöglich schon zu Proben!

Sonst geht's mir recht miserabel! Ach ist's hier in Deutschland traurig und besonders in Weimar! Dies elende, kleinliche Getriebe – es ist gar nicht zu sagen!

Da die Sachen zu erbärmlich sind, um sich darüber tüchtig zu ärgern, sieche ich in endloser Melancholie dahin; mit meiner Gesundheit geht's ausgezeichnet, aber Kopf und Herz – Prrrr! Wollte Gott, ich würde bald erlöst! Heute ist der 2. Oktober, Weingartner scheint in Berlin zu bleiben, ich erwarte, mit Ungeduld jede Minute zählend, den Antrag von München, der, wenn man dort die Verabredung mit mir nicht bricht, jetzt eintreffen muß! Ich werde dort auch nicht auf Rosen gebettet sein, aber Weimar ist *zu* erbärmlich!

Dabei läuft man mit einem so vernagelten Schädel herum, kein gesunder, fröhlicher Gedanke geht einem durch den Sinn, keine Arbeitsfreudigkeit, keine sonnige Landschaft – man wankt peu a peu dem Philisterium entgegen! Das sind Aussichten!

Die Gesundheit Deiner lieben, hochverehrten Mama hat mir viel heimliche Sorge bereitet; wie freue ich mich über die Besserung; gebe der gute Gott, der seine Sonne über Bayreuth und Ägypten leuchten läßt, daß es nun so schön weiter geht! Bitte empfiehl mich Deiner Mama vielmals!

Was sagst Du denn zu München? Ist das nicht toll! Hat man Dich nicht schon als 1. Kapellmeister für das neue Wagner-Theater[1] dort engagiert? „Mir wird von alledem so dumm" etc. Ich soll in Bayreuth sogar schon einmal den „Tannhäuser dirigiert haben!!! Und natürlich die „schlechteste Aufführung"! Der arme „Tannhäuser": er wird eben an allen Theatern so mustergültig aufgeführt!

Man glaubt schon oft, sich in einem Narren- oder Zuchthause zu befinden!

Ich habe bis jetzt hier einmal dirigiert: den lieben, alten, herrlichen „Freischütz“! Es war eine recht stilvolle Aufführung; ich habe doch wieder so manches gelernt und den Schluß der Ouvertüre ganz breit genommen, er machte sich famos! In Webers Klängen versunken hätte ich beinahe Deutschland wieder liebgewonnen; als ich aber aus dem Theater trat, sah ich, daß – ich doch in Weimar war! Pfui Teufel!

Leb wohl für heute, lieber Siegfried, und behalte lieb

Deinen getreuen

Richard Str.

Die herzlichsten Grüße an ganz Wahnfried sowie der lieben Familie Groß!

1 Ernst von Possart trug sich seit Jahren mit dem Gedanken, das einst von Ludwig II. durch Gottfried Semper geplante Richard-Wagner-Festspielhaus doch noch für München zu retten. 1893 zum Nachfolger des Intendanten K. v. Perfall ernannt, verfolgte er seine Idee mit Nachdruck. Aber erst am 20. August 1901 konnte das Prinzregententheater (nach Plänen von Max Littmann) eröffnet werden.

11

Karlsruhe
Montag, den 9. Oktober 1893
J. Iffland jr. Hotel Erbprinz

Mein liebes Sträussle!

Hab vielen Dank für Deinen lieben Brief. Ich werde mich hüten, gleich nach Dir den „Mazeppa“ zu machen. Ich kann mir vorstellen, wie [Du] den armen Kerl ans Pferd gebunden und blutig geschunden hast.

Ich mein, ich mache „Preludes“, „Tannhäuser“-Ouvertüre und „Tasso“ zum Schluß.

Doch genug davon: Deine Stimmung hat mich ordentlich betrübt.

Wie versteh [ich], daß der liebe „Freischütz“ Dein einziger tröstender Freund da sein konnte.

Ich erlebte gestern hier eine herrliche, ganz vom Bayreuther Geiste getragene „Tannhäuser"-Aufführung. – Das Orchester, die Chöre waren herrlich, die Mailhac ganz gewaltig und Henriette Mottl sehr gut.

Mottls Eheleben ist ganz reizend geworden. Heute speiste ich bei ihnen. (Wer hätte das je geglaubt: Mottl ein Diner gebend!)

Hast Du Neues aus München gehört? Eigentlich müßte ich mich schämen: ich schimpfe in meinen Briefen immer über den alten Isaac, und Du, so vornehm, schweigst ganz darüber.

Ich schäme mich aber doch nicht! denn ich kann nicht anders. Man erträgt lang, doch dann kommt der Moment, wo man den Verrat rechts und links nicht mehr ertragen kann!

Felix und Henriette haben mir auch wieder hübsche Stückchen erzählt! – Heute hörte ich eine Probe der neuen Oper von d'Albert an. Der „Rubin" ist entschieden mit Talent gemacht und zeugt von großer Virtuosität im Instrumentieren. Doch ist das Ganze überladen und mauschelt oft horrend; es steigt einem des öfteren die krumme Nase Mendelssohns empor und es juckt und krabbelt sich wie so ein Handlungsreisender in 2. Klasse, der an Neurose leidet.

Machst Du „Hänsel und Gretel" von Humperdick? –

Hoffentlich sehe ich Dich bald mal wieder. Wir Freunde sollten oft beisammen sein können. Ich fühle mich wenigstens nur wohl, wenn die Luft unsren herrlichen Bayreuther Geist ausatmet! –

Du! Ausdruck: wie wäre eine symphonische Dichtung: „Der Kaufmann von Venedig"; die vier Momente: der schwermütige Antonio, das lüderliche Venedig, die hinreißende Porzia und! Shylock. (So sechs Fagotte, gestopfte Trompeten und Hörner und summende Bässe): das wär was für Dich.

Doch nun leb wohl! mein bester Ausdruck! Besuch uns mal in Bayreuth!

Sei stets der treuesten Anhänglichkeit versichert Deines herzlich ergebenen

Siegfried Wagner

Verzeih meine Schrift! Hotel – Beleuchtung und Feder sind dran schuld.

12 Bayreuth, Wahnfried, den 12. November 1893

Teurer Freund,

mein Leipziger Konzert ist nun auf den 6. Dezember verschoben, so daß mein Wäschefabrikant vollauf Zeit hat, mir ein neues Hemd mit 20 cm langen Manschetten anzufertigen. Denn ohne das trete ich nicht auf; die Blamage wäre zu groß. Meinen dürftigen Schnurrbart laß ich stehen; Pergamenthaut allerdings kann ich nicht in der kurzen Zeit acquirieren.

Doch nun ohne Spaß:

Mein gutes Sträussle, kannst Du mir um diese Zeit ein recht gepfeffertes Konzert oder eine recht echte Theater-Aufführung veranstalten? (Deine „Italienische Sinfonie“[1], den „Mephisto-Walzer“ etc. etc.)

Ich schreibe Dir noch genauer wegen des Datums. Es kann nämlich sein, daß ich gleich nach Leipzig nach Berlin muß, um mich dort mit Chelius wegen des Wagner-Vereins-Konzertes im Dezember zu besprechen. Ich soll dort dirigieren.

Kommst Du [ein] bißchen nach Leipzig? Tu es ja. Wir wollen wieder so heiter und ausgelassen sein wie das letzte Mal. Ich mache die „14 Engel“ aus Humperdinckens Werk. Es ist ganz reizend. Nur das Becken streiche ich ihm weg. Das bleibt für Großpapa reserviert. –

Mama ist wieder hier. – Sie ist in der Kur von Schweninger und es geht ihr ein bißchen besser.

Sie muß sich aber sehr schonen und nur eigentlich Freundliches erfahren. – Doch, daß das nicht geschehe, dafür sorgt die verfl[uchte] Alberichs-Bande in München. – Die schamlose Bande treibt es jetzt so, daß man vor Staunen kaum zu sich kommt.

Allem Anscheine nach mußt Du vorderhand aushalten – obwohl Weingartner nicht loskommen soll. –

Viel Herzliches von Mama und meiner Schwester Eva. –

Leb recht wohl und auf heiteres, baldiges Wiedersehen

Dein getreuester

Siegfried

1 Italienische Sinfonie = Sinfonische Fantasie *Aus Italien* op. 16.

13 [Postkarte] *An Herrn Siegfried Wagner, Berlin, Hotel Windsor*

Karlsruhe [Hotel] Erbrinz,
Dienstag, den 29. November 1893
[Poststempel]

Lieber Siegfried!

Ich komme sicher zu Deinem Konzert nach Leipzig. Montag, den 3. habe ich in Weimar Konzert, wo ich „Coriolan" und meine „Italienische Sinfonie" (Deinem freundlichen Wunsche zufolge) mache. Es wäre reizend, wenn Du unser armselig kümmerliches, sechs erste Geigen hohes Musizieren beehren würdest. Ich komme soeben von München, wo ich alle Brücken hinter mir abgebrochen und sogar meine Oper[1] ganz zurückgezogen habe; meine letzte Unterredung mit Possart war recht interessant. Alles mündlich!

Jetzt verbinde ich mit meinem schon vorher projektierten Privatbesuch bei Mottl den Versuch, ihm die erste Aufführung des „Guntram" anzubieten. Wir müssen uns so durchbetteln, wir Armen – Deutschen! Freitag abend bin ich wieder in Weimar, nachdem ich noch Humperdinck besucht!

Mit tausend Grüßen

Dein

R. Str.

1 *Guntram* op. 25

14 Weimar, den 7. Januar 1894[1]

Lieber Siegfried!

Ich habe hier einen famosen Baßposaunisten, Herrn Thiele, den ich Dir ganz besonders empfehlen kann –.

Daß Dein Konzert in Berlin so prächtig abgelaufen ist, freut mich riesig; die Judenbengel im Berliner Tagblatt haben natürlich ihre knoblauchduftenden

Schnäbel an Dir gewetzt; ja, ja – man dirigiert heute nicht ungestraft die „Tannhäuser"-Ouvertüre im richtigen Tempo. Es sind liebliche Zustände!

Bin neugierig, wie mir's in Hamburg ergehen wird, wo ich am 22. Januar bei Wolff „Coriolan", „Mazeppa" und meine „Italienische Sinfonie" dirigieren soll. Dagegen freue ich mich sehr auf ein Konzert bei Wolfrum in Heidelberg am 16., wo Wolfrum den „Romeo" von Berlioz, Szenen aus „Heilige Elisabeth", Mottl die Liebesszene aus dem I. Akt „Walküre" und meine Wenigkeit „Tod und Verklärung" dirigiert. Da wird's hübsch *echt* zugehen!

An Humperdincks „Hänsel" habe ich fortgesetzt die allergrößte Freude, es ist einfach famos; zur heutigen Aufführung erwarte ich Humperdinck; hoffentlich wird er zufrieden sein, wenigstens mit dem musikalischen Teil, denn mit der Regie ist Brandt etwas sehr – selbständig verfahren!

Morgen beginne ich mit den Klavierproben zu „Fürst und Sänger" und vertreibe mir eben so die Zeit in diesem langweiligen Neste auf meine Weise. Im Wagnerverein, der durch den Eintritt des Grafen Bylandt, Adjutant des Großherzogs, einen neuen, erfreulichen Aufschwung genommen, verfahren wir jetzt chronologisch: morgen abend spielen wir die Polonaise op. a Deines Vaters, Vorlesung über „Das Liebesverbot" (Bericht über eine erste Opernaufführung), Pariser Lieder und bemühen uns, wenigstens stilvoll zu sein. Mich treibt's aber jetzt fort von hier, mit Macht; in Hamburg will ich mit Pollini[2] reden, macht mir der einen günstigen Kontrakt, so gehe ich lieber zu den Juden als hier in dem philiströsen Nest noch länger zu versauern.

Ende Januar bin ich in Berlin, wo ich auch mit Graf Hochberg sprechen will, vielleicht glückt's mir doch, statt Weingartner hinzukommen, das wäre die richtige Stellung für mich, da würde ich auch wirklich etwas leisten.

Was hast Du für die nächste Zeit vor? Sehen wir uns nicht einmal wieder irgendwo?

Wie geht es Deiner lieben, hochverehrten Mama? Ich habe zu Weihnachten Wahnfrieds lebhaft gedacht und das neue Jahr mit den herzlichsten Segenswünschen für unsern diesjährigen „Lohengrin" angetreten!

Bitte empfiehl mich Deiner Mama vielmals! Mit den schönsten Grüßen an Dich und Deine Schwestern sowie Herrn von Groß

Dein getreuer

Richard Strauss

1 Der Brief trägt irrtümlich das Datum 7. Januar 1893

2 Bernhard Pollini (Pseudonym für Baruch Pohl) (1838 – 1897), Baritonist und Impressario. Direktor der italienischen Oper in Petersburg und Moskau, seit 1874 Intendant in Hamburg.

15

Allgemeiner Deutscher Musikverein Charlottenburg, den 26. Januar 1903
Gegründet im Jahre 1859
Unter dem Protectorat Sr. Kgl. Hoheit
des Großherzogs von Sachsen.

Lieber Siegfried!

Der geschäftsführende Ausschuß des obigen Vereins hat in gestriger Sitzung (anwesend die Herrn Leßmann, Rösch, Rassow und ich) einstimmig beschlossen, in das Programm der nächsten Tonkünstlerversammlung (Basel, 11. bis 16. Juni) ein neues Werk von Dir aufzunehmen.

Hoffentlich kannst und willst Du diesem meinem Vorschlag Folge geben und überlässest Du etwas Passendes, das Du gerade fertig hast, Ouvertüre oder sonstige Orchestersätze einer neuen Oper, eventuell auch eine Soloszene für eine Singstimme oder ein Duett, was Dir richtig erscheint, uns, wenn möglich noch im Manuskript und wenn möglich zur ersten Aufführung. Dies würde dem Feste des von Deinem Großvater gegründeten und von mir nach Kräften in seinem Sinn geleiteten Vereins zur besonderen Zierde gereichen und bestens erfreuen

Deinen Dich schönstens grüßenden

Richard Strauss

Bitte empfiehl Dich [sic!] Deiner hochverehrten Mama und ganz Wahnfried!

Bitte vergiß nicht, Dich offiziell der neugegründeten *Genossenschaft Deutscher Tonsetzer* noch vor dem 1. März anzuschließen.

16 Bayreuth, den 29. Januar 1903

Mein lieber Freund,

„Südwind, Südwind!“ scheint zu wehen, seitdem Du Dich des Allgemeinen Vereins angenommen hast, und so war ich eigentlich gar nicht so überrascht, wie ich es sonst gewesen wäre, als Deine freundliche Aufforderung an mich erging. Willst Du – denn formell muß bei uns sein – meinen Dank den Herrn des Vorstands übermitteln.

Also nicht nur beim Kranz-Niederlegen sondern auch in Realität will man wieder sich des Begründers jenes Vereins erinnern. Man ist heutzutage so gewöhnt, daß nach dem Allerschlechtesten noch Schlechteres folgt (Schumann schreibt mal irgendwo vor: piu presto possibile und im Verlauf des Stückes ancora piu presto!!), daß man sich ordentlich freuen kann, daß mal etwas einen Aufschwung nimmt. Und das scheint mit der Tonkünstler-Versammlung seit zwei Jahren der Fall zu sein.

Ob nun ich hineinpasse, ist eine andere Frage. Herr Felix Weingartner hat eben verkündet, ich sei ein Dilettant. Um den Titel Künstler zu erlangen, muß man wohl den „Genesius" komponiert haben –

Na – weg damit. Zur Sache. Quo usque tandem! Denkst Du! Und schnell muß man heutzutage sein. Zulangen! krapschen! haschen! – Eine wahrhaft gedeihliche Zeit zur Entwicklung des Seelischen! – Neues habe ich nichts! – d.h. Bruchstücke aus meiner neuen Oper[1] möchte ich mir selber nicht raten. Es ist noch Zeit genug, sein Kind von den Wölfen zerreißen zu lassen. – Wenn Ihr aus meinem so gut wie unbekannten „Wildfang"[2] etwas machen wollt, ist mir's recht. Wenn nicht, auch!

Also entscheide Du. Duett I. und II. Akt und Orchester-Nummern. Dem Verein trete ich bei. Bitte wie macht man das? Besorgst Du es? –

Gern hätte ich Dich letzthin in Berlin gesehen, doch Du warst fort, ich glaub in Lemberg (Moses, wo reisst de hin? Kennst Du die Krakau-Lemberg-Geschichte?)

Viel herzliche Grüße Deiner Gattin. Mama und Eva senden Dir schönste Grüße, und da ich gerade das Wort Grüße auf der Walze habe, so grüße ich Dich auch vielmals Dein

Siegfried Wagner

1 *Kobold* (Uraufführung 1904)
2 *Herzog Wildfang* (Uraufführung 1901)

17 Charlottenburg, den 16. Januar 1904
Joachimsthaler Straße 17

Lieber Siegfried!

Bist Du geneigt, uns also dieses Jahr in Frankfurt a.M. am 6. Juni einige Bruchstücke aus Deinem „Kobold" (etwa ein größeres Gesangsstück, (für welche Stimme?)) und ein Orchesterstück zu dirigieren? Soweit ich das vorläufige Programm jetzt schon übersehen kann, steht Dir am Schluß des 1. Festtages circa 25 Minuten zur Verfügung. Von Hausegger[1] ist Festdirigent und wird Dir die Werke bestens vorbereiten, so daß Dir Dein Aufenthalt in Frankfurt höchstens drei Tage (4. – 6. Juni) rauben wird. Wenn ich in Amerika bin, wird mich Schillings und Rösch vertreten, doch kannst Du über alle Details auch direkt mit Hausegger, wenn Dir dies bequemer ist, verkehren.

Deiner baldigen Zusage entgegensehend mit verbindlichsten Grüßen an Deine verehrte Mama und ganz Wahnfried

Dein

Dr. Richard Strauss

1 Siegmund von Hausegger (1872 – 1948), österreichischer Dirigent und Komponist, leitete von 1903 bis 1906 die Museumskonzerte in Frankfurt, dann die Philharmonischen Konzerte in Hamburg und das Blüthner-Orchester in Berlin. 1920 – 1934 war er Direktor (Präsident) der Akademie der Tonkunst in München und gleichzeitig Dirigent des Konzertvereins (Münchner Philharmoniker) bis 1938. Lange Zeit war er Vorsitzender des Allgemeinen Deutschen Musikvereins. – In erster Ehe war er verheiratet mit der Sängerin Hertha Ritter, einer Tochter Alexander Ritters. – Richard Strauss dirigierte 1898 in München die Uraufführung seiner Oper *Zinnober*.

18 [undatiert] Hotel Adlon, Berlin W.
Unter den Linden 1 am Pariser Platz

Lieber Freund!

Ich muß zu meiner Rechtfertigung sagen, daß ich im Augenblick, als ich Dich nach so langer Zeit wiedersah, vollständig verwirrt war und mir Worte sinnlos aus dem Munde fuhren, deren Absurdität mir eben erst zum Bewußtsein kam(en), als ich sie geschrieben sah. Ich bitte Dich vielmals um Entschuldigung. – Es war reine Verlegenheit! Und das wirst Du vielleicht erklärlich finden. Man ist so innerlich getrennt, ist so andere Pfade gegangen, daß unwillkürlich plötzlich auftauchende Erinnerung an eine künstlerisch und menschlich harmonische Freundschaft und nun diese ganz geänderte Gegenwart mich eigentümlich berührte. Mein Großvater Liszt sagte einmal: Man hat immer Unrecht, wenn man schlechte Manieren hat. – So bekenne ich, daß ich heute un maleleve war und bitte Dich vielmals um Entschuldigung, ich tue es umso lieber, da mir, wie gesagt, bei meiner heutigen Begegnung einstige gemütliche Zeiten wieder im Geiste aufstiegen, die nur leider allzusehr vergangene sind.

Dein ergebener

Siegfried Wagner

19 [Undatiert]

Aber Strauss!

Das hätte ich nicht für möglich gehalten!

Eine derartige Unterschätzung von mir ist für mich nicht schmeichelhaft.

Die Äußerung, die ich getan haben soll, die Dich so gekränkt hat und die mir zu meiner größten Freude Schillings auf mein Drängen hin mitteilte – (denn Deine Steifheit im Odeon war ja ziemlich deutlich) diese Äußerung, die einer von den liebevollen Freunden wohl berichtet haben mag, ist so dumm, so plump, so ordinär, so erz-kommun, daß ich wirklich überrascht bin, wie Du so elendes Gewäsch glauben kannst! – Was hätte man doch gleich gesagt? ich sei froh, daß Merz es ordentlich gesagt: „Was komponieren die Kerls auch Opern!"

So trivial, lieber Freund, bin ich nicht. Das hat mir die Natur doch versagt. Daß ich meine ernstlichen Bedenken über Dein Werk hatte und habe, weißt Du ja selbst. Ich habe Dir gegenüber nie gelogen, weil Du mir viel zu wert bist. Gesprochen habe ich über Dein Werk nur mit Deinen Freunden, und da auch so vorsichtig wie möglich, weil ich längst weiß, wie jedes Wort, welches man spricht, verdreht werden kann.

Lieber Freund! Darf man nicht seine Meinung haben? Und hat das nur das Geringste mit der Freundschaft zu tun? – Wenn Du mein Stück schlecht fändest, würde ich es Dir nicht im geringsten übelnehmen. Wir zwei sind so grundverschieden, daß es nun einmal bei unseren künstlerischen Äußerungen nicht anders wie zu gegenseitigen Bedenken kommen kann. Ändert das aber an unserer Freundschaft etwas?

Ich bin Dir wie früher gleich herzlich ergeben, ich halte Dich persönlich und künstlerisch sehr hoch und gerade unsre Entgegengesetztheit war für mich immer wie eine Art Reiz. Gott sei Dank, daß nicht einer wie der andere ist! –

Nur auf eins höre nicht: auf Dazwischenträgereien. Hat es ja früher selbst ein Weibsbild[1] fertig gebracht, zwischen meinem Vater und meinem Großvater eine solche Mißstimmung hervorzubringen, daß mein Großvater dem entscheidenden Momente: der Grundsteinlegung in Bayreuth fernblieb. Gott behüte uns vor allzu eifrigen Freunden. Unter Deinen weiß ich auch einen, der nichts Gutes sät!

Höre also nicht auf so albernes, klobiges Geschwätz.

– Daß Du diesmal darauf hörtest, daß Du dem ein solches Gewicht gabst, zwingt mich zu einer Frage, die ich Dich bitte, mir zu beantworten: Sei ganz offen gegen mich und gegen Dich selbst und beantworte mir dieses: Ist Dir diese angebliche Äußerung nicht vielleicht ein willkommener Anlaß, Deiner Mißstimmung gegen mich eine äußere, handgreifliche Berechtigung zu geben? Was mich zu dieser Frage veranlaßt, ist die große Kälte und Gereiztheit, mit der Du mich voriges Jahr empfingst gelegentlich meines Besuches im März mit meinen Schwestern. Ich war damals, noch mehr aber meine Schwestern, ganz sprachlos über solche Art, die ich nicht verdient zu haben glaubte und die mich beinahe an Deinem Herzen zweifeln ließ. Es schmerzte uns drei sehr, wir verließen Euer Haus deprimiert, und nur die natürliche Herzlichkeit Deiner Gemahlin vermochte unsren Eindruck zu verwischen. Ich habe es zu vergessen gesucht; denn ich habe Dich zu gern. – Heute kommt es mir wieder in den Sinn.

Daher diese meine Frage. Sei jetzt nicht trotzig, verschlossen und verbissen. Rede offen zu mir. Ich bin es schon wert. Und wenn ich mich getäuscht haben sollte, wäre ich froh.

Bleiben wir die alten wie vorher. Streiten wir uns ruhig weiter: Du an diesem, ich am anderen Zipfel der großen Musikdecke. – Nur offen seien wir gegeneinander! Den betreffenden Lügner, der so plump, wie etwa in einem Kotzebueschen Stück, uns auseinanderbringen will, weise von Dir! – Und selbst wenn Du mißgestimmt schon von früher gegen mich wärst, so schluck' es herunter.

Himmeldonnerwetter, müssen wir Deutsche denn immer krakelen, hassen, giftig sein! Es ist doch schauderhaft!

Der Menschheit Würde ist in unsre Hand gegeben! Wahren wir sie; bleiben wir treu, frei, freundlich, friedlich. –

In unveränderter Freundschaftsgesinnung Dein

Siegfried Wagner

Bitte zeige diesen Brief Deiner Gattin. Sie ist immer gut für mich gewesen und wird auch jetzt das Richtige tun.

1 Fürstin Carolyne Sayn-Wittgenstein.

Die beiden undatierten Briefe 18 und 19 stammen wohl aus der Zeit, als Richard Strauss mit *Salome* dem ganzen Bayreuther Kreis abtrünnig erschien. Unter der Überschrift „Siegfried Wagner gegen Richard Strauss" veröffentlichte die Zeitschrift „Der Turm", 1. Jg. H. 4, Berlin, 16. 10. 1911, folgende Äußerungen:

„Es ist tieftraurig, daß der „Parsifal" nun bald [1913] den Theatern erreichbar sein wird, die durch die unheilschwangeren Werke von Richard Strauss *verunreinigt* sind, den Brettern, über die die ekelhafte Salome gegangen ist, und die Elektra, die man nicht anders nennen kann als eine Verhöhnung des Sophokles, eine Profanation des gesamten Klassizismus.

Mein Vater würde sich im Grabe umdrehn, wenn er von dem Niedergang der Musik erfahren könnte, der in den Opern eines Richard Strauss zum Ausdruck kommt. *Kann* das Kunst sein, was Strauss seinem Publikum bietet? Ist es Aufgabe der Kunst, die bösesten Neigungen der Menschen, ihren Hang zur Sinnlichkeit, zur Lüsternheit auszubeuten? Seit wann ist Kunst identisch mit Schmutz? Ist es nicht vielmehr Sache des Künstlers, zu veredeln, über den Alltag zu erheben? „Salome", „Elektra" und der jämmerliche „Rosenkavalier" können unmöglich etwas anderes sein als Augenblickssensationen, Momenterfolge, Eintagsfliegen. Kaum etwas anderes als eine große Geldschneiderei. Der Komponist spekuliert auf die unlautersten, niedersten Triebe seiner Zuhörer, nutzt sie aus, um Geld zu machen. In seinen Mozartheften spricht Professor Rudolph Genee sehr richtig von den unkünstlerischen Trieben und der Unmusik mancher Komponisten, womit er natürlich zuerst Richard Strauss treffen will. Mit einer wahrhaft entzückenden Ironie spricht Genee von Strauss, der in seiner bekannten kapellmeisterlichen Bescheidenheit sich selbst einen Platz neben den größten Tonkünstlern aller Zeiten anweist – neben Beethoven, Haydn, Mozart.

Noch ist nicht alles gesunde Empfinden in der deutschen Volksseele erstorben. Die Sonne der wahren Kunst kann doch nicht ewig durch schlechte, ungesunde Dünste verdunkelt werden. Ein bißchen Zugluft braucht man nur herzustellen – und die Miasmen, die aus einer gewissen Richtung der Literatur, der Malerei und aus der Tonkunst von Richard Strauss aufsteigen, entweichen.

Es ist schier nicht zu glauben, daß Richard Strauss es wagt, das sogenannte Schmieren einzuführen. Da fahren die Violinbogen umgekehrt – mit der Holzseite – über die armen Saiten, um Geräusche hervorzubringen, schauerliche Geräusche. Das

nenne ich nicht Musik, sondern Auswürfe von Malaria und Fieberphantasie. ...
Um aber wieder auf Richard Strauss zurückzukommen:
Seine Musik ist *eine spekulative Versündigung an der Menschheit*. Lebte mein Vater noch, so würde er mit seiner Donnerstimme gegen diese Verirrung losfahren, gegen diese Verfinsterung des Idealen. Es muß auch gemeine Texte, gemeine Musik geben – für Menschen, die das brauchen. Aber die Halbwelt bleibe doch gefälligst unter sich, und man wage es doch nicht, auf einen anständigen Tisch Gerichte zu bringen, die von Bazillen wimmeln, *Gift allerschlimmster Art*.
Wir in Bayreuth halten fest am Ideal – Gott seis gedankt. Wir bringen dabei freilich keine Schätze in die Kasse. Der Musiker muß auch leben, gewiß, aber wehe, wenn er zum Börsenspekulanten wird."

20 [Auf Karte mit Photographie Siegfried und Winifred Wagners von M. Brühne Photo-Centrale, Luzern]

Bayreuth, den 2. Oktober 1928

Verehrter Freund!

Heimgekehrt, gibt mir unser Gärtner Deine Karte. Es tat mir leid, daß wir nicht da waren! Am gleichen Tage hatte ich in Eisenach mit einem Weimarer Geheimrat über Dich gesprochen, der allerhand drollige Geschichten von Dir und Lassen im Künstlerhause erzählte. Vielleicht führt Euch der Weg auch während der Festspiele (1930) mal her! Mit besten Grüßen

Dein ergebener

Siegfried Wagner

BRIEFE
VON DANIELA UND HENRY THODE, EVA CHAMBERLAIN UND BLANDINE GRAVINA AN RICHARD STRAUSS

1 Frankfurt, den 21. Februar 1890
Gutleutstraße 47 I.

Werter Herr Kapellmeister,

zu unserer großen Freude höre ich, daß Sie nächsten Freitag[1] hier Ihren „Don Juan" aufführen werden – leider vernehme ich auch, daß Sie den Abend mit allen Konzert-Komitee-Mitgliedern verbringen müssen, und wollte Sie hierdurch fragen, ob Sie nicht meinem Mann, meinem Bruder und mir die Freude bereiten wollen, ganz unter uns bei mir zu Mittag zu essen, um welche Stunde es Ihnen paßt, etwa zwischen 1 und 2 Uhr? Dann wollen wir viel über und von Bayreuth miteinander sprechen, wonach uns hier sehr verlangt. Einer freundlichen Zusage entgegensehend, zeichne ich mit den herzlichsten Grüßen –

Ihre ergebene

Daniela Thode

1 Im Museumskonzert am 28. Februar 1890.

2 Frankfurt, den 13. März 1890

Werter und lieber Herr Kapellmeister,

Ihre liebenswürdigen Zeilen sind meinem Manne und mir eine große Freude gewesen, da wir aus denselben ersahen, daß Ihr kühner Ausflug in unsere Konzert-Öde Sie nicht gereut hat. Bei uns sind Sie unvergessen, Ihr Besuch und Ihre nähere Bekanntschaft ist uns von herzlichstem Werte gewesen und wir hoffen nur, daß durch die kommenden Zeiten es uns vergönnt sei, sie so freundschaftlich fortzusetzen als wir sie hier beginnen durften. Ich war seitdem in Hamburg, wo ich meinen Vater recht ermüdet fand und inmitten angestrengtester Tätigkeit – er spielte das G-Dur-Konzert[1], dirigierte eine Spohrsche Symphonie, eine Moszkowskische Fuge, vor allem aber die „Freischütz"- und „Tannhäuser"-Ouvertüre, welche letztere für mich ein unbeschreiblich hoher Genuß war, bei dem ich eine ganze Menge Vortrag gelernt habe – wir sprachen auch viel von Ihnen und er gedachte Ihrer mit dem ganzen vollen Interesse, das er Ihnen und der Entwicklung Ihrer so bedeutenden künstlerischen Gaben ja von je zuwendet. –

Weingartner kommt nächsten Donnerstag u.a. mit der „Symphonie Fantastique“ – am selben Abend haben Dessoff und der Intendant Götze für die Oper berufen, so daß ich leider etwas für Weingartners Konzert fürchten muß; gerne will ich Ihnen dann Bericht erstatten.

Anbei die Partitur des „Todtentanz“ – kaum wage ich sie Ihnen zu senden, da sie innerlich gar jämmerlich veraltet aussieht, und hoffe nur auf Ihre freundliche Nachsicht, da sie nichts anderes sein soll als ein zufälliges Andenken an die gemeinschaftlich verbrachten Stunden. Siegfried hofft bestimmt gegen Ostern bei Ihnen zu sein – ob er schon zum 27.[2] wird kommen können, ist noch sehr fraglich – er muß mir sehr oft den schwebend schönen G-Dur-Satz aus „Don Juan“ vorspielen, bei dem ich mir gerne eine wehmütig zarte, ohnmächtige Gestalt denke, wie sie das Leben wohl manchmal, im Kampfe gegen sich selbst, hervorbringt. Leben Sie wohl, lieber Herr Strauss – ich kann Ihnen aus unserem Leben nur noch mitteilen, daß unser Freund Hans Thoma[3] jetzt ein Portrait meines Mannes macht und daß unser Liebling Johannes Brahms uns nächste Woche hier öffentlich Klavier vorspielen wird.

Wir grüßen Sie aufs herzlichste und wünschen Ihrem edlen und ernsten Wirken alles Heil und Gelingen –

Ihre ergebenste

Daniela Thode

1 op. 58 von Beethoven.

2 Am 27. März 1890 brachte Richard Strauss eine fast strichlose Neuinszenierung des *Tannhäuser* in Weimar heraus.

3 Henry Thode veröffentlichte 1891 eine Monographie über Hans Thoma (1839 – 1924)

3 [Frankfurt, 1890] Donnerstag

Lieber und werter Herr Kapellmeister,

es ist uns zu unserem *großen* Bedauern nicht möglich, am 9. Juni zu den von Ihnen geplanten Aufführungen[1] nach Weimar zu kommen, da wir in diesen Tagen Besuche erwarten, die sich nicht mehr abändern lassen. Es tut uns dies wahrhaft leid, da wir überzeugt sind, daß wir künstlerischen Eindrücken entgegengehen würden, wie sie uns hier selten oder gar nicht zuteil werden. Ihnen von Herzen alles Gelingen zu den Werken wünschend, die Sie mit solcher Liebe und solchem Eifer in die Hand genommen haben, bitte ich Sie, Herrn Ritter aufs herzlichste von uns zu grüßen, und sende Ihnen selbst, lieber und werter Kapellmeister, die freundschaftlichsten Grüße von uns beiden. (Siegfried ist momentan in Bayreuth.)

Als Ihre ergebene

Daniela Thode

Wir hatten neulich viel Freude an der „Heiligen Elisabeth“ in Heidelberg.

1 *Der faule Hans* und *Wem die Krone?* (Uraufführung) dirigierte Richard Strauss bereits am 8. Juni 1890.

4 Frankfurt, den 29. Januar 1891

Werter und lieber Freund,

haben Sie Dank für die freundlichen Zusendungen, deren bedeutungsvollen Sinn und Inhalt wir uns jedesmal mit innigem Interesse zueignen.

Mit herzlichen Grüßen von meinem Manne und mir

Ihre ergebene

Daniela Thode

5 Venedig, den 18. Februar 1894

Lieber und werter Freund!

Es ist mir Bedürfnis, Ihnen für Ihre Worte den Dank meines tief erschütterten Herzens auszusprechen. Gott lohne Ihnen, wie Sie für den empfinden, der nicht mehr unter uns leidet, dessen unschuldige, große Seele von seligem Frieden nun umfangen ist, der Sie sehr lieb hatte und Freude an Ihrem Wirken empfand. Als ich am 2. Februar in Triest bei ihm war, erzählte er mir von Ihnen, Ihrem lieben Besuch, von Ihrer „Italienischen Sinfonie" und daß er sich freute, daß Sie sie ihm gewidmet hätten, und frug mich nach Ihrer Oper. Seit diesem 2. Februar, wo ich ihn in meinen Armen, so todesmüde, schmerzlich still und schwach aufs Schiff trug, rang ich wirklich unter tausend Schmerzen in all meiner Hoffnungslosigkeit zwischen der Bitte um Erlösung und dem Flehen um sein Leben! Gottes Barmherzigkeit hat ihm den Frieden, den ihm die Welt nicht gab, beschieden! Am 12. abends ist er sanft und schmerzlos seinem Meister, dessen erster Jünger und Kämpfer er war, in bessere Welten nachgefolgt. Die lange Reise hatte seine Kräfte aufgezehrt – er mußte in Kairo in das dortige Diakonissen-Hospital überführt werden. Er hat ausgelitten – ohne Klage, aber in namenlosem Schmerze traure ich.

Meine Gedanken sind bei Ihnen am 26.[1] – denken Sie meiner! Ja, lassen Sie uns sein Andenken heilig halten.

Ihre in wahrer Freundschaft ergebene

Daniela Thode

1 Das Programm eines auf den 26. Februar 1894 unter Leitung von Richard Strauss angesetzten Konzertes sollte durch den Tod Hans von Bülows am 12. Februar 1894 in ein Gedenken für den großen Dirigenten abgeändert werden. Weil Richard Strauss seine Vorschläge nicht durchsetzen konnte, sagte er die Leitung des Konzertes ab.

Die folgenden Briefe befassen sich mit der offiziellen Trauerfeier anläßlich der Beisetzung Hans von Bülows in Hamburg.

6 [Frankfurt, Februar 1894]

Lieber und werter Freund,

durch meine Mutter erhalte ich Ihren schönen Brief[1] zugesandt. Unter dem Eindruck, den mir Ihre teuren Worte machten, schreibe ich Ihnen, um Sie inständigst von ganzem Herzen zu bitten, von der Leitung der Feier für meinen herrlichen Vater *nicht* abzustehen! Er liebte Sie, Sie waren sein Schüler; eines der letzten Wesen, die er sah, an denen er Freude hatte. Tun Sie es aus Liebe zu ihm, um meinetwillen auch, die ihn kannte, um meines grenzenlosen Schmerzes willen. Setzen Sie Ihr einzig würdiges Programm durch! Vielleicht daß es Ihnen helfen könnte, bei Herrn Hermann Wolff meinen Namen zu nennen und mein Einverständnis mit Ihren künstlerischen Vorschlägen – im Angesicht des Todes schwinden Leiden und Irrungen dahin, es hat einzig mehr Gültigkeit, was unvergänglich war, was der Ewigkeit angehörte und angehören wird, und das sind die Ideale, die uns leuchteten. Ein leicht bewegliches Temperament, ein übererregter Geist, ein tief verwundetes Herz, sie konnten scheinbar Wege einschlagen, die nur den oberflächlich oder herzlos Blickenden täuschen konnten – die ihn liebten, schauten tiefer und wußten, daß die Sterne, die einst seiner begeisterten Jugend strahlten, für die er späterhin seine ganze Kraft streitend einsetzte, daß die ihm nicht erloschen waren – lassen Sie die Klänge dieser Zeit an seinem lieben Grabe klingen! Frau von Bülow[2] kommt in diesen Tagen hierher – sie kann meiner Gesinnung nicht fremd gegenüberstehen und ein Wunsch von ihr, die alles zu bestimmen hat, wird die Hamburger Freunde besser belehren.

Ach, halten Sie fest daran, die Feier in Ihrem, in *unserem* Sinn zu leiten – daß nicht meinem tiefen Leid noch das Weh hinzugefügt werde: „Doch nicht erklang mir würd'ge Klage des hehrsten Helden wert"[3] – Geleiten Sie mit mir auf seiner letzten, einsamen Fahrt den heißgeliebten Vater.

In treuer Freundschaft Ihre

Daniela Thode

1 Vom 21. Februar 1894.

2 Hans von Bülow war seit 1882 in zweiter Ehe mit der Hofschauspielerin Marie Schanzer (1857 – 1941) verheiratet.

3 In *Götterdämmerung*, 3. Akt, Brünhilde:
„doch nicht erklang mir
würdige Klage
wie des hehrsten Helden sie wert."

7 Verona, den 5. März 1894

Teurer Freund!

Ein längerer Brief ist gestern abend an Dich abgegangen, da ich aber kein unbedingtes Vertrauen in den Hotelportier setze, der ihn an die Bahn mitnehmen sollte, lasse ich noch einige Zeilen folgen, damit Du sicher unterrichtet seist.

Bei unserem Rendezvous mit Frau von Bülow habe ich versucht, *Dein* Programm für die Trauerfeier durchzusetzen. Sie zeigte sich geneigt, ja wünschte selbst „Tristan“ und „Meistersinger“, um die Bedeutung der Tätigkeit des teuren Verstorbenen nach dieser Seite hin gefeiert zu sehen. Dagegen glaubt sie gegen den Sinn desselben zu handeln, wenn Lsizt in das Programm aufgenommen werde. Ich mußte mich davon überzeugen, daß eine Hoffnung, dies durchzusetzen, kaum vorhanden ist. Dagegen ist ihr innigster Wunsch, von keinem anderen als Dir die Feierlichkeit geleitet zu sehen.

Ich glaube nun – nach wiederholter Erwägung mit meiner Frau, daß es ratsam, darauf auch nicht durchaus zu bestehen, um eine durchaus würdige musikalische Feier erreichen zu können. Vielleicht entschließt Du Dich, Liszt fallen zu lassen, *dafür* aber Deinerseits das Aufgeben von *Brahms* zu verlangen. Auf diese Art und Weise wäre ein Programm, bestehend bloß aus den drei Größten: Bach, Beethoven und Wagner, zu erreichen. Und das wäre doch auch sehr schön!

Ich habe Frau von Bülow gesagt, ich hätte von Dir Nachricht erhalten über die zwischen Dir und Wolff bestehende Meinungsverschiedenheit, und bat sie (da offenbar auch Dir dies das liebste sei), sich direkt mit Dir in Verbindung zu setzen. Hierauf ersuchte Sie mich, Dich zu bitten, ihr Deine Ansicht schriftlich mitzuteilen, und zwar nach

Frankfurt a. Main (per adr.: Steyl und Thomas),

wo sie am *Donnerstag* und vielleicht auch noch am Freitag sich aufhält.

Mit etwas Nachgiebigkeit in dem einen Punkt und vorsichtiger Behandlung der Fragen wirst Du, so bin ich überzeugt, ein Programm durchsetzen, das Dein künstlerisches Gewissen befriedigt und damit uns allen, die wir den sehnlichen Wunsch haben, Dich in Hamburg dirigieren zu sehen, unsere Hoffnung erfüllen.

Ich komme zur Feierlichkeit – meine Frau, die sehr angegriffen ist, würde am Gardasee bleiben, wohin sie soeben abgereist ist. Frau von Bülow trifft morgen in München ein.

Dies alles nur noch einmal zur Sicherheit, falls mein gestriger Brief nicht rechtzeitig eintrifft.

In treulichem Gedenken grüßt Dich

Dein von Herzen ergebener

Henry Thode

Meine Adresse ist bis zum 20. d.M.: *Venedig*, S. Zaccaria 4688

8 Villa Cargnacco, den 10. März 1894

Werter und lieber Freund,

Ihr lieber Brief an meinen Mann hat mich tief betroffen. Es wurde mir in Verona von einer Feier gesprochen, die man bei der Beisetzung in Hamburg gegen Ostern abhalten wolle und zu welcher man Sie als Leiter derselben einladen wolle – ich weiß nicht, was daran ist und wie ich mir sie vorzustellen habe – wie dem auch sei – ich danke Ihnen, daß Sie im Liszt-Verein[1] seinen Namen mit dem meines herrlichen Großvaters und des Bayreuther Werkes wieder in Verbindung brachten und so die würdigste Gedenkfeier dem hehren Kämpfer unserer Sache wurde. Die sich von solcher Gesinnung ausschließen, haben keinen Teil an ihm – es sind dieselben Menschen, die daran arbeiteten, ihn auch von mir, seinem Kinde, loszulösen, die es zustande brachten, daß ich in den letzten Jahren nur einmal in Hamburg wenige, tieftraurige Tage verbrachte – doch sein Herz schlug für mich, an diesem Herzen konnte man wohl sündigen, doch seine Richtung nicht ändern.

Eine seiner letzten Freuden war meines Mannes Berufung nach Heidelberg[2] – als ich in trostloser Abschiedsstunde Anfang Februar in Triest ihm sagte: „Wenn Dich erst die Wüste geheilt haben wird, kommst Du zu mir nach Heidelberg“, sagte er, all seine letzte Kraft zusammennehmend: „Ja, ich komme zu Dir, lange – das ist ein schöner Gedanke“. – *Er komme zu mir!*

Helfen Sie mir, lieber Freund, ihm dort an meiner künftigen Heimstätte (ihm) ein Denkmal zu setzen, daß sein Geist bei uns sei. Lassen Sie uns gemeinsam eine Feier ihm vorbereiten – fragen Sie Mottl, dem er so zugetan war, und Wolfrum, der sein Schüler war – ob Sie drei zusammen nicht in Verbindung mit Werken von Großpapa und Bayreuther Klängen, auch einer

Beethovenschen Symphonie, einzelne seiner Orchesterwerke, Chor- und Klavierkompositionen aufführen würden? – Es würde mir Kraft zum Leben geben, Ihnen hierbei behilflich zu sein. Sprechen Sie bitte, außer mit den genannten Freunden, mit niemandem davon – aber bitte lassen Sie uns den Gedanken, wenn er ausführbar ist, festhalten und in einer unserer Empfindungen würdigen Weise zur Wirklichkeit werden. –

Noch eine Bitte – sollten Sie die Aufforderung aus Hamburg annehmen, so lassen Sie mich einen Wunsch Ihnen ausdrücken. Sollte es möglich sein, inmitten der kirchlichen Feier aus dem Choral „Oh Haupt voll Blut und Wunden" den vorletzten Vers anstimmen zu lassen, und zwar wie Bach ihn gesetzt hat: „Wenn ich einmal soll scheiden", so wüßte ich, dies wäre in seinem Sinne und wäre der Ausdruck für all das Unaussprechliche, das diese letzten Wochen mein tief erschüttertes Herz bewegte. –

Meine Schwester sendet Ihnen mit mir die innigsten Grüße.

Gott segne all Ihr Wirken.

Ihre freundschaftlich ergebene

Daniela Thode

1 Am 20. Februar 1894 dirigierte Richard Strauss in Leipzig Liszt: *Héroide funèbre*, Bülow: *Nirwana*, Wagner: *Tristan*- und *Meistersinger*-Vorspiel, das selbe Programm, das er – erweitert durch *Eroica* – für Hamburg vorgeschlagen hatte.

2

9

Venedig, den 14. März 1894
S. Zaccaria N. 4688

Teurer Freund!

Aus Deinen freundlichen Zeilen, für die ich herzlich danke, ersehe ich, daß bei der besprochenen Frage eine Verwechslung verschiedener musikalischer Veranstaltungen vorlag und das Dein Kampf einem früheren Konzert galt, während ich annahm, daß es sich um die geplante Feier bei der Bestattung handle. Letztere wird kurz vor oder nach Ostern stattfinden, und Frau von Bülows Hoffnung, Dich die musikalische Feier leiten zu sehen, bezog sich eben auf diese noch bevorstehende Feier. Nun habe ich keine weiteren Nachrichten über dieselbe erhalten, und aus einigen soeben empfangenen Zeilen meiner Schwiegermutter geht nur hervor, daß auch an Dich noch keine bestimmte Kunde hierüber gelangt ist. Offenbar hat man also in Hamburg noch nichts Näheres bestimmt. Ich habe die Hoffnung, daß es zu einer würdigen Feier kommt und Du sie übernimmst.

Sobald ich etwas erfahren sollte, teile ich es Dir mit.

Mit herzlichstem Gruße Dein getreuster

Henry Thode

10

Heidelberg, den 30. April 1894
Villa Beau séjour, Anlage 24

Verehrter Freund!

Es ist mir ein Schmerz, Deiner freundlichen Einladung[1] nicht Folge leisten zu können, aber es ist mir leider unmöglich. Meine Frau ist noch am Gardasee, und ich gehe zu den Pfingsttagen zu ihr, d.h. gerade am 10., um sie nach dem Feste mit hierher zu bringen. Von Herzen wünsche ich die vollste Befriedigung und Genugtuung in jeder Weise am 10. und werde auf meinem abendlichen Wege zum Süden Deiner lebhaft gedenken.

Hoffentlich bleibt uns Dein „Guntram" nicht allzulange fremd!

Es grüßt Dich in treuer Freundschaft

Dein ergebener

Henry Thode

1 Zur Uraufführung von *Guntram*.

11 [An Pauline Strauss] Bayreuth, den 17. Februar 1929

Liebe gnädige Frau,

Freund Karpath[1] teilt mir mit, daß Sie und Ihr Gatte mir gütig Ihre Gastfreundschaft gewähren wollen während der Tage in Wien im April, da ich meinen Vortrag dort über: „Richard Wagner als Mensch und Christ“, halten soll. Ich bin sehr gerührt durch diese Ihrer beider Güte, die ich leider nicht annehmen kann, weil ich bei anderen Freunden schon Obdach fand!

Aber ich würde mich sehr freuen, Sie beide in meinem Vortrag wieder begrüßen zu dürfen, nach langen, langen Jahren.

Mit herzlichen Grüßen an Sie beide

Ihre dankbar ergebene

Daniela Thode von Bülow

1 Ludwig Karpath (1866 – 1936), österreichischer Musikschriftsteller, 1894 – 1921 am „Neuen Wiener Tagblatt“, 1914 – 1917 Redakteur des „Merker“, ab 1923 am Unterrichtsministerium in Wien. Seine Veröffentlichungen befassen sich vornehmlich mit Richard und Siegfried Wagner. Sein Briefwechsel mit Richard Strauss, den er 1894 in Bayreuth kennengelernt hatte, erschien in „Richard-Strauss-Blätter“, herausgegeben von der Internationalen Richard-Strauss-Gesellschaft, Nummer 6 und 7, Wien 1975 und 1976.

12 [Mit Bleistift] Orselina-Locarno, den 7. Januar 1931
Pension Planta

Lieber Freund,

heute nacht träumte mir so lebhaft von Ihnen – ich sah Sie vor mir in der alten Jugendzeit – Siegfried, leidend, bat mich, Sie zu ersuchen, die Direktion des „Ringes“ in Bayreuth zu übernehmen – Sie zögerten erst, gaben dann aber meiner Bitte herzhaft nach! Der Traum veranlaßt mich, Sie zu fragen, ob Sie ferneres in der Tantiemen-frage[1] gehört haben und mir die Gründe der Ablehnung nennen können – vielleicht hilft doch noch Ihr Einfluß zu günstigerer Lösung. Ich bin seit vier Wochen am Krankenbett meines langsam dahinsiechenden jüngsten Neffen[2] Gravina, den auch seine Mittellosigkeit so drückt und daß seine Krankheit Mutter und Bruder[3] zur Last fällt, und liege nun selbst mit einer Bronchitis zu Bettt. Verzeihen Sie daher den Blei und seien Sie mit Ihrer lieben Frau in alter Bayreuther Treue herzlichst von mir gegrüßt!

Daniela

1 Die verwitweten Töchter Cosima Wagners hatten sich bemüht, daß die einst ihr gewährte Ehrentantieme jetzt ihnen zufließe.
2 Guido Graf Gravina.
3 Manfred Graf Garvina war hoher Kommissar des Völkerbundes.

13

Gardone – R., den 12. April 1933
Pension Garda

Lieber Freund,

meine Schwester Chamberlain schreibt mir erfreut von der Wiederbegegnung mit Ihnen in Wahnfried, und ich freue mich, Sie im Sommer auf dem Festspielhügel begrüßen zu können – diese erneute Anknüpfung alt-vertrauter herzlicher Beziehungen ermutigt mich zu einer großen Bitte: Sie kennen meinen Neffen Gilbert[1] und, wie er sagt, sind ihm immer freundlich gesinnt gewesen. Er hat sich inzwischen zu einem ganz bedeutenden Musiker und Dirigenten entwickelt, sein Talent ist zu großer Selbstsicherheit gereift, untadelhafter Rhythmus und schwungvolle Melodik zeichnen es aus – seit fast vier Jahren an der Kurkapelle zu Meran hat er sein kleines Orchester glänzend diszipliniert und es zu schönen Leistungen befeuert. – Fragen Sie Pembaur[2], der neulich das A-Dur Konzert von Liszt unter ihm spielte. In ganz Meran ist er als Künstler hochgeschätzt und innig beliebt. Aber nicht nur in der Konzertliteratur ist er zu Hause – er versteht es, der Bühne vorzustehen, hat Mozart- und Verdi-Opern dirigiert, den „Fidelio", den „Wildfang" meines Bruders usw. Er sehnt sich von seinem Posten hinweg und ist wahrlich für höhere Aufgaben bestimmt und geeignet. Eva sagt mir, daß es jetzt Ihnen obliegt, die freien Kapellmeisterstellen neu zu besetzen[3]: *Bitte denken Sie an ihn.* Sie werden es nicht bereuen, er wird Ihnen Ehre machen.

Verzeihen Sie die Belästigung, lieber Freund, und seien Sie in alter Freundschaft mit Ihrer lieben Gattin aufs herzlichste gegrüßt von

Ihrer sehr ergebenen

Daniela Thode

1 Gilberto Graf Gravina.
2 Joseph Pembaur d.J. (1875 – 1950), österreichischer Pianist, ab 1921 Professor an der Akademie der Tonkunst in München.
3 Eine irrige Annahme: Auch als Richard Strauss Präsident der Reichsmusikkammer war (15. November 1933 bis Juni 1935), hatten Staat und Partei die Entscheidung.

14 Gardone – R., den 27. April 1933

Verehrter lieber Freund,

ehe Sie von hier scheiden, möchte ich Ihnen und Ihrer lieben Frau auf das herzlichste noch einmal dafür danken, daß Sie mir in so überaus freundschaftlicher Weise – nach so langer Trennung – entgegentraten, danken auch für Ihr gütiges Interesse an meinem teuren Neffen Gilbert, dem letzten von Blandines Kindern, der Ihrer Teilnahme sich würdig erweisen wird, und last not least, dafür, daß Sie sich uns drei Schwestern und unserer nicht leichten Lage fürsorgend annehmen wollen.

So gerne würde ich wohl selbst auch einmal diese unsere Lage dem Reichskanzler persönlich darstellen wollen, auch die Situation in bezug auf unsern einstigen Besitz hier, der Dinge in sich birgt, die, abgesehen von jedem persönlichen Anspruch darauf, nach *Deutschland* zurückgehören, wie: Manuskripte meines Mannes, meines Großvaters Liszt etc. etc., der Flügel Liszts, die Porträts meiner Eltern usw. Glauben Sie, daß bei einer Aussprache Ihrerseits mit Hitler ein solcher Besuch von mir bei ihm angeregt werden könnte? –

Diese Frage bedarf keiner Antwort – ich weiß, daß Sie der Tochter Bülows und seinen Enkeln helfen wollen.

Leben Sie wohl und möchten Sie alle schönste Tage in dem auch von Ihnen so geliebten Lande erleben.

In alter Bayreuther Freundschaft

Ihre ergebene

Daniela Thode

15 [Telegramm] Bayreuth Festspiele, den 5. August 1933

Richard Strauss Garmisch / Bewegten Herzens Dank für die meisterliche Tat / innigen Gruß Ihnen allen

Daniela Thode

[Darunter handschriftlich von Richard Strauss:]

Beethovens IX. Sinfonie[1] im Bayreuther Festspielhaus 4. August 1933

1 Gedenkkonzert zum Todestag Siegfried Wagners (4. August 1930).

16 [An Pauline Strauss] Bayreuth, den 10. Dezember 1933
Lisztstraße 9

Meine liebe Frau Pauline,

so darf ich Sie doch nennen, nachdem besonders wir Schwestern so viel freundschaftliche Teilnahme und Zuneigung, sie erwidernd, diesen Sommer von Ihnen erfuhren!

Ich schrieb vor einigen Wochen an Ihren verehrten Gatten, ihn an seine Zusicherung in der Tantiemen-Angelegenheit erinnernd und um seine weitere freundliche Unterstützung darin herzlich bittend. Mein Brief blieb bis heute ohne Antwort. Sollen wir dies als gutes oder böses Zeichen deuten? – Unsere Lage wird aber nicht leichter. Erst heute klagte mir Eva, daß bei den ungeheuren Lasten, die das große Haus ihr auferlegt (sie kann es nicht veräußern, da es nach ihrem Tod den Wahnfriedkindern bestimmt ist), sie Bankschulden werde machen müssen! Und die jüngere Generation, wie Gilberto und die kleine Blandine[1] befinden sich in den allerbescheidensten Verhältnissen. – Blandine aber und ich können nur weniges für sie tun. Das alles setzte ich Ihrem lieben Mann auseinander und hoffte täglich auf eine beruhigende Nachricht. Vielleicht können Sie sie freundlich mir geben – ich weiß ja und ahne, was alles mit den neu überkommenen Pflichten jetzt auf ihm lasten muß. Eva schließt sich meiner Bitte herzlich an und wir beide grüßen Sie und alle lieben Ihren auf das wärmste.

Ihre treu ergebene

Daniela Thode

1 Tochter von Maria Gravina (1888 – 1929), die in 2. Ehe mit Egas von Wenden verheiratet war. Blandine, geb. 1926, wurde 1936 von dem Kunstmaler Ludwig von Hofmann adoptiert und heißt seitdem Blandine von Hofmann und von Wenden.

17 [An Dr. Franz Strauss] Bayreuth, den 18. Dezember 1933

Sehr geehrter lieber Herr Doktor,

ich danke Ihnen herzlich, auch im Namen meiner Schwester, für Ihre guten beruhigenden Zeilen und danke es Ihrem verehrten Vater, daß er Sie dazu veranlaßt. Wie ungeheuer seine Zeit und Kräfte durch all die neuen Ämter in Anspruch genommen sind, kann ich mir nur zu lebhaft vorstellen – ich weiß aber auch mit vollstem Vertrauen, daß er uns helfen will und wird.

Mögen in des Führers großer Seele die Pläne reifen, die Bayreuth zum Heile gereichen sollen.

Mit den herzlichsten Grüßen und Festwünschen für Sie und all die lieben Ihren

Ihre aufrichtig ergebene

Daniela Thode

18

Venedig, den 28. April 1934
Pension Flora Via 22 Marzo

Lieber, verehrter Freund,

ein französischer Freund, hervorragender Schriftsteller, Berichterstatter am „Temps" und anderen bedeutenden Zeitungen, langjähriger Besucher der Festspiele, treuer Wagnerianer, Komponist, Mr. Gustave Samazeuilh[1] (Rue de Prony 99, Paris), der eine ganz außerordentlich schöne, korrekte und mit den Noten völligst übereinstimmende Übersetzung des „Tristan" gemacht, bittet mich, ihn Ihnen zu nennen, da er gehört, Sie seien mit der französischen Übersetzung der „Arabella" unzufrieden, und sich Ihnen für eine diesbezügliche neue Arbeit anzubieten. Verzeihen Sie diesen schrecklichen Satz und die schwankende Schrift – beides entsteht an den brandenden Wellen der Adria, wo Eva und ich nach langem, bösen Winter Erholung suchen.

Unser armer, guter Freund Zinsstag[2] wird Ihnen, glaube ich, zwei meiner Briefe an ihn geschickt haben; diese sollen Ihnen nur die traurig-schwere Lage kennzeichnen, in der wir uns befinden – –

Ob es Ihnen und Ihren gütigen Bemühungen wohl gelang, die Angelegenheit von Mamas Ehren-Tantieme zu Gunsten von uns Töchtern hinzuleiten? Ich frage hauptsächlich im Hinblick auf meinen Neffen Gilbert Gravina, der aus dem Bayreuther Orchester herausgeworfen, mit seiner jungen Frau, die im August ein Kindchen erwartet, geradezu in Armut lebt. Der einzige Enkel Hans von Bülows!

Kann ich „auf Wiedersehen" in Bayreuth sagen?

Mit unseren wärmsten Grüßen

in herzlicher Ergebenheit

Daniela

1 Gustave Samazeuilh (1877 – 1967), französischer Komponist, Schüler von Chausson, d'Indy und Dukas, und Musikschriftsteller. Er trat in Frankreich für Richard Strauss ein, gab den Briefwechsel mit Romain Rolland heraus, schuf die französische Übertragung der Gedichte zu op. 33, op. 56,2-3, 5-6 und op. 68 sowie des *Capriccio*-Librettos.

2 Adolf Zinsstag, Goldschmied in Basel, stand an der Spitze der Richard-Wagner-Gesellschaft der Schweiz.

19 Bayreuth, den 4. August 1934

Verehrter lieber Freund,

es ist mir ein Bedürfnis, es Ihnen noch einmal auszusprechen, welcher Schmerz es mir war, Ihrer Direktion des „Parsifal" fernbleiben zu müssen, um so mehr, als mir gestern gesagt wurde, daß auch Sie von dem Werke – äußerlich gesprochen – Abschied nahmen. Allein, es war ein Müssen. Mein ganzes Leben dem Werke des Meisters, dem Schaffen meiner Mutter und meines Bruders daran Treue übend, wäre es eine Treulosigkeit gegen mich selbst gewesen, dem Bruch mit der Tradition[1] auf unserer Bühne gerade diesem Werk gegenüber meine Zustimmung zu geben – die neuen Wege konnte und durfte *ich* nicht mitbeschreiten. Doch schmerzlich genug war dieser Abschnitt, den ich niemals geahnt hätte, erleben zu müssen. Aber der „Parsifal" Mucks, Toscaninis, Richard Strauss' ist unvergänglich in meiner dankbaren Erinnerung eingegraben, bis einst eine noch höhere Welt des „Parsifal" sich mir auftut. – –

Verzeihen Sie, wenn ich in diesen Zeilen noch einmal auf die Tantiemen-Angelegenheit zu sprechen komme, deren Sie sich freundlich anzunehmen versprachen, und Evas Bitte darum wiederholt herzlich akzentuiere. Diese Ehrengabe an Mama, die nach ihrem Tode ihren Kindern zufallen sollte, ist im Jahre 30 bei der Theaterkommission durchgefallen mit der Begründung, eine Familie, welche sich ein Landgut in der Schweiz erworben hätte, habe dieselbe nicht nötig. Nun haben wir Schwestern mit solchen Erwerbungen ja nichts zu tun und für uns war dies Versagen ein besonders harter Schlag, besonders im Hinblick auf Blandines Deszendenz, die *arm* sind – wir drei alten Schwestern sind mit unserem bescheidenen Auskommen weiter zufrieden. Mißverstehen Sie mich nicht: von Herzen gönnen wir Winifred und ihren Kindern alle Güter der Welt, aber ist es nicht eine schneidene Dissonanz (die selbst *Ihre* Instrumentierungskunst nicht auflösen könnte!), daß ein Teil der Enkel meiner Mutter in Wohlsein und Luxus lebt, der andere, wie Gill und seine Kinder und die kleine Wenden in *Armut*. Denken Sie daher auch an uns, lieber Freund, in dieser Angelegenheit. — —

Seien Sie gegrüßt aus der hehren Welt der „Parsifal"-Klänge heraus und grüßen Sie Ihre gute Frau, Ihre lieben Kinder von

Ihrer herzlich ergebenen

Daniela Thode

1 Nach der Neuinszenierung von *Ring* und *Meistersingern* durch Heinz Tietjen im Jahre 1933 folgte 1934 *Parsifal* in den Bühnenbildern von Alfred Roller.
Heinz Tietjen (1881 – 1967), Dirigent und Intendant, war 1907 – 1922 Theaterkapellmeister in Trier, 1922 – 1925 Operndirektor in Breslau, 1930 – 1944 Generalintendant der Preußischen Staatstheater, 1933 – 1944 Spielleiter der Bayreuther Festspiele, 1948 – 1954 Intendant der Städt. Oper Berlin, 1956 – 1958 Intendant der Hamburger Staatsoper. Richard Strauss widmete ihm *Die Liebe der Danae* op. 83.
Alfred Roller (1864 – 1935), österreichischer Maler und Bühnenbildner, von Gustav Mahler zum Chef des Ausstattungswesens der k.u.k. Hoftheater in Wien berufen. Von ihm stammt die Ausstattung zu *Elektra* (Wien 1909) sowie zu den Uraufführungen von *Rosenkavalier* und *Frau ohne Schatten*.

20

Bayreuth, den 25. Oktober 1935

Lieber Freund,

ich muß Sie heute plagen, aber ich will's kurz machen. Wollen Sie die große Güte haben, mir ein Zeugnis für meinen Neffen Gill Gravina schreiben? Das von Furtwängler[1] lege ich Ihnen zu freundlicher Kenntnisnahme bei. Nichts Wertvolleres als Ihre wohlwollende Teilnahme könnte ihm ja für seinen weiteren künstlerischen Lebensweg beschieden werden. Er hat es gar schwer in diesen für jeden von uns so schweren Zeiten — die Angelegenheit, für die Sie sich einst so freundschaftlich einsetzten, scheint gänzlich gescheitert; ich klage nicht um uns Alte, aber um die uns nächststehende jüngere Generation, die völlig mittellos ist. —

Mit den herzlichsten Grüßen, auch an Gattin und Kinder

In Treue

Daniela

1 Wilhelm Furtwängler (1886 – 1954), Dirigent und Komponist. In Bayreuth dirigierte er 1931 *Tristan*, 1936 *Lohengrin*, 1936/37 *Ring* und *Parsifal*, 1943/44 *Meistersinger*, 1954 Beethoven, IX. Symphonie.

21 Bayreuth, Allerseelen 1935

Lieber Freund,

von Herzen danke ich Ihnen für die so schnelle, gütigste Erfüllung meiner Bitte. Ihre Beurteilung wird meinen armen Gill beglücken und ihm auf seiner so schweren und so erschwerten Laufbahn gar förderlich sein. – Daß Sie meines alten Geburtstages so freundlich gedachten – rührt mich sehr – er sollte aber besser nun verschwinden, da das Ideal, für das man gelebt, vor unsern Augen versinkt und von der Erde zu verschwinden droht. – Mein Vater war es, wenn ich nicht irre, der Ihren Namen zu allererst der Kunstwelt vorstellte – in seinem Gedenken sende ich Ihnen, auch im Namen von Eva, die wärmsten Grüße und bitte Sie, mich den lieben Ihren aufs freundlichste zu nennen.

In freundschaftlicher Ergebenheit

Daniela

22 [Auf der Rückseite einer Photographie von Cosima Wagner]

Bayreuth, den 18. Februar 1937

Lieber verehrter Freund,

durch dieses wenig bekannte, ausdrucksvolle Bild (aus dem Jahre 1911) meiner herrlichen Mutter möchte ich Ihnen und Ihrer lieben Frau den Dank sagen für die besondere Freude, welche mir Ihr so freundliches Gedenken bereitete. Welche kostbaren Erinnerungen umfaßten Ihre Worte – und wie deutlich stehen diese unvergleichlichen Erlebnisse als *die* Höhepunkte unseres Erdendaseins vor uns! Zu den Begnadeten dürfen wir uns zählen, die wir berufen wurden – ein jeder auf seine Weise – dem heiligen Werke zu „dienen".

So drücke ich Ihnen – als unserem „Ausdruck" – in treuer Verbundenheit die Hand, Sie und die lieben Ihrigen, auch von Daniela, herzlichst grüßend!

Ihre

Eva Chamberlain

23 Bayreuth, den 10. April 1938

Bitte erschrecken Sie nicht, verehrter lieber Freund, vor dieser Bereicherung Ihrer Post – es soll nur ein Wort des wärmsten Dankes zu Ihnen gelangen für die große Freude, welche Ihr Schreiben vom 6.[1] Daniela und mir bereitete. Ihr Urteil über „Nirvana" interessierte uns auf das lebhafteste, und Daniela, welche dieses Werk gut innehat, meint, gleich Ihnen, der Titel desselben sei irreführend – Sansara würde besser stimmen als „Nirvana"!

Ich sandte Ihnen die Reihe „Bayreuther Blätter" nur wegen der darin enthaltenen Aussprüche des Meisters, mit dem Gefühle, daß Sie zur Zeit wohl der einzige Künstler wären, dem diese Worte von großer Bedeutung sein würden.

Vielleicht interessiert es Ihre Teilnahme an unserem Neffen Gilbert Gravina, zu hören, daß er am 12. April abends 9 im Münchner Funk Liszts „Prometheus" und „Faust" dirigiert.

Mit treuen Freundeswünschen für Ihr Ergehen entsenden wir Ihnen und Ihrer lieben Frau unser altverbundenes, von Herzen kommendes Eingedenken!

Ihre

Eva Chamberlain

1 Nicht vorhanden.

24 Bayreuth, den 9. August 1940

Hochgeehrter lieber Freund,

Ihre wenigen, aber so „ausdrucks"vollen Worte der Teilnahme an dem Heimgang meiner teuren, genialen Schwester[1] sprachen zu mir wohltuend altvertraut, und danke ich Ihnen von Herzen dafür, [daß Sie] mir diese Stimme aus der Vergangenheit haben erklingen lassen!

Wie oft und gern sprach Daniela von Ihrer beider schönen gemeinsamen Arbeit[2] auf dem Festspielhügel, welche große Genugtuung fand sie dabei, sich mit Ihnen so ganz Eines in der Erfassung und Wiedergabe des Bayreuther Heiligtums zu empfinden . . .

Daß ihr letztes, deutlich vernehmbares Wort – mit nach oben gerichtetem Blick gesprochen – „Parsifal" war, ist doch sehr ergreifend und kennzeichnend. Mich dünkte dieser Ausruf eine feierliche Mahnung.

Ihr, dieser vielgeprüften, edlen Seele ist der Frieden zu gönnen!

Für die Altgetreuen ist der Verlust ein unermeßlicher.

Mit warmen Händedruck grüßt Sie und Ihre liebe Frau

Ihre freundschaftlich ergebene

Eva Chamberlain

1 Daniela Thode-von Bülow war am 28. Juli 1940 gestorben.

2 Daniela Thode, die von 1912 – 1933 das Kostümwesen der Bayreuther Festspiele leitete, führte 1933 auch Regie in den fünf *Parsifal*-Aufführungen, die Richard Strauss dirigierte.

25 [Auf Bildkarte] Florenz, den 9. Juni
Piazza Indipendenza 5

Herzlichste Wünsche und Grüße Ihnen, verehrter Freund und Maestro, und Ihrem ganzen Hause

Blandine Gravina v. Bülow

26 [Auf Bildkarte: Bayreuther Eremitage – Mit Bleistift] [undatiert]

Wollte meinen Besuch machen, habe keine Karten dabei –

Blandine Gravina

NAMENSVERZEICHNIS

Die Namen Cosima Wagner, Richard Wagner und Richard Strauss sowie alle im Vorwort und auf den Familientafeln erscheinenden Personen wurden nicht in das Verzeichnis aufgenommen.

ä = ae   ö = oe   ü = ue